[개정증보]

최적성 이론의 언어분석
Linguistic Analyses in Optimality Theory

안 상 철

한국문화사

머리말

　이 책은 최근 언어학의 큰 축을 이루고 있는 언어분석의 틀로 자리잡은 최적성 이론의 속성과 적용방법, 분석의 범위, 그리고 그 과정에서 나타나는 설명력과 이론적 문제점 등을 고루 논의하기 위한 목적에서 준비되었다. 최적성 이론이 등장한 1993년 이후 이 이론을 소개하기 위하여 국내에 소개된 몇 권의 책이 있다. 그러나 끊임없이 발전하고 있는 이론의 속성상 가능한 최근의 연구동향과 앞으로의 발전방향을 한 눈에 조망할 필요에 부응하기 위하여 이 책을 집필하게 되었다. 특히, 2년전 출간된 초판 이후 등장한 새로운 제안과 문제점들을 집중적으로 소개하고 논의할 필요가 있어 개정증보판을 기획하였다.

　최석성 이론은 구조주의를 대체한 생성이론이 지켜온 기본적인 틀에서 탈피하고자 시작된 점에서 새로운 언어이론을 개척하는 이론이다. 이제는 널리 알려진 바와 같이 최적성 이론은 규칙-기반의 언어이론에서 사용하던 규칙, 제약, 규약 등을 모두 제약으로 통일하여 이를 통해 여러 가지 가능한 표면형 후보 중에서 가장 적합한 형태를 선택하도록 한다. 또한 이론의 초기단계에서는 음운, 형태론의 연구가 주 목적이었으나, 최근에는 음성학, 통사론, 의미론 등에서뿐만 아니라, 언어습득, 역사언어학 등에서도 폭넓은 적용이 시도되고 있다.

　이 책은 모두 8장으로 구성되었는데, 앞 부분에서는 최적성 이론의 기본개념과 음운, 형태, 언어습득 분야에의 기본적인 적용방식을 소개하고, 최근의 발전과정에 대한 몇 가지 이론을 덧붙이도록 하였다. 이러한 배경을 바탕으로 뒷 부분에서는 최적성 이론의 설명력과 함께 직면한 문제와 이를 해결하기 위한 다각적 시도를 균형있게 기술하였다. 또한 관련 분야에 맞는 참고문헌을 쉽게 찾아볼 수 있도록 각 장에 따로 주요 참고문헌을 수록하였다.

　우선, 제 1장에서는 최적성 이론의 기본개념과 특성을 소개하고, 제 2장에서는 초기 이론이 발전하여 수립된 대응이론을 세부적으로 논의하였다. 특히, 대응이론은 최적성 이론을 어휘 음운론의 기본개념과 통합한 분석방식으로, 뒤에서 제시되는 도출형 대응이론이나 비교 유표성 이론과 비교되어 최적성 이론의 앞으로의 발전방향을 제시하는 점에서 주목할 이론이다. 제 3장에서는 어휘의 파생이나 굴절과정에서 나타날 수 있는 불규칙성을 해결할 수 있는 방법으로 패러다임의 문제를 제약을 통해 실현할 수 있는 방법을 제시하였다. 제 4장에서는 최적성 이론의 발전과정에서 나타난 위치적 충실성을 이용한 언어습득에 대한 분석방법과 이 이론에 대한 수정안인 위치적 유표성 등을 논의하였다. 제 5장은 최적성 이론의 발전과정에서 다시 등장한 음운분석의 추상성을 해결하기 위한 감응이론을 세부적으로 논의하였다. 그러나 이 이론의 전개과정에서 드러나는 여러 문제점을 아울러 논의함으로써 최적성 이론의 여러 수정안에 대한 비판적 시각을 가질 수 있는 기회를 갖도록 하였다. 제 6장 역시 표준 최적성 이론에 대한 수정 이론인 도출형 최적성 이론을 소개한다. 이 과정에서 최적성 이론의 최대 특징인 병렬성의 문제에 대한 논란과 다른 이론과의 차이점을 세부적으로 논의함으로써 최적성 이론의 최근 위상을 평가할 수 있도록 하였다. 특히, 언어적 차이에 따라 이론적 모델의 적용이 불가피하게 달라질 수 있는지의 여부도 고민할 수 있는 기회를 마련하였다. 이와 연계하여, 제 7장에서는 McCarthy(2002)의 최신 제안인 비교 유표성 이론을 소개하여 가능한 한 도출과정을 도입하지 않고 추상성 문제의 해결을 시도하고자 하는 새로운 이론을 소개하고 이 이론의 적용방법을 세부적으로 논의한다. 마지막으로, 제 8장에서는 최적성 이론의 틀을 음성학적 연구결과에 적용하여 음성적 기반을 가진 음운해석의 가능성을 보여주고자 하였다.

　이와 같은 다양한 전개과정을 통하여 최근 최적성 이론은 큰 줄기가 분화되어 내부적으로 서로 다른 분석방식이 자리를 잡게 되었다. 따라서 이 책을 통하여 최적성 이론이 가지는 설명력의 참신성뿐 아니라 직면한 문제도 같이 이해하여 새로운 이론의 무조건적인 수용보다는 균형감과 비판적 시각을 가지고 이론을 적용할 수 있기를 바란다. 이러한 과정을 통하여 앞으로의 언어분석과 연구에 보다 넓은 시야를 확보하는데 도움이 되었으면 한다.

　이 책의 원고를 완성하는 과정에서 2000-2001년도 이후 겨울방학마다 함께 매주 연구모임을 이끌어 가도록 도움을 주신 한국외국어대학교 러시아어과 강덕수 선생님의 도움에 감사를 드리고, 한양대학교 국어국문학과 이명규, 조성문 선생님의 후원에도 감사드린다. 또한, 경희대(영어학 전공), 한양대(국어학 전공), 한국외대(러시아 어학 전공) 대학원 졸업생 및 재학생들의 진지한 토론에 대하여도 감사의 뜻을 표하고 싶다. 특히, 원고에 대한 꼼꼼한 확인과 오류를 확인해 준 한국외대 이성민 선생님의 도움에 감사한다. 또한, 이 책의 추천사를 써주신 한양대 석좌교수 전상범 선생님께도 깊은 감사를 드리고, 출판을 맡아주신 한국문화사의 김진수 사장님과 편집부 여러분에게도 고마운 마음을 전한다. 끝으로, 이 책을 완성할 수 있도록 묵묵히 격려해 준 가족들에게 가장 큰 고마움을 전한다.

2003년 10월

목 차

머리말 iii

제1장 최적성 이론과 언어분석 1
1.1 최적성 이론의 틀 2
1.2 음절과 최적성 이론 16
1.3 운율/형태론적 현상 19
1.4 자립분절 음운현상 29
1.5 대응이론 36
1.6 결론 45

제2장 변형도출 대응이론 49
2.1 출력부-출력부 대응관계 49
2.2 이론적 특징 54
   2.2.1 과소/과도 적용 54
   2.2.2 패러다임 평가 57
   2.2.3 강세분석 62
      2.2.3.1 접사 비첨가 어휘의 강세 64
      2.2.3.2 접사첨가 어휘의 강세 67
2.3 폐쇄효과 70
   2.3.1 과도적용 72
   2.3.2 표준 영어의 자음군 단순화: 과도적용 75
   2.3.3 과소적용: 북아일랜드 영어의 치음화 78
2.4 적극적 폐쇄효과 83

  2.5 순서제약 모순 85
  2.6 결론 89

제3장 어휘변화의 보수성과 동일성 금지 95
  3.1 어휘변화의 보수성 96
    3.1.1 프랑스어의 연음현상 96
      3.1.1.1 형용사의 변이 형태소 96
      3.1.1.2 최적성 이론 분석 101
    3.1.2 영어 강세의 어휘적 보수성 105
      3.1.2.1 제 2단계 접사첨가 106
      3.1.2.2 기타 어휘적 보수성 111
  3.2 동일성 금지 제약 115
    3.2.1 러시아어 모음약화 115
    3.2.2 요약 및 남은 문제 125

제4장 위치적 충실성 131
  4.1 서론 131
  4.2 위치적 충실성 133
  4.3 언어습득 분석 138
  4.4 위치적 유표성 145
    4.4.1 파생된 복잡성: Guugu Yimidhirr 자료 147
    4.4.2 Hamer 분석의 다중 책략 153

제5장 감응이론 167
  5.1 감응이론의 등장 167
  5.2 독일어 이름의 애칭형성 171
  5.3 차용어 분석 178
    5.3.1 제약의 상호 관계 180
    5.3.2 액센트 제약 183
    5.3.3 선어말 장음화와 감응제약 187

5.4 감응이론의 문제점 191
   5.4.1 잠재적 문제점 191
   5.4.2 불투명성과 감응이론의 문제점 193

제6장 도출형 최적성 이론 213
6.1 서론 214
6.2 도출형 최적성 평가 215
   6.2.1 활음과 슬라브어 음절규칙 215
   6.2.2 Slovak 이중모음 220
   6.2.3 Czech의 활음과 성문파열음 삽입 227
   6.2.4 다른 이론과의 비교 234
      6.2.4.1 출력부-출력부 대응이론 234
      6.2.4.2 MAX(Feature) 이론 238
      6.2.4.3 감응이론 242
6.3 러시아어의 전/후설성 교체현상 250
   6.3.1 러시아어 모음과 자음의 전/후설성 교체현상 251
   6.3.2 도출형 최적성 이론 분석 254
   6.3.3 병렬평가 방식의 문제점 259
   6.3.4 도출형 최적성 이론에 대한 추가 자료검토 265
6.4 치찰음 266
6.5 결론 270

제7장 비교 유표성 이론 275
7.1 기본 개념의 도입 275
   7.1.1 비교 유표성 제약 276
   7.1.2 기득권 효과 277
   7.1.3 위반 위치와 t-대응 개념 280
7.2 새로운 유표성의 위반 금지 283
   7.2.1 기득권 효과 283
   7.2.2 파생 환경 효과 290

    7.2.3 제약연접 이론과의 비교 ... 293
  7.3 이전 유표성의 위반 금지 ... 297
    7.3.1 비연속 음운현상 ... 298
    7.3.2 융합의 모순 문제 ... 299
    7.3.3 역급여에 의한 불투명성 ... 301
    7.3.4 다른 분석과의 비교 ... 303
      7.3.4.1 제약연접 이론 ... 303
      7.3.4.2 단계적 최적성 이론 ... 304
  7.4 언어습득과 비교 유표성 이론 ... 306

제8장 음성학과 최적성 이론 ... 317
  8.1 산포이론 ... 317
    8.1.1 청각적 표기 ... 320
    8.1.2 대조에 대한 제약 ... 322
  8.2 산포이론의 응용 ... 328
    8.2.1 모음의 분포 ... 328
    8.2.2 음성적 강화현상 ... 330
      8.2.2.1 모음의 원순성 ... 330
      8.2.2.2 비음화에 의한 유성 파열음의 음성적 강화 ... 332
      8.2.2.3 원순화에 의한 [-anterior] 마찰음의 강화 ... 333
    8.2.3 중화현상 ... 335
    8.2.4 대조관계 유지 ... 338
  8.3 음성적 정보와 음운분석 ... 340
    8.3.1 파열음 유성음화의 음성적 요인 ... 342
    8.3.2 음성적 음운제약의 설정 ... 345
  8.4 언어습득과 제약 ... 352

주제어 색인 ... 357

용어대조표 ... 365

제 1 장 최적성 이론과 언어분석[1]

 최근 몇 년간 언어학의 추세 중에서 가장 두드러진 현상이 최적성 이론(Optimality Theory)의 등장과 이에 따른 언어분석 방법에 대한 기본적인 변화라고 할 수 있다. 최적성 이론은 가능한 한 규칙의 과도한 사용을 피하고 여러 가지 가능한 표면형 후보 중에서 가장 적합한 형태를 선택하도록 규정하는 연구 방식이다. 이 이론은 전통적으로 사용되어 온 규칙에 의해 기저형에서 표면형을 도출하는 규칙-기반적인 방식을 부정하고 제약에 의한 새로운 문법 모델을 제안한 Prince & Smolensky (1991, 1993)에 의해 처음 시작되었다. 이후 이 이론은 McCarthy & Prince (1994, 1995a, 1997), McCarthy (1997, 1998), Zoll (1993, 1996, 1998), Itô & Mester (1995, 1997), Flemming (1995), Benua (1995, 1997), Kenstowicz (1997), Beckman (1998) 등 여러 학자들에 의해 급속히 발전되고 있다. 또한 처음 시도되었던 음운/형태론의 연구 분야뿐만 아니라 통사론, 의미론 등 다른 분야에까지 발전되고 있는 과정에 있다 (Archangeli & Langendoen 1997, Kager 1999 등 참조). 여기에서는 이러한 최적성 이론의 발전과정에 대한 배경을 살펴보고 실제 언어분석에 어떻게 적용되며 어떠한 특성을 보이는지를 조망한다. 이러한 목적을 위하여 우선 1.1에서는 최적성 이론의 등장배경을 소개하고, 1.2에서는 음절에 대한 최적성 이론의 주요 제약과 이와 관련된 음운현상의 분석을 제시한다. 1.3에서는 최적성 이론의 등장에 가장 직접적인 동기가 된 운율 형태론에 대한 최적성 이론의 접근방식을 알아보며 1.4에서는 성조분석에 적용되는 최적성 이

---

[1] 이 장의 내용은 안상철, 이봉형, 이보림 (2000)의 『최적성 이론의 이해』 (한신문화사 발행)에 포함되었다.

론의 전개를 소개한다. 1.5에서는 최근에 제안된 McCarthy & Prince (1995a)의 '대응이론(Correspondence Theory)'의 개관을 간략히 소개하여 뒷 장에서 상세히 논의되는 최적성 이론의 발전방향을 전망할 수 있도록 한다. 마지막으로 1.6에서는 이상에서의 논의를 마무리한다.

1.1 최적성 이론의 틀

오랜 기간 동안 언어분석의 기본 틀로 인정되어 온 생성문법에서는 분석 대상에 기저형, 표면형 등의 개념을 정의함으로써 적절한 구조를 부여하는 것이 최우선적인 기능으로 인정되어 왔다. 이러한 점은 생성문법의 틀을 주도한 통사론 분야뿐 아니라 Chomsky & Halle (1968)의 *The Sound Pattern of English*가 등장한 이후 음운론의 분야에서도 기저형을 어떻게 설정하는가의 문제가 이에 따른 추상성의 문제로 인해 한동안 뜨거운 논쟁의 대상이 되었었다. 또한 기저형에서 올바른 표면형을 이끌어 내기 위해 필요한 규칙의 설정과 규칙들 사이의 적용순서(ordering) 등이 핵심적인 과제로 되어왔다. 즉, 전반적으로 생성문법의 이론에서 가장 기본적인 의문거리는 입력부와 출력부의 짝이 어떻게 만들어지며, 어떤 원칙이나 형식적인 과정, 그리고 연역적인 추론과정에 의해 입력부와 출력부가 서로 연결되는가 하는 것이었다.

특히 음운론의 경우 기저형에 대한 추상성의 문제와 규칙의 자연성은 모든 음운분석에서 염두에 두어야 할 큰 명제가 되어왔다. 우선 기저형의 설정에 있어서 가능한 한 표면형과 가까운 형태를 설정함으로써 추상성을 피하여야 한다는 것이 기본 원칙이다. 물론 이 기저형에 적용되는 규칙은 음성적인 동기가 충분히 부여된 자연스러운 것이어야 한다. 또한 규칙은 중간단계에서 표면에서는 나타날 수 없는 '추상적' 형태를 임시로 도출해 내어 '불투명성(opacity)'의 문제를 야기하지 않도록 하는 일도 중요하다.[2] 물론 기저형 설정의 문제를 피하는 최선의 방법은 표면형과 같은 아주 '구체적인(concrete)' 기저형을 설정하는 것이다.

그러나 실제 언어의 분석에서는 이러한 기저형과 표면형 사이의 밀접성, 즉 '충실성(faithfulness)'을 지키지 못하는 경우가 허다하다. 그 원인은 음성적, 음운-형태적 (또는 통사-음운적) 이유에서 특정한 형태를 선호하고 다른 형태를 꺼리는 '유표성(markedness)'의 문제를 고려하여야 하기 때문이다. 이와 같이 서로 대립관계에 있는 유표성과 충실성에 대한 제약의 예를 들어보면 다음과 같다. (물론 적용환경의 영향을 받지 않는(context-free) (1a-d)의 제약과, 적용환경을 고려해야 될(context-sensitive) (1e, f)를 따로 나눌 수 있다.)

(1) 유표성 제약
    a. 모음은 비음이 아닌 구강음이어야 한다.
    b. 음절은 음절두음을 가져야 한다.
    c. 음절은 음절말음을 갖지 않아야 한다.
    d. 공명음은 유성음이다.
    e. 저해음은 음절말음에서 유성음으로 나타나지 않아야 한다.
    f. 비음 뒤의 저해음은 유성음이어야 한다.

(2) 충실성 제약
    a. 입력부에서 가지고 있는 모든 분절음이 출력부에서 실현되어야 한다.
    b. 입력부가 가지고 있는 분절음의 순서가 출력부에서도 그대로 유지된다.
    c. 출력부의 분절음은 입력부에도 존재한다.
    d. 출력부의 분절음과 입력부의 분절음은 같은 자질표기를 갖는다.

유표성 제약은 입력부에는 전혀 관여를 하지 않는 출력부에만 적용되는 제약이다. 그러나 엄밀한 의미에서 충실성 제약은 입력부와 출력부 양

---

[2] Chomsky & Halle (1968)에서 나타난 *nightingale*의 기저형에 사용된 /x/와 '절대중화 (absolute neutralization)'를 언어분석의 추상성에 대한 한 예로 들 수 있다.

쪽을 모두 보아야 하므로 순수한 출력부 제약은 아니다. 그러나 두 종류의 제약이 모두 출력부를 겨냥하는 기본속성을 가지고 있음을 주지하여야 한다.

이와 같은 유표성과 충실성의 관계는 실제 발화에 비유할 수 있다. 예를 들어, 화자(speaker)는 '조음의 편이성(ease of articulation)'을 지향하지만 청자(hearer)는 이와는 반대로 발음의 명료성을 요구하는 경향이 있어 실제 나타난 결과는 이 두 상반된 원칙을 적절히 조화시킨 형태인 것에 비유할 수 있다. 결국, 충실성을 지키려면 원칙적으로 기저형과 동일한 형태가 표면형으로 도출되어야 하지만 실제 결과는 유표성에 의해 상당히 다른 결과가 도출되는 수가 많게 된다는 점을 시사하고 있다.

이러한 유표성을 실현시키기 위한 방법이 다음과 같은 전통적인 '다시 쓰기 규칙(rewriting rule)'이다. 즉 설정된 기저형에서 올바른 표면형을 도출하기 위해서는 다음과 같은 장치인 다시 쓰기 규칙을 사용하였다.

(3) a. A → B / C___D
    b. D → F / B___

첫 번째 규칙에서 CAD가 입력부가 되고 여기에서부터 A를 B로 바꾸는 과정을 통해 같은 형태를 가진 출력부 CBD를 만들어 내게 된다. 두 번째 규칙은 도출된 중간단계 BD를 입력부로 보고 D를 F로 바꾸는 과정을 통해 BF를 만들어 낸다. 따라서 두 규칙의 적용에 의해 최종적인 표면형은 CBF가 된다. (여기에서는 규칙 (3a)가 규칙 (3b)의 적용환경을 만들어 주므로 '급여(feeding)' 관계의 규칙순이다.) 다시 말하면 기저형을 그대로 표면에 실현시키고자 하는 충실성을 실행하려는 시도가 CAD와 BD를 꺼리는 유표성에 의해 변형이 되어 표면에 나타남을 알 수 있다.

(4) /CAD/   기저형
    CBD   규칙 (3a)

CBF   규칙 (3b)
[CBF]   표면형

그러나 이러한 규칙을 적용하기 위해서는 필수적으로 입력부가 되는 분절음, 변화하는 자질, 변화를 유발하는 환경 등이 갖추어져 있어야 한다. 또한 실제 언어현상을 설명하는 데 있어서 추상성의 문제, 규칙의 보편성, 예외의 처리 등으로 인해 점점 더 복잡한 문법 모델을 요구하지 않을 수 없었다. 이러한 문제점에 대하여 1960년대 후반부터 많은 학자들에 의해 언어기술의 양식은 실제로 출력부에 대한 구조적 제약(structural constraint)을 통해 얻어진다는 사실이 밝혀지게 되었다. 즉 구조기술의 속성은 그 언어에서 가지고 있는 일반적 제약으로부터 얻어지며 구조변화의 특성도 특정한 포괄적 한계 안에서 이루어지게 된다는 것이다. 예를 들면 통사이론에서 지배-결속이론의 α-이동(Move-α)이나, 결속(binding)과 지배(government)를 다루는 원칙들을 들 수 있다. 음운론에서는 출력부인 음성표기가 특정한 제약을 지키는 한, 단일 구조 변화과정이 자유롭게 적용되도록 허용되는 율격 음운론(Metrical Phonology)이 여기에 속한다 (Liberman & Prince 1977, Prince 1983, Hayes 1980, 1982). 형태(음운)론에서도 '운율 형태론'이 형태소의 형태를 지배하는 규칙에 의존하기보다는 출력부의 형태를 제어하는 조건(condition)을 중심으로 기술되므로 이러한 범주에 속한다고 볼 수 있다 (McCarthy 1979, McCarthy & Prince 1986).

이러한 기반 위에서 최근 설명력에 대한 부담을 줄이고 입력부에 중심을 둔 다시 쓰기 규칙으로부터 출력부에 대한 제약을 중심으로 한 언어기술로 이동하려는 시도가 이루어졌는데 이것이 곧 '최적성 이론 (Optimality Theory)'이다 (Prince & Smolensky 1991, 1993). 이 이론에서는 입력부인 기저형을 설정하여 이를 단계적으로 변형시켜 출력부를 도출하는 대신 많은 수의 가능한 출력부의 후보(candidates)를 인정하고 가장 제약을 적게 위반하는 것을 최적의 출력형으로 선택한다. 즉 하나의 생성방법을 이용하여 나타날 수 있는 모든 형태를 만들어 내고 적절한 제약을 적용하여 이에 대한 위반성이 최소로 적은 것을 최적(optimal) 형태로 인정하는 방식이다. 이와 같이 제약은 기저형을 표기하고 여기에서 표면형을 이끌어 내는 것이 아니므로 규칙에서와 같이 변화를 유발하는 환경을 따로 표시할 필요가 없다. 이를 형식화하여 정리하면 다음과 같이 나타난다 (McCarthy & Prince 1994: 86).

(5) 최적성-기반 문법(Optimality-Based Grammar)
Gen(in_i) → { $cand_1$, $cand_2$ ... }
Eval{($cand_1$, $cand_2$ ...)} → $cand_k$ (the output, given in_i)

여기에서 Gen은 '생성'을 나타내는 Generator의 약어이며 입력부에서 출력부에 가능한 모든 대상 '후보(candidate)' 표기를 만들어 낸다. Gen은 GB 통사론의 연속적으로 적용되는 'Move-α'에 비유될 수 있으며, 음운론에서는 여러 개의 다른 운율적 분석형을 만들어 내는 것과 같다. 물론 후보가 될 수 있는 표기의 수는 정해져 있지 않다. 또한 Eval(ulator)은 '평가(evaluate)' 과정을 나타내며 Gen이 생성한 모든 후보표기의 적합성을 평가하여 적합하지 못한 것들을 골라내는 역할을 한다. 이러한 Eval이 될 수 있는 것이 바로 '제약(constraint)'으로 이 제약은 물론 언어 보편적이어야 한다. 그러나 한 가지 이상의 제약이 부여될 때 이들 상호간의 중요도의 위계관계(hierarchy)는 언어마다 다르게 나타나서 개별 언어의 특성을 보여줄 수 있다.

한편 최적성 이론의 문법에서 Gen과 Eval이 함께 중요한 자리를 차지하는 것이 어휘부인데, Gen에 대한 입력부가 되는 모든 어휘형태를 수록하는 영역이다. 즉 어휘부는 해당 언어의 음운론적, 형태론적, 통사론적, 의미론적 영역을 포함한 (어근, 어간, 접사와 같은) 형태소의 모든 변별적 속성을 수록한다. 또한 어휘부는 Gen으로 전달되는 입력형 표기를 제공하므로 기저표기 단계에서는 특정 속성이 표시되지 않는다는 점이 주목된다. 즉 최적형을 선택하기 위한 제약들은 모두 출력형에만 적용되고 입력형과는 무관하여 규칙-기반 이론과 또 하나의 근본적인 차이를 보인다. 다시 말하면, 규칙-기반 이론에서는 오직 하나의 입력형 (즉, 기저형)을 고려대상으로 하였으나 최적성 이론에서는 출력형의 후보형뿐 아니라 입력형의 설정도 좀더 풍부하게 할 수 있다는 점에서 큰 차이를 보인다. 이러한 속성은 다음과 같이 '어기의 풍부성(richness of the base)'이라고 불린다.

(6) 어기의 풍부성
  기저형 설정 단계에서는 아무런 제약도 적용되지 않는다.

즉 충실성 제약이든 유표성 제약이든 모두 출력형만을 고려하여 적용되도록 하고 입력형에는 이러한 제약을 두지 않는다는 것이다. 예를 들어 /pin/ [pĩn]에서처럼 영어의 모음은 비음 앞에서 비음으로 실현되는데 이러한 경우 생성음운론의 분석에서는 기저형을 /pin/으로 설정하여야 되는 것으로 인정되어 왔다. 그러나 어기의 풍부성을 인정하는 최적성 이론에서는 /pin/이나 /pĩn/ 중 어느 것으로도 입력형을 삼을 수 있다. 그 이유는 제약의 적용이 비음 앞의 모음을 허용하지 않는다는 제약이 모음은 구강음(oral)이어야 한다는 제약이나 입력부의 유무성 속성을 바꾸지 못한다는 충실도 제약[3]보다 우선하도록 위계관계가 설정되기 때문이다.[4] 이러한 정신을 따라서 최적성 문법의 영역은 다음에서와 같이 모두 세 부분으로 구성되어 있다고 볼 수 있다.

---

[3] 이 세 제약을 *V_{Oral}N, *V_{Nasal}, Ident-IO(nasal) 등과 같이 표시할 수 있다.
[4] 이 어기의 풍부성에 대한 좋은 예로 맨 마지막 절에 논의되는 Philadelphia 영어의 plan [plEn]을 들 수 있다. 뒤에서 자세히 논의되지만 Philadelphia 영어의 발음은 폐음절의 전설 저모음을 긴장 모음화하는데 이에 필요한 두 제약의 위계관계(æ-Tensing이 *TENSE-low보다 우월)를 적절히 설정함으로써 (어기의 풍부성에 의해) 입력형을 /plEn/이나 /plæn/ 어느 것을 사용해도 마찬가지의 올바른 결과를 얻는다 (Benua 1995, 1997).

(7) 어휘부(Lexicon): 형태소의 어휘표기(또는 기저형)로 Gen의 입력부가 된다.
Gen(enator): 입력형에 대한 출력형 후보들을 만들어 내어 Eval로 전달한다.
Eval(uator): 위계관계가 있는 제약들의 집합으로 출력형 후보들 중에서 최적형을 선발한다.

이와 같이 제약에 의한 적합성에 기초한 최적성 이론의 원칙(Principles of Optimality Theory)은 다음과 같이 중요한 네 가지 항목으로 나타내진 다 (McCarthy & Prince 1994: 83).

(8) 최적성 이론의 원리
 a. 위반 허용성(Violability)
    제약은 위반될 수 있다; 그러나 그 위반은 최소한이어야 한다.[5]
 b. 위계관계(Ranking)
    제약은 언어 개별적으로 상호 우월관계가 정의된다. 최소 위반 (또는 최대 만족)의 개념이 위계관계의 정의로 쓰인다.[6]
 c. 총괄성(Inclusiveness)
    제약의 등급은 구조적 적형성을 보편적으로 고려하여 인정된 다수의 분석 가능성(또는 후보)을 총괄적으로 평가한다; 여기에서 특정 구조 기술이나 변화, 또는 어떤 특정 제약에 연관된 특수 규칙이나 수정전략은 쓰이지 않는다.[7]
 d. 병렬성(Parallelism)
    제약 위계를 최대로 만족시키는지의 여부는 제약들 사이의 전체 위계도와 모든 후보의 집합을 고려하여 병렬적으로 계산한다.[8]

---

[5] Constraints are violable; but violation is minimal.
[6] Constraints are ranked on a language-particular basis; the notion of minimal violation (or best-satisfaction) is defined in terms of this ranking.
[7] The constraint hierarchy evaluates a set of candidate analyses that are admitted by very general considerations of structural well-formedness; there are no specific rules or repair strategies with specific structural descriptions or structural changes or with connections to specific constraints.
[8] Best-satisfaction of the constraint hierarchy is computed over the whole hierarchy and the whole constraint set.

이러한 최적성의 원리 중 우선 (8a)의 '위반 허용성'이 뜻하는 것은, 제약이 절대적인 힘을 가지고 있는 것이 아니어서 경우에 따라서는 위반(violation)이 될 수도 있다는 것이다. 즉, 실제 언어사용에서는 모든 제약을 지키는 아무 결점이 없는 분석만 수용되는 것이 아니라 경우에 따라서는 제약의 위반이 최소한으로(minimally) 허용될 수도 있다는 것이다. 따라서 가장 최적의 후보라 할지라도 경우에 따라서는 어느 특정 제약을 위반할 수도 있다. 그러나 (제외되는) 다른 후보에 비해 위반성의 정도나 위반하는 제약의 등급이 낮아야 최적 형태로 인정된다. 즉 최소한으로 제약을 위반하는 후보가 최적형이 되는 것이다 (Prince & Smolensky 1993, McCarthy & Prince 1993). 이러한 관점에서 (8b)의 등급은 하나 이상의 제약이 있고 분석의 후보가 모두 하나 이상의 제약을 위반하는 경우 덜 중요한 제약을 어기는 쪽이 최적형으로 수용되도록 하는 장치이다. 즉 언어마다 제약의 중요도를 위계관계로 정해 상위의 제약을 지키는 것이 하위의 제약을 지키는 것보다 더 높이 평가되는 것이다. (8c)는 모든 가능성에 대해서 보편적인 제약의 등급에 의해 최적성을 판단하여야 한다는 것이다. 또한 최적성 이론은 제약에 기반을 두고 있으므로 예전의 '기저형 → 표면형'의 도출관계를 부정하는 특징이 나타난다. 따라서 기저형뿐 아니라 도출상의 중간단계도 인정되지 않는다. 마지막으로 (8d)의 병렬성은 어느 형태의 최적성을 판단하기 위해서는 모든 제약의 위계(hierarchy)를 살펴야 할 뿐 아니라 모든 가능한 후보형태를 일단 설정한 뒤 평가에 들어가야 한다는 원칙이다. 이상의 원칙을 따라 최적성 문법에서 입력형과 출력형을 연계시키는 과정과 제약의 위계관계를 다음의 그림으로 나타내 볼 수 있다. ('»' 표기는 왼쪽의 제약이 오른쪽 제약보다 더 상위에 있음을 표시한다.)

(9)
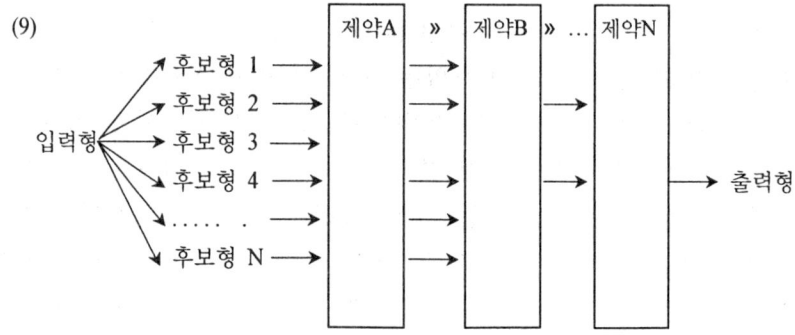

위의 그림에서 여러 다양한 후보들 중에서 가장 바람직한 후보형은 전체 제약의 위계구도 내에서 선택된다. 따라서 상위의 제약을 지키면서 각 단계의 최소한의 만족조건을 끝까지 통과한 것이 최적형으로 표면에 나타난다.

그러면 이상에서 제시된 원칙을 실제 예를 들어 검토해 보기로 한다. 우선 다음 (10)의 도표에서 '*' 표시는 제약을 위반하고 있다는 표기이며, 물론 아무런 제약도 위반하지 않은 후보 $Cand_1$이 제약 B를 위반한 $Cand_2$에 비해 더 최적의 후보이므로 이를 표시하는 '☞' 기호를 붙인다. 그리고 제약을 위반하고 있는 $Cand_2$에는 '!' 표시가 추가되는데 이는 어느 후보가 고려대상에서 제외되도록 위반이 '치명적(fatal)'인 경우를 나타낸다.

(10) 제약도표 /in_k/

후보(candidates)	A	B
☞ $Cand_1$		
$Cand_2$		*!

또한 '등급(ranking)'은 제약이 두 가지 이상일 때 한 가지 제약이 다른 제약에 비해 더 중요성이 높게 인정되어야 하는 경우를 설명한다. 이때 제약간의 등급은 물론 언어마다 다르게 나타나지만 최적의 형태가

되기 위해서는 가능한 한 상위등급의 제약에 대한 위반을 최소화하여야 한다. 즉 상위등급의 제약을 어기지 않는 한 하위등급의 제약은 종종 위반되고 있는 것을 흔히 발견할 수 있다. 여기에서 제약 사이의 중요도 등급은 임의로 정하는 것이 아니라 제약들의 적용 순서를 바꾸었을 때 나타나는 최적성의 정도에 따라 언어 개별적으로 결정된다. 이와 같이 제약의 순서가 바뀌어 나타나는 문제를 '충돌(conflict)'이라고 부른다.

우선 어느 언어에서 두 가지 제약 A와 B가 있다고 하자. 이때 어느 음운/형태표기에 대한 가능한 후보가 둘이 있고 각각 A와 B의 제약을 하나씩 위반하는 경우 이를 (11a)와 같은 도표로 나타낸다. 이때 두 제약간의 중요도가 정해져 있지 않으므로 도표상에서 A와 B를 나누는 선이 점선으로 표시된다. 그러나 어느 한 쪽 제약이 다른 쪽보다 중요할 때 (11b)에서와 같이 이 선이 실선으로 바뀐다.

(11) a. 제약충돌, /in_k/

후보(candidates)	A	B
$Cand_1$		*
$Cand_2$	*	

b. 제약충돌, A ≫ B, /in_k/

후보(candidates)	A	B
☞ $Cand_1$		*
$Cand_2$	*!	

(11b)에서 $Cand_1$과 $Cand_2$는 각각 제약 B와 A를 위반한다. 그러나 이 언어에서는 제약 A가 B보다 상위등급을 가지는데, 이를 A가 B를 지배(dominate)한다고 한다 (즉, A ≫ B). 따라서 제약 A는 반드시 지켜질 것으로 기대되므로 이의 위반은 치명적(fatal)일 수 있어 해당 항목에 '*' 표시 이외에 '!' 표시가 추가된다. (그러나 제약 B의 위반은 위에서 본 최적성 이론의 위반 가능성에 의해 허용될 수 있다.) 또한 상위 제약의

위반 여부로 이미 선택의 결정이 났으므로 하위 제약 B에 대한 평가영역을 음영(shade)으로 표시하여 그 이하 단계의 위반 여부가 고려대상에서 제외되도록 한다. 그 결과 하위의 제약 B를 위반한 Cand$_1$이 상위의 제약 A를 위반한 Cand$_2$에 비해 더 나은 결과로 나타나므로 최적후보를 나타내는 '☞' 기호를 붙인다.

한편 양쪽 후보 모두가 제일 중요한 제약 A를 위반하는 경우는 그 다음 제약 B의 위반 여부로 최적성을 판단한다. 따라서 다음의 제약도표에서는 Cand$_2$가 첫 번째 비교단계에서 A에 대한 위반 정도가 Cand$_1$과 같지만 B에 대한 위반 여부를 비교하는 두 번째 평가과정에서 '치명적' 위반성이 나타나 고려대상에서 제외된다. 따라서 제약 A의 위반에도 불구하고 Cand$_1$이 최적의 후보가 된다.

(12) 제약충돌, A » B, /in$_k$/

후보(candidates)	A	B
☞ Cand$_1$	*	
Cand$_2$	*	*!

마지막의 경우는 위반 제약의 등급이 같은 경우로 이때는 위반의 횟수를 비교하여 최소한의 횟수만 위반을 하고 있는 Cand$_1$이 최적으로 선택된다.

(13) 제약충돌, A » B, /in$_k$/

후보(candidates)	A, B, ...	N
☞ Cand$_1$	...	*
Cand$_2$	...	***

최적성 이론의 마지막 이러한 원리는 제약의 운용에 관한 것으로 맨 마지막의 '총괄성'은 제약의 운용에 대한 일반적인 속성을 기술한 것이다.

즉, 다수의 모든 가능성을 총괄적으로 고려하여 최적형을 선택한다는 원칙이다.

한편 가능한 모든 후보형태를 만들어 내는 것이 Gen의 기능이지만 후보형태를 얼마든지 무한으로 만들어 내는 것은 아니다. 즉 Gen의 기능을 제어하는 원칙이 있어야 한다는 필요성이 제기된다. 이를 위하여 McCarthy & Prince (1994: 88-89)는 Prince & McCarthy (1993)의 주장을 바탕으로 다음과 같이 세 가지를 제안하고 있다. (앞의 두 가지가 Prince & McCarthy (1993)에서 제안된 것이다.)

(14) a. 분석의 자유(Freedom of Analysis)
어떤 후보형태도 만들어낼 수 있다.
b. 포괄성(Containment)
입력부로부터 어떤 요소도 제거할 수 없다.
따라서 입력부는 모든 후보형태에 포함되어야 한다.
c. 구현형태의 일관성(Consistency of Exponence)
음운적으로 한정된 형태소의 구현형태는 변화가 허용되지 않는다.

우선 (14a)는 Gen은 음절, 모라, 또는 다른 운율구조 등을 모두 망라한 다양한 형태의 후보형태를 만들도록 허용된다는 것이다. 즉 (14b, c)에서 한정하는 바대로 입력부(즉, 기저형태)가 후보형태의 표기에 포함되기만 하면 어떤 후보형태도 허용된다는 뜻이다. 이 조항은 이전의 표준 생성이론과 최적성 이론을 구별시켜 주는 가장 특징적인 기술이다. 즉 가능한 후보형태를 모두 수용함으로써 특수규칙이나 Paradis (1988) 등의 '수정전략(repair strategy)'이 불필요하도록 하는 것이다.[9] 예를 들면 최적성 이론에서는 삽입규칙과 같은 별도의 규칙이 이 조항에 의해 불필요하게

---

[9] 또한 Scobbie (1992)의 Declarative Phonology와도 차이를 보이게 된다. 최적성 이론과 Paradis의 '수정전략(Repair Strategy)' 이론, Scobbie (1992)의 '선언적 음운이론(Declarative Phonology)' 등에 대한 특성의 비교는 Lacharité & Paradis (1993) 참조.

된다. 그 이유는 후보를 만드는 과정에서 Gen이 이미 분절/음절을 자동으로 삽입하기 때문이다.

(14b)의 원칙은 분절 등의 삭제현상이 실제로 입력부에 있던 특정 요소를 Ø으로 대체하는 것이 아니라 단순히 분석되지 않은 상태로 (underparsing) 남겨둔다는 것을 나타낸다. 이 원칙은 이후 대응이론의 등장을 가져오게 한 '포괄이론(Containment Theory)'으로 알려지게 된 Prince & Smolensky (1993)의 PARSE/FILL 이론의 핵심이다. 즉, 어느 구성요소도 입력부로부터 분리될 수 없어서 출력부의 모든 후보형에 나타나도록 통제된다는 것이 기본적인 개념이다. 어느 구성요소의 삭제는 운율적으로 실현(parse)되지 않고 그대로 남겨져서 음성 해석이 되지 못하는 것으로 표시된다. 삭제된 입력부 구성요소는 출력부 표기에 포함되므로 음운적으로 활성화(active)될 수 있다. 예를 들어 영어의 <k>now/ac<k>nowledge 의 /k/는 발음되지 않는 경우 분석하지 않고 < >로 묶어 남겨 놓게 된다는 것이다.

(14c)는 형태론과 음운론의 연관성을 나타내는 조항이다. McCarthy & Prince (1993)에서도 제시되었던 조항으로 형태소의 어휘적 표기가 Gen에 의해 영향을 받지 않는다는 것이다. 따라서 Gen에 의해 설정된 삽입요소는 형태적인 속성을 가지고 있지 않을 뿐 아니라 역시 Gen이 만들어내는 분절음의 미분석(underparsing)도 형태소의 어휘적 속성을 바꿀 수 없다는 것이다. 따라서 어떤 형태소의 음운적 형태는 기저형태와 표면형태가 동일해야 함을 나타낸다.

이제까지 우리는 제약의 적용과 후보형의 설정에 대한 원칙에 대하여 살펴보았다. 특히 후보형의 설정을 담당하는 Gen은 분석의 자유성에 의해 여러 가지 형태를 Eval에 대한 대상으로 제공할 수 있음을 보았다. 그런데 앞에서도 논의된 바와 같이, 입력부를 담당하는 어휘부에서도 입력형의 설정을 위해서 후보형의 설정과 마찬가지로 하나 이상의 가능한 형태를 고려할 수 있다. 즉, 규칙이론에서는 단 하나의 입력형이 고

제1장 최적성 이론과 언어분석 15

려되어야 하지만 최적성 이론에서는 그 이상의 입력형을 고려할 수 있고 다른 입력형을 사용하는 경우에도 결국 동일한 최적 출력형이 선택된다. 그러나 여기에서 과연 입력형으로 고려될 수 있는 형태가 무한하게 될 수도 있는 위험이 자리잡고 있지는 않는가 라는 의문을 가질 수 있게 된다. 예를 들어 영어의 [pīn]을 최적형으로 선택하기 위한 입력형이 /pin/ 이나 /pīn/ 이외에 다른 형태도 허용해야 하는가 하는 의문이 생길 수 있다. 우리는 이에 대한 해답을 Prince & Smolensky (1993: 192)가 제시한 다음의 '어휘부 최적화(Lexicon Optimization)'에서 찾을 수 있다.

(15) Suppose that several different inputs $I_1, I_2, ..., I_n$ when parsed by a grammar G lead to corresponding outputs $O_1, O_2, ..., O_n$, all of which are realized as the same phonetic form ϕ -- these inputs are phonetically equivalent with respect to G. Now one of these outputs must be the most harmonic, by virtue of incurring the least significant violation marks: suppose this optimal one is labelled O_k. Then the learner should choose, as the underlying form for ϕ, the input I_k.

즉, 입력형은 출력형과 가장 가까운 것을 선택하도록 하는 지침이다. 즉, 언어 학습자는 특이한 어휘형을 기저형으로 삼아야 하는 근거가 없는 한 입력형이 출력형과 동일하다고 가정한다는 점을 시사하는 것이다.[10] 다시 말하면 이렇게 (출력형과 밀접한 관계를 가지고) 설정된 입력형은 동일한 출력형을 만들어 내는 가상적인 입력형에 대하여 제약의 위반정도가 더 적어지는 장점을 갖게 된다. 따라서 '어기의 풍부성' 원칙이 다양한 입력형을 고려 대상으로 허용할 수 있으나 어휘부 최적화 원칙을 적용하면 궁극적으로 설정되게 되는 입력형의 범위가 자연스럽게 좁혀질 수밖에 없어 최적성 이론의 통제력을 보여줄 수 있게 된다.

---

[10] 이러한 관점은 정반대의 증거가 없는 한, 기저형은 언제나 표면형과 같아야 한다는 Natural Phonology를 제안한 Stampe (1972)의 주장과 맥을 같이 하는 것이다. 또한 이에 대한 또 다른 대안으로 Archangeli (1984, 1988)의 미명세 이론(Underspecification Theory)을 들 수도 있다. 이에 대하여는 Kager (1999: 33) 참조.

아래에서 최적성 이론의 실제 적용과정을 논의하기 전에 이제까지의 논의를 바탕으로 규칙이론과 최적성 이론의 특성을 다음과 같이 비교해 볼 수 있다.

(16) 규칙-기반 이론과 최적성 이론의 비교

	규칙-기반 이론	최적성 이론
입력형	유일 가능성	어기의 풍부성
출력형	유일 가능성	분석의 자유성
입력형-출력형 관계	1:1 연계관계	1:다 연계관계
중간도출 단계	가능	불가능
적용장치	규칙 (제약, 조건)[11]	제약
적용순서	순차적 적용	병렬적 적용
위반가능성	위반 불가	위반 허용성(최소성)

1.2 음절과 최적성 이론

이와 같은 최적성 이론이 실제 언어분석에 적용되는 과정을 알아보기 위해 우선 음절과 관련된 현상을 분석해 보기로 한다. 음절에 대한 최적성 이론의 적용에 필요한 기본적인 제약은 다음과 같이 GEN, 음절구조에 대한 제약, 일반적인 충실성에 대한 제약 등 세 가지로 나누어 표기할 수 있다 (Prince & Smolensky 1993, Myers 1993).

(17) 음절이론의 최적형 설정요소
    a. GEN: i) 분절음을 음절과 연결한다.
            ii) 자질표기가 없는 분절근(root) 마디를 삽입한다.
    b. 음절구조

---

[11] 여기에서 언급된 제약이나 조건은 생성음운론에서 사용되어 온 OCP(Obligatory Contour Principle), 형태소 구조 조건(Morpheme Structure Condition) 등을 말한다.

i) ONSET: 모든 음절은 음절초 자음을 가져야 한다.
ii) NO-CODA: 음절은 음절말 자음을 가지지 않는다.[12]
iii) *COMPLEX: 각 음절 구성단위는 하나의 분절음에만 연결된다.
iv) *P: 음절핵(peak)은 공명도가 가장 높은 분절음이 차지한다.
v) *M: 음절 주변음(margin)인 음절두음(onset)이나 음절말음(coda)에는 공명도가 가장 낮은 분절음이 위치한다.
c. 충실성 제약(Faithfulness constraints)
PARSE: 모든 분절음은 음절이나 모라와 연결되어야 한다.
FILL: 모든 분절음은 필요한 자질 표기를 가져야 한다.

우선 음절구조를 만들어내는 (17a)의 GEN은 음절구조가 부여되어 있지 않은 입력형태에 가능한 모든 음절구조를 첨가하는 구조-구성(structure-building)의 역할을 한다. 따라서 입력형태를 근본적으로 변화시키는 일반 음운이론의 구조-변화적(structure-changing) 과정과는 구별이 된다.

(17b)의 세약은 음설구소의 유표성(markedness)과 직접적인 관련이 있다. 즉, ONSET은 모든 음절은 음절초 자음을 가져야 한다는 것으로, 언어 보편적으로 CV(C) 구조가 V(C) 구조보다 더 언어사용에 적합(optimal)한 것으로 평가하는 것이다.[13] NO-CODA 조건은 언어 보편적으로 음절말 자음을 가지지 않는 개음절(open syllable) 구조인 (C)V가 폐음절(closed syllable) 구조인 CVC보다 더 적합하다는 제약이다. *COMPLEX 제약은 음절핵, 음절두음/말음 등 각 음절 구성단위는 둘 이상의 분절음과 연결되지 않도록 하는 조건이다. *P 제약은 음절핵(peak)에는 연결 가능한 분절음 중 가장 공명도가 높은 것이 선택되도록 하는 제약이다.[14] 반대로 *M의 제약은 가능한 분절음 중 가장 공명도가 낮은 것을 음절

---

[12] Prince & Smolensky (1993)에서는 이를 -CODA로 표시한다.
[13] 음절은 반드시 음절두음인 자음으로 시작해야 한다는 ONSET 제약은 다음과 같이 나타낼 수 있다: *[$_\sigma$V
[14] 기본적인 공명도 제약을 지키지 않는 후어휘적(postlexical) 빠른 발화현상은 물론 여기에 포함되지 않는다. 영어에서 *I must sell*에서 *must*를 [ms̞]로 발음하는 경우를 예로 들 수 있다.

주변단위(margin)에 연결하도록 하는 제약이다. 따라서 자음과 모음이 같이 후보가 되는 경우 음절핵에는 공명도가 높은 모음 ≫ 공명자음 ≫ 저해음의 순서에 따라 우선 순위가 정해지고, 공명도가 낮은 자음부터 음절 주변단위인 음절두음/말음의 위치에 나타난다.

(17c)의 충실성 제약은 기저표기에 대한 이탈형태를 만들 수밖에 없는 불가피한 역할을 나타낸다. 즉 어떤 언어에서 이 충실성 제약을 지배하는 제약을 가지고 있는 경우 FILL이나 PARSE 등의 충실성 제약이 '최소한'으로 위배되어 삽입현상이나 삭제현상이 나타난다. (물론 최적이론에는 기저형태의 변화를 초래하는 도출과정이 없으므로 일반 표준이론의 삭제현상이 실제로 일어나는 것이 아니라 단지 해당 분절음을 분석하지 않고(unparsing) 방치함으로써 동일한 효과를 가져오게 된다.) 따라서 PARSE를 지배하는 제약이 있으면 분절음 삭제현상이 표면에 나타나며, FILL이 지배되는 경우는 삽입현상이 나타난다. 이에 대한 예로 정통 아랍어의 경우를 보자. 이 언어에서는 반드시 음절두음을 갖도록 되어 있으므로 그렇지 못한 음절에는 비어있는 음절두음으로 성문파열음(glottal stop)을 삽입한다. 따라서 기저형태 /alqalamu/는 [ʔalqalamu]로 표면에 나타난다. 이 현상을 최적이론의 틀 내에서는 ONSET과 PARSE의 제약을 지키기 위해 FILL을 위반하는 것으로 설명할 수 있다. 따라서 아랍어에서는 ONSET과 PARSE가 FILL보다 상위에 있는 제약으로 존재하는 셈이다. (□는 삽입자음이 들어가는 위치를 나타내며 '.'은 음절경계를, '☞'는 최적형을 가리킨다.)

(18)

Candidates	PARSE	ONSET	FILL
☞ .□al.qa.la.mu			*
.al.qa.la.mu		*!	
.<al>.qa.la.mu	**!		
.□al.qa□.la.mu			**!

한편 이와 같은 분석방식을 다른 언어에도 쉽게 적용할 수 있다. 예를 들어 음절말음을 하나만 허용하는 한국어의 경우 겹자음 단순화 현상을 다음과 같이 나타낼 수 있다.

(19) /kaps/ → [kap] '값'

Candidates	FILL	PARSE	Peripherality
a. ☞ kap\<s\>		*	
b. ka\<p\>s		*	*!
c. ka\<ps\>		**!	
d. ka.\<p\> □s	*!	*	
e. ka.p□.s□	**!		

즉 한국어에서는 아랍어와는 반대로 PARSE보다는 FILL 제약이 더 상위에 있으므로 FILL을 위반하는 (19d, e)는 우선적으로 제외된다. 그 다음 PARSE를 두 번 위반한 (19c)가 제외되고 나머지 (19a)와 (19b) 중 하나를 선택한다. 이 과정에서 설정성을 가진 /s/보다는 /p/가 더 조음기관의 중심에서 벗어나 있어 주변적(peripheral)이므로 최종적으로 (19a)가 최적형으로 선택된다.[15]

1.3 운율/형태론적 현상

Prince & Smolensky (1993)의 최적성 이론은 이후 수많은 연구에 의해 그 적용영역이 급속히 확장되었다. 그러나 그 중에서도 초기의 (표준) 최적성 이론의 발전에 중심적 역할을 한 것이 McCarthy & Prince (1993, 1994)로 McCarthy & Prince (1986, 1990, 1991)에 제시된 자신들의 제안을

---

[15] '주변성(Peripherality)'은 Velar » Labial » Coronal의 등급으로 나타낼 수 있다. 즉 동화과정 등에 있어서 좀더 주변적인 연구개음이나 입술소리가 설정음에 대해 우월한 지위를 갖는다는 원칙이다.

최적성 이론의 테두리 안에서 좀더 효율적으로 개선할 수 있음을 보여 운율 형태론 연구에 대한 방향을 제시한 공헌을 하였다. 이러한 제안에 앞서 McCarthy & Prince (1990)의 연구는 McCarthy & Prince (1986)에서 제시된 바와 같이 전통적으로 희귀한 유형인 접요사 첨가로 간주되어 온 현상을 언어 보편적인 접미사나 접두사 첨가로 재해석할 수 있는 가능성을 이론적으로 뒷받침하게 되었다. 그러나 이 연구에서 제시된 운율적 영역의 지정 방식이 가지고 있는 몇 가지 문제점이 노출되었는데 McCarthy & Prince (1996, 1994)는 이를 최적성 이론의 틀에서 해결할 수 있음을 보여주었다.

이러한 가운데에서 제안된 중요한 개념이 바로 형태적/운율적 경계를 왼쪽이나 오른쪽 끝으로 정렬(align)시키는 McCarthy & Prince (1994)가 제시한 '일반정렬(Generalized Alignment)' 이론의 ALIGN이다. 즉 운율, 형태적인 많은 현상들이 음운적 어휘, 음절, 어간, 어근 등 음운, 형태적인 구성요소의 가장자리(constituent edges)가 정렬되어야 하는 적형성 제약을 따르고 있다. 일반정렬의 개념은 다음과 같이 정리할 수 있다.

(20) 일반정렬 (Generalized Alignment)
Align (Cat_1, $Edge_1$, Cat_2, $Edge_2$) = def
$\forall Cat_1 \exists Cat_2$ such that $Edge_1$ of Cat_1 and $Edge_2$ of Cat_2 coincide,
where $Cat_1, Cat_2 \in$ PCat $\cup$ GCat
$Edge_1, Edge_2 \in$ {Right, Left}

위의 정의에서 PCat은 음절, 음보(foot), 운율적 어휘(phonological word) 등의 음운적 범주(phonological category)를 나타내고, GCat은 어근, 접사, 어간 등의 형태, 통사적인 문법적 범주(grammatical category)를 나타낸다. 따라서 위의 일반정렬이 나타내는 것은 이 한쪽 범주인 Cat_1의 모든($\forall$) 왼쪽 또는 오른쪽 가장자리가 다른 범주인 Cat_2의 어느($\exists$) 왼쪽 또는 오른쪽 가장자리와 서로 가지런히 정렬되어서 두 범주에 의해 공유되어야 한다는 점을 뜻한다.

일반정렬에 대한 첫 번째 예로 잘 알려진 Tagalog의 접요사 첨가현상을 검토해 보자. 다음의 예에서 보여지는 바와 같이 Tagalog의 접사 -um-은 언뜻 보기에 접두사로 첨가되는 것 같기도 하고 접요사(infix)로 첨가되는 것 같기도 한 혼동스러운 양상을 보인다. 즉, 어근이 모음으로 시작하면 그대로 어근 앞에 첨가되어 접두사의 역할을 하지만 자음으로 시작하는 어근에 대하여는 자음(군) 뒤에 첨가되어 마치 접요사인 것처럼 행동하는 것이 특징이다.

(21) Tagalog -um- 첨가

어근	-um-	
aral	um-aral	'teach'
sulat	s-um-ulat	'write'
gradwet	gr-um-adwet	'graduate'

이 현상에 대한 최적성 이론 이전 분석인 McCarthy & Prince (1990)를 따르면 -um- 첨가는 '부정적 운율영역 지정(negative prosodic circumscription)'의 예에 해당하여, 영역지정 함수는 (Consonant, L)이 되고 형태론적 작용 O는 'Prefix -um-'이 될 것이다. (이에 대한 상세한 소개는 Kenstowicz (1994: 11장) 참조.)

(22) Tagalog 부정적 운율영역 지정
  O/ (gradwet) = gradwet: * O(gradwet/)
  = gr * O(adwet)
  = gr * um-adwet
  = gradwet

그러나 이러한 설명은 다음과 같이 두 가지 문제를 내포하게 된다. 우선 이러한 차용어의 음절두음을 운율단위로 간주하면 왜 음절초 자음군을 가진 최근 차용어가 gr-um-adwet와 동일한 방식으로 접요사를 택하게 되는지 설명하기 힘들다. 음절초 자음 하나만 음절두음(onset)이 될 수도 있고 음절초 자음군 전체가 음절두음이 될 수도 있기 때문이다. 반면에, 음절두음을 운율단위로 보지 않는 경우에는 함수 φ(C(onstituent), E(dge))의 C, 즉 운율단위를 설정할 수 없게 되는 문제가 등장할 것이다. 둘째, 위에서 보인 것과 같은 부정적 영역지정은 왜 VC 접사가 모음 앞에 첨가되는지를 설명하기 힘들다. 그러나 이를 음운적인 관점에서 보면 VC+V가 되어 무표적인 '자음+모음+자음+모음...' 음절구조를 이룬다는 점이 쉽게 드러난다.[16]

이제 McCarthy & Prince (1994)의 최적성 분석에서는 -um-의 첨가 위치가 다음에 소개되는 NO-CODA와 ALIGN 두 제약의 상호관계에서 결정되는 것으로 설명하고 있다.[17]

(23) Tagalog 제약
   a. NO-CODA: 음절은 모두 개음절(open syllable)이어야 한다.
   b. ALIGN-*um*: Align([*um*]Af, L, Stem, L)

NO-CODA 제약은 이 언어의 운율적(prosodic) 속성을 나타내는 것으로 접사첨가에 의해 폐음절이 나타나는 구조를 가능한 한 피하도록 하는 역할을 한다. 둘째의 ALIGN은 첨가된 접사 -um-의 왼쪽 끝이 어간의 왼쪽 끝과 서로 일치하도록 정렬된 형태를 선택하여야 한다는 형태론적(morphological) 제약이다. 이 두 번째 제약은 결국 -um- 접사가 접두

---

[16] McCarthy & Prince (1990: 227)의 부정적 영역지정에 의한 분석뿐 아니라 Inkelas (1989)의 하위범주화(subcategorization) 방식 역시 이러한 음운적 요인을 설명하기 힘들다. 왜냐하면 이들의 방식에서는 접사의 첨가와 첨가위치의 지정 관계는 상호 독립적이기 때문이다.

[17] McCarthy & Prince (1993)에서는 ALIGN의 개념이 도입되지 않고 EDGEMOST 제약을 사용하였다: EDGEMOST([*um*]Af, L, Stem). 그러나 McCarthy & Prince (1994)에서는 이 제약을 포함하면서 좀더 보편적인 ALIGN을 사용한다.

사 형식으로 첨가된다는 점을 나타내는 것이다. 한편 이 두 제약 사이에는 충돌이 생길 수도 있는데 다음에 보여진 최적형을 보면 NO-CODA가 ALIGN보다 우월(dominate)하여야 한다는 점을 알 수 있다. (여기에서 어간의 끝은 '['로 표시하고 접사의 왼쪽 끝은 '-'로 표시한다.]

(24) NO-CODA » ALIGN-*um*, {*um, gradwet*}$_{stem}$

Candidates	NO-CODA	ALIGN-*un*
a. [-um.-grad.wet.	***!	
b. [g-um.rad.wet.	***!	g
c. ☞ [gr-u.mad.wet.	**	gr
d. [grad.w-u.met.	**	gradw!

(24c, d)는 상위의 제약 NO-CODA를 두 개씩만 위반하고 있는데 (24a, b)는 세 개의 음절말음을 가지고 있으므로 이는 '치명적(fatal)' 제약 위반이어서 하위의 제약에 대한 것은 더 이상 고려의 대상이 되지 않는다. 따라서 이 하위제약과 관련된 부분을 '음영(shading)'으로 처리한다. 즉 하위의 제약 ALIGN에 대하여 (24a)는 위반사항이 없고 (24b)는 한 개만 위반하고 있으나 두 후보 모두 음절말음(coda)을 세 개씩 가지고 있으므로 고려대상에서 우선적으로 제외되는 것이다. 이제 남은 (24c)와 (24d)를 비교하면 (24c)가 ALIGN을 두 개만 위반하고 있으므로 이를 최적형으로 선택한다. 따라서 여기에서 선택된 최적형은 어느 제약도 완전하게 만족시키지는 못하지만 우선 상위의 제약을 최소한으로(minimally) 위반하고 하위의 제약도 다른 경쟁 후보에 비해 위반 정도가 약하기 때문에 최종적으로 최적형으로 선택될 수 있는 것이다.

이러한 분석 방식은 다음의 표에서 보여진 바와 같이 어간이 모음으로 시작하는 형태에도 똑같이 적용된다. 즉 자음, 모음 어느 것으로 시작하는 형태도 동일한 방식으로 분석이 가능하다.

(25) NO-CODA » ALIGN-*um*, {*um, aral*}$_{stem}$

Candidates	NO-CODA	ALIGN-*um*
a. ☞ [-u.ma.ral.	*	
b. [a.-um.ral.	**!	a
c. [a.r-u.mal.	*	ar!
d. [a.ra.-uml.	*	ara!
e. [a.ra.l-um.	*	aral!

여기에서는 *um*이 전형적인 접두사로 첨가된 것이 최적형이다. 그 이유는 이 접사가 맨 앞에 첨가될 때에 ALIGN에 대한 위반사항이 없을 뿐 아니라 상위의 제약 NO-CODA에 대하여 단 하나의 위반만을 하고 있기 때문이다. (25c, d, e) 등도 NO-CODA에 대하여 한 개씩 위반사항이 있기는 하지만 하위제약인 ALIGN의 위반정도가 (25a)에 비해 크기 때문에 최적형이 될 수 없다. 한편 (25b)는 이미 상위제약의 위반이 두 개로 치명적이므로 하위제약에 대한 평가영역은 음영으로 처리하여 고려 대상에서 우선적으로 제외한다.

이와 같이 최적성 이론의 분석에 의하면 접사 *um*의 위치가 음운제약인 NO-CODA를 통해 음운과정에 의해 직접 결정되므로 언어 보편적인 개음절의 무표성과 맥락을 같이 하는 것으로 설명할 수 있다. (또한 이 분석은 McCarthy & Prince (1990)에서와 같이 운율영역을 지정하는 대신 NO-CODA 제약을 이용하게 되므로 gr- 또는 -adwet 등을 하나의 운율단위로 고려할 필요가 없게 되어 운율영역 지정방식이 가지고 있던 문제점을 해결할 수 있어서 이전의 방식보다 우월함이 증명된다.)

이 최적성 이론은 물론 운율지정 방식에 의한 분석이 가지고 있던 장점을 그대로 살리는 이점도 있다. 다시 말하면, 여기에서는 McCarthy & Prince (1986, 1990) 이래 일관되게 주장해 온 것처럼 접사 um-을 예외적인 요소가 아니라 일반적인 접두사로 그대로 간주할 수 있다. 즉, 제약 ALIGN(Affix, L, Stem, L)은 접두사 첨가에 대한 일반적인 양식으로, 이와 정반대의 제약 ALIGN(Affix, R, Stem, R)은 접미사 첨가에 대한 일반적인 정렬방식으로 설정할 수 있게 되는 것이다. 이 점은 이미 Prince & Smolensky (1993)에서도 제시되었던 것으로, 언어기술의 보편적인 한 양상을 제시하는 공헌을 하게 된다. 운율영역의 지정방식과 유사한 또 한 가지는 Tagalog의 um-접요사 첨가를 운율 형태론에 속하는 현상으로 보는 점이다. 즉, 이 현상은 음운적 제약 NO-CODA와 형태론적 제약 ALIGN의 상관관계로 설명될 수 있는 현상이며 전자의 제약이 후자의 제약을 우선한다는 일반적인 속성을 증명해 보였다. 이러한 양상은 McCarthy & Prince (1993: Section 7)에서 이미 제시된 운율적 제약 P와 형태론적 제약 M이 충돌하는 경우 언제나 P가 M보다 우월하다는 운율 형태론의 기본 가설을 뒷받침하는 것으로 해석할 수도 있을 것이다.

운율 형태론에서 최적성 이론의 적용은 물론 순수한 접사첨가에만 해당하는 것이 아니다. 예를 들어, 중첩현상과 같은 특이한 형태론적 현상도 최적성 이론을 적용하여 좀더 만족스러운 설명을 할 수 있다. 다음은 Timuguron Murut의 중첩현상으로 첫 음절이 자음으로 시작하는 경우는 그대로 그 앞에 한 개의 경음절을 접두사 형식으로 중첩한다. 그러나 첫 음절이 모음으로 시작하는 경우 이를 건너뛰고 그 뒤에 경음절이 삽입된다.[18]

---

[18] 이 현상 역시 영역지정 방식으로 기술하는 경우 음절두음을 갖지 못한 모음으로 시작하는 첫음절을 부정적 운율영역으로 지정하여 '운율외적 요소'로 취급하여야 한다. (O는 적용(operation), B는 어기(Base), φ는 기능(function), *는 두 요소 사이의 관계(relation holding between two factors)를 나타낸다. 또한 B:φ는 중심부(kernel), B/φ 는 잔여부(residue)를 나타낸다.)

    O/ φ(abalan) = abalan:φ * O/(abalan)
                     = a * O(balan)
                     = a * ba-balan
                     = a-ba-balan

그러나 이러한 설명 역시 다음과 같이 두 가지 문제를 내포하게 된다. 첫째, 음절 두음을 결여한 첫 음절을 운율단위로 인정하기 힘들다는 점이다. 음절두음이 없는

(26) Timuguron Murut 중첩현상
   a. ulampoy   u-la-lampoy   ?(no gloss)
      abalan   a-ba-balan   'bathes'
      ompodon   om-po-podon   'flatter'
   b. bulud   bu-bulud   'hill/ridge'
      limo   li-limo   'five/about five'

이 현상에 결정적으로 영향을 끼치는 제약은 이미 앞의 논의에서 소개된 바와 같이 음절은 반드시 음절두음인 자음으로 시작해야 한다는 ONSET 제약으로 나타낼 수 있다. 이 제약에 따라서 첫 음절이 모음으로 시작하는 예는 모음의 연속체 *VV를 피하기 위하여 둘째 음절 앞에 이를 중첩하여 덧붙이게 된다는 설명이 가능하다. 즉 ALIGN의 기능은 1모라짜리 음절로 된 접두사를 어간의 왼쪽 끝에 정렬하는 것이며 이 제약은 형태론적 제약이므로 음운적 제약인 ONSET이 이에 우선한다. 이를 최적성 이론의 도표로 나타내면 다음과 같다.

(27) Timuguron Murut σ_μ-중첩현상: ONSET » ALIGN($[\sigma_\mu]_{Af}$, Stem)
   a. 모음으로 시작하는 경우

Candidates	ONSET	ALIGN($[\sigma_\mu]_{Af}$, Stem)
[-u.u.lam.poy.	**!	
☞ [u.-la.lam.poy.	*	u

음절을 운율외적 요소로 분류하는 것은 음운론이나 형태론 어느 쪽에서도 일반적인 것으로 정당화할 수 없다. 둘째, 이러한 음절을 운율의 부정적 영역으로 지정하는 것이 왜 중첩 접사와 관련이 되는지를 설명하기 힘들다. 즉 McCarthy & Prince (1990)의 운율영역 지정 방식은 (여기에 나타난 σ_μ-접두사 첨가와 같은) 형태적 현상과 (음절두음이 없는 음절의 비운율성을 나타내는 잔여부분(residue) 같은) 음운적 현상을 별개의 과정으로 간주한다. 따라서 이 둘 사이의 연관성을 나타내기가 어렵게 되어 Tagalog VC 형태 -um-의 첨가위치가 음절핵(nucleus)의 앞이라는 점을 서로 연관시키기 힘들다.

b. 자음으로 시작하는 경우

Candidates	ONSET	ALIGN([σ_μ]_Af, Stem)
☞ [-bu.bu.lud.		
[bu.-lu.lud.		bu!

Tagalog와 마찬가지로 Timuguron Murut에서도 음운적 제약인 ONSET이 형태론적 제약인 ALIGN을 우선하고 있는 것이 증명됨을 보여준다.[19] 결국 운율제약인 ONSET과 NO-CODA는 두 언어에서 가장 상위의 제약으로 쓰이고 있음을 알 수 있다. 따라서 이를 함께 표시하면 다음과 같이 하나의 제약 등급(ranking)을 기술할 수 있을 것이다. (여기에서 양 언어의 ALIGN-um, ALIGN([σ_μ]_Af, Stem)을 ALIGN-LEFT로 재정의한다.)

(28) ONSET, NO-CODA » ALIGN-LEFT: Tagalog, Timuguron Murut

a. Tagalog

후보(candidates)	NO-CODA	ONSET	ALIGN-LEFT
a. [-um.-grad.wet.	***!	*	
b. [g-um.rad.wet.	***!		g
c. ☞ [gr-u.mat.wet.	**		gr
d. ☞ [-u.ma.ral.		*	
e. [a.r-u.mal.		*	ar!

---

[19] McCarthy & Prince (1994: 112-115)에서는 Dakota의 접요사 첨가현상에서 운율제약인 ONSET, 형태론적 제약인 ALIGN-IN-STEM, 그리고 운율/형태론적 제약인 ALIGN-ROOT의 세 가지가 필요하다.

운율제약 → ONSET
운율/형태론적 제약 → ALIGN-ROOT: Align(Root, L, PrWd, L)
형태론적 제약 → ALIGN-IN-STEM: Align([AGR]af, L, Stem, L)

이 세 제약은 이미 예측된 바대로 "운율제약 » 운율/형태론적 제약 » 형태론적 제약"의 등급으로 나타난다.

b. Timuguron Murut

후보(candidates)	NO-CODA	ONSET	ALIGN-LEFT
a. ☞ [-bu.bu.lud.	*		
b. [bu.-lu.lud.	*		bu!
c. [-u.u.lam.poy.	*	**!	
d. ☞ [u.-la.lam.poy.	*	*	u

여기에서 ONSET과 NO-CODA 사이의 우선 순위는 직접적으로 결정할 수 없으므로 두 제약 사이의 경계는 점선으로 표시한다. 또한 Timuguron Murut에서는 NO-CODA가 실질적인 역할을 하지는 않는 점도 알 수 있다. 그러나 언어 보편적인 면에서 이와 같이 포괄적으로 등급을 지정하는 기술을 할 수 있고 결국 Tagalog와 Timuguron Murut은 동일한 제약을 갖는 것으로 정의할 수 있는 이점이 있다.

그러면 이러한 일반정렬의 개념이 우리에게 친숙한 영어의 자료에 적용되는 간단한 예를 들어보기로 한다. 아래에 제시되는 몇 가지 예에서 영어 단어의 강세는 일반적인 제약인 FtBin과 정렬제약인 ALIGN-PrWd, ALIGN-Ft 등에 의해 설명되는 것으로 나타난다.

(29) a. FtBin: 음보(foot)는 반드시 2음절 또는 2모라로 구성되어야 한다.
　　b. PARSE-Syll: 모든 음절은 음보에 연결되어야 한다.
　　c. ALIGN-PrWd: Align(PrWd, L, Ft, L)
　　　 모든 운율적 어휘(PrWd)의 왼쪽 끝은 어느 음보의 왼쪽 끝과 일치한다.
　　d. Align-Ft: Align(Ft, R, PrWd, R)
　　　 모든 음보의 오른쪽 끝은 어느 운율적 어휘의 오른쪽 끝과 일치한다.

우선 가장 간단한 Mississípi와 같은 경우 두 번째의 후보는 첫 2음절이 음보를 부여받지 못했지만 FtBin을 위반하고 있는 것이 아니다. 그러나 PARSE-Syll을 위반하고 있는 점이 결정적인 결격 사유이다. 그러나 첫 번째의 후보는 비록 ALIGN-Ft를 위반하고 있지만 PARSE-Syll을 위반하고 있지 않으므로 최적형으로 선택된다.

(30)

Candidates	PARSE-Syll	ALIGN-Ft
a. ☞ (Missi)(ssippi)		*
b. Missi(ssippi)	**!	

한편 vanilla의 경우를 보면 다음과 같이 vànílla와 vanílla의 두 가지 가능성을 생각해 볼 수 있다. 그러나 첫 번째의 가능성은 첫 음절이 영어의 강세를 위한 음보의 2모라/2음절 제약인 FtBin을 위반하고 있으면서도 '( )'로 표시된 음보를 지정받고 있으므로 제외된다. 그렇지만 두 번째의 것은 비록 하위의 PARSE를 위반하고 있으나 FtBin을 지키고 있으므로 둘 중 최적형으로 선정되게 된다. 따라서 FtBin이 PARSE보다 더 상위의 제약임을 알 수 있다.

(31)

Candidates	FtBin	PARSE
a. (va)(nilla)	*!	
b. ☞ va(nilla)		*

그러나 àbracadábra에서는 (abra)ca(dabra)가 ab(raca)(dabra)보다 더 최적의 형태로 선정되는데 이는 ALIGN-PrWd » ALIGN-Ft의 위계 관계로 설명이 된다.

(32)

Candidates	ALIGN-PrWd	ALIGN-Ft
a. [ab(raca)(dabra)]	*!	*
b. ☞ [(abra)ca(dabra)]		*

1.4 자립분절 음운현상

음절과 운율 형태론적 현상에 대한 최적성 이론의 해석은 유사한 방식으로 자립분절 음운현상의 분석에도 적용된다. 특히 성조 분석에 대한 적용은 Myers (1993), Kisseberth (1993) 등에 의해 시도되었다. 실제 분석의 예를 들기 위하여, Myers (1993)가 제시한 다음과 같은 성조 분석에 필요한 최적형 설정요소를 검토한다.

(33) 자립분절 이론에서의 최적형 설정요소
    a. GEN: 성조 분절음을 성조와 연결한다.
    b. 성조구조
       *COMPLEX(T): 한 성조는 하나의 분절음에만 연결된다.
       *T: 공명도가 가장 높은 분절음에 성조를 연결한다.
    c. 충실성 제약(faithfulness constraints)
       PARSE(T): 성조는 음성실현(parsed)되어야 하며 연결선을 통하여
                 성조를 받는 분절음과 연결되어야 한다.
       PARSE(A): 연결선은 표면에 실현될 수 있도록(parsed) 표시되어야 한다.
       *STRUCT(A): 성조와 성조 분절음 표기를 연결하지 않고 그대로 둔다.

음절이론에서와 마찬가지로 자립분절 음운론의 GEN은 성조와 성조를 가지는 분절음을 연결선으로 연결하여 표면에 실현될 수 있는 모든 가능한 후보 형태를 만들어 낸다. 따라서 여기에서의 GEN도 입력부의 요소를 변화시키지 않고 필요한 구조를 더하여 주는 구조-보존적 성격을 가진다.

성조구조에서 *COMPLEX는 언어 보편적으로 하나의 모음에 둘 이상의 성조가 연결되는 굴곡성조(contour tone)를 유표적인 것으로 평가하는 과정이다. 또한 음절이론에서의 *P에 상응하는 것으로 *T에 연결될 수 있는 분절음은 성조를 가질 수 있는 것에 가장 공명도가 높은 모음이 연결되고 그렇지 않은 경우 성절성이 있는 비음 등이 연결되며 공명성이 현저히 떨어지는 저해음은 성조 보유단위가 될 수 없도록 하는 제약이다.

충실성 제약 중에서 우선 *STRUCT(A)는 입력형태에 아무런 표기도 첨가하지 않는다는 것인데 이는 상반되는 성격을 가진 PARSE(T)와

PARSE(A)의 제약과 충돌이 된다. 따라서 음절에 관한 FILL 제약과 유사하다. PARSE(T)는 입력부에 있는 성조를 분절음에 연결시켜 표면에 실현되도록 하는 제약이다. 예를 들어 H와 L의 두 가지 성조를 가진 언어에서는 표면실현이 되어있지 않은 H 성조를 소문자 h로 나타내고 표면실현에 의해 대문자 T로 바꾸어 표기하여 PARSE(T)를 지키게 된다 (Myers 1993). 따라서 각 h에는 한 개의 위반표지 *가 부여된다. 이와 유사한 PARSE(A)는 기저 표기에 나타난 h를 분절음에 연결하는 과정으로 아직 연결되어 있지 않은 상태를 점선으로 표기하고 음성실현이 되도록 성절성을 가진 분절음에 연결하는 과정을 실선으로 나타내어 PARSE(A)를 지키도록 하는 제약이다 (Myers 1993). 이러한 과정을 그림으로 나타내면 다음과 같다.

(34)   입력표기   →   구현(parsed) 표기

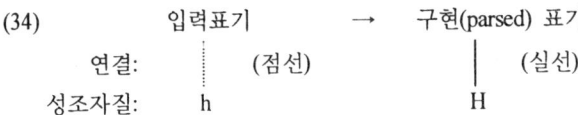

이러한 과정은 다음의 성조에 대한 GEN과 밀접한 관련을 가지고 적용된다.

(35) 성조의 GEN

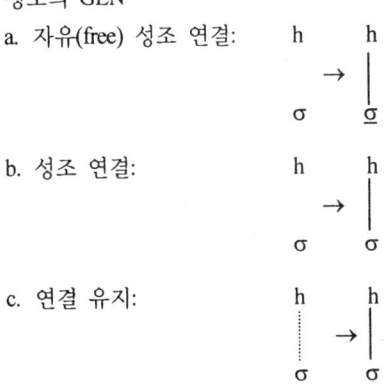

d. 성조 유지:　　　　　　h → H

　여기에서 자유 성조 연결과 성조 연결이 유사한 모습을 하고 있으나 자유 성조 연결은 핵심요소를 연결(head association)하는 것이므로 비핵심요소를 연결(non-head association)하는 성조 연결과 구분된다. 연결 유지는 점선으로 된 연결선을 실선으로 바꾸어 음성실현시키는 장치이다. (즉, 기저의 고성조를 표면에 나타나도록 하는 것으로 해석된다.) 끝으로, 성조 유지는 표면실현이 되어있지 않은 고성조를 표면에 나타나도록 하는 장치이다.

　그러면 이러한 기본 개념을 가지고 실제 자료인 Shona의 성조에 대하여 자립분절 음운론에서 잘 알려진 Meeussen의 규칙과 성조확산이 어떻게 재기술될 수 있는지를 알아본다. Meeussen의 규칙이란 아프리카의 Zimbabwe에서 쓰이는 반투어(Bantu)인 Shona에서 나타나는 현상을 규칙화한 것으로, 같은 음운어휘의 영역 안에 H 성조가 연이어 나타나는 경우 뒤의 H가 탈락하는 것을 가리킨다.

(36) a. H → ∅ / H＿＿＿]PrWd

　　b. bángá　　→　í-banga　　　'(it) is a knife'
　　　 'knife'　　　　COPULA
　　　 ku-téngésá　→　ndi-chá-tengesa　'I will sell'
　　　 'to sell'　　　1sg FUTURE

　이 현상은 동일음 인접을 회피하는 일종의 '동일요소 인접회피 원칙(Obligatory Contour Principle)', 즉 OCP 제약이 위에 기술한 PARSE(T)를 지배하는 것으로 설명할 수 있다.

(37)　OCP » PARSE(T)

한편 동사 어근(verb radical)의 성조는 항상 어간의 첫 음절에 연결된다. 즉, 연결어미(copula)나 분사 등 굴절관계를 나타내는 접사의 표류(floating) 성조 H가 굴절된 어휘의 맨 왼쪽 음절에 연결되는 현상이다 (Myers 1993).

(38) a. 어근: H téng-és-ér-a 'sell'
              /teng/ 'buy'-caus-appl-fv

   b. 연결어미: /H/ sadza → í-sádza '(it) is porridge'
              'porridge' COPULA

   c. 분사: /H/ ndi-chá-teng-a → ndí-cha-téng-a '(I) having bought'
              1sg-fut-'buy'-fv   1sg/part-fut-'buy'-fv

이 현상을 효과적으로 설명하기 위하여 ALIGN 제약을 사용할 필요가 있다. 즉, 구현된 가장 왼쪽의 성조는 해당 음운적 어휘의 영역 안에서 가장 왼쪽의 음절에 연결된다는 정렬인 ALIGN을 이용하여 다음과 같은 제약을 설정할 수 있다 (McCarthy & Prince 1994).

(39) ALIGN-T : ALIGN(H, L, PrWd, L)[20]

그런데 이 제약으로는 영역 내의 가장 왼쪽에 성조가 연결되는 것을 나타낼 수는 있지만 이 성조가 í-sádza처럼 오른쪽으로 확산(spreading)되는 것을 나타낼 수 없는 문제점이 등장한다. 이를 해결하기 위해서는 다음과 같이 추가적인 제약 SPREAD가 필요하다. 또한 성조의 확산이 무한정 적용되는 것을 막기 위하여 T-BIN(arity)의 제약도 필요하다.

(40) a. SPREAD: 음절은 반드시 성조와 연결되어야 한다.

---

[20] Myers (1993)는 이를 EDGE(MOST)(T, PrWd)로 설정하고 다음과 같은 해석을 붙이고 있다: The left parsed tone in the phonological word is associated with the leftmost tone bearer in that domain.

b. T-BIN: 성조의 확산은 최대 한 개의 비 핵심요소로 제한된다.

여기에서 핵심요소란 표류성조가 1차적으로 연결되는 (가장 왼쪽의) 성조를 일컫는다. 즉 ALIGN-T에 의해 해당 영역의 가장 왼쪽에 핵심요소가 오게 되므로 SPREAD에 의한 성조의 확산은 '왼쪽 → 오른쪽'으로 이루어지고 T-BIN에 의하여 가능한 한 적은 수의 확산을 최적형으로 택하게 된다. (직선은 핵심 요소로의 연결을, 사선은 비핵심 요소로의 확산을 나타낸다.)

(41) ALIGN-T » T-BIN » SPREAD

Candidates	ALIGN-T	T-BIN	SPREAD
☞ H ／＼ i sadza			*
H ／＼ i sadza		*!	
H ／＼ i sadza	*!		*
H ｜ i sadza	**!	*	**

그러나 이러한 ALIGN-T » T-BIN » SPREAD의 관계는 표류성조가 아닌 기저형에 H 성조를 가지고 있는 badzá 'hoe'와 같은 예를 설명하기 힘들다. 그 이유는 H가 맨 왼쪽에 나타나거나 확산되는 현상을 볼 수 없기 때문이다. 이러한 경우를 해결하기 위해서는 언급한 PARSE(T)와 PARSE(A)가 ALIGN-T를 지배하도록 하는 관계를 설정하여야 한다.

제1장 최적성 이론과 언어분석 35

(42) PARSE(T), PARSE(A) » ALIGN-T

Candidates	PARSE(T)	PARSE(A)	ALIGN-T
☞ H | badza			*
h | badza	*!		
H |`. badza		*!	

한편 (36)의 bángá → í-banga '(it) is a knife'에서는 H 성조의 확산이 이루어지지 않고 있음을 알 수 있다. 이 현상을 설명하기 위하여 굴곡성조를 허용하지 않는 충실성 제약 *COMPLEX를 적용한다.

(43) OCP, *COMPLEX » PARSE(T) » ALIGN-T » SPREAD[21]

Candidates	OCP	*COMPLEX	PARSE(T)	ALIGN-T	SPREAD
☞ H h | /\ a. i banga			*		
h H | /\ b. i banga			*	*!	
H H | /\ c. i banga	*!				
H h /\/\ d. i banga		*!	*		

---

[21] Myers (1993)에서는 이와는 다소 다른 (예를 들어 ALIGN-T 대신 EDGEMOST 제약을 설정하여) 기술을 하고 있으나 여기에서는 논의의 간결성을 위하여 세부적인 사항을 생략하기로 한다.

위의 도표에서 (43c)는 가장 상위에 있는 제약인 OCP를 어기고 있으므로 우선적으로 제외되며, (43b)는 ALIGN-T를 위반하였으므로 제외된다. (43a)와 (43d)는 모두 둘째 성조표기가 소문자 h로 나타나 있으므로 PARSE(T)를 같이 위반하고 있다. 그러나 (43d)가 이 언어에서 허용하지 않는 굴곡성조의 표기를 나타내어 상위의 제약인 *COMPLEX를 위반하므로 결국 PARSE(T)를 '최소한'으로 위반한 (43a)가 최적형으로 선택된다.

이상과 같은 최적성 이론의 적용 결과로 Goldsmith (1976)가 제안하였던 '적형성 조건(Well-Formedness Condition)'을 다음과 같이 재기술할 수 있다. 이를 위하여 위에서 제시되었던 성조구조에 대한 *COMPLEX(T) 이외에 연결선의 교차를 금지하는 제약 *COMPLEX(A)를 설정한다.

(44) 적형성 조건(Well-Formedness Condition)
 a. 모든 모음은 최소한 하나 이상의 성조와 연결된다. => SPREAD
 b. 모든 성조는 최소한 하나 이상의 모음과 연결된다. => PARSE(T)
 c. 연결선은 교차하지 못한다. => COMPLEX(A)

1.5 대응이론

최적성 이론의 발전은 이후 McCarthy & Prince (1995a) 등에 의해 특히 중첩이나 축약현상을 설명하기 위한 '대응이론(Correspondence Theory)'으로 발전되었다. 대응이론은 Prince & Smolensky의 포괄 개념을 포기한다. 즉, 입력형이 모든 출력형 후보에 포함되도록 요구되지 않는다. 따라서 삽입 분절음은 빈자리를 차지하는 것으로 음성적 해석을 받도록 간주되지 않고, 입력형에 대응되는 분절음을 가지지 못하는 (완전한) 출력부 분절음으로 해석된다. 이러한 생각은 삽입 분절음의 자질 속성이 음운 현상에 참여할 수 있다는 올바른 예측을 하게 된다. 입력부와 ('과도/과소' 구현(parsing)에 대해 벌점을 부과하는) 출력부 사이의 차이를 제한하는, 포괄성의 충실성 역할이 대응관계로 전환된다. 또한 '대응관계'는 입력부와 출력부의 상응하는 분절음 짝 사이의 관계를 나타낸다. 이 관계는 (동질성(identity), 선형성(linearity) 등과 같은) 입력부와 출력부의 분절음 사이에 여러 종류의 일치관계(congruence)를 요구하는 제약의 통제를 받는다. (이 이론에 대한 보다 상세한 논의는 뒤에서 심도있게 이루어질 예정이므로 아래의 논의에서는 기본개념만을 소개하는 데 그치기로 한다.)

대응이론의 기본개념에 의하면 중첩이나 축약의 결과(output)는 입력부(base, source)와 가능한 한 동일하게 나타나는 것이 최적형이 된다는 것이다. 다시 말하면, 최적형의 선택은 입력부와 출력부 사이의 관계가 아니라 중간과정에서 얻어진 별도의 출력부와 최종 출력부 사이의 대응관계를 반영하게 된다는 것이다. 따라서 이러한 관계를 '출력부-출력부(ouput-output)' 대응관계로 부른다. 이에 대한 구체적인 예를 보기 전에 우선 McCarthy & Prince (1995a)에 제시된 대응의 정의를 보면 다음과 같다.

(45) 대응(Correspondence)
Given two strings S_1 and S_2, correspondence is a relation R from the elements of S_1 to those of S_2. Segments (an element of S_1) and (an element of S_2) are referred to as correspondence of one another when $\alpha R \beta$.

이러한 기본개념에 바탕을 두고, 대응하는 분절음은 삭제나 삽입과 같은 과정에 대하여 벌점을 부과하는(penalize) 다음과 같은 충실성 제약(faithfulness constraints)에 의해 통제를 받게 된다.

(46) a. MAX: S_1의 모든 분절음은 S_2에 대응요소(correspondent)를 가진다.
(Domain (f) = S_1)
b. DEP: S_2의 모든 분절음은 S_1에 대응요소를 가진다. (Range (f) = S_2)
c. IDENT: S_1, S_2의 대응요소들은 자질 [F]에 대하여 같은 값을 가진다.

여기에서 MAX와 DEP는 입력부와 출력부 사이에 완전한 1대1 대응 관계가 나타날 수 있도록 삽입이나 삭제에 대해 벌점을 부과하게 된다. (MAX와 DEP는 각각 앞에서 논의한 초기 최적성 이론의 PARSE, FILL 에 해당한다.) 또한 IDENT[F]는 대응하는 분절음들 사이에 같은 자질을 표기하도록 하는 제약이다.

한편 이상의 논의에서 주로 적용된 MAX, DEP, IDENT(F) 등의 기본적인 충실성 제약 외에도 다음과 같은 '선형성(Linearity)', '인접성(Contiguity)', 가장자리(edge)에 대한 '계류(Anchoring)' 등도 자주 적용되는 주요 충실성 제약이다. (제약의 속성에 대한 보다 세부적인 사항은 McCarthy & Prince (1994, 1995a, b), Archangeli & Langendoen (1997), Kager (1999) 등 참조.)[22]

(47) a. 선형성(LINEARITY): 대응하는 분절음은 입력부와 출력부 양쪽에 같은 순서로 나타나야 한다.[23]
b. 인접성(CONTIGUITY): 두 분절음이 입력부에서 서로 인접하면 이에 대응하는 분절음들은 표면형에서도 서로 인접해야 한다. 그 반대의 경우도 마찬가지이다.[24]
c. 계류(ANCHORING): 어느 분절음이 입력부에서 한쪽 가장자리에 위치한다면 이에 대응하는 분절음도 표면형에서 같은 가장자리에 위치하여야 한다. 그 반대의 경우도 마찬가지이다.

이상에서 소개된 대응제약들도 제약 사이의 상호위계에 의해 최적형을 선택할 수 있도록 한다. 따라서 어기-중첩형(Base-Reduplicant, BR) 대응제약이 다른 제약보다 하위에 위치하게 되면 어기와 중첩형에 대한

---

[22] 이 밖에도 분절음 융합(coalescence)을 금지하는 제약으로 UNIFORMITY가 적용되기도 한다.
[23] 예를 들어 분절음의 순서를 서로 바꾸는 음위전환(metathesis)은 이 제약에 의해 금지된다.
[24] 따라서 분절음을 건너뛰거나 다른 분절음이 중간에 개입되는 것을 막는 제약이다. (No skipping, no intrusion.)

일치성(identity)이 나타나지 못할 것으로 예측할 수 있다. 실제의 예를 들어 보면, Axininca Campa의 중첩형에서는 ONSET 제약을 지키기 위해 모음으로 시작하는 어근의 복제를 완전하게 하지 않았으므로 MAX-BR 을 위반하게 된다. 반면에 Balangao에서는 NO-CODA 제약에 의해 MAX-BR이 위반되고 있다. 그러나 Makassarese에서 나타나는 비음 파열음의 동화는 어기와 중첩형 사이에 자질의 일치가 불완전하게 되어 있으므로 IDENT-BR[place]를 위반하게 된다. 이러한 관계를 다음과 같이 정리할 수 있다.

(48) a. Axininca Campa : MAX-BR 위반,   /osampi-RED/   osampi-sampi
     b. Balangao   : MAX-BR 위반,   /RED-tagtag/   tagta-tagtag
     c. Makassarese   : IDENT[nasal] 위반, /RED-bulaŋ/ bulam-bulaŋ

위의 자료에서 알 수 있듯이, BR 대응제약이 최상위에 위치하면 어기와 중첩형이 동일하게 나타난다. 그러나 BR-Identity가 음운제약을 위반하는 경우도 나타난다. 예를 들어 다음 인도네시아어의 중첩형에서는 IDENTITY-BR[nasal]이 비음교체 과정을 (음운적인 환경에 의한 것보다 더) 과도하게 적용하도록(overapplying) 만든다. 이 언어에서는 어두의 무성자음이 접두사 məN-의 마지막 비음과 합쳐진다. 그런데 접두사가 첨가된 어근이 중첩이 되면 한쪽 복제형만이 접두사에 인접하고 있음에도 불구하고 파생된 비음이 양쪽 복제형에 모두 나타난다. 즉, 밑줄친 중첩형은 출력부 어기의 복제형이지 첫 자음이 비음이 아닌 입력부 어기의 복제형이 아니다.

(49) 인도네시아어의 중첩현상

Root	məN-Root	məN-Root-RED	
tulis	mənulis	mənulis-<u>nulis</u>	'write'
potoŋ	məmotoŋ	məmotoŋ-<u>motoŋ</u>	'cut'
kira	məŋira	məŋira-<u>ŋira</u>	'guess'

이러한 자료에 대하여 규칙 기반의 이론에서는 이러한 과도적용의 경우를 비음교체 규칙의 적용순서를 중첩규칙 앞에 설정함으로써 설명할 것이다. 그러나 McCarthy & Prince (1995a)는 이러한 예측되지 않은 음운현상이 중첩형에서 어기와 복제형의 일치를 요구하는 제약들에 의해 생겨나는 것으로 제안한다. 다시 말하면, 이러한 제약들이 중첩형과 어기 사이의 대응관계를 제어한다는 것이다. 따라서, McCarthy & Prince (1995a)의 설명을 따르면 인도네시아어의 중첩현상에 나타나는 예측되지 않은 비자음의 출현은 IDENT-BR[nasal]에 의해 이루어지는 것이다.

(50)	/məN-tulis-RED/	Phono-constraint	IO-Faithfulness	BR-Identity
a.	mən-tulis$_B$-tulis$_R$	*!		
b. ☞	mə-nulis$_B$-nulis$_R$		*	
c.	mə-nulis$_B$-tulis$_R$		*	*!

McCarthy & Prince (1995a)는 두 출력부인 어기(Base)와 중첩형(Reduplicant)의 일치성과 출력부(Output)의 입력부(Input)에 대한 충실성(faithfulness) 사이의 유사성을 관찰하고 입력부-출력부 관계와 출력부-출력부 관계를 대응관계를 통하여 제어할 수 있다고 제안하였다. 따라서 입력부는 일치성(identity) 제약들에 의해 제어되는 IO-대응관계에 의해 출력부와 관련을 가지게 되고 중첩형과 같은 출력부는 이전의 어휘형성 단계의 출력부인 어기와 OO-대응관계를 가지게 된다. 다시 말하면, 대응이론에서는 중첩현상이 입력부와 출력부 사이의 관련성 (즉, IO-대응) 뿐 아니라 어기와 중첩형 사이의 연관성 (즉, BR-대응)을 모두 포함하는 다중(multiple), 동시(simultaneous) 대응관계를 포함한다. 따라서 대응하는 요소들 사이의 일치성은 병렬적이지만 서로 독자적인 충실성 제약 MAX-IO, MAX-BR, DEP-IO, DEP-BR, IDENT-IO[F], IDENT-BR[F] 등에 의해 통제되는데 이를 IO-충실성(Faith)과 BR-일치(Identity) 제약 등으로 부를 수 있다. McCarthy & Prince (1995a)는 이 관계를 다음과 같이 나타내고 있다.

(51) 중첩에서의 대응관계 (McCarthy & Prince 1995a)

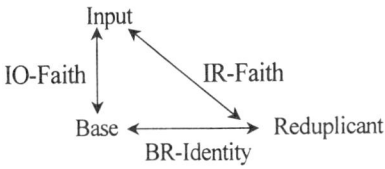

여기에서 보듯이 중첩형은 어기와의 일치성뿐 아니라 입력부와의 충실성을 가지게 된다. 이것은 중첩형이 어기보다는 입력부에 대하여 더 많은 충실성을 가질 수도 있기 때문이다.[25]

어기와 중첩형 사이의 관계인 BR-대응은 일치성의 과도/과소(over/under) 적용현상을 설명하기 위해 필요하다. 예를 들어 위에서 본 인도네시아어의 예는 입력부 대신 출력부가 중첩형의 어기가 되었음을 보여준다. (만약 어기-중첩형의 일치성이 가장 상위에 위치하게 되면 어기와 중첩형이 동일하게 된다.)

한편, 이전의 Prince & Smolensky (1993) 등의 초기 최적성 이론에서 제시된 입력부-출력부 충실성에 대한 포괄이론(Containment Theory)에서는 삭제되는 요소를 그대로 표기하는 대신 출력부에서는 운율적으로 실현되지 않도록(unparsed) 하는 장치를 마련하였다. 그러나 이 대응이론에서는 삭제되는 분절음을 출력부에 표시하지 않는다. 즉 이러한 음운적인 삭제는 입력부의 모든 분절음이 연관된 출력부에서 그 대응요소를 가지고 있어야 한다는 충실성 제약 MAX-IO를 위반하는 것으로 간주한다.

이러한 McCarthy & Prince (1995a)의 대응이론은 이후 여러 학자들에 의

---

[25] 예를 들어 Lushootseed 중첩형 /RED-pastəd/ ≈ [pa-pstəd]는 밑줄친 중첩형이 어기로부터 탈락된 모음을 복제하고 있다. 즉 입력부의 모음 /a/가 어기에는 삭제되어 나타나지 않는데 이 삭제모음이 중첩형에 다시 나타난다. 따라서 어기에는 중첩형에 나타나는 [a] 모음이 결여되게 되므로 중첩형의 모음은 입력부의 [a]에 대응하게 된다. 이러한 점이 입력부와 중첩형 사이의 대응관계를 요구한다.

해 발전되었는데 가장 대표적인 연구가 Benua (1995, 1997)의 연구이다. Benua는 위에서 본 것과 같은 대응관계가 중첩현상뿐 아니라 축약형 형성의 경우에도 이에 상응하는 관련성을 설정할 수 있다는 제안을 하고 있다. 이를 그림으로 표시하면 다음과 같다.

(52) 축약(Truncation)에서의 대응관계

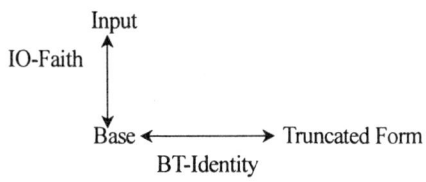

즉, 입력부는 IO-대응에 의해 어기에 대한 충실성을 유지하여야 하고 BT-대응은 어기와 축약형 사이의 대응관계를 설정하게 된다는 것이다. 따라서 중첩형과 마찬가지로, 최종 출력형은 입력부가 아니라 축약형의 어기가 되는 기본형(sources)에 대한 표면형을 복제하는 출력형(output) 사이의 대응관계에 의해 나타난다는 것이다.

구체적인 예로 영어의 자료를 검토해 보자. 다음 자료에 나타난 Philadelphia 영어의 방언은 음절말 /r/ 앞에서는 이완모음 [æ]가 나타나지 않는 *[ær] 제약을 가지고 있다. 그러나 축약형 애칭(hypocoristics)의 경우는 그대로 [ær]의 표기가 나타나므로 이러한 제약을 지키지 않는다.

(53) a. *[ær]
        map [mæp]   vs.   mar [mar]
        carry [kæ.rɪ]   car [kar]
        Harry [hæ.rɪ]   hard [hard]
        Larry [læ.rɪ]   lark [lark]
   b. 애칭형성
        Harry [hæ.rɪ] → Har [hær]
        Sarah [sæ.ra]   Sar [sær]

즉, 애칭형성인 축약형은 이 방언의 보편적 제약인 *[ær]를 위반하면서 어기의 [æ]가 그대로 쓰이게 되는 현상을 보여주는 것으로, 이러한 관계를 Benua (1996)는 다음과 같이 설정하고 있다. (즉 제약 *[ær]의 과소적용(underapplication)의 예이다.)

(54)

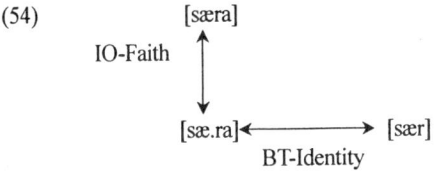

위의 그림은 축약형의 [æ]가 나타나는 것은, 어기의 모음을 그대로 유지하고자 하는 제약이 *[ær] 제약에 우선하기 때문에 나타나는 결과임을 보여준다.

이와 동일한 관점에서 Benua는 Philadelphia 지역의 발음이 폐음절의 전설 저모음을 긴장모음화(tensing)하므로 plan은 [plEn]으로 발음되지만 *Pamela*의 축약형인 *Pam*은 이완모음이 사용되는 [pæm]으로 나타나는 현상을 기술하고 있다.

(55) a. plan [plEn]
  b. Pam [pæm] (← Pamela [pæ.mə.lə])

우선 *plan* [plEn]의 경우 다음과 같은 두 가지 유표성 제약을 설정하여 설명하고 있는데 여기에서 눈여겨 보아야 할 것은 어기의 모음을 긴장모음, 이완모음 어느 쪽으로 설정하여도 마찬가지의 결과를 얻는다는 점이다.

(56) a. æ-TENSING: 폐음절에서는 이완모음 æ가 쓰이지 않는다.
  b. *TENSE-low: 긴장 저모음은 사용되지 않는다.

(57)

Base: /plæn/	æ-TENSING	*TENSE-low	IDENT-IO[tense]
a. plæn	*!		
b. ☞ plEn		*	*

Base: /plEn/	æ-TENSING	*TENSE-low	IDENT-IO[tense]
a. plæn	*!		*
b. ☞ plEn		*	

이미 위에서 논의된 바와 같이 최적성 이론은 하나의 기저형 설정 가능성만을 고수하는 규칙이론과는 달리, '어기의 풍부성 (richness of the base)' 원칙에 의해 하나 이상의 타당한 입력형을 고려할 수 있다. 따라서 여기에서도 입력형의 모음을 긴장모음이나 이완모음 둘 다 고려대상으로 할 수 있게 된다. 그러나 최종적으로 선택되는 최적형은 적용되는 제약들이 입력부(즉, 기저형)에는 전혀 무관하게 출력형에만 적용된 결과이다.

한편, 축약형의 경우는 위에서 사용된 유표성 제약 æ-TENSING이 *plan*과 같은 음절구조를 가진 *Pam*에는 적용되지 못하는 '과소적용 (underapplication)'의 예이다. 다시 말하면 같은 유표성 제약이 음절구조가 같은데도 불구하고 적용되지 못하는 이유를 설명할 필요가 생긴다. 이에 대한 Benua의 분석방법은 어기의 형태를 음절구조를 부여받은 출력형 [pæ.mə.lə]로 설정하고 IDENT-BT[tense]와 æ-TENSING의 위계관계로 설명하는 것이다.

(58)

Base: [pæ.mə.lə]	IDENT-BT[tense]	æ-TENSING
a. ☞ pæm		*
b. pEm	*!	

즉, 어기의 이완모음을 그대로 유지하고자 하는 제약이 폐음절의 æ-모음을 긴장모음으로 나타내려는 제약보다 상위에 있으므로 æ-TENSING의

역할이 무력화되어 [pæm]이 최적형으로 선택된다.

1.6 결론

이제까지 Prince & Smolensky (1993)에 의해 등장한 초기 최적성 이론의 전개과정과 그 의의, 그리고 그 적용영역의 예를 몇 가지 음운, 형태론적 규칙의 예를 들어 제시하였다. 여기에서 최적성 이론은 음운론의 어느 한 지엽적인 분야에만 적용되는 것이 아니라 음운/형태론의 전 분야에 고루 확장되어 적용될 수 있음을 보았다. 물론 이 이론은 이후 더 나아가 통사/의미적인 분야뿐 아니라, 언어습득, 언어교육 등에 이르기까지 광범위한 분야에 걸쳐 영역이 확장되어 활발한 연구가 진행되고 있다 (Archangeli & Langendoen 1997, Demuth 1996, Grimshaw 1998, Shinohara 1998, Velleman 1996 등 참조). (이에 대한 논의는 이 책의 마지막 부분에서 다시 소개된다.) 즉, 이 최적성 이론은 McCarthy & Prince (1993, 1994, 1995a, b, 1997) 뿐 아니라 다른 많은 학자들에 의해 운율 형태론 연구의 기본 틀로 자리를 구축한 상태로 그 발전과정이 여기에서 그치지 않고 언어기술 전반에 걸쳐 패러다임의 일대 변혁을 가져오고 있는 과정에 있다고 볼 수 있다. 물론 최근에 McCarthy & Prince (1998, 1999), Idsardi (1997, 1998a, b, 2000), Kiparsky (2000), Rubach (2000) 등의 연구에서 보듯이, 여러 언어의 분석과정에서 발생하는 추상성 문제인 '불투명성(opacity)'을 해결하기 위한 여러 방안이 제시되는 과정에서 논쟁이 전개되고 있는 것도 현실이다. 그러나 이 모든 과정이 최적성 이론의 큰 틀을 유지하면서 설명력을 강화하기 위한 지속적인 노력이므로 앞으로 나타날 최적성 이론의 새로운 전개과정이 기대된다.

주요 참고문헌

안상철, 이봉형, 이보림. 2000. 『최적성 이론의 이해』 한신문화사.
전상범, 김진우, 정국, 김영석. 1997. 『최적성 이론』 한신문화사.
Archangeli, Diana. 1988. Aspects of underspecification theory. *Phonology* 5, 183-207.
Archangeli, Diana and Terence Langendoen. 1997. *Optimality Theory*. Cambridge, MA: Blackwell.
Beckman, Jill. 1997. *Positional Faithfulness*. Doctoral dissertation, University of Massachusetts.
Benua, Laura. 1995. Identity effects in morphological truncation. *University of Massachusetts Working Papers in Linguistics*, 77-136.
Benua, Laura. 1997. *Transderivational Identity: Phonological Relations between Words*. Doctoral dissertation, University of Massachusetts.
Chomsky, Noam and Morris Halle. 1968. *The Sound Pattern of English*. New York: Harper & Row.
Demuth, Katherine. 1996. Alignment, stress, and parsing in early phonological words. In Bernhardt, Barbara, John Gilbert, and David Ingram (eds.), *Proceedings of the UBC International Conference on Phonological Acquisition*, 113-125. Somerville, MA: Cascadilla Press.
Flemming, Edward Stanton. 1995. *Auditory Representations in Phonology*. Doctoral dissertation, University of California at Los Angeles.
Goldsmith, John. 1976. *Autosegmental Phonology*. PhD dissertation, MIT.
Grimshaw, Jane. 1998. Learning and Optimality. Handout for the talk at Boston University.
Hayes, Bruce. 1980. *A Metrical Theory of Stress Rules*. Doctoral dissertation, MIT.
Hayes, Bruce. 1984. Extrametricality and English stress rules. *Linguistic Inquiry* 13, 227-276.
Idsardi, William. 1997. Phonological derivations and historical changes in Hebrew spirantization. In Iggy Roca (ed.), Derivations and Constraints in Phonology, 367-392.
Idsardi, William. 1998a. Tiberian Hebrew spirantization and phonological derivations. *Linguistic Inquiry* 29:1, 37-73. Oxford: Oxford University Press.
Idsardi, William. 1998b. Segholate opacities. Talk given at MIT.
Idsardi, William. 2000. Clarifying opacity. Ms. To appear in *The Linguistic Review*.
Itô, Junko and Armin Mester. 1995. The core-periphery structure of the lexicon and constraints on reranking. *Papers in Optimality Theory: University of Massachusetts Working Papers in*

Linguistics, 181-210.

Itô, Junko and Armin Mester. 1997. Sympathy theory and German truncations. *University of Maryland Working Papers in Linguistics* 5, 117-138.

Itô, Junko, Armin Mester, and Jaye Padgett. 1995. Licensing and redundancy: underspecification in Optimality Theory. *Linguistic Inquiry* 26, 571-614.

Inkelas, Sharon. 1989. *Prosodic Constituency in the Lexicon.* Doctoral dissertation, Stanford University.

Kager, René. 1999. *Optimality Theory.* Cambridge, UK: Cambridge University Press.

Kenstowicz, Michael. 1994. *Phonology in Generative Grammar.* Cambridge, MA: Basil Blackwell.

Kenstowicz, Michael. 1997. Uniform exponence: exemplication and extension. Talk given at the 1997 Phonology Conference, Korea University at Seochang.

Kiparsky, Paul. 2000. Opacity and cyclicity. Ms. To appear in *The Linguistic Review.*

Kisseberth, Charles. 1993. Optimal domains: a theory of Bantu tone, a case study from Isixhosa. Ms.

Lacharité, Darlene and Carole Paradis. 1993. Introduction: the emergence of constraints in generative phonology and a comparison of three current constraint-based models. *Canadian Journal of Linguistics* 38:2, 127-153.

Liberman, Mark and Alan Prince. 1977. On stress and linguistic rhythm. *Linguistic Inquiry* 8, 249-336.

McCarthy, John. 1979. *Formal Problems in Semitic Phonology and Morphology.* Doctoral dissertation, MIT.

McCarthy, John. 1997. Faithfulness and prosodic circumscription. Ms. University of Massachusetts at Amherst. ROA-201.

McCarthy, John. 1998. Sympathy and phonological opacity. ROA-252.

McCarthy, John. 1999. Sympathy, culminativity, and Duke-of-York Gambit. ROA-327.

McCarthy, John and Alan Prince. 1986. Prosodic morphology. Ms. University of Massachusetts and Brandeis University.

McCarthy, John and Alan Prince. 1987. Quantitative transfer in reduplicative and templatic morphology. In Linguistic Society of Korea (ed.), *Linguistics in the Morning Calm,* 3-35.

McCarthy, John and Alan Prince. 1990. Foot and word in Prosodic Morphology: The Arabic broken plural. *Natural Language and Linguistic Theory* 8, 209-282.

McCarthy, John and Alan Prince. 1993. Prosodic Morphology I: Constraint Interaction and

Satisfaction. Ms. University of Massachusetts and Rutgers University.

McCarthy, John and Alan Prince. 1994. Generalized Alignment. *Yearbook of Morphology 1993*, 79-153.

McCarthy, John and Alan Prince. 1995a. Faithfulness and reduplicative identity. *Papers in Optimality Theory: University of Massachusetts Working Papers in Linguistics*, 249-384.

McCarthy, John and Alan Prince. 1995b. Prosodic Morphology. In J. Goldsmith (ed.), *The Handbook for Phonological Theory*, 318-366. Cambridge, MA: Blackwell Publishers.

McCarthy, John and Alan Prince. 1997. Faithfulness and identity in prosodic morphology. Ms. ROA-216.

Myers, Scott. 1993. OCP effects in Optimality Theory. Ms.

Paradis, Carole. 1988. On constraints and repair strategies. *The Linguistic Review* 6, 71-97.

Prince, Alan. 1983. Relating to the grid. *Linguistic Inquiry* 14, 19-100.

Prince, Alan and Paul Smolensky. 1991. Notes on connectionism and harmony theory in linguistics. Technical Report CU-CS-533-91. Department of Computer Science, University of Colorado, Boulder, Colorado.

Prince, Alan and Paul Smolensky. 1993. Optimality Theory. Ms. Rutgers University.

Rubach, Jerzy. 2000. Glide and glottal stop insertion in Slavic languages: A DOT analysis. *Linguistic Inquiry* 31, 271-317.

Scobbie, James. 1992. Toward declarative phonology. *Edinburgh Working Papers in Cognitive Science*, 1-27.

Shinohara, Shigeko. 1998. Emergence of universal grammar in foreign word adaptations. Ms. MIT. (A draft submitted to *Phonological Typology and Acquisition.*)

Stampe, David. 1972. *How I Spent My Summer Vacation.* Doctoral dissertation, University of Chicago.

Velleman, Shelly L. 1996. Matathesis highlights feature-by-position constraints. In Bernhardt, Barbara, John Gilbert, and David Ingram (eds.), *Proceedings of the UBC International Conference on Phonological Acquisition*, 173-186. Somerville, MA: Cascadilla Press.

Zoll, Cheryl. 1993, Ghost consonants and optimality. Paper presented at WCCFL, UC Santa Cruz.

Zoll, Cheryl. 1996. *Parsing Below the Segment in a Constraint Based Framework.* Doctoral dissertation, University of California.

Zoll, Cheryl. 1998. Positional asymmetries and licensing. Ms. MIT.

제 2 장 변형도출 대응이론

최적성 이론의 영어의 어휘형성에 대한 적용은 Benua (1997)에서 제안된 '변형도출 대응이론(Transderivational Correspondence Theory, TCT)'을 통해 새로운 전기를 맞는다. 그 이유는 표준 최적성 이론이 가지고 있었던 문제점인 어휘형성 과정에서의 순서 문제, '괄호매김 모순(bracketing paradox)' 등을 설명하기 위하여 '어휘 음운론(Lexical Phonology)'의 기본 개념을 여기에 적용하여 어휘형성 과정에서의 단계별 분석을 가능하게 하였기 때문이다. 좀더 구체적으로 말하면, 영어 어휘부의 제 1단계와 제 2단계에서 일어나는 접사와 강세의 관계를 설명하고 이전 이론에 대한 우월성을 제시한 것이 Benua가 제시한 TCT의 핵심이다. 따라서 여기에서는 Benua (1995, 1997)에서 소개된 Philadelphia/New York 영어, 북아일랜드 영어(Northern Irish English), 스코틀랜드(Scottish) 영어, 호주 영어 등의 다양한 방언에서 일어나는 강세, 자음군 단순화, 분절음 변이에 대한 어휘부에서의 '폐쇄효과(closure effect)' 문제를 논의한다. 또한 단계 유순성을 어기게 되는 *ungrammaticality* 등의 괄호매김 모순 문제에 대한 새로운 분석도 소개한다.

2.1 출력부-출력부 대응관계

Benua (1997)의 TCT 이론은 McCarthy & Prince (1995, 1997)에서 제안된 대응이론을 발전시킨 Benua (1995)에서 출발한다. 이 Benua (1995)의 논문은 중첩현상을 설명하기 위하여 설정된 입력부-출력부, 출력부-출력부의 대응관계가 영어 고유명사의 애칭형성뿐만 아니라 접사첨가에 의한 파생관계를 효율적으로 설명할 수 있음을 보여주려 한 제안이다. 이를 검토해 보기 위하여 McCarthy & Prince (1995, 1997)에서 제안된 대응관계를 나타내는 그림을 다시 소개한다.

(1) 중첩현상에서의 대응관계 (McCarthy & Prince 1995, 1997)
  입력부: 어간(Stem)
        IO-Faith   IR-Faith
        (MAX-IB)   (MAX-IR)
  출력부: 어기(Base) ←→ 중첩어(Reduplicant)
                   BR-Identity
                   (MAX-BR)

이 그림은 어휘형성의 기본 요소인 입력부와 출력부 사이뿐만 아니라 출력부와 출력부 사이에서도 설정이 필요한 충실성(faithfulness) 관계를 보여준다. 다시 말하면, 어간과 이에 기반을 둔 출력형뿐만 아니라 이 출력형, 즉, 어기(base)에서 파생된 중첩어인 또 다른 출력형 사이에도 충실성 관계인 대응관계가 존재한다는 점을 보여주고 있는 그림이다.

예를 들어, 인도네시아어의 중첩형에서는 Identity-BR[nasal]이 비음교체 과정을 (음운적인 환경에 의한 것보다 더) 과도하게 적용하도록 (overapplying) 만든다. 구체적인 예로, 어두의 무성자음이 접두사 *məN*-의 마지막 비음과 합쳐진다. 그런데 접두사가 첨가된 어근이 중첩이 되면 한쪽 복제형만이 접두사에 인접하고 있음에도 불구하고 파생된 비음이 양쪽 복제형에 모두 나타난다. 즉, 밑줄친 중첩형은 출력부 어기의 복제형이지 첫 자음이 비음이 아닌 입력부 어기의 복제형이 아니다.

(2) 인도네시아어의 중첩현상

Root	*məN*-Root	*məN*-Root-RED	
tulis	mənulis	mənulis-<u>nulis</u>	'write'
potoŋ	məmotoŋ	məmotoŋ-<u>motoŋ</u>	'cut'
kira	məŋira	məŋira-<u>ŋira</u>	'guess'

이러한 과도적용의 자료를 규칙 기반의 이론에서는 비음교체 규칙의 적용순서를 중첩규칙 앞에 설정함으로써 설명할 것이다. 그러나 McCarthy & Prince (1995)는 이러한 예측되지 않은 음운현상이 중첩형에서 어기와 복제형의 일치를 요구하는 제약들에 의해 생겨나는 것으로 제안한다. 다시 말하면, 이러한 제약들이 중첩형과 어기 사이의 대응관계를 제어한다는 것이다. 따라서, McCarthy & Prince (1995)의 설명을 따르면 인도네시아어의 중첩현상에 나타나는 예측되지 않은 비자음의 출현은 IDENT-BR [nasal]에 의해 이루어진다.

(3)

/məN-tulis-RED/	Phono-constraint	IO-Faithfulness	BR-Identity
a.　mən-tulis$_B$-tulis$_R$	*!		
b. ☞ mə-nulis$_B$-nulis$_R$		*	
c.　mə-nulis$_B$-tulis$_R$		*	*!

이러한 출력부-출력부의 대응관계에 대한 제안에 기반을 둔 Benua (1995)는 중첩현상뿐만 아니라 사람 이름의 애칭형성 등 축약형 형성의 경우에도 이에 상응하는 관련성을 설정할 수 있다는 제안을 하고 있다.

구체적인 예로 다음 자료에 나타난 Philadelphia 영어의 방언은 음절말 자음이 /r/인 경우 이완모음 [æ]가 나타나지 않는 *[ær] 제약을 가지고 있다. 즉, carry [kæ.ri]와 같이 /r/이 음절말음이 아닌 경우에는 다른 자음과 마찬가지로 그 앞에 (즉, 앞 음절에) [æ]를 허용할 수 있다. 그러나 car [kar], hard [hard]에서와 같이 /r/이 음절말음이 되는 경우 앞 모음에 [æ]가 나타나지 못하고 [a]가 나타난다.

(4) 음절말 *[ær] 제약

map [mæp]　　vs.　　mar [mar]　　(*[mær])
carry [kæ.ri]　　　　　car [kar]　　　(*[kær])
Harry [hæ.rɪ]　　　　　hard [hard]　　(*[hærd])
Larry [læ.rɪ]　　　　　lark [lark]　　　(*[lærk])

그러나 문제가 되는 것은 *Harry* → *Har*와 같은 축약형 '애칭(hypocoristics)'에서는 이러한 음절과 관계된 제약이 적용되지 못하고 기저형 /hærɪ/로부터 얻어진 어기 [hæ.rɪ]의 모음을 그대로 유지한다는 점이다. 따라서 [har]가 나타나지 못하고 [hær]가 나타나는, 제약 *[ær]의 과소적용(underapplication)의 결과가 나타나게 된다.

(5) 애칭형성: *[ær]의 과소적용(underapplication)
    Harry [hæ.rɪ] →   Har [hær] (*[har])
    Sarah [sæ.ra]   Sar [sær] (*[sar])

즉, 애칭형성인 축약형은 이 방언의 보편적 제약인 *[ær]를 위반하면서 어기의 [æ]가 그대로 쓰이게 되는 현상을 보여주는 것으로, 이러한 관계를 Benua(1995)는 다음과 같이 표시하고 있다.

(6)

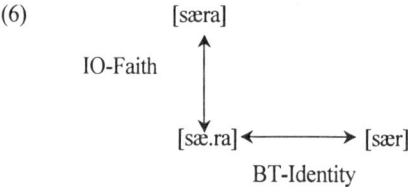

위의 그림은 어기의 모음을 그대로 유지하고자 하는 제약이 *[ær] 제약에 우선하기 때문에 축약형의 [æ]가 나타나는 결과를 얻고 있음을 보여준다. 즉, 입력부는 IO-대응에 의해 어기에 대한 충실성을 유지해야 하고 BT-대응은 어기와 축약형 사이의 대응관계를 설정하게 된다는 것이다. 따라서, (중첩현상에서와 마찬가지로) 입력부가 아니라 축약형의 어기가 되는 기본형(sources)에 대한 표면형을 복제하는 출력형(output) 사이의 대응관계에 의해 최종 출력형이 나타난다는 것이다. 결국, 출력부-출력부 대응관계가 필요한 것은 중첩현상에만 국한되는 것이 아니라 어휘형성 과정에서 중요한 역할을 하는 보편적인 현상임을 보여준 셈이다.

이 외에도, Philadelphia 영어에는 폐음절의 전설 저모음의 긴장모음화 (tensing) 현상이 있어서 *plan*이 [plEn]으로 발음된다. 그러나 *Pamela*의 축약형인 *Pam*은 예측되는 긴장모음 대신 이완모음이 사용되는 [pæm]으로 나타난다.

(7)   a. plan [plEn]   b. Pam [pæm] (← Pamela [pæ.mə.lə])

이 현상을 설명하기 위하여, *plan* [plEn]의 경우 다음과 같은 두 가지 유표성 제약을 설정할 수 있다. 그런데 이러한 제약을 적용하여 최적형을 얻는 과정에서 입력형을 긴장모음이나 이완모음 어느 것으로 설정할 것인가 하는 문제를 생각하게 될 것이다. 그러나 여기에서 최적성 이론의 장점이 부각되는데, 그 이유는 어기의 모음을 긴장모음, 이완모음 어느 쪽으로 설정하여도 마찬가지의 결과를 얻기 때문이다.

(8)   a. æ-TENSING: 폐음절에서는 이완모음 æ가 쓰이지 않는다.
        b. *TENSE-low: 긴장 저모음은 사용되지 않는다.

(9)

Base: /plæn/	æ-TENSING	*TENSE-low	IDENT-IO[tense]
a. plæn	*!		
b. ☞ plEn		*	*

어기의 풍부성

Base: /plEn/	æ-TENSING	*TENSE-low	IDENT-IO[tense]
a. plæn	*!		*
b. ☞ plEn		*	

위의 두 제약도표에서 나타난 것과 같이, 최적성 이론은 하나의 기저형 설정 가능성만을 고수하는 규칙이론과는 달리 '어기의 풍부성 (richness of the base)' 원칙에 의해 하나 이상의 타당한 입력형을 고려할 수 있다. 따라서 여기에서도 입력형의 모음을 긴장모음이나 이완모음 둘 다 고려

대상으로 할 수 있게 된다. 그러나 최종적으로 선택되는 최적형은 적용되는 제약들이 입력부(즉, 기저형)에는 전혀 무관하게 출력형에만 적용된 결과이다.

한편, 축약형의 경우는 위에서 사용된 유표성 제약 æ-TENSING이 *plan*과 같은 음절구조를 가진 *Pam*에는 적용되지 못하는 '과소적용(underapplication)'의 예에 해당한다는 점을 보았다. 따라서 같은 유표성 제약이 음절구조가 같은데도 불구하고 적용되지 못하는 이유를 설명할 필요가 생긴다. 이에 대한 Benua의 분석방법은 어기의 형태를 음절구조를 부여받은 출력형 [pæ.mə.lə]로 설정하고 IDENT-BT[tense]와 æ-TENSING의 위계관계로 설명하는 것이다.

(10)

Base: [pæ.mə.lə]	IDENT-BT[tense]	æ-TENSING
a. ☞ pæm		*
b. pEm	*!	

즉, 어기의 이완모음을 그대로 유지하고자 하는 제약이 폐음절의 æ-모음을 긴장모음으로 나타내려는 제약보다 상위에 있어서 æ-TENSING의 역할이 무력화되므로 [pæm]이 최적형으로 선택된다.

2.2 이론적 특징

여기에서는 변형도출 대응이론의 등장에 기초가 된 음운현상의 과소/과도 적용문제를 검토하고 TCT의 기본 원칙인 '순환(recursion)' 적용 문제를 소개한다.

2.2.1 과소/과도 적용

위에서 논의한 축약형 형성에서 본 것과 마찬가지로 음운현상의 적용은 때로는 형태론적 요인에 의해 과소/과도 적용될 수 있다. 즉, 어느 현상이 기술된 환경에서만 적용되는 경우를 '정상적용(normal application)'이라고 할 수 있는데 그렇지 못한 경우가 과소/과도적용이다.

'과소적용(underapplication)'은 음운현상의 적용조건을 (음운적으로) 만족시킴에도 불구하고 해당 음운현상이 나타나지 못하는 경우를 말한다. 예를 들어, 영어의 제2 강세는 *Lòllapalóoza, àbracadábra, Tàtamagóuchee*와 같이 가능한 한 주어진 단어의 왼쪽에 정렬시키는 것이 원칙이다. 그러나 이 현상이 *orìginálity, arìstocrátic* 등의 예에서는 제공된 환경을 무시하고 제대로 적용되지 못하는 과소적용의 결과가 나타난다. 이러한 과소적용의 이유는 결국 음운적인 것보다는 어휘적인 것으로 해석되어야 한다. 그 이유는 *orìginálity, arìstocrátic* 등에서 맨 왼쪽에 제2 강세가 나타나지 못하는 것은 이들이 파생된 어기인 *oríginal, arístocràt* 등과의 어휘적 연관성을 유지하기 때문이다. 즉, 파생의 어기인 제1 출력형에서 제2 강세가 맨 왼쪽에 위치하지 못하고 있는데 이 (강약 관계의) 패턴을 여기에서 파생된 제2 출력형인 *orìginálity, arìstocrátic* 등에서 그대로 유지하고 있는 것이다.

(11) 제2 강세의 왼쪽 정렬(L-alignment of secondary stress)
   a. 정상적용: *Lòllapalóoza, àbracadábra, Tàtamagóuchee*
   b. 과소적용: *orìginálity* (←*oríginal* ← *órigin*)[1]
                     arìstocrátic (←*arístocràt*)

이와 같이 과소적용은 기저형에 의해 영향을 받는 것이 아니라 어기와의 어휘적 연관성 유지를 위한 출력부-출력부의 대응관계에 의해 나타나는 것으로 해석되어야 한다.

'과도적용(overapplication)'의 경우는 특정 음운현상의 적용환경을 만족

---

[1] *oríginal* ← *órigin*의 강세변화에 대한 관계는 뒤에서 다루기로 한다.

시키지 못함에도 불구하고 그대로 적용이 되는 것을 말한다. 예를 들어, 영어의 음절말 자음군 단순화는 *condemn*과 같이 음절말 자음군을 이룰 수 없는 자음군이 나타나는 경우 그 중 한 자음을 탈락시키는 현상이다. 따라서 모음으로 시작하는 *-ation*과 같은 (제1종) 접사가 첨가되면 탈락 대상인 /n/이 더 이상 음절말음에 속하지 않으므로 *condemnation*에서와 같이 그대로 유지될 수 있다. 그러나 제2종 접사첨가는 제1종 접사첨가와 달리 이러한 결과를 나타내지 못한다. 즉, 영어의 음절말 자음군 단순화 현상은 *condemning*에서와 같이 음절말 자음이 모음으로 시작하는 제2종 접사가 첨가되면 음절말음에 속하지 않게 되어도 그대로 탈락되어 자음군 단순화의 과도적용 현상이 나타나게 된다.[2]

(12) 자음군 단순화 (이중 밑줄 부분 탈락)
    a. 정상적용: *condem<u>n</u>~condemnation,   thum<u>b</u>~Thumbelina* (cf. *thumble*),
                  sign ~ signature
    b. 과도적용: *condem<u>n</u>ing,   thum<u>b</u>ing,   si<u>g</u>ner*

---

[2] 이와 같은 규칙적용의 과소/과도적용에 대하여 전통적 분석은 Chomsky & Halle (1968)에서 제시된 순환적(cyclic) 도출과정을 선택하였다. 즉, 적용되는 규칙은 마지막 순환단계에서 부적절하게 조건이 지어지거나 예측하지 못한 저지현상이 나타날 수도 있다는 기술을 하고 있다. 또한 규칙의 순환적 적용은 형태소 단위가 아니라 완전한 단어에만 적용된다는 제안도 이루어졌다. 즉, 순환효과(cyclic effect)는 다른 어휘로부터 도출된 단어에만 적용되며, 종속 형태소인 어근에 대한 접사첨가에 의해 만들어진 (*electric, conceive, impeach*와 같은) 단어에서는 나타나지 않는다는 것이다. 이러한 방식은 뒤에 '엄밀순환 조건(Strict Cycle Condition)'을 거쳐 어휘 음운론(Lexical Phonology)으로 발전되었다. 그러나 이러한 순차(serial) 이론의 문제점은 해당 규칙이 종속 형태소인 어근에 순환적으로 적용되는 것을 방지하기 위하여 별도의 장치를 필요로 하는 복잡성이 발생한다는 것이다. 그 대표적인 예로 Kiparsky (1968, 1973)가 제시한 교체조건(Alternation Condition)이나 수정 교체조건(Revised Alternation Condition), Mascaró (1976)와 Kiparsky (1982)가 제안한 엄밀 순환조건(Strict Cycle Condition) 등을 들 수 있다.

2.2.2 패러다임 평가

　TCT (Transderivational Correspondence Theory)는 이전의 대응이론과는 달리 평가의 단위가 개별 어휘가 아니라 연관된 패러다임이라는 특징이 있다. 따라서, 어느 어휘의 파생과 굴절관계를 함께 평가의 대상으로 삼으므로 어휘 음운론에서 어휘형성 단계를 설정하여 각 단계별 분석을 종합한 것과 유사한 기능을 한다. 이러한 TCT의 (평행 분석) 방식은 어휘 음운론 등에서 사용하는 순환 이론(cyclic theory)보다 더 제한적이라는 장점이 있다. 그 이유는 순환 음운이론에서는 각 단계별로 별도의 규칙순을 정할 수 있으나 TCT에서는 모든 (단계의) 어휘 분석에 같은 제약위계를 사용하기 때문이다. 따라서 복잡한 구조를 가진 어휘가 어느 정도의 음운적 형태의 다양성을 보일 수 있는지에 대한 한계를 설정할 수 있기 때문이다.

　예를 들어, /electr-/와 같은 어근으로부터 형성되는 (*elect-ric* 같은) 어휘는 종속 형태소인 어근단계에서 출력부가 되는 어기(base)를 가지지 못한다. 따라서 그 다음 어휘형성 단계에 대한 입력형이 존재하지 않으므로 접사가 첨가될 때 나타날 수 있는 음운현상의 과소/과도 적용이나 순환효과(cyclic effect)가 생길 여지가 없다. 즉, 음운현상의 순환효과는 (상위에 위치한 출력부-출력부 대응제약에 의해) 복잡한 구조를 가진 어휘가 출력부 어기의 형태를 모방하는 일종의 '동일성 효과(identity effects)'이므로 종속 형태소인 어근이 순환단계에 속하지 못하게 된다. 그런데 이러한 과정은 패러다임을 평가하는 TCT 이론이 가지고 있는 기본 가정으로부터 자연스럽게 얻어지는 사실이다.

　이와 같이 TCT 이론의 가장 큰 특성은 두 가지를 들 수 있다. 첫째, TCT 이론의 명칭 자체가 가리키는 바와 같이 어휘의 파생이나 굴절관계 전체를 평가하는 하나 이상의 대응관계를 필요로 한다. 다시 말하면, 다음의 그림에서 볼 수 있듯이, 입력부-출력부 대응관계인 IO-대응관계뿐만 아니라 파생/굴절관계를 보여주는 출력부-출력부의 OO-대응관계를 설정하여야 한다. 따라서 OO-MAX, OO-DEP, OO-IDENT[F] 등의 제약을 설정하여야 한다.

(13) 변형도출 대응관계: OO-MAX, OO-DEP, OO-IDENT[F]

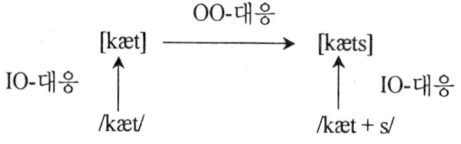

이 그림에서 최초의 입력형 /kæt/은 출력형 [kæt]과 IO-대응관계를 유지하며 그 다음 어휘형성 단계인 /kæt + s/의 출력형인 [kæts]와 OO-대응관계를 갖는다. 물론, 복수형의 입력형인 /kæt + s/와 출력형 사이에는 IO-대응관계가 필요하다. 따라서, 모두 세 가지의 대응관계가 설정된다.

TCT의 두 번째의 특징은 어휘의 형성과정에 따라 같은 제약위계를 순환적으로 적용할 수 있다는 것이다. 이 과정은 마치 어휘 음운론에서 각 어휘형성의 단계마다 각각의 파생/굴절 과정을 기술하는 것과 유사하다. 구체적인 예를 들면, 위에서 소개된 Larry → Lar의 경우, 제 1순환단계에서 원래의 발음이 선택되는데, 이때의 제약도표가 그대로 제 2순환 단계로 넘어가는 '순환평가(recursive evaluation)'를 거치게 된다. 따라서, 입력형-출력형 사이의 동일성 평가제약 IO-Ident는 각 단계마다 개별적으로 다시 적용되며, 출력부-출력부 사이의 동일성 평가제약 OO-Ident는 두 단계에 모두 거쳐서 전체의 패러다임에 적용된다. (점선으로 나타낸 양방향 화살표는 각 순환단계의 입력형과 출력형 사이의 동일성 평가를 위한 IO-Ident를 가리키고, 실선의 양방향 화살표는 양 순환단계의 출력형끼리의 동일성을 비교하게 되는 OO-Ident 관계를 가리킨다. 한편, 타원형과 연결된 굵은 점선 화살표는 첫 순환단계에서 치명적 위반을 보이는 후보형이 다음 단계에서는 고려 대상이 되지 못함을 보이도록 음영으로 표시되는 점을 보여준다. 즉, 앞 단계의 치명적 위반에 대한 정보가 그 다음 단계에서 그대로 인수된다는 점을 나타낸다.)

(14) *Larry* → *Lar*의 순환평가(recursive evaluation)

Recursion (A)

	/lærɪ/	OO-Ident	*æR]$_\sigma$	IO-Ident
a. la.rɪ				*!
b. la.rɪ				*!
c. læ.rɪ				
d. ☞ læ.rɪ				

Recursion (B)

	/lærɪ-TRUNC/	OO-Ident	*æR]$_\sigma$	IO-Ident
a'. lar				*
b'. lær		*!	*	
c'. lar		*!		*
d'. ☞ lær			*	

제 1순환 단계에서 가장 상위의 제약 OO-Ident는 그 다음 어휘형성과 연결되지 않았으므로 적용이 되지 않는다. 따라서 고려해야 할 제약은 충실성 제약(faithfulness constraint)인 입력부-출력부 사이의 동일성 제약 IO-Ident와 '유표성(markedness)' 제약인 *æR]$_\sigma$이다. 그런데 유표성 제약의 대상이 되는 [r]이 모두 음절두음으로 쓰이고 있으므로 *æR]$_\sigma$ 제약은 적용대상이 없다. 결국, 입력형 /lærɪ/와 네 가지 출력형 사이의 동일성 여부를 평가하는 IO-Ident 제약을 위반하는 후보형을 찾는다. (이를 양방향 점선 화살표로 표시하였다.) 그 결과, 입력형 모음 /æ/와 다른 [a]를 가진 (a)와 (b)의 후보형이 이 제약을 (치명적으로) 위반한다. 그리고 이 정보는 (타원형과 굵은 화살표로 표시된 바와 같이) 그 다음 단계로 전달되므로 Recursion (B)의 (a')와 (b') 영역이 모두 음영으로 표시되어 있다. 두 번째 단계에서는 *æR]$_\sigma$ 제약과 IO-Ident 제약 이외에 OO-Ident 제약이 필요하고 또 가장 상위에 놓인다. 그리고 이 제약은 (양방향 실선 화살표로 표시된 바와 같이) 전 단계의 출력형과 현재 단계의 출력형

사이의 동일성을 평가하는데 (b')와 (c')가 치명적 위반을 한다. 그런데 (b')의 경우는 전 단계의 IO-Ident 위반으로 이미 음영 처리가 되어 있으므로, (c')의 하위제약 영역에 음영 처리를 한다. (여기에서는 두 단계를 비교하기 위하여 편의상 사선으로 된 음영을 사용한다. (d')의 경우는 똑같이 음영 처리를 할 필요는 없으나 보기 쉽게 하기 위하여 (c', d')의 하위 영역을 같이 표시한다.) 결국, 남아있는 후보형 (d-d')가 유표성 제약의 위반, 즉 과소적용에도 불구하고 상위제약을 어기지 않아 최적형으로 선택이 된다. (한편, (a-a')의 경우는 과도적용, (c-c')의 경우는 정상적용에 해당한다. 그리고 (b-b')는 '역적용(backward application)'에 해당한다.) 물론, 양방향 점선 화살표로 나타낸 바와 같이, 하위의 제약인 IO-Ident 제약도 적용이 되지만 제약의 위계로 인해 최적형 선택에 영향을 주지 못한다.

이러한 변형도출 대응관계는 축약어의 형성에만 적용되는 것은 아니다. 예를 들어, 다음의 접사첨가에 의한 음운형태의 변화는 영어의 제1종(Class 1) 접사와 제2종 접사의 첨가와 이에 따른 두 종류의 출력부-출력부 대응관계를 보여준다.[3]

(15) 접사의 종류에 따른 OO-대응관계
    a. Class 1:   *damn ~ damnation*
                     *OO₁-Identity (위반)

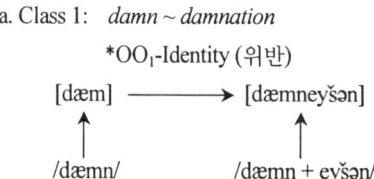

---

[3] 접사의 종류는 라틴어/그리스 어원을 가진 것과 순수 게르만어 어원을 가진 것, 강세에 대한 반응, 특정 음운현상에 대한 적용 여부, 어기와의 결합에 대한 '선택제약(selectional restriction)' 등 여러 요인이 고려된다. 이에 대한 세부적인 논의는 Kiparsky (1982, 1983, 1985), Mohanan (1982), Halle & Mohanan (1985), Fabb (1984), Sproat (1985) 등을 참고하기 바람.

b. Class 2: *damn ~ damning*

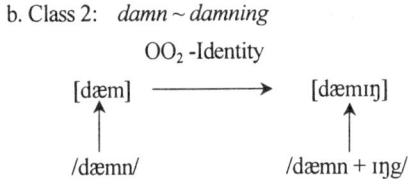

위의 그림에서 OO₁-Identity는 제1종 접사첨가에 의한 출력부-출력부의 동일성 관계를 나타내고, OO₂-Identity는 제2종 접사의 첨가에 의한 출력부-출력부 동일성 관계를 나타낸다. 우선, 제1종 접사의 첨가는 OO₁-Identity 보다는 입력부(/dæmn+eyšən/)의 자음 (즉, /n/)을 그대로 유지하려는 제약이 더 우위에 있음을 알 수 있다. 그 이유는, 접사의 첨가로 음절구조가 변경되어 자음군 단순화 현상이 일어나지 못하므로, 최종 출력형 [dæmneyšən]은 앞 단계의 출력형 [dæm]이 결여하고 있는 자음 [n]을 포함하게 되어 OO₁-Identity를 위반하기 때문이다. 이와는 반대로, 제2종 접사첨가의 경우에는 접사의 첨가에 의한 음절구조의 변화가 자음군 단순화 적용에 아무런 영향을 주지 못하여 최종 출력형 [dæmɪŋ]이 앞 단계의 출력형 [dæm]과의 동일성을 유지한다. 따라서 입력형 (/dæmn + ɪŋg/)의 자음을 그대로 유지하도록 하는 충실성 제약인 IO-MAX를 위반한다. 결국 이러한 상반된 결과는 다음과 같은 제약위계로 귀결될 수 있다. 여기에서 출력형-출력형의 대응관계를 접사의 종류에 따라 하나 이상 설정할 수 있는데, dam**n**ing에 나타나는 자음군 단순화(Consonant cluster simplification)의 과도적용에 의한 [n] 탈락현상이 OO₂-Identity의 위계관계로 설명이 될 수 있음을 보여준다.

(16) OO₂-Identity » IO-MAX » OO₁-Identity

즉, OO₂-Identity 제약이 가장 상위에 있으므로 제2종 접사첨가에서는 출력형 사이의 동일성이 가장 충실히 유지되지만, 제1종 접사첨가는 OO₁-Identity

제약이 가장 하위에 있으므로 출력형 사이의 동일성보다는 입력형-출력형 사이의 충실성이 더 중시되는 결과를 보여준다.

2.2.3 강세분석

접사가 첨가된 어휘는 주강세(main stress)와 음절이 여럿인 경우 제2 강세를 가지게 된다. 그런데 주강세는 가능한 오른쪽에 위치시키고, 반면에 제2 강세는 가능한 왼쪽에 정렬을 시키는 것이 일반적인 원칙이다. 따라서 이를 각각 ALIGN-R과 ALIGN-L로 설정한다(PrWd=Prosodic Word, Hd=Head).

(17) ALIGN-R: ALIGN((Hd)PrWd, R, PrWd, R) → 주강세는 오른쪽
    ALIGN-L: ALIGN(PrWd, L, Ft, L) → 제2 강세는 왼쪽

첫 번째 정렬(alignment) 제약 ALIGN-R은 '운율어(prosodic word)'의 중심부(head)의 오른쪽을 (즉, 주강세를) 운율어의 맨 오른쪽에 정렬시키도록 한다. ALIGN-L는 운율어의 왼쪽에 음보의 왼쪽을 정렬시키도록 하여 단어의 왼쪽에 제2 강세가 오도록 하는 제약이다. 이밖에도 어휘의 마지막 음절은 강세가 오지 않도록 '음보(foot)'를 부여하지 못하도록 하는 NONFINAL 제약,[4] 영어의 음보는 '강약격(trochee)' 구조를 갖도록 하는 TROCHEE가 필요하다. 한편 FTBIN는 강세를 가질 수 있는 음보는 모라로 구성된 수형도로 나타낸다는 가정하에서, 음보를 이루기 위해서는 음절이나 모라의 수가 둘이 필요하다는 제약이다. 그런데 이러한 제약들은 주강세 제약보다는 상위에 있어야 한다. 따라서, 이들 제약과 주강세 제약인 ALIGN-R과의 위계관계의 설정이 필요하다.

---

[4] 이를 생성 음운론에서는 '운율외적 속성(extrametricality)'으로 부른다. 이에 대하여 Hayes (1980, 1982, 1984), Hogg & McCully (1987), Kenstowicz (1994) 등 참조.

(18) a. NONFINAL: 단어의 마지막 음절은 음보를 형성하지 않는다.
TROCHEE: 음보는 강약격 구조를 갖는다.
FTBIN: 음보는 두 개의 음절이나 모라로 구성된다.
b. FTBIN, TROCHEE, NONFINAL » ALIGN-R

이제 접사의 종류에 따른 강세의 차이를 보자. 우선, 제1종 접사첨가의 경우에는 주강세가 비파생어가 가지고 있던 강세의 위치보다 뒤쪽에 나타나는 정상적용의 양상을 보인다. 따라서 어기의 강세보다는 가능한 오른쪽으로 강세의 위치가 이동한다. 그러나 제2종 접사첨가는 음절수의 증가에도 불구하고 강세의 이동에 전혀 영향을 주지 못한다. 즉, 강세의 위치에 대하여 어기와의 동일성을 유지하려는 제약이 더 상위에 있어 주강세 부여 제약인 ALIGN-R이 과소적용되는 결과를 가져온다.

(19) a. 제1종 접사첨가와 주강세 부여: 정상적용

órigin	oríginal (*óriginal)
párent	paréntal
úniverse	univérsal
pópular	populárity
contínue	continúity
grámmar	grammárian
ópera	operátic

b. 제2종 접사첨가와 주강세 부여: 과소적용

óbvious	óbviousness (*obvíousness)
párent	párenthood
sórdid	sórdidness
inhábit	inhábitable
artículate	artículator
astónish	astónishingly
wónder	wónderfulness

한편, 제2 강세의 경우에는 *Lòllapalóoza*에서와 같이 가능한 한 단어의 앞에 강세를 부여하는 것이 원칙이다. 따라서, 접사첨가에 의해 충분한 음절의 길이를 가지게 되는 단어는 제2 강세를 가지게 되는데 가능한 한 단어의 앞쪽으로 정렬하는 일반 원칙을 필요로 한다. 그런데 *orìginál-ity* 와 같이 제1종 접사를 첨가하는 경우 제2 강세의 위치가 *oríginal*과 같은 어기(base)의 주강세가 있던 곳에 나타나는 점을 관찰할 수 있다. 즉, 제1종 접사첨가에서는 *òrigináliy*처럼 제2 강세 부여원칙을 지키기보다는, 어기의 주강세를 파생어에서 제2 강세의 형태로 보존하는 현상이 나타난다. 따라서 제2 강세 부여와 관련된 ALIGN-L의 과소적용이 나타나는 것으로 이와 유사한 예를 다음에서 볼 수 있다.

(20) 제1종 접사첨가와 제2 강세: ALIGN-L 과소적용
    oríginal   orìginálity (*òriginálity)
    arístocrat   arìstocrátic
    theátrical   theàtricálity
    àuthéntic   àuthèntícity

이상에서 관찰한 것은 제1종 접사를 첨가하는 경우, ALIGN-R를 지키기 위해 어기와의 동일성을 유지하지 못하여 주강세의 변화를 야기하지만, 제2 강세의 경우에는 강세의 제약보다는 어기와의 동일성을 보존하는 성향이 더 강하다는 사실이다.

2.2.3.1 접사 비첨가 어휘의 강세

그러면 이제 접사가 첨가되지 않은 명사와 동사의 경우에 강세가 부여되는 양상을 기술해 보기로 한다. 우선 끝에서 두 번째 음절에 강세를 갖는(heavy penult) *indepéndent*의 경우와 그렇지 못한(light penult) *órigin*의 경우를 각각 예로 들어 분석해 본다.

(21) Heavy penult: *indepéndent*

		TROCHEE	NONFINAL	ALIGN-R
a.	in (dé.pen) dent	*!		**
b.	in.de (pén.dent)		*!	*
c. ☞	in.de (pén) dent			*

첫 후보형은 음보의 두 번째 음절이 중음절임에도 불구하고 강세가 약음절에 있으므로 TROCHEE 제약을 치명적으로 위반한다. 두 번째 후보형은 마지막 음절을 음보에 포함시키고 있으므로 NONFINAL을 역시 치명적으로 위반한다. 따라서 마지막 후보형이 비록 주강세가 마지막 음절에 오지 못하여 ALIGN-R을 위반하지만 위반정도가 경미하므로 최적형으로 선택된다.

한편, *órigin*의 경우에는 뒤에서 두 번째(penult) 음절이 경음절이므로 강세를 갖지 못하여 첫 음절에 강세를 갖는다.

(22) Light penult: *órigin*

		FTBIN	NONFINAL	ALIGN-R
a.	o (rí) gin	*!		*
b.	o (rí.gin)		*!	*
c. ☞	(ó.ri) gin			**

첫 후보형은 음보의 음절/모라수가 하나뿐이므로 FTBIN 제약을 치명적으로 위반한다. 그리고 마지막 음절 역시 강세를 가지지 못하므로 ALIGN-R도 위반한다. 둘째 후보형은 마지막 음절을 음보에 포함시켜 NONFINAL을 치명적으로 위반하고 마지막 음절에 강세를 두도록 하는 ALIGN-R도 위반한다. 따라서 마지막 음절에서 두 음절이 떨어진 곳에 강세를 두게 되어 ALIGN-R을 두 번 위반한 세 번째의 후보형이 최적형으로 선택된다.

그러면 *américa*와 같이 강세에 관한 두 정렬제약 ALIGN-R과 ALIGN-L이 함께 적용되는 경우의 위계관계를 생각해 볼 수 있다. 그리고 그 결과는 다음의 도표에 나타난 바와 같이 주강세 제약이 제2 강세 제약보다 상위에 있는 것으로 나타난다. 즉, 가능한 오른쪽에 강세를 두는 ALIGN-R가 가능한 왼쪽에 음보를 부여하여 제2 강세를 주려는 ALIGN-L보다 상위에 있어야 한다.

(23) ALIGN-R » ALIGN-L

		NONFINAL	ALIGN-R	ALIGN-L
a.	(à.me)(rí.ca)	*!	*	
b.	(á.me) ri.ca		***!	
c. ☞	a (mé.ri) ca		**	*

최적형인 세 번째 후보형은 마지막 음절보다 두 음절 더 왼쪽에 강세를 두어 ALIGN-R을 두 번 위반할 뿐 아니라 첫 음절을 건너뛰고 음보를 형성하므로 ALIGN-L도 위반하고 있다. 그러나 이러한 위반은 상대적으로 경미한 것으로 간주된다. 그 이유는 첫 후보형은 가장 상위의 제약을 위반하고 있고, 두 번째 후보형은 ALIGN-R을 세 번 위반하고 있기 때문이다.

한편 McCarthy (1997)는 입력형인 어기와 출력형 사이에 같은 강세를 유지하기 위한 충실성 제약을 제시하고 있는데, 다음과 같이 입력형의 음보와 출력형의 음보가 같은 위치에 나타나도록 하는 '계류(anchor)' 제약이다.

(24) 운율적 충실성(Prosodic Faithfulness): IO-ANCHOR (Ft, Ft, I)
 α와 β는 대응하는 분절음이고 α가 음보의 처음에 있으면,
 β 역시 음보의 처음에 나타나야 한다. (McCarthy 1997)[5]

이 충실성 제약은 기본적인 대응관계를 보여주는 역할만을 하는 것으로,

---

[5] If $\alpha R\beta$ (α and β are correspondent segments) and α is initial in a foot, then β is initial in a foot (McCarthy 1997).

다음의 제약위계에서 볼 수 있듯이, 다른 제약과의 위계관계에서 맨 하위에 위치한다.

(25) 접사첨가가 없는 어휘의 강세
　　　NONFINALITY » ALIGN-R » ALIGN-L » IO-ANCHOR

2.2.3.2 접사첨가 어휘의 강세

접사첨가가 없는 경우에 ANCHOR 제약이 소개된 것처럼, 접사첨가가 있는 경우에는 출력형 사이의 강세 위치를 일치시키는 OO-ANCHOR 제약이 소개되어야 한다. 그런데 이미 위에서 기술한 바와 같이 접사가 첨가되는 경우의 강세는 접사의 종류에 따라 다르게 나타난다. 따라서 주강세를 결정하는 ALIGN-R 제약과 이 OO-ANCHOR 제약 사이의 위계관계를 기술하기 위하여 접사의 종류에 따른 두 가지의 OO-ANCHOR 제약, 즉 OO_1-ANCHOR와 OO_2-ANCHOR를 설정한다.

우선, 제1종 접사첨가의 경우는 OO_1-ANCHOR 제약이 필요한데 이 제약이 ALIGN-R보다 하위에 놓임으로써 강세의 이동을 가능케 한다. 이에 대한 예로 *órigin, original*의 강세에 결정적 역할을 하는 ALIGN-R과 *órigin* → *original* 사이에 게재되는 OO_1-ANCHOR의 적용을 들어 본다.

(26) Class 1: 주강세 정상적용 → ALIGN-R » OO_1-ANCHOR
　　　Recursion (A)

/origin/	NONFINAL	ALIGN-R	OO_1-ANCHOR	»
a.　o(rí.gin)	*!	*		
b.　(ó.ri)gin		**		
c. ☞ (ó.ri)gin		**		

Recursion (B)

»	/origin + al/	NONFINAL	ALIGN-R	OO₁-ANCHOR
a'.	o(rí.gi)nal		**	
b'.	(ó.ri)gi.nal		***!	
c'. ☞	o(rí.gi)nal		**	*

첫 단계에서 첫 후보형은 마지막 음절을 음보화하여 최상위 제약 NONFINAL을 위반하므로 더 이상 분석의 대상에서 제외된다. (따라서 그 이후 제약의 영역과 분석단계 즉, Recursion (B)가 모두 음영으로 표시된다.) 그 다음, 첫 단계에서의 위반이 경미한 둘째, 셋째 후보형이 모두 둘째 분석단계로 이송된다. 그리고 접사가 첨가된 둘째 단계에서는 분석의 대상인 (b')와 (c')에는 NONFINAL의 적용대상이 없으므로 ALIGN-R, OO₁-ANCHOR 영역만 집중적으로 비교한다. (이 부분을 이중선으로 표시하였다.) 결국, 최적형은 두 제약을 모두 위반하고 있는 세 번째 후보형이 선택되는데 그 이유는 상위의 제약을 둘째 후보형보다 한 번 덜 위반하고 있기 때문이다. 그리고 주강세 부여가 정상적으로 적용되고 있는 결과가 나타난다.

이와는 반대로 제2종 접사의 첨가는 주강세가 과소적용되는 경우이다. 따라서 이를 다른 계류(anchor) 제약인 OO₂-ANCHOR와 ALIGN-R 사이의 관계로 설명할 수 있다. /obvious + ness/를 예로 들어 기술해 본다.

(27) Class 2: 주강세 과소적용 → OO₂-ANCHOR » ALIGN-R

Recursion (A)

	/obvious/	NONFINAL	OO₂-ANCHOR	ALIGN-R	»
a.	ob(ví.ous)	*!		*	
b.	(ób)vi.ous			**	
c. ☞	(ób)vi.ous			**	

Recursion (B)

»	/obvious + ness/	NONFINAL	OO₂-ANCHOR	ALIGN-R
	a'.　ob(ví.ous) ness			**
	b'.　ob(ví.ous) ness		*!	**
	c'. ☞ (ób)vi.ous.ness			***

앞의 경우와 마찬가지로 첫 단계에서의 치명적 위반은 그 다음 단계에 그대로 반영이 된다. 그런데 제1종 접사의 경우와는 달리 여기에서는 표면형끼리의 강세에 대한 계류제약 OO₂-ANCHOR가 주강세 제약 ALIGN-R보다 상위에 위치한다. 따라서, (강세에 대한) 어기와의 연관성을 보존한 대신 강세의 변화는 억제되는 결과를 가져오는 주강세 과소적용이 나타난다. (또한, (a-a')는 과도적용, (b-b')는 정상적용에 해당한다.)

한편, 접사의 첨가는 한 번에 그치지 않고 연속적으로 나타나는 경우가 흔히 있는데 이러한 접사의 다중 첨가(multiple affixation)인 확대 패러다임은 순환단계를 다단계로 설정함으로써 효과적으로 기술할 수 있다. 예를 들어, *órigin* → *oríginal* → *originálity*의 파생에서 나타나는 강세의 패턴을 다음과 같이 기술한다.

(28) 확대 패러다임: 다중 접사첨가, 다단계 순환분석

Recursion (A)

	/origin/	NONFINAL	ALIGN-R	OO₁-ANCHOR	ALIGN-L	»
	a.　o(rí.gin)	*!	*		*	
	b.　(ó.ri)gin		**			
	c.　(ó.ri)gin		**			
	d. ☞ (ó.ri)gin		**			

Recursion (B)

»	/origin + al/	NONFINAL	ALIGN-R	OO₁-ANCHOR	ALIGN-L	»
	a'.　o(rí.gi)nal		**		*	
	b'.　(ó.ri)gi.nal		***!			
	c'.　o(rí.gi)nal		**	*	*	
	d'. ☞ o(rí.gi)nal		**	*	*	

Recursion (C) /origin+al+ity/	NONFINAL	ALIGN-R	OO₁-ANCHOR	ALIGN-L
a". o(rì.gi)(ná.li)ty		**	*	*
b". (ò.ri)gi(ná.li)ty		**	*	
c". (ò.ri)gi(ná.li)ty		**	**!	
d". ☞o(rì.gi)(ná.li)ty		**	*	*

이상의 분석에서 나타난 제약의 위계관계는 다음과 같다. 최상위의 OO₂-ANCHOR 제약에 의해 제2종 접사의 첨가는 주강세의 위치에 영향을 줄 수 없다는 점을 알 수 있다. 그러나 OO₁-ANCHOR는 ALIGN-R보다 하위에 있으므로 제1종 접사의 첨가는 주강세의 이동을 막을 수 없다. 그러나 OO₁-ANCHOR가 ALIGN-L보다는 상위에 있으므로 제1종 접사의 첨가에서도 제2 강세의 이동은 억제되는 점도 예측할 수 있다. 그리고 IO-ANCHOR가 가장 하위에 있으므로 다른 제약의 요건이 해당하지 않는 경우에만 입력형의 강세가 출력형의 강세로 유지될 수 있게 된다.

(29) OO₂-ANCHOR » ALIGN-R » OO₁-ANCHOR » ALIGN-L » IO-ANCHOR

2.3 폐쇄효과

'폐쇄효과(closure effect)'란 제1 어휘형성 단계, 즉 제1종 접사첨가 과정에서 적용대상이 되는 음운적 교체(alternation) 현상이 제2종 접사첨가 과정에서는 잘못 적용되는(misapply) 현상을 말한다. 이미 앞에서 관찰된 상위에 놓인 OO₂-Identity 제약을 지키기 위하여 해당 음운현상이 제 1단계 접사첨가에 대해서는 그 적용 여부를 고려대상으로 하지만 제 2단계 접사첨가는 그 고려대상의 영역으로부터 폐쇄되는 결과를 가져온다.
접사의 종류에 따른 음운적 차이를 기술하기 위한 이전의 분석방식의 대표적인 예로 우선 Chomsky & Halle (1968)를 들 수 있는데, 여기서는 제1종 접사에 "+" 경계표지를 사용하고 제2종 접사에는 "#" 표지를 사용하여 구분하였다. Selkirk (1982, 1984)은 제1종 접사는 종속 형태소인 어근에만 첨가되고 제2종 접사는 독립적 단어에 첨가된다는 제안을 하였다. 또한 Halle & Vergnaud (1987)는 제1종 접사는 순환적 음운현상의 대상이 되어 별도의 음운적인 층위를 형성하도록 하는 데 비해, 제2종 접사는 비순환적이어서 어간과 같은 음운적 층위에 나타난다는 주장을 하기도 하였다. Halle & Kenstowicz (1991)도 비슷한 제안을 하였는데 (과소/과도적용과 같은) 음운현상의 잘못된 적용(misapplication)이 이와 같은 음운적 층위의 병합(merger)으로 나타난다는 주장을 하였다. 이밖에도 Liberman & Prince (1977), Sproat (1985), 그리고 최근에 Merchant (1997) 등은 제2종 접사가 음운규칙과는 관련이 없어 '운율적 폐쇄(prosodic closure)'가 나타난다는 주장을 하였다.

한편 어휘형성에서 '단계 유순성(level ordering)'을 주장하는 Siegel (1974), Allen (1978), 그리고 어휘 음운론이 Kiparsky (1982), Mohanan (1982, 1986), Halle & Mohanan (1985) 등은 제1종 접사가 먼저 첨가되고 그 이후에 제2종 접사가 첨가된다는 주장을 하였다. 또한 Borrowsky (1993)는 Kiparsky (1985)의 제안과 유사하게 제2종 접사첨가가 어휘적 음운부(lexical phonology)의 마지막에 적용된다는 제안, 즉 '도출 폐쇄 (derivational closure)'가 일어나는 것으로 해석하였다.

이와 같은 표기적(representational) 분석방식에 비해 TCT는 단계유순이론과 순환이론을 통합한 분석이라고 할 수 있다. 예를 들어 *damn/ damnation*과 *damning* 사이에 관찰되는 자음군 단순화를 어휘 음운론에서는 단계 유순성으로 설명하려 하고, *originálity*와 같은 제1종 접사첨가의 경우에 나타나는 제2 강세의 미적용을 제 1단계의 순환성으로 설명하려 하였다. 그러나 TCT는 이러한 단계 유순설보다는 어휘형성 과정의 패러다임 전반에 나타나는 어기와의 동일성 제약에 의해 해당 음운현상이 나타나지 못한 것으로 해석한다. 그리고 이러한 폐쇄현상은 역시 해당 음운현상이 제 2단계에서 과도적용이 되는 경우와 과소적용이 되는 두 가지로 나누어 생각해 볼 수 있다.

2.3.1 과도적용

이미 위에서 언급한 바와 같이 특정 음운제약이 비파생 어휘나 제1종 접사가 첨가되는 경우에는 적용환경이 일치하는 경우 정상적으로 적용이 된다. 그러나 제2종 접사의 첨가로 (음절구조 등이 변화되어) 그 적용환경이 되지 못하는 경우에도 마치 접사첨가가 되지 않은 것처럼 첨가된 접사를 무시한 채로 해당 현상을 (과도하게) 적용하는 결과를 가져온다. 이러한 예는 영어의 여러 방언에서 아주 흔히 발견된다.

대표적인 예를 들면, Philadelphia와 뉴욕시의 영어방언에서 적용되는 '폐음절(closed syllable) æ-Tensing'을 들 수 있다. 이 현상은 다음의 (a)에서 볼 수 있는 것처럼 이완(lax) 모음인 /æ/가 개음절에서는 그대로 나타나지만, (b)와 같이 폐음절에 위치할 때는 긴장(tense) 모음인 [E]로 바뀌어 나타나는 현상이다.

(30) 폐음절 æ-Tensing[6]

a.	manage	[mæ.nəj]	b.	man	[mEn]
	Janice	[jæ.nɪs]		plan	[plEn]
	cafeteria	[kæ.fə.ti.ria]		laugh	[lEf]
	mathematics	[mæ.θə.mæ.tɪks]		psychopath	[say.ko.pEθ]
	cannibal	[kæ.nə.bl̩]		mandible	[mEn.dɪ.bl̩]
	planet	[plæ.nɪt]		plan it	[plEn#ɪt]

---

[6] 여기에서 (a)의 [æ] 뒤에 나타나는 자음들은 양음절성(ambisyllabic)을 가진 것으로 보인다. æ-tensing에 대한 적용환경은 양음절성을 가진 자음에 의해 폐음절이 되는 경우를 개음절처럼 간주하여 음절말음인 자음에 의해 폐음절이 되는 경우와는 다르게 취급한다.

위와 같은 현상은 이제 어휘의 형성과정에도 그대로 적용되어 비파생어에서나 제 1단계의 어휘형성에서는 정상적으로 이 원칙이 지켜진다. 그러나 제2종 접사첨가의 경우에는 접사의 첨가에 의해 음절구조가 개음절로 바뀌었으므로 æ-Tensing이 나타날 수 없지만 첨가된 접사가 무시되고 그대로 (과도하게) 긴장모음화가 적용이 된다. 즉, 비파생 어휘와 제1종 접사첨가에서는 (음절구조에 의해) æ-Tensing이 정상적으로 적용이 되지만, 제2종 접사첨가에서는 비파생 어휘와의 연계성을 보이는 OO_2-Identity에 의해 개음절임에도 불구하고 그대로 긴장모음이 나타나는 결과가 나타난다.

(31)

비파생어휘(정상적용)		Class 1 (정상적용)		Class 2 (과도적용)	
tense in closed syllable		lax in open syllable		tense in open syllable	
class	[klEs]	classic	[klæ.sɪk]	classy	[klE.sɪ]
mass	[mEs]	massive	[mæ.sɪv]	massable	[mE.sɔbl]
pass	[pEs]	passive	[pæ.sɪv]	passing	[pE.sɪŋ]

OO_2-Identity

이러한 OO_2-Identity에 의한 음운현상의 과도적용 현상은 영어의 다른 방언에서도 아주 쉽게 발견된다. 우선, 런던에서 쓰이는 영어의 한 유형도 어말에서 나타나는 [ou] → [ɒu] 현상이 (제2종 접사첨가에 의해) 어말이 아닌 경우에 과도적용되는 양상을 보여준다.

(32) London Vernacular English: [ou] → [ɒu] / ___#

정상적용 : 비어말 [ou]		정상적용 : 어말 [ɒu]		과도적용 : 비어말 [ɒu]	
pause	board	paw	bore	paws	bored
sauce	water	poor	saw	poorly	poured
lord	dawn	soar	draw	soars	draws

다음은 북아일랜드 영어에서의 [ɪə] → [ɛ:] 교체가 제2종 접사첨가가 이

루어지는 제2 어휘형성 단계에서 과도하게 적용되는 경우이다.

(33) Northern Irish English: [ɪə] → [ɛ:] / ___#

비어말 : 이중모음 [ɪə]	어말 : 장모음 [ɛ:]	Class 2 : 비어말 [ɛ:]
fate face	say play	stayed playful
vain cater	day stray	ray-gun days
station staid		

스코틀랜드 영어의 어말 장모음화 역시 유사한 결과를 보여준다.

(34) Scottish English, Aitken's Law: [+syll] → [+long] / ___#

비어말 : 단모음	어말 : 장모음	Class 2 : 비어말 장모음
brood need	brew knee	brewed kneed

한편, 오스트레일리아의 Adelaide 방언에서는 음절말에서는 설정음인 설측음 [l]이 (어두운 소리인) 연구개 설측음 [ɫ]로 바뀌는데, 이러한 경우 그 앞의 모음 [ʌʊ, əʊ]가 [ɔʊ, u:]로 변화하는 원순화 현상이 나타난다.

(35) Adelaide dialect: l → ɫ / ___]σ, [ʌʊ, əʊ] → [ɔʊ, u:] / ___ ɫ]σ

light [l],	비원순 모음	dark [ɫ],	원순모음	Class 2: [l],	원순모음
holy	[hʌʊ.liy]	goal	[gɔʊɫ]	goalie	[gɔʊ.liy]
Julie	[jəʊ.liy]	bowl	[bɔʊɫ]	bowler	[bɔʊ.lər]
bowler(hat)	[bʌʊ.lər]	fool	[fu:ɫ]	fooling	[fu:.lɪŋ]
		cool	[ku:ɫ]	cooler	[ku:.lər]

그런데 이 자료에서는 두 가지 점에 유의하여야 한다. 우선, 음절환경에 따른 설측음의 [l]/[ɫ] 교체현상은 비파생어에서나 제 2단계에서나 언제나 정상적으로 일어난다는 점이다. 따라서 이 자음변화는 제 2단계에서 형성된 어휘와 어기 사이의 동일성을 훼손하게 된다. 그러나 모음의 원

순화는 이와는 반대의 속성을 보인다. 제 2단계에서 접사의 첨가로 인한 음절구조의 변화로 설측음의 변화가 초래되었기 때문에 제2 어휘형성의 어기가 되는 비파생어의 모음값을 그대로 유지하여 [l] 앞에서 나타나는 비원순 모음이 예측된다. 그러나 실제로는 ([ɨ]을 가진) 어기의 원순모음이 그대로 나타나게 된다. 그 이유는 설측음의 연구개화가 정상적용이 되는 데 비해, 원순모음화는 제 2단계에서 최상위 제약인 OO$_2$-Identity를 지키기 위하여 과도적용되기 때문이다. 이를 다음과 같이 정의해 볼 수 있다.

(36) a. l → ɫ / ___]σ   → 언제나 정상적용
     b. [ʌʊ, əʊ] → [ɔʊ, u:] / ___ ɫ]σ → 제 2단계에서 과도적용

이와 같이 TCT에서는 제1종 접사와 제2종 접사가 모두 어간과 함께 음절화하므로 예전의 생성 음운론에서 했던 것과 같은 접사의 종류에 따른 별도의 (+, #과 같은) 표기가 필요없게 되는 장점이 있다. 그리고 접사의 종류에 따라 다르게 나타나는 음운현상은 OO$_2$-Identity와 같은 충실성 제약과 연관된 제약의 위계관계로부터 자연스럽게 유도될 수 있다.

2.3.2 표준 영어의 자음군 단순화: 과도적용

표준영어의 자음군 단순화 현상 역시 과도적용의 대표적인 예이다. 이 현상은 특정 자음군이 어말이나 음절말에서 나타나지 못하도록 하는 제약이다. 예를 들면, 다음의 (a)에서 제시된 /mn/은 어말이나 음절말에서 나타나지 못하고 [m]으로 나타난다. 그러나 제2종 접사가 첨가되는 경우에는 이미 [m]으로 자음군이 단순화된 어기와의 동일성을 유지하기 위하여 자음군 단순화가 과도하게 적용된다. 즉, 모음으로 시작하는 접사가 첨가되어 /n/이 음절두음으로 바뀌었음에도 불구하고 마치 접사가

첨가되지 않은 것처럼 그대로 자음군 단순화가 일어난다. 그런데 이러한 자음군 단순화는 (b)의 /mb/, (c)의 /ŋg/, (d)의 /gn/의 경우에 모두 똑같이 나타난다. (물론 /gn/의 경우에는 앞 자음이 탈락한다.)

(37) | Simplex Base | Class 1 Affix | Class 2 Affix |
|---|---|---|
| | (자음군 단순화) | (자음군 출현) | (자음군 단순화) |
| a. | condemn | condemnation | condemning |
| | damn | damnify | damning |
| b. | bomb | bombard | bombing |
| | crumb | crumble | crumby |
| | thumb | Thumbelina | thumbing |
| c. | long | elongate | longing |
| | strong | strongest | strongly |
| d. | sign | signature | signer |
| | resign | resignation | resigning |

이미 위에서 본 다른 현상과 마찬가지로 이 현상은 OO_2-Identity를 유지하기 위한 제약위계로부터 도출된 결과이다. (여기에서는 자음을 탈락시키지 않도록 하는 제약이므로 OO_2-Identity를 OO_2-DEP으로 표기한다.)

이 현상을 TCT로 분석하기 위해서는 필요한 제약을 먼저 설정하여야 한다. 그런데 허용되지 않는 자음군 문제를 해결하는 방법은 모음을 뒤에 삽입하여 마지막 자음을 음절두음(onset)으로 만들거나 아니면 자음 하나를 삭제하는 두 가지가 있다. 그러면 전자의 경우는 (분절음 삽입을 금지하는) DEP 제약을 위반하게 될 것이고 두 번째의 경우는 (분절음 삭제를 금지하는) MAX 제약을 위반한다.

우선 정상적용이 되는 제1종 접사첨가의 경우를 보면, 특정 자음군을 허용하지 않는 *mn]$_σ$과 같은 제약이 가장 상위에 있고, 입력형의 분절음을 그대로 유지하려는 제약이 어기와 출력형 사이의 동일성을 요구하는 OO_1-DEP보다 상위에 위치한다.

(38) 정상적용(Class 1):   *mn]$_\sigma$ » IO-MAX » OO$_1$-DEP

Recursion (A)

/kandɛmn/	*mn]$_\sigma$	IO-MAX	OO$_1$-DEP	»
a.　　kʌn.dɛmn	*!			
b. ☞ kʌn.dɛm		*		
c.　　kʌn.dɛm		*		

Recursion (B)

»	/kandɛmn + (ey)šən/	*mn]$_\sigma$	IO-MAX	OO$_1$-DEP	
	a'.　　kʌn.dɛm.ney.šən				과소적용
	b'. ☞ kʌn.dɛm.ney.šən			*	정상적용
	c'.　　kʌn.dɛ.mey.šən		*!		과도적용

여기에서 최적형의 선택은 두 번째 순환단계에서 음절두음으로 바뀐 [n] 을 되살리는 (b-b')를 통해 이루어진다. 이는 분절음 탈락을 금지하는 IO-MAX가 (전 단계에서 탈락한 자음의 재삽입을 방지하여) 어기와의 동일성을 유지하려는 OO$_1$-DEP보다 상위에 있기 때문이다. (한편, (a-a')의 경우는 과소적용에 해당하고, (c-c')는 과도적용에 해당한다.)

이와는 반대로, 제2종 접사첨가의 경우에는 어기와의 동일성을 요구하는 OO$_2$-DEP 제약이 입력형의 자음을 유지하도록 하는 IO-MAX보다 상위에 위치한다. (점선으로 표시된 바와 같이 *mn]$_\sigma$과 OO$_2$-DEP 사이에는 제약의 위계관계가 성립하지 않는다.)

(39) 과도적용(Class 2):   *mn]$_\sigma$, OO$_2$-DEP » IO-MAX

Recursion (A)

/kandɛmn/	*mn]$_\sigma$	OO$_2$-DEP	IO-MAX	»
a.　　kʌn.dɛmn	*!			
b.　　kʌn.dɛm			*	
c. ☞ kʌn.dɛm			*	

Recursion (B)

»	/kandɛmn + ɪŋ/	*mn]$_\sigma$	OO$_2$-DEP	IO-MAX	
	a'.　　kʌn.dɛm.nɪŋ				과소적용
	b'.　　kʌn.dɛm.nɪŋ		*!		정상적용
	c'.☞ kʌn.dɛ.mɪŋ			*	과도적용

이러한 선택과정을 통해 결국 다음과 같은 제약의 위계를 설정할 수 있다. 즉, 제2종 접사첨가에서는 어기와의 동일성 유지를 위한 제약이 가장 중시되지만 제1종 접사첨가의 경우에는 어기와의 동일성보다는 (자음군 제약을 준수하고) 입력형의 분절음을 유지하는 제약이 더 우선한다는 결론을 얻을 수 있다. 그리고 이러한 위계로 인해 제2종 접사첨가의 폐쇄효과가 나타난다.

(40) 자음군 단순화(Cluster Simplification)의 제약위계
  *mn]σ, OO_2-DEP » IO-MAX » OO_1-DEP

2.3.3 과소적용: 북아일랜드 영어의 치음화

제2종 접사첨가에서의 음운현상에 대한 폐쇄효과는 위에서 본 것과 같은 과도적용의 예와 함께 과소적용의 예도 관찰할 수 있다. 그 대표적인 예로 북아일랜드 영어의 '치음화(dentalization)' 자료를 보자.

(41) Dentalization: [t, d, n, l] → [t̪, d̪, n̪, l̪] / ___ [θ, (ə)r]
  a. 치음(dental): [θ]이나 [(ə)r] 앞   b. 치경음(alveolar): 기타 환경

t̪rain	[t̪reyn]	tame	[teym]
d̪rain	[d̪reyn]	loud	[laud]
mat̪ter	[mæt̪ər]	late	[leyt]
lad̪der	[læd̪ər]	dine	[dayn]
pil̪lar	[pɪl̪ər]	kill	[kɪl]
an̪them	[æn̪θəm]	element	[ɛləmənt]

이와 같이 비파생어에서 나타나는 치음과 치경음의 교체현상은 제1종 접사가 첨가되는 경우에도 얹어지는 적용환경에 따라 그 적용 여부가 결정된다. 따라서, 접사의 첨가로 인해 치경음인 [t, d, n, l]이 [θ]이나 [(ə)r] 앞에 오게 되면 정상적인 치음화가 진행되어 [t̪, d̪, n̪, l̪]로 나타난다.

제2장 변형도출 대응이론 79

그러나 제2종 접사첨가의 경우에는 새로 나타난 음운적인 환경을 무시하고 어기의 치경음을 그대로 사용한다. 다시 말하면, 제2종 접사첨가에서는 마치 접미사의 [r]이 첨가되지 않은 것처럼 간주되어 치음화가 과소적용되는 결과가 나타난다.

(42) a. Class 1: 정상적용　　　　b. Class 2: 과소적용
　　　eleme<u>n</u>tary　[ɛləmən̪triy]　　later　　[leytər]
　　　sani<u>t</u>ary　　[sænɪt̪riy]　　louder　[laudər]
　　　te<u>n</u>th　　　[tɛn̪θ]　　　　diner　　[daynər]
　　　eigh<u>t</u>h　　 [eyt̪θ]　　　　cooler　[kulər]
　　　　　　　　　　　　　　　　killer　　[kɪlər]
　　　　　　　　　　　　　　　　bedroom [bɛdrʊm]

이제 이와 같은 접사의 종류에 따른 어기와의 OO-동일성 관계를 OO_1-Identity와 OO_2-Identity로 나누어 다음과 같이 나타낼 수 있다.

(43) a. Class 1 접사첨가　　　　b. Class 2 접사첨가
　　　　*OO_1-Identity(위반)　　　OO_2-Identity

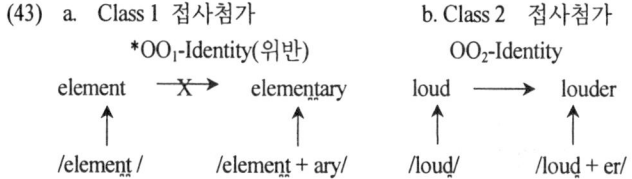

그러면 이제 최적형을 선택하기 위한 선택과정에 필요한 제약과 그 위계관계를 생각해 보자. 필요한 제약은 치음이나 치경음을 피하도록 하는 일반적인 유표성 제약 *Dent와 *Alv가 필요한데, 언어 보편적으로 치음보다는 치경음이 더 보편적이므로 *Dent » *Alv의 위계를 설정할 수 있다.[7] 또한 치경음은 [r] 앞에 나타날 수 없으므로 *Alv-Rhotic을 설정하

---

[7] 치음과 치경음은 각각 [+distributed]와 [-distributed]로 표시되므로 이 관계를 *[+distributed] » *[-distributed]로 나타낼 수도 있다. 한편, 설정음에 관한 [distributed] 자질표기는 다

고 입력형과 출력형 사이의 치음/치경음 속성에 대한 일치관계를 요구하는 IO-Ident[±dist]도 설정한다. 이를 정리하면 다음과 같다.

(44) a. *Dent » *Alv: 치음은 치경음보다 더 유표적이다.
      (*[+dist] » *[-dist])
  b. *Alv-Rhotic: 치경음-[r] 연속체는 허용되지 않는다.
  c. IO-Ident[±dist]: 입력형-출력형 대응요소는 같은 [±dist] 자질을 갖는다.

한편, 이러한 제약들이 비파생 어휘에 정상적으로 적용되는 결과를 얻기위한 제약도표를 제시하기 위하여 필요한 제약위계는 *Alv-Rhotic » *Dent » IO-Ident[±Dist]로 설정해야 한다. 그런데 입력형을 치음이나 치경음 어느 것을 사용할 것인가의 문제를 생각해 볼 수 있다. 물론 규칙-기반 이론에서는 당연히 분포상으로 더 보편적인 치경음을 기저형으로 사용하는 것이 유일한 가능성이다. 그러나 최적성 이론의 분석에서는 어느 쪽을 입력형으로 사용해도 결과는 마찬가지로 나타나는 어기의 풍부성이 분석의 자유성과 함께 부여된다. 이를 다음에 나타낸다.

(45) a. 제약위계: *Alv-Rhotic » *Dent » IO-Ident[±dist]
    b. [r] 앞에서 치음 선택: 입력형은 치음과 치경음 두 가지 모두 가능

/train/	*Alv-Rhotic	*Dent	IO-Ident[±dist]
a. train	*!		
b. ☞ train		*	*

/train/	*Alv-Rhotic	*Dent	IO-Ident[±dist]
a. train	*!		*
b. ☞ train		*	

음과 같다(Kenstowicz 1994: 131).

	[anterior]	[distributed]
θ	+	+
s	+	-
š	-	+
ʂ, ṣ	-	-

c. 기타 환경에서 치경음 선택: 입력형 두 가지 모두 가능

/loud/	*Alv-Rhotic	*Dent	IO-Ident[±dist]
a. ☞ loud			
b. loud̪		*!	*

/loud̪/	*Alv-Rhotic	*Dent	IO-Ident[±dist]
a. ☞ loud			*
b. loud̪		*!	

이와 같이 입력형을 치음이나 치경음 어느 것으로 설정을 해도 [r] 앞에서는 언제나 치음이 나타난다. 따라서 입력형이 (비대조적인) [±distributed] 자질에 대하여 자유롭게 설정될 수 있고 IO-Ident [±distributed]가 제약 위계에서 가장 하위에 위치하고 있다는 결론을 얻을 수 있다.

이와 같은 정상적용의 경우와는 달리, 치음화가 과소적용되는 제2종 접사첨가에서는 OO_2-Ident[±dist] 제약이 필요한데 이는 다른 제약보다 상위에 있어야 한다. 또한 접사가 첨가된 경우이므로 순환단계(recursion)의 설정이 필요하다. 구체적인 분석은 다음과 같다.

(46) 과소적용: 제2종 접사첨가

Recursion (A)

/loa[d̪]/	OO_2-Ident[±dist]	*Alv-Rhotic	*Dent	IO-Ident[±dist]
a. loa[d]			*!	
b. loa[d̪]				*
c. ☞loa[d̪]				*

Recursion (B)

/loa[d̪]+er/	OO_2-Ident[±dist]	*Alv-Rhotic	*Dent	IO-Ident[±dist]
a'. loa[d̪]er			*	
b'. loa[d̪]er	*!		*	
c'. ☞ loa[d̪]er			*	*

과도적용에 해당하는 (a-a')는 첫 단계에서 *Dent를 치명적으로 위반하므로 그 다음 단계에서는 고려의 대상에서 제외된다(음영으로 표시). 따라

서 두 번째 단계인 Recursion (B)에서는 (이중선으로 표시된 바와 같이) (b')와 (c')만이 평가의 대상이 되는데 OO_2-Ident[±dist]의 결정적인 역할로 (c')가 최적형으로 선택된다. 즉, 실제로 사용되는 최적형이 선택되는 (c-c')가 OO_2-Ident [±distributed] » *Alv-Rhotic (» *Dent » IO-Ident [±distributed]) 위계로 인해 과소적용에 해당함을 알 수 있다. 다시 말하면 어기와의 동일성을 요구하는 OO_2-Identity 때문에 *Alv-Rhotic 제약이 정상적으로 적용되지 못하는 현상이 나타난다.

이와 같은 순환단계(recursion)에 의한 분석은 이전의 표준 대응이론 방식과는 차이가 있다. 따라서 위의 자료를 이전처럼 단일 위계도표를 사용하여 분석할 수 있는지를 검토해 보아야 한다. 그런데 그 결과는 다음에 나타난 바와 같이 과도적용의 경우만을 선택하도록 하는 잘못된 예측을 가져오게 한다.

(47) 제약도표를 사용한 잘못된 결과

/loaD/~ /loa[d] + er₂/	OO_2-Ident[±dist]	*Alv-Rhot	*Dent	IO-Ident[±dist]
a. ☞ loa[d] ~ loa[d]er			**	**
b. loa[d] ~ loa[d]er		*!		

따라서 이런 잘못된 예측을 피하기 위한 방식이 바로 순환단계에 의한 분석이다.

한편, 제1종 접사첨가의 경우에는 *Alv-Rhotic » OO_1-Ident[±dist] 제약 위계관계로 인해 OO_1-Ident[±distributed]가 억제되고 정상적인 치음화가 적용되는 결과가 나타난다.

(48) 정상적용: 제1종 접사첨가

Recursion (A)

/eleme[nt]/	*Alv-Rhotic	OO_1-Id[±dist]	*Dent	IO-Id[±dist]	»
a. eleme[nt]			**!	**	
b. ☞ eleme[nt]					
c. eleme[nt]					

Recursion (B)					
» /eleme[nt]+ary/	*Alv-Rhotic	OO_1-Id[±dist]	*Dent	IO-Id[±dist]
a'. eleme[nt]ry				
b'. ☞ eleme[nt]ry		**	**	**
c'. eleme[nt]ry	*!			

이제까지의 관찰을 정리하면 다음과 같은 제약들 간의 위계관계를 얻을 수 있다.[8]

(49) OO_2-Ident[±dist] » *Alv-Rhotic » OO_1-Ident[±dist], *Dent » IO-Ident[±dist]

2.4 적극적 폐쇄효과

이미 잘 알려진 바와 같이 제1종 접사는 Latin/Greek 어원을 가진 종속 형태소에 첨가되어 새로운 단어를 파생시킬 수 있다. 그러나 제2종 접사의 첨가는 언제나 독립 형태소인 단어에만 첨가될 수 있다. 따라서 왜 종속 형태소에 대한 접사첨가가 제2종 접사첨가 단계에서는 폐쇄되는지를 설명할 필요가 있는데 Benua (1997)는 이를 '적극적 폐쇄효과 (aggressive closure effect)'라고 부른다.

그런데 종속 형태소 어근에 대한 접사첨가의 가능성은 역시 어근과 새로 파생될 단어와의 동일성 제약에 의해 좌우된다.

(50) 종속 형태소 어근에 대한 접사첨가

a. Class 1 접사첨가 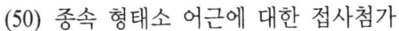 b. Class 2 접사첨가

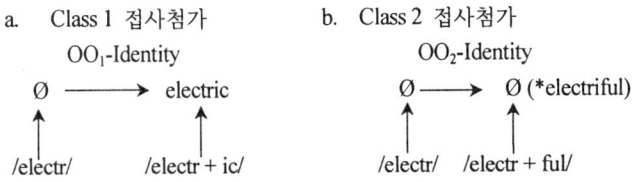

---

[8] 한편, 종속 형태소에 대한 접사첨가가 제2종 접사첨가 단계에서는 첨가되지 못하는 현상을 Benua (1997)는 '적극적 폐쇄효과(aggressive closure effect)'라고 부른다.

위의 그림에 나타난 바와 같이 제1종 접사의 첨가는 어기가 독립적으로 쓰이지 못하는 Ø이므로 독립적으로 쓰이는 접사가 첨가된 출력형 *electric*과는 OO_1-Identity를 유지하지 못한다. 따라서, 두 번째 순환단계의 입력형 /electr + ic/과 출력형 *electric* 사이의 충실성 제약을 가장 잘 지키는 후보형이 최적형으로 선택될 것이다. 반면에, 제2종 접사첨가에서는 어기인 Ø와의 동일성을 강조하는 OO_2-Identity를 준수하기 위하여 최종 출력형 역시 Ø로 나타나야 한다. 따라서 제 2단계인 입력형 /electr + ful/ 과 출력형 사이에서는 충실성 제약이 위반될 수밖에 없다. 이러한 관계를 그림과 제약도표로 나타내면 다음과 같다.

(51) Class 1 접사첨가: IO-MAX >> OO_1-DEP
    a. electr   electric
☞ b. Ø   electric
    c. Ø   Ø

Recursion (A)

/electr/	BOUNDROOT	IO-MAX	OO_1-DEP	>>
a. electr		*!		
b. ☞ Ø		******		
c. Ø		******		

Recursion (B)

>>	/electr + ic /	BOUNDROOT	IO-MAX	OO_1-DEP
	a'. electric			**
	b'. ☞ electric			********
	c'. Ø		********!	

(52) Class 2 접사첨가: OO_2-DEP >> IO-MAX
    a. electr   electriful
    b. Ø   electriful
☞c. Ø   Ø

Recursion (A)

/electr/	BOUND ROOT	OO_2-DEP	IO-MAX	>>
a. electr	*!			
b. Ø			******	
c. ☞ Ø			******	

Recursion (B)				
>> /electr + ful/	BOUND ROOT	OO_2-DEP	IO-MAX
a'. electriful		***	
b'. electriful		*********!	
c'. ☞ ∅			*********

위의 예시에서 본 바와 같이 출력형 사이의 동일성 제약인 OO-Identity 는 접사의 종류에 따라 두 가지가 있으며, 언제나 OO_2-Identity가 일반 제약보다 상위에 있고 OO_1-Identity는 이보다 하위에 있다는 일반성을 확인할 수 있다.

이와 같이 TCT는 종속 형태소가 제2종 접사를 받을 수 없는 이유를 전체 어휘형성 패러다임을 지배하는 OO_2-Identity의 우월성으로 기술함으로써 일반적인 폐쇄효과의 경우나 강세 등과 함께 통합적인 설명을 할 수 있는 길을 열어주고 있다.[9]

2.5 순서제약 모순

Siegel (1974)에서 제안된 접사첨가에 순서가 있다는 이론은 그 이후 Kiparsky (1982, 1985)나 Mohanan (1982, 1986)의 어휘 음운론으로 이어졌고, 제1종 접사는 언제나 제2종 접사보다 먼저 어기에 첨가되어야 한다는 접사첨가 순서의 일반성(affix ordering generalization)으로 자리를 잡았다. 그러나 이미 1980년대 중반에 이러한 접사첨가의 순서에 대한 문제점이 제기되기 시작하였는데 여기에서 두 가지 유형의 문제가 대두되었다. 첫 번째 유형은 제1종 접미사가 제2종 접미사보다 나중에 나타나는 것과 같은 선형적(linear) 순위 위반으로 '순위모순(ordering paradox)'이라

---

[9] 이전의 분석, 특히 어휘 음운론은 종속 형태소 어근은 '순환적 영역(cyclic domain)'에 속하지 못하므로 제2종 접사첨가의 대상이 되지 못한 것으로 본다. 따라서 엄밀 순환조건(strict cycle condition)과 같은 별도의 이론적 장치를 필요로 한다.

고 불린다. 예를 들어 *dependability*는 어근 *depend*에 제2종 접미사 *-able*이 첨가되고 여기에 다시 제1종 접미사 *-ity*가 첨가된 것으로 볼 수밖에 없다. 그런데 이보다 더 잘 알려진 유형의 순서 위반은 위계적(hierarchical) 위반으로 볼 수 있는 이른바 '괄호매김 모순(bracketing paradox)'이다. 이 유형은 접두사와 접미사 사이의 순서 위반으로 *un-grammatical-ity*의 내부구조가 의미적으로나 형태-통사적으로는 [[un-grammatical]ity]로 괄호매김이 되어야 하지만,[10] *-ity*가 제1종 접사이고 접두사 *un-*은 제2종에 속하는 것이므로 접사첨가의 순서를 [un[grammatical-ity]]로 괄호매김해야 하는 모순이다.

(53) 접사첨가 순서 위반의 유형
    a. 순위모순(e.g., dependability, hedonistic, governmental, etc.)
       → 선형적
    b. 괄호매김 모순(e.g., *misrepresentation, ungrammati*cality, etc.)
       → 위계적

이러한 괄호매김 모순 문제에 대한 어휘 음운론을 비롯한 이전 분석들은 대표적으로 몇 가지를 들 수 있다. 우선 *-ability*나 *-mental*을 아예 따로 분석하지 않고 하나의 단위로 보는 방식을 취할 수 있는데 이런 경우 *-ability*가 *-able*과 같은 선택제약을 갖는다는 점을 포착하기 힘들다. 또 Selkirk (1982)과 같이 특정 제2종 접사를 제1종 접사에 같이 포함시키는 방법도 있었고 Kiparsky (1983)에서는 제2종 접사를 먼저 첨가한 후 나중에 다시 이를 바깥쪽 괄호로 내보내는 '형태론적 재분석(morphological reanalysis)'이 있었는데 이러한 방식은 올바른 결과를 억지

---

[10] 이렇게 순서가 지어지는 이유는 접두사 un-은 명사에는 첨가되지 못하고 형용사에 첨가된다는 형태-통사론적인 이유와 *ungrammaticality*의 의미가 '문법성(grammaticality)의 반대(*un-*)'가 아니라 '비문법적인(ungrammatical) 속성(*-ity*)'을 나타낸다는 점을 대표적으로 들 수 있다.

로 도출해 내는 편법에 불과하다는 지적이 따르게 된다. 또한 Mohanan (1982)에서는 특정한 경우에 이미 완료된 어휘형성 결과를 앞 단계로 보내 재조정을 거치게 하는 '회송장치(loop)'를 제안하기도 하였다. 그러나 이 경우는 가장 심각한 문제를 야기하는데, 그 이유는 어휘 음운론의 기초인 단계유순(level ordering)을 근본적으로 부정하는 결과를 가져오기 때문이다.[11]

그러나 여기에서 논의하는 TCT에서는 이러한 괄호매김 모순이 전혀 문제가 되지 않는데 그 이유는 이전의 이론과는 달리 '순차적(serial)' 도출과정에 의존하지 않기 때문이다. 그 대신 TCT에서는 괄호매김 모순 문제를 OO-Identity에 대한 평가를 통해 해결한다. 이를 개략적으로 예시하면 다음과 같다.

(54) 순위모순

$$\text{depénd} \xrightarrow{\text{OO}_2\text{-Ident}} \text{depénd-able} \xrightarrow{\text{OO}_1\text{-Ident}} \text{depènd-abíl}_2\text{-ity}_1$$

(55) 괄호매김 모순

$$\text{grammátical} \xrightarrow{\text{OO}_2\text{-Ident}} \text{ùn}_2\text{-grammátical} \xrightarrow{\text{OO}_1\text{-Ident}} [\text{ùn}_2\text{-grammàticál}]\text{-ity}_1$$

여기에서 보여진 것은 두 종류의 OO-Identity 제약이 한꺼번에 적용되는 것이 아니라 국지적(local)으로 적용된다는 점이다. 다시 말하면 TCT 분석에서는 형태론적인 사항은 단지 순환단계별 어휘형성을 나타낼 뿐 음운적인 사항과 비교할 필요가 없다. 그 이유는 접사첨가는 종류에 의해서 순서가 정해지는 것이 아니라 [depènd-abíl]$_2$-ity$_1$, [ùn$_2$-grammàticál]-ity$_1$와 같이 단어의 구조를 있는 그대로 두고 순환단계별 음운분석을 진행한다. 따라서, 제2종 접사가 제1종 접사보다 안쪽에 속하는 것이 음운적

---

[11] 이러한 문제에 대한 자세한 소개는 안상철 (1998: 제5장), 전상범 외 (1997) 참조.

으로 전혀 문제가 되지 않기 때문에 괄호매김 모순 같은 문제가 제기될 여지가 없게 된다. 결론적으로, TCT는 이전의 분석에 비해 음운부와 형태부의 연관성을 엄격히 명시하지 않음으로써 이러한 이전의 문제를 피해갈 수 있는 장점이 생기게 되는 것이다.

그러면 이제 괄호매김 모순의 예를 가지고 실제로 어떤 분석을 하게 되는가를 검토해 본다. 우선 *ùn-grammàticál-ity*에 적용되는 강세를 고려하여 다음과 같이 필요한 제약과 위계관계를 설정할 수 있다.

(56) 강세제약과 위계관계
NONFINAL, OO$_2$-ANCHOR(FT, FT, L) >> ALIGN((Hd)Prwd, R, Prwd, R) >> OO$_1$-ANCHOR(Ft, Ft, L) >> ALIGN (Prwd, L, Ft, L) >> IO-ANCHOR(Ft, Ft, L)

또한 분석에 등장하는 후보형은 모두 4가지를 설정하는데, 각 단계별 후보형의 강세 부여과정과 최적형의 선택은 다음과 같다.

(57) a. (grámma)tical   (ùn)(grámma)tical   (ùn)(gràmma)ti(cáli)ty
     b. gram(máti)cal   (ùn)gramma(tícal)   (ùn)gramma(tícal)ity
     c. gram(máti)cal   (ùn)gram(máti)cal   (ùn)gram(máti)cality
   ☞ d. gram(máti)cal   (ùn)gram(máti)cal   (ùn)gram(màti)(cáli)ty

이러한 최적형의 선택과정은 이제 다음에 제시된 제약도표에서 상세히 보여진다. 즉, 위에서 설정된 강세부여와 관련된 위계관계는 각 순환단계에서 바뀌지 않고 그대로 적용이 된다. (편의상 가장 하위에 위치하는 IO-ANCHOR(Ft, Ft, L)는 생략한다.)

(58) Recursion (A)

/grammatical/	NON-FINAL	OO$_2$-ANCHOR	ALIGN-R	OO$_1$-ANCHOR	ALIGN-L	»
a. (grámma)tical			***!			
b. gram(máti)cal			**		*	

		NON-FINAL	OO$_2$-ANCHOR	ALIGN-R	OO$_1$-ANCHOR	ALIGN-L
c.	gram(máti)cal			**		*
d. ☞	gram(máti)cal			**		*

Recursion (B)

»	/un$_2$+grammatical/	NON-FINAL	OO$_2$-ANCHOR	ALIGN-R	OO$_1$-ANCHOR	ALIGN-L	»
a'.	(ùn)(grámma)tical			***			
b'.	(ùn)gramma(tícal)	*!	*!	*			
c'.	(ùn)gram(máti)cal			**			
d'. ☞	(ùn)gram(máti)cal			**			

Recursion (C)

»	/[un$_2$+grammatical]+ity$_1$/	NON-FINAL	OO$_2$-ANCHOR	ALIGN-R	OO$_1$-ANCHOR	ALIGN-L
a".	(ùn)(grámma)ti(cáli)ty			**	*	
b".	(ùn)gramma(tícal)ity			***		
c".	(ùn)gram(máti)cality			****!		
d". ☞	(ùn)gram(màti)(cáli)ty			**	*	

위의 도표에서 보면, 우선 첫 단계에서 주강세 제약을 가장 많이 위반한 (a)는 그 다음 단계부터는 음영처리하여 고려하지 않는다. 두 번째 단계에서는 마지막 음절이 음보에 속한 (b')가 NONFINAL을 (치명적으로) 위반하는데 전 단계 (b)의 *gram(máti)cal*이 가진 음보의 위치가 바뀌었으므로 OO$_2$-ANCHOR 역시 (치명적으로) 위반하여 그 이후부터는 고려대상에서 제외된다. 결국, 최적형의 선택은 마지막 단계에서 이루어지는데, ALIGN-R을 덜 위반한 (d")가 추가적인 OO$_1$-ANCHOR의 위반에도 불구하고 (c")를 제치고 최적형으로 선택이 된다.

2.6 결론

이상에서 우리는 Benua (1997)에서 제안된 변형도출 대응이론, 즉, TCT (Transderivational Correspondence Theory)의 발전과정과 특성, 그리고 적용과정에서 나타나는 이론적인 장점 등을 논의하였다. 특히 TCT는 어휘형성 과정 전체의 패러다임을 평가의 대상으로 하며 이를 위하여 순환단계별 분석이 필요함을 보았다. 그리고 접사의 종류에 따른 음운현상의 차이, 과소/과도 적용과 폐쇄효과 문제는 결국 출력형과 이전 단계의 출력형인 어기와의 관련성을 유지하려는 OO-Identity 제약의 역할로 설명할 수 있다는 결론을 얻었다. 또한 오랜 문제로 남아있는 접사첨가의 순서와 음운현상과의 불일치 문제를 효과적으로 해결할 수 있음도 보았다. 즉, 음운부가 접사첨가에 대한 타당성을 판단하는 부담에서 벗어나 있기 때문에 이전의 어휘 음운론이 가지고 있었던 음운부와 형태부의 불협화 문제를 야기하지 않는다는 점을 관찰할 수 있다. 따라서, 접사의 순서는 음운적으로 결정되는 것이 아니라 선택제약(selectional restriction)에 의해 결정된다는 Fabb (1988)의 제안과도 맥을 같이 한다고 볼 수 있다.[12] 결국, 여기에서 논의한 TCT는 최적성 이론을 발전시켜가는 과정에서 새로운 시각을 열어주는 제안이어서 특히 형태론과 연관된 음운현상의 분석에 효과적인 대안이 되고 있다.

주요 참고문헌

안상철. 1998. 『형태론』 민음사.
안상철, 이봉형, 이보림. 2000. 『최적성 이론의 이해』 한신문화사.
전상범. 1995. 『형태론』 한신문화사.
전상범, 김진우, 정국, 김영석. 1997. 『최적성 이론』 한신문화사.
Allen, Margaret. 1978. *Morphological Investigations*. Doctoral dissertation, University of Conneticut.
Archangeli, Diana and Terence Langendoen. 1997. *Optimality Theory*. Cambridge, MA:

---

[12] Fabb (1988)에 의하면 43개의 영어 접미사가 만들어낼 수 있는 가능성은 614개에 이르지만 실제 나타나는 것은 50개 정도에 지나지 않는다. 따라서 '단계유순 가설 (level-ordering hypothesis)'은 영어에 관한 한 접사첨가에 대한 제약을 설명하기에는 부족하다는 주장을 하였다.

Blackwell.
Aronoff, Mark. 1976. *Word Formation in Generative Grammar*. Cambridge, MA: MIT Press.
Aronoff, Mark. 1994. *Morphology by Itself*. Cambridge, MA: MIT Press.
Beckman, Jill. 1997. *Positional Faithfulness*. Doctoral Dissertation, University of Massachusetts.
Benua, Laura. 1995. Identity effects in morphological truncation. *University of Massachusetts Working Papers in Linguistics*, 77-136.
Benua, Laura. 1997. *Transderivational Identity: Phonological Relations between Words*. Doctoral Dissertation, University of Massachusetts.
Booij, Geert and Jerzy Rubach. 1984. Morphological and prosodic domains in Lexical Phonology. *Phonology Yearbook* 1, 1-28.
Booij, Geert and Jerzy Rubach. 1987. Postcyclic versus postlexical rules in Lexical Phonology. *Linguistic Inquiry* 18, 1-44.
Borowsky, Toni. 1986. *Topics in the Lexical Phonology of English*. Doctoral dissertation, University of Massachusetts, Amherst.
Borowsky, Toni. 1993. On the word level. In S. Hargus and E. Kaisse (eds.), *Phonetics and Phonology 4: Studies in Lexical Phonology*, 199-234. New York: Academic Press.
Chomsky, Noam and Morris Halle. 1968. *The Sound Pattern of English*. New York: Harper & Row.
Fabb, Nigel. 1984. *Syntactic Affixation*. Doctoral dissertation, MIT.
Fabb, Nigel. 1988. English suffixation is constrained only by selectional restrictions. *Natural Language and Linguistic Theory* 6, 527-539.
Halle, Morris and K.P. Mohanan. 1985. Segmental phonology of modern English. *Linguistic Inquiry* 16, 57-116.
Halle, Morris and Jean-Roger Vergnaud. 1987. Stress and the cycle. *Linguistic Inquiry* 18, 45-84.
Halle, Morris and Michael Kenstowicz. 1991. The Free Element Condition and cyclic versus noncyclic stress. *Linguistic Inquiry* 22, 457-501.
Hayes, Bruce. 1980. *A Metrical Theory of Stress Rules*. Doctoral dissertation, MIT.
Hayes, Bruce. 1982. Extrametricality and English stress. *Linguistic Inquiry* 13, 227-76.
Hayes, Bruce. 1984. The phonology of rhythm in English. *Linguistic Inquiry* 15, 33-74.
Hogg, R. and C. McCully. 1987. *Metrical Phonology: a Coursebook*. Cambridge: Cambridge University Press.
Itô, Junko and Armin Mester. 1995. The core-periphery structure of the lexicon and constraints on reranking. In J. Beckman, L. Walsh-Dickey and S. Urbanczyk (eds.), *University of*

Massachusetts Occasional Papers in Linguistics: Papers in Optimality Theory, 181-209. Amherst: GLSA.

Kager, René. 1999. *Optimality Theory.* Cambridge, UK: Cambridge University Press.

Kenstowicz, Michael. 1994. *Phonology in Generative Grammar.* Cambridge, MA: Basil Blackwell.

Kenstowicz, Michael and Charles Kisseberth. 1977. *Topics in Phonological Theory.* New York: Academic Press.

Kenstowicz, Michael and Charles Kisseberth. 1979. *Generative Phonology.* San Diego: Academic Press.

Kiparsky, Paul. 1968. How Abstract is Phonology? In O. Fujimura (ed.), *Three Dimensions of Linguistic Theory*, 1-136. Tokyo: Taikusha.

Kiparsky, Paul. 1973. Abstractness, opacity and global rules. In O. Fujimura (ed.), *Three Dimensions of Linguistic Theory*, 57-86. Tokyo: Taikusha.

Kiparsky, Paul. 1982. Lexical Morphology and Phonology. In I.-S. Yang (ed.), *Linguistics in the Morning Calm*, 2, 3-91. Seoul: Hanshin.

Kiparksy, Paul. 1983. Word formation and the lexicon. In F. Ingemann (ed.), *Proceedings of the 1982 Mid-America Linguistics Conference*. University of Kansas.

Kiparsky, Paul. 1985b. Some consequences of Lexical Phonology. *Phonology* 2, 85-138.

Liberman, Mark and Alan Prince. 1977. On stress and linguistic rhythm. *Linguistic Inquiry* 8, 249-336.

Marchand, Hans. 1960. *The Categories and Types of Present-Day English Word-Formation.* Weisbaden: Otto Harrassowitz.

Mascaró, Joan. 1976. *Catalan Phonology and the Phonological Cycle.* Doctoral dissertation, MIT.

McCarthy, John. 1997. *Faithfulness and prosodic circumscription.* Ms. University of Massachusetts. ROA-201.

McCarthy, John. 1998. *Sympathy and phonological opacity.* ROA-252.

McCarthy, John and Alan Prince. 1993. *Prosodic Morphology I: Constraint Interaction and Satisfaction.* Ms. University of Massachusetts and Rutgers University.

McCarthy, John and Alan Prince. 1994. Generalized Alignment. *Yearbook of Morphology 1993*, 79-153.

McCarthy, John and Alan Prince. 1995. Faithfulness and reduplicative identity. *Papers in Optimality Theory: University of Massachusetts Working Papers in Linguistics*, 249-384.

McCarthy, John and Alan Prince. 1997. *Faithfulness and identity in prosodic morphology*. Ms. ROA-216.

Merchant, Jason. 1997. Alignment and fricative assimilation in German. *Linguistic Inquiry* 27, 709-719.

Mohanan, K.P. 1982. *Lexical Phonology*. Doctoral dissertation, MIT.

Mohanan, K.P. 1986. *The Theory of Lexical Phonology*. Dordrecht: Reidel.

Pesetsky, David. 1979. *Russian morphology and lexical theory*. Ms., MIT.

Prince, Alan and Paul Smolensky. 1993. *Optimality Theory*. Ms. Rutgers University.

Rubach, Jerzy. 1984. *Cyclic and Lexical Phonology: The Structure of Polish*. Dordrecht: Foris.

Selkirk, Elisabeth. 1982. *The Syntax of Words*. Cambridge, MA: MIT Press.

Selkirk, Elisabeth. 1984. *Phonology and Syntax: The Relation between Sound and Structure*. Cambridge, MA: MIT Press.

Siegel, Dorothy. 1974. *Topics in English Morphology*. Doctoral dissertation, MIT.

Spencer, Andrew. 1991. *Morphological Theory*. Cambridge, MA: Blackwell.

Sproat, Richard. 1985. *On Deriving the Lexicon*. Doctoral dissertation, MIT.

제 3 장   어휘변화의 보수성과 동일성 금지

어휘형성 과정에서 표면에 쓰일 수 있는 최적의 형태가 나타나기 위해서는 여러 제약조건이 고려되어야 한다. 즉, 음운배열 제약, 운율제약 등 이외에도 다양한 형태-통사적 제약이 (특히 굴절관계가 잘 발달된 언어에서는) 요구된다. 특히, 굴절어의 경우에는 같은 인칭, 성, 수, 시제 등의 어형변화에서 요구되는 서로 상반된 원칙이 존재한다. 예를 들어, 러시아어에서는 같은 어형변화의 패러다임 안에서 변화형들 사이의 어휘적 연관성을 유지하기 위하여 가능한 한 강세의 (급격한) 변화를 억제하는 제약이 작용한다 (Kenstowicz 1997).[1] 그러나 이러한 제약 외에도 어휘적인 제약이 필요함을 최적성 이론을 통하여 주장한 것이 3.1에서 논의되는 Steriade (1997)의 논문이다.[2] Steriade (1997)에 의하면, 어간의 변이 형태소와 다른 새로운 변이 형태소를 생성할 수 있는 음운현상을 적용해야 할 경우 '어휘적 보수성(lexical conservatism)'을 지키기 위하여 이 음운현상이 '저지(blocking)'되는 경우가 자주 발생한다. 그 이유는 화자가 가능하면 이미 어휘부에 등록되어 있는 형태를 사용하고자 하는 어휘적 보수성을 가지고 있기 때문이다.

그러나 굴절어의 어휘변화의 또 다른 모습은 같은 패러다임 내에서 다른 어휘형과 동일한 형태가 나타나는 것을 회피하는 속성을 보인다. 예를 들어 Trigrad Bulgarian에서는 명사의 단수형 어미의 모음이 약화되지만 복수형 어미와 같아지는 경우 모음약화가 나타나지 않는다 (Crosswhite

---

[1] 이를 Kenstowicz (1997)는 같은 패러다임에 적용되는 '통일성(uniform exponence)' 제약으로 설정하고 있다.
[2] 여기에서 소개되는 내용은 Steriade (1997)를 기초로 한 것이다. Steriade (1999)에서는 이 내용을 좀더 함축적으로 기술하고 있다.

1999). 따라서 3.2에서는 Crosswhite (1999)가 제시한 러시아어의 어형변화에 나타나는 어휘적 동일성 금지에 관련된 현상을 분석한다.

이러한 논의는 결국, 어휘변화의 결과가 서로 상반된 두 축이 고려된다는 점을 보인다. 다시 말하면, 패러다임 안에서 새로운 변이 형태소를 만들지 않는 보수성도 적용되지만, 또 다른 한편으로는 다른 어휘형과 같은 결과가 나타나 언어사용의 혼란이 생기지 않도록 하는 동일성 금지 제약이 함께 작용한다는 점이 드러난다.

3.1 어휘변화의 보수성

여기에서는 어형변화에 나타나는 보수성에 대한 측면을 관찰한다. 이를 위하여 프랑스어의 연음현상과 관련지어 인칭변화에 관련된 형용사의 형태를 분석하는데, 음운적, 통사적, 형태론적 제약 등이 모두 관련된 보수성을 보이고 있다. 또한 영어의 접사첨가에 관련된 강세부여도 역시 새로운 형태를 만들지 않는 보수성을 보임을 제시한다.

3.1.1 프랑스어의 연음현상

3.1.1.1 형용사의 변이 형태소

프랑스어에서는 많은 형용사가 뒤따르는 명사의 초성이 자음인가 모음인가에 따라 형태가 결정되는 연음(liaison)에 의한 '변이 형태소(allomorph)'가 나타난다. 예를 들어 기본형 단수 형용사 *beau* [bo]나 *ce* [sœ]는 모음으로 시작하는 명사가 뒤에 올 때 '모음충돌(hiatus)' 때문에 쓰이지 못하고 대신 *bel* [bɛl]과 *cet* [sɛt]이 쓰인다. (*homme*의 첫자음 *h*는 발음이 나지 않는다.)

(1) a. l'homme beau　　　[lɔm bo]　　　'the man (who is) handsome'
　　　le bel homme　　　[lœ bɛl ɔm]　　'the handsome man'

　　b. pays ancien　　　[sœ pei ɑ̃sjɛ̃]　'this country (which is) old'
　　　cet ancien pays　　[sɛt ɑ̃sjɛ̃ pei]　'this old country'

따라서 모음이 뒤따르는 경우의 남성 형용사의 음운표기는 다음에서 보듯이 (음운적 환경에 영향을 받지 않는) 여성형의 것과 일치한다.

(2) a. la femme belle　　　[la fam bɛl]　　'the woman (who is) handsome'
　　　la belle femme　　　[la bɛl fam]　　'the handsome man'
　　b. cette théorie nouvelle　[sɛt teɔri nuvɛl]　'this country (which is) old'
　　c. cette nouvelle théorie　[sɛt nuvɛl teɔri]　'this old country'

이와 같이 모음 앞 남성형 형용사와 여성형 형용사의 음운적 표기가 같게 되는 현상을 Steriade는 어휘적 보수성을 지키려는 노력의 결과로 해석한다. 즉, 남성형 형용사를 사용할 때에 명사와의 사이에 모음충돌이 나타나게 되면 이를 피하기 위해 새로운 형용사 변이형을 만들어내기보다는 이미 존재하고 있는 여성형을 사용하는 경향이 있기 때문이라는 해석이다.

이러한 현상은 남성형과 여성형이 서로 다른 형용사에 폭넓게 나타나고 있다. 이에 대한 좀더 구체적인 예를 들기 위하여 다음의 몇 가지 형용사를 제시한다.

(3) 철자표기　　　　　등록된 변이 형태소 (m=남성, f=여성)
　　a. sot, sotte　→　[so] m.　　　[sɔt] f.　　　'silly'
　　b. vain, vaine　　[vɛ̃] m.　　　[vɛn] f.　　　'vain'
　　c. dernier, derniere　[dɛʁnje] m.　[dɛʁnjɛʁ] f.　'last'
　　d. dodu, dodue　[dɔdy] m./f.　　　　　　'plump'

이제 남성형 형용사를 사용하는 과정에서 세 가지 제약이 고려되어야 한다. 즉, 모음충돌을 피하려는 음운적 제약, 성(gender)에 대한 일치를 하려는 통사적 제약, 새로운 형용사형을 만들지 않으려는 형태론적 제약이 서로 경쟁을 벌이게 된다.

(4) a. 모음충돌을 피하라. → 음운적 제약
    b. 형용사와 명사의 성이 일치되도록 하라. → 통사적 제약
    c. 이미 존재하는 형태소를 사용하라. → 형태론적 제약

한편 일상적인 프랑스어의 사용 양상을 보면 화자에 따라 발음의 양상을 '초보수적(ultra-conservative)', '비교적 보수적(moderately conservative)', '혁신적(innovative)'인 세 가지로 나눌 수 있다. 이에 대한 예는 다음과 같다.

(5)   초보수적   비교적 보수적   혁신적
   a. sɔt ami   sot ami   sot ami   'silly friend'
   b. vɛn espwaʁ   vẽn espwaʁ   vẽn espwaʁ   'vain hope'
   c. dɛʁnjɛʁ ɔm   dɛʁnjɛʁ ɔm   dɛʁnjɛʁ ɔm   'last man'
   d. dɔdy elefã   dɔdy elefã   dɔdy t elefã   'plump elephant'

초보수적인 화자들의 특징은 이미 등록되어 있는 여성형 변이 형태소를 모음으로 시작하는 남성형 명사에 사용하는 것이다. (젊은 세대에 속하는) 비교적 보수적인 화자들의 특징은 '혼합 형태소(mixed allomorph)'를 사용한다는 점이다. 즉, 모음의 음가는 남성형을 택하지만 모음충돌을 피하기 위해 마지막 자음도 유지하는 방식이다. 이러한 혼합방식의 장점은 모음충돌을 피할 수 있으면서도 강세가 있는 모음을 이미 등록된 남성형의 것과 일치시켜서 남성형과의 연관성을 충분히 나타낼 수 있다는 점이다. 그러나 초보수적이거나 비교적 보수적인 화자들 모두가 마지막 (d)와 같은 경우에는 해당하는 모음충돌을 피할 수 있는 여성형 변

이 형태소가 없으므로 그대로 *dodu* [dɔdy]를 사용하여 모음충돌을 방치할 수밖에 없다. 그러나 (방언적이거나 가장 젊은 세대에 속하는) 혁신적인 화자들은 (d)와 같이 어원적인 고려를 하지 않고 모음충돌을 피하기 위한 목적만을 위해 [t]를 삽입한다. 즉 모음충돌을 피하고자 하는 목적이 가장 우선적으로 실현된다고 볼 수 있다. 이러한 현상은 다음의 경우에서도 관찰될 수 있다.

(6) *donne-moi [z] en* 'give me some'
    reviendra-z-à Pâques 'will return at Easter'

이러한 세 가지 유형의 화법 중에서 가장 먼저 관심을 끄는 것이 (규범문법 학자들이 선호하는) 초보수적인 경우인데, 이미 앞에서도 언급된 비외 같이 모음충돌을 피하기 위하여 자음으로 끝나는 여성형을 사용하는 점이 특징이다. 따라서 남성 명사 앞에 쓰인 형용사의 발음은 여성형의 것과 같아서 ([ɛ̃]과 같은 비모음이나 [o]와 같은 긴장모음을 사용하는 남성형과 다른) 여성형 형용사의 '구강모음(oral vowel)'이나 '이완모음(lax)'이 채택된다(예: *vain* [vɛn] *espoir* (cf. 남성형 [vɛ̃]), *sot* [sɔt] *ami* (cf. 남성형 [so])).

그러나 모음충돌을 피하기 위해 여성형을 채택하는 초보수적인 발음양식이 언제나 지켜지는 것은 아니다. 예를 들어 남성, 여성형이 모두 같은 *bien* 'well'이나 *rien* 'nothing'은 구의 끝에서 남성형과 여성형이 모두 [bjɛ̃], [ʁjɛ̃]이므로 *bien aimable* [bjɛ̃n emabl] 'very kind'이나 *rien à faire* [ʁjɛ̃n a fɛʁ] 'nothing to do' 등과 같이 비모음을 사용하게 된다. 따라서, 위에서 관찰한 비교적 보수적인 형태와 유사한 혼합양식을 따르는 것처럼 보이게 된다. (남성형과 여성형이 다른 *sien* [sjɛ̃] 'his/hers (남성형)'의 (여성형은 *seinne* [sjɛn] 'his/hers') 경우 명사와의 사이에 모음충돌이 발생할 때, 여성형을 택하는 점과 대조됨을 알 수 있다.)

(7) a. sien [sjẽ] 'his/hers-masc' (cf. 여성형 *seinne* [sjɛn] 'his/hers-fem')
→ un sien ami [œ̃ sjɛn ami] 'a friend of his/hers'
b. bien 'well', rien 'nothing' => 남성/여성 [bjẽ], [ʁjẽ]
→ bien aimable [bjẽn emabl] 'very kind'
→ rien à faire [ʁjẽn a fɛʁ] 'nothing to do'

또한 소유대명사 *mon* 'my' [mɔ̃]의 여성형은 음운적인 연관성을 찾기 힘든 '보충법(suppletive)' 형태소 *ma* [ma]이다. 따라서 모음으로 시작하는 명사 앞에서 모음충돌을 막지 못하는 여성형을 쓰지 못하고 [mɔ̃n]을 사용한다. 따라서, 이 경우에도 (가상형인 *[mɔn]이 사전에 등록되어 있지 않으므로) 모음은 남성형의 것을 쓰지만 모음충돌을 피하기 위해 자음을 추가한다. (따라서 남성형과 여성형이 구분되는 *bon* 'good'의 경우와 대조를 보인다.)

(8) a. bon [bɔ̃] 남성형, [bɔn] 여성형 'good'
→ bon ami [bɔn ami]
b. mon 'my' [mɔ̃] → mon ami [mɔ̃n ami] (cf. 여성형 ma *[mɔn])

이러한 현상은 다음에 제시한 이완모음과 긴장모음의 교체에도 그대로 적용된다. 즉, 성의 구별이 있는 일반적인 경우에는 모음충돌을 피하기 위해 [sɔt ami]에서와 같이 여성형 형용사가 쓰인다 (여성형 [sɔt]). 그러나 *trop* [tʁo]는 가상적인 여성형 *[tʁɔp]가 존재하지 않는다. 따라서 비교적 보수적인 경우와 유사하게 모음은 남성형의 것을 채택하지만 자음 [p]가 표면에 나타나도록 한다. 다음에 같이 주어진 예도 유사한 경우이다.[3]

---

[3] 다음의 예에서는 복수 형태소 [z]가 모음충돌의 방지와 아무런 관련이 없어도 그대로 유지가 되는데 이는 수(number)를 표시하는 것이 우선적인 배려를 받기 때문으로 해석된다.
bons amis [bɔ̃z ami] 'good friends-masc.', bonnes amies [bɔnz ami]

(9) trop aimer 'loved too much' → [tʁop ɛme]   (*[tʁɔp])
    aimer ainsi 'to love in such a way' → [ɛmeʁ ɛ̃si]   (*[ɛmɛʁ])

3.1.1.2 최적성 이론 분석

프랑스어의 연음현상을 설명하기 위하여 (Perlmutter (1996)의 제안에서와 마찬가지로) Onset » Gender Concord와 같은 위계관계를 적용할 수 있다. 그러나 Steriade에 의하면 이러한 위계관계는 비교적 보수적인 화법을 설명하는 데 문제가 있고 초보수적 화법 사이의 차이를 구별할 수 없는 문제점이 있다. (즉, Onset » Gender Concord는 초보수적 용법을 설명할 수 있지만 비교적 보수적인 용법에 대하여는 Gender Concord » Onset으로 제약위계를 바꾸어도 [so ami]와 [vɛ̃ ɛspwaʁ]만을 나타낼 수 있을 뿐이다.) 이러한 문제점을 설명하기 위하여 다음과 같이 변이 형태소 사이의 음운적인 일치성을 요구하는 제약 Ident P를 설정하며 이에 대한 두 가지 대표적인 예가 Ident(C#)와 Ident(V′)이다.

(10) Ident P: 형태소 μ의 해당 변이 형태소의 구성요소 x는 이미 '등록된 형태소(listed allomorph)' μ의 특정 변이 형태소에 이에 대응하는 x′가 있어야 하고, x′에 대하여 (음운적인 속성) P가 일치해야 한다.
   a. Ident (C#): 형태소 μ의 해당 변이 형태소의 마지막 자음 C는 이미 등록된 μ의 변이 형태소에서 대응하는 C′를 가져야 하며 음운자질이 일치해야 한다.
   b. Ident (V′): 형태소 μ의 해당 변이 형태소의 강세 모음 V는 이미 등록된 μ의 변이 형태소에서 대응하는 V′를 가져야 하며 음운자질이 일치해야 한다.

이제 Ident (C#) » Hiatus의 제약관계가 (모음충돌을 방치할 수밖에 없는) *dodu éléphant*과 (모음충돌을 허용하지 않는) *vain espoir* 사이의 차이를 구별하는 데 적용된다.

(11) 등록된 변이 형태소: [dɔdy]

		Ident (C#)	*Hiatus	
a. ☞	[dɔdy] elephant		*	→ (초)보수적
b.	[dɔdy t] elephant	*!		→ 혁신적

(12) 등록된 변이 형태소: [vɛn], [ṽɛ̃]

		Ident (C#)	*Hiatus
a. ☞	[vɛn] espoir		
b. ☞	[vɛ̃n] espoir		
c	[ṽɛ̃] espoir		*!

(11)의 경우에는 첫 후보형이 쉽게 최적형으로 선택된다. (두 번째 것은 혁신적인 화법이다.) 그러나 (12)의 경우에는 두 후보형태는 아직도 두 제약을 위반하고 있지 않다. (제외되는 [ṽɛ̃]는 전혀 나타나지 않는 형태이다.) 이에 대하여 다음과 같은 형태-통사적 일치관계에서의 음운적 일치성을 요구하는 제약이 제시된다.

(13) 형태-통사적 일치관계에서의 Ident P
    a. Ident (C#, ms): 두 어휘는 마지막 자음이 서로 다르면 C-변별적(distinct)이다. 만약 형태소 μ의 해당 변이 형태소가 등록된 변이 형태소 a(μ)의 모든 형태-통사적 자질과 일치하면 이 두 변이 형태소는 서로 C-변별적이 아니다.
    b. Ident (V′, ms): 형태소 μ의 해당 변이 형태소의 강세 모음 V는 등록된 μ의 변이 형태소 a(μ)에서 대응하는 V′를 가지며, a(μ)가 같은 형태-통사적 자질을 가지고 있을 때 V′과 일치관계를 갖는다.

우선 첫 번째 제약은 *Hiatus보다 하위에서 형태-통사적 제약을 부과하

제3장 어휘변화의 보수성과 동일성 금지 103

는데 초보수적인 형태와 비교적 보수적인 [sɔt] *ami*, [sɔt] *ami*, [vɛn] *espoir*, [vɛ̃n] *espoir* 등이 모두 이 제약을 위반한다.

이제 Ident(C#, ms)를 모두 위반하는 두 형태의 차이를 구별하기 위하여 두 번째 제약 Ident (V′ if C#)을 사용한다. 그 이유는 이 제약이 비교적 보수적인 형태인 [sɔt] *ami*, [vɛ̃n] *espoir* 등을 선택할 수 있도록 하기 때문이다. (즉, 초보수적 [sɔt] *ami*, [vɛn] *espoir*는 이 제약을 위반한다.)

(14) 등록된 변이 형태소: [vɛ̃], [vɛn]

비교적 보수적 발음	*Hiatus	Ident (V′, ms)	Ident (C#, ms)
a. [vɛn] espoir		*!	*
b.☞ [vɛ̃n] espoir			*
c. [vɛ̃] espoir	*!		

여기에서 보여지듯이, 보수적 발음은 남성형 명사와의 성의 일치를 위해 형용사에 남성형 모음을 사용한다. 그러나 모음충돌을 피하기 위한 음운적인 요인 때문에 자음은 여성형의 것을 사용하므로 남성형과 여성형의 두 요소가 모두 합쳐진 변종을 사용한다.

이와 같이 비교적 보수적인 발음은 등록되어 있는 서로 다른 변이 형태소에서 각각의 특징을 혼합하여 만들어지는데 초보수적인 화법에서는 이를 허용하지 않는다.[4] 따라서 초보수적인 발음을 선택하기 위해서는 다음과 같은 추가적인 제약이 필요하게 된다. (프랑스어에서 '운모(rhyme)'

---

[4] 원래 이 제약은 동시 음운적 일치관계 제약 Ident P if Q으로 설정되었고, 이 원칙을 실현하는 구체적인 제약이 Ident (V′ if C#)이다.
동시 음운적 일치관계(Ident P if Q): 만약 대상 변이 형태소가 등록된 다른 변이 형태소 a(μ)와 음운적 속성 Q가 일치하면 다른 음운적인 속성 P도 일치하여야 한다.
→ Ident (V′ if C#): 만약 대상 변이 형태소가 등록된 다른 변이 형태소 a(μ)와 C-변별적이 아니라면 같은 강세모음을 가진다.
그러나 이와 같은 제약은 설정 가능한 제약의 수를 통제해야 한다는 원칙에 위배될 수 있는 소지를 안고 있다. 따라서 Steriade는 이를 좀더 보편적인 '운모제약 (rhyme constraint)'으로 수정하고 있다.

는 중성모음(schwa)이 아닌 모음으로 시작하는 단어의 마지막 분절음들을 나타낸다.)

(15) Ident (Rhyme): 변이 형태소 μ의 운모는 등록된 μ의 다른 변이 형태소의 운모와 일치해야 한다.

이제 이 제약을 이용하면 초보수적인 발음을 선택할 수 있는 길이 열린다. 즉, (음운적 요인 (*Hiatus)을 고려하여 여성형 형용사를 남성형 명사에 사용하는) 초보수적인 발음은 Ident (Rhyme) » Ident (V′, ms)의 위계관계가 설정되고, 반면에 비교적 보수적인 발음은 그 반대의 위계관계를 설정할 수 있다.

(16) 등록된 변이 형태소: [vɛn], [ṽɛ̃]

초 보수적 발음	*Hiatus	Ident (Rhyme)	Ident (V′, ms)	Ident (C#, ms)
a. ☞ [vɛn] espoir			*	*
b. [ṽɛ̃n] espoir		*!		*
c. [ṽɛ̃] espoir	*!			

(17) 등록된 변이 형태소: [so], [sɔt]

초 보수적 발음	*Hiatus	Ident (Rhyme)	Ident (V′, ms)	Ident (C#, ms)
a. ☞ [sɔt] ami			*	*
b. [so] ami	*!			
c. [sɔt] ami		*!		*

한편, 비교적 보수적인 발음에 대한 제약위계는 *Hiatus » Ident (V′, ms) » Ident (Rhyme), Ident (C#, ms)로 설정할 수 있다.

(18) 등록된 변이 형태소: [so], [sɔt]

비교적 보수적 발음	*Hiatus	Ident (V′, ms)	Ident (Rhyme)	Ident (C#, ms)
a. [sɔt] ami		*!		*
b. ☞ [sɔt] ami			*	*
c. [so] ami	*!			

(19) 등록된 변이 형태소: [vɛ̃], [vɛn]

비교적 보수적 발음	*Hiatus	Ident (V′, ms)	Ident (Rhyme)	Ident (C#, ms)
a. [vɛn] espoir		*!		*
b. ☞ [vɛ̃n] espoir			*	*
c. [vɛ̃] espoir	*!			

위에서 Ident(Rhyme)의 위치가 초보수적 발음과 비교적 보수적 발음을 구분하는 중요한 역할을 하고 있음을 알 수 있다.

이제까지의 논의에서 나타난 프랑스어의 연음현상은 결국 남성형 형용사와 여성형 형용사, 그리고 실제로 쓰이는 변이형, 이 세 가지의 관련성을 다음과 같은 '복수-어기의 연관성(multiple-base relations)'을 나타내는 그림으로 나타낼 수 있다.

(20) 복수-어기 관련성 (multiple-base relations)

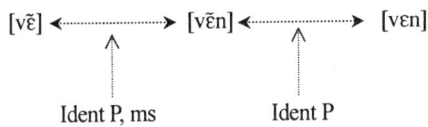

3.1.2 영어 강세의 어휘적 보수성

Kiparsky (1982, 1985) 등이 제안한 어휘 음운론에서는 영어의 경우, 강세의 변화를 야기하는 접사는 어휘부에서 제 1단계에 속하며, 강세변화를 야기하지 않는 경우는 제 2단계에 속한다는 주장이 제기되었다.[5] 예를 들어, -ism의 첨가는 대부분 어간의 강세에 영향을 미치지 않아서 제 2단계 접사로 분류되어 왔다(예: ínvalid → ínvalidism). 그러나 búreaucràt

---

[5] Steriade (1997)에서는 음절의 [±stressed]의 위상이 바뀌는 것을 '강세 변화(stress change)'로, 주강세(primary stress)만을 언급하는 경우에는 '강세 이동(stress shift)'으로 구분하고 있다.

→ *buréaucratism*에서와 같이, 강세의 변화를 초래하지 않아야 하는 제 2 단계 접사첨가에서 강세의 변화를 허용하는 현상이 나타남도 관찰할 수 있다. 이 문제에 대하여 이전의 연구들은 제 2단계 접사는 때로 제 1단계적 속성을 가진 어휘를 형성할 수 있다는 주장 (Kiparsky 1983, Anderson 1993)을 펴거나 그냥 무시되어 왔다는 것이 Steriade의 주장이다. 따라서 이 연구는 제 2단계 접사의 첨가가 왜 종종 강세의 변화를 야기하는가를 최적성 이론의 제약으로 설명한 논문이다. 그리고 그 원인을 '어휘적 보수성(lexical conservatism)'에서 찾고 있다. 즉, 제 2단계 접사에 대한 정의는 강세에 대한 영향의 여부에 의해서가 아니라 어휘적 보수성에 의해 이루어져야 한다는 것이다. 제 2단계 접사의 첨가는 어간의 등록된 변이 형태소 중의 하나와 강세가 다른 형태를 생성해낼 수 없다는 것이다. 그러나 어휘형성 과정에서 운율적으로 자연스러운 패턴이 나타나는 경우에는 그 형태가 어기의 것과 다를지라도 이를 허용할 수 있다. 그러나 이 경우에도 이 자연스러운 강세패턴이 이미 어간의 한 변이형으로 등록이 되어 있는 경우로 한정된다.[6]

3.1.2.1 제 2단계 접사첨가

제 2단계에 속한 것으로 분류되는 영어의 접사 *-able*은 운율적으로 비슷한 *remedy*나 *parody*와 같은 동사나 *take custody of*와 같은 동사구로부터 파생된다. 그런데 *custody*와 *remedy*에 *-able*이 첨가되는 경우를 보면

---

[6] Steriade (1997)가 제기한 어휘적 보수성 문제를 위해서는 생성 형태론 연구에서 흥미있는 문제의 하나로 논의되었던 '저지(blocking)'현상을 우선 되새겨 볼 필요가 있다. Aronoff (1976)에서 제시된 저지현상이란 어휘형성 과정에서 같은 기능을 가진 어휘항목이 이미 존재하면 새로운 어휘형성은 자동적으로 저지되는 현상을 말한다. 예를 들어, 형용사 *curious, luminous, heterogeneous* 등의 형용사에 *-ity*를 첨가하여 명사를 만들 수 있다. 그러나 *furious, glorious* 등에는 이러한 과정이 적용될 수 없는데 그 이유는 *fury*와 *glory*가 이미 사전에 등록되어(listed) 있기 때문이라는 이론이다.

각각의 경우에 운율적으로 서로 다른 두 개의 ('강약약(dactyl)' 격과 '약강약(amphibrachic)' 격의) 변이 형태소가 이미 사전에 등록되어 쓰이고 있음을 알 수 있다.

(21) custodi-와 remedi-의 등록된 변이 형태소
              강약약(dactyl)   약강약(amphibrachic)[7]
  custody   [kʌ́stədi]   [kəstódi-]   (예: custódi-al)
  remedy   [rémədi]   [rəmídi]   (예: remédi-al, remédi-ate)

따라서 custody와 remedy에 -able을 첨가하도록 하는 경우 화자는 다음의 세 가지 가능성을 고려하게 될 것이다.

(22) 동사 custody와 remedy에 기초한 -able 파생어 형성 가능성
   a. 약강약 (amphibrachic) 어간 변이 형태소 사용
      custódiable [kəstódiəbl̩], remédiable [rəmídibl̩]
   b. 강약약(dactylic) 어간 변이 형태소 사용
      cústodiable [kʌ́stədiəbl̩], rémediable [rémədiəbl̩]
   c. 새로운 어간 변이 형태소 사용
      cùstodíable [kʌ̀stədíəbl̩], rèmedíable [rèmədíəbl̩]

그런데 이러한 세 가지 중에서 어느 하나를 선택하기 위해서는 몇 가지 음운적, 형태-통사적, 어휘적 제약을 고려해야 한다.

(23) a. 음소배열 제약 : *Lapse (강세가 없는 음절의 연속을 피하라.)
    b. 형태-통사 제약 : -able은 탈동사(deverbal) 형용사이므로 -able이 첨가되는 어간은 동사임을 표기하라.
    c. 어휘적 제약 : 변이 형태소의 수를 늘리지 말고 이미 등록된 형태를

---

[7] Amphibrach란 장음절이 앞뒤의 단음절에 끼어있는 음보(foot)를 가리킨다. 강세의 경우 con'sented, dra'matic과 같이 강세 음절이 두 비강세 음절의 사이에 놓인 구조를 말한다.

사용하라.

이 세 제약 중에서 특히 우리는 마지막 어휘적 제약, 즉 어휘적 보수성에 관심을 가지고 자료를 관찰하자. 동사의 변이 형태소와 -able 변이 형태소 사이의 운율적인 차이를 다음과 같이 계산한다.

(24) a. remedy vs. remédi-able
　　　(i) 두 개의 음절(re-와 -me-)이 [±stress]에 대한 위상이 서로 다르다.
　　　(ii) 인접한 음절 두 개(reme-와 -medy)가 상대적인 운율적 우월관계에서 서로 다르다.
　　b. remedy vs. rèmedí-able
　　　(i) 한 음절(-di-)의 [±stress]에 대한 위상이 서로 다르다.
　　　(ii) 인접한 음절의 짝(-medi-)이 상대적인 운율적 우월관계가 서로 다르다.

그러나 *parody*의 파생어인 *parodial*의 분석에서는 이러한 고려가 불가능하다. 그 이유는 변이 형태소를 가지고 있는 *remedy, custody*와는 달리 *parody*의 경우에는 **paródial*이나 *paródiate 같은 변이 형태소가 없기 때문이다. 그러면 이러한 차이를 실제 파생과정에서 화자가 어떻게 표현하고 이를 최적성 이론에서 어떤 방식으로 설명할 수 있는지 알아보자.

우선 해당 변이 형태소의 특정 속성에 대하여 이미 등록되어 있는 형태를 사용하여야 한다. Ident P 제약은 어휘적 보수성을 대표하는 제약이다. 이 제약은 다시 구체적으로 강세에 관하여 다음과 같이 Ident (stress)로 설정될 수 있다. 또한 이 제약과 함께 부과되는 Ident (stress, ms)는 이미 등록된 동사 어간과의 유사성을 통해 -able의 어간에 대한 동사성을 표시하도록 한다. (이러한 제약 설정은 앞에서 논의된 프랑스어의 경우와 같은 맥락에서 이루어진다.)

(25) a. Ident (stress): 형태소 μ의 해당 변이 형태소는 μ의 이미 등록된 변이

형태소 중 어느 것과 강세가 같아야 한다.

b. Ident (stress, ms): 형태소 μ의 해당 변이 형태소의 강세는 등록된 μ의 변이 형태소 a(μ)에서 대응하는 강세를 가지며, a(μ)와 해당 변이 형태소가 모두 같은 형태-통사적 자질을 가지고 있을 때 강세의 일치관계를 갖는다.

한편, 여기에 사용된 강세 일치의 개념은 다음과 같이 정의된다.

(26) Two expressions Σ and Σ′ have identical stress iff
(a) for every syllable in Σ there is one and only one corresponding syllable in Σ′ and
(b) for any pair of syllables σ_n-σ_q in Σ, where σ_n precedes σ_q, the corresponding pair of syllables in Σ′, σ_n' and σ_q', is such that σ_n' precedes σ_q' and
(c) for any syllable σ in Σ that is [α stress], the corresponding syllable σ' in Σ′ is [α stress].

이제 위의 두 제약과 강세가 없는 음절이 3개 이상 연속적으로 나타나는 것을 금지하는 제약 *Lapse의 상관관계가 *remedial*과 *custodial*의 올바른 강세패턴을 선택할 수 있도록 한다. 아래에 그 중 하나를 예시한다. (여기에서 강세 뒤에 나타나는 -*ible*은 [jəbl̩]로 보아 2음절로 분석한다.)

(27) 등록 변이형: rémedy, remédi

		Ident (stress)	*Lapse xxx	Ident (stress, ms)
a.	rémedi-able		*!	
b. ☞	remédi-able			*
c.	rèmedí-able	*!		*

마지막 후보형은 등록된 형태 둘 중 어느 것과도 제1 강세의 패턴이 다르므로 우선 선택대상에서 제외된다. 그 다음 첫 번째 후보형은 강세를 가지지 못한 음절이 세 번 이어지므로 *Lapse를 위반한다. 그러나 두 번

째 후보형은 제일 하위의 제약, 즉 Ident (stress, ms)만을 위반하므로 최적형으로 선택이 된다. (이 제약은 독립적인 어휘로 등록된 첫 번째 등록 변이형 *rémedy*와의 강세를 비교하고 또 다른 변이형 *remédi-*와는 무관하다.) 그러나 이러한 제약관계를 등록된 변이 형태소가 하나밖에 없는 *párodiable*에도 적용하면 다음과 같은 결과가 나타난다.

(28) 등록된 변이형: *párody*

	Ident (stress)	*Lapse xxx	Ident (stress, ms)
a. ☞? párodi-able		*	
b. paródi-able	*!		*
c. pàrodí-able	*!		*

여기에서 위에서 설정된 위계관계가 순수한 강약약(dactyl)격을 보이는 *rémediable, cústodiable, párodiable*에는 적용되지 못한다는 점을 알 수 있다. 결국, 이 문제를 해결하기 위하여 다른 위계관계인 Ident(stress, ms) » *Lapse xxx를 설정하여 올바른 강세패턴을 택한다.

(29) 등록된 변이형: *rémedy, remédi-*

	Ident (stress, ms)	*Lapse xxx
a. ☞ rémedi-able		*
b. reméd-able	*!	
c. rèmedí-able	*!	

(30) 등록된 변이형: *párody*

	Ident (stress, ms)	*Lapse xxx
a. ☞ párodi-able		*
b. paródi-able	*!	
c. pàrodí-able	*!	

위의 도표에서 강약약격의 강세유형을 가진 단어의 경우에는 반대의 위계관계를 설정해야 한다는 결론이 얻어짐을 알 수 있다.

이제까지의 논의는 결국, -able이 강세와 관련하여 제 1단계 접사와 제 2단계 접사 중 어디에 속하는 것으로도 보기가 힘들어 양쪽 단계에 모두 속할 수 있다고 정의해야 하는가의 문제를 논의한 것이다. 위에서 논의된 바와 같이, -able을 양쪽 단계에 모두 포함시키는 경우 왜 화자들이 domésticate에 -able이 첨가되는 경우 제 1단계에서 강세가 이동된 *domestícable 보다는 제 2단계의 domésticable을 선호하고, compénsable, promúlgable, equílibrable, contémplable에서는 거꾸로 (강세를 이동시키는) 제 1단계 현상을 선호하는 것으로 바뀌는가에 대한 설명을 하지 못하게 된다.[8] 따라서 이러한 현상은 이미 등록되어 있는 다른 연관 변이형을 고려하여야 한다는 어휘적 보수성에 의하여 설명될 수 있다는 결론이 얻어진다.

3.1.2.2 기타 어휘적 보수성

제 1단계 접사와 같이 비생산적인 접사의 첨가는 반드시 어휘적 보수성을 지키도록 되어있다.[9] 또한 이미 위에서 본 바와 같이 -able의 첨가는 어휘적 보수성을 잘 나타내도록 Ident (stress) » *Lapse » Ident (stress, ms)의 위계관계에 의해 지배되었다. 그러나 비슷한 -ism의 경우는 종종 더 자연스러운 운율구조를 선호하기 위하여 강세에 대한 어휘적 보수성이 위반되는 것처럼 보인다. 그러나 이미 위에서 언급한 바와 같이, 이 새로운 운율구조를 가진 형태도 이미 등록된 변이형과 어휘적 연관성을 유지할 때만 허용이 될 수 있다.

---

[8] 여기에서 demonstrate의 -ate는 -able과 같은 다른 파생접사와 인접할 수 없다는 제약을 설정해야 한다. 따라서 nominate, evacuate에 -ee를 첨가하는 경우에도 -ate를 삭제해야 한다: nomin-ee (*nomin-at-ee), evacu-ee (*evacu-at-ee).

[9] 그러나 대표적인 예외가 사람의 이름 뒤에 첨가되는 -ian의 예이다.
예: Spéngler → Spenglérian, Méndel → Mendélian 등의 강세변화.

우선 -ism이 첨가되는 경우도 강세의 이동을 가져오는 제 1단계 유형의 현상과 그렇지 않은 제 2단계 유형으로 나눌 수 있다.

(31) a. 제 1단계 유형: 강세가 달라지는 -ism 첨가

명사	-ism 첨가형	어말강세 없는 등록 변이 형태소
arístocràt	àristócrat-ism	àristócrac-y
démocràt	demócrat-ìsm	demócrac-y
búreaucràt	bureáucrat-ism	bureáucrac-y

b. 제 2단계 유형: 강세가 달라지지 않는 -ism 첨가

mónàd	mónàd-ìsm	mònád-ic
réfugèe	réfugèe-ism	-----
dòctrináire	dòctrináir-ìsm	-----[10]
démagògue	démagògu-ism	dèmagóg-ic, démagòg-y

이러한 차이를 설명하기 위해서는 앞에서 논의된 *Lapse보다는 강세 음절이 인접하지 못하도록 하는 *Clash 제약이 설정되어야 한다. 그리고 그 위계관계는 Ident (stress) » *Clash » Ident (stress, ms)로 되어야 한다. 또한 ínvalid에 대한 -ism의 첨가가 (강세충돌을 보이는 다른 변이형 inválidity에서 나온) *inválidism 대신 (비강세 음절의 연속, 즉 Lapse를 허용하는) ínvalidìsm를 만들어 내기 위해서는 *Clash » *Lapse의 위계관계도 설정되어야 한다.

한편 -ify가 첨가되어 만들어진 동사의 경우, -ify에 제2 강세가 오고 앞에는 어간 강세가 옴으로써 단어 가운데에서 *Lapse를 어기게 될 수 있다. 그러나 이러한 어중의 Lapse는 어휘적 보수성과 밀접하게 연관되어 있다. 다음의 자료는 위에서 본 것과 같이 -ify의 첨가형태가 어기의 것과 강세패턴이 달라지는 경우와 그렇지 않은 경우의 예이다. (여기에서는 편의상 제1 강세만 표시한다.)

---

[10] Réfuge와 dóctrine은 강세상으로는 도움이 되지만 그들의 어기가 되는 refugee, doctrinaire와의 연관성을 나타내지 못한다.

(32) a. 어기와 -ify 첨가형이 강세가 다른 경우
　　　어기　　　　-ify 첨가형　　　　어말강세 있는 등록된 변이형
　　　rígid　　　　rigíd-ify　　　　　rigíd-ity
　　　flúid　　　　fluíd-ify　　　　　fluíd-ity[11]
　　　sólemn　　　sol[émn]-ify　　　　sol[émn]-ity
　　　cálorie　　　calór-ify　　　　　calór-ic
　　　hístory　　　histór-ify　　　　　histór-ical
　　　íamb　　　　iá[mb]-ify　　　　　iámb-ic
　　　vítriol　　　vitrióI-ify　　　　　vitrióI-ic
　　　stable　　　stabíl-ify　　　　　stabíl-ity

b. 어기와 -ify 첨가형이 강세의 차이를 보이지 않는 경우
　　　résin　　　　résin-ify　　　　　-----
　　　púmpkin　　púmpkin-ify　　　　-----

이러한 차이를 이제 제약관계를 사용하여 설명할 수 있는데 우선 강세의 패턴이 달라지는 경우를 제약도표로 나타내면 다음과 같다.

(33) 등록된 변이형: vítriol, vìtrióI-

	Ident (stress)	*Lapse	Ident (stress, ms)
a. ☞ vitrióIify			*
b.　vítriolify		*!	

위의 도표에서 처음의 예는 등록된 변이형의 강세가 서로 다르므로 -ify 가 첨가되어 나타나는 동사는 어기와 다른 (그러나 등록된 변이형 중 하나와 일치하는) 강세패턴을 가질 수 있다. 따라서 (a)와 (b) 양쪽이 모두 Ident (stress)를 위반하지 않으므로 모두 일단 다음 단계의 고려대상이

---

[11] 다른 -id 형태들도 비슷한 양상을 보인다. 예를 들어, *liquid, Druid, morbid, turgid* 등은 -ify가 첨가된 동사에서 강세를 변화시키는데 그 이유는 이들이 -ic, -ity 등의 접사 앞에 나타나는 어간의 변이 형태소를 받아들일 수 있기 때문이다.

된다. 그러나 그 다음 제약단계에서 *vítriolify*는 강세가 없는 음절이 중간에 연속 세 번 나타나므로 *Lapse를 위반하여 최적형 선정에서 탈락한다. 그러나 *vitriólify*는 등록된 변이형 중 첫 번째 것과의 강세일치를 평가하는 Ident (stress, ms)를 위반하고 있으나 이 제약이 가장 하위에 있으므로 최적형으로 선정될 수 있다.

어기의 강세가 파생동사에서 달라지지 않는 유형의 기술도 같은 제약 위계를 사용하여 설명할 수 있다. 즉, 어휘적 보수성에 의해 등록형이 하나만 있는 경우는 새로운 형태를 만들지 못하도록 하는 Ident P 즉, Ident (stress)에 의해 -*ify* 첨가형이 어기와 같은 강세패턴을 유지하여야 한다.

(34) 등록된 변이형: *résin*

	Ident (stress)	*Lapse	Ident (stress, ms)
a. resínify	*!		*
b. ☞ résinify		*	

이상에서의 논의는 이와 같은 강세의 차이는 결국 등록된 변이형이 두 개 이상 있는 경우와 그렇지 않고 하나만 있는 경우의 차이에서 출발한다. 다시 말하면 어기 이외에 다른 등록된 변이형이 없는 경우에 강세를 바꾸는 것은 새로운 형태소를 만들어 내는 것이다. 따라서 어휘적 보수성을 위반하게 되어 Ident P 제약이 이를 허용하지 않는 것이다. 결국 이상에서 본 영어의 예는 어휘의 형성과정에서 행해지는 접사의 속성에 대한 해석은 단순히 강세의 변화를 야기하느냐의 유무에 의해서가 아니라 어휘적 보수성과 연관지어 부여된다는 것으로 해석할 수 있다. 이러한 점은 이미 앞에서 논의된 프랑스어의 예와 함께 어휘의 형성과정에서 고려되어야 하는 음운적, 형태-통사적, 어휘적 제약 중에서 어휘적 제약이 다른 제약에 못지 않은 중요한 역할을 담당하고 있음을 시사한다.

3.2 동일성 금지 제약

여기에서는 앞에서 본 어휘적 보수성과 서로 상보적인 속성을 갖는 동일성 금지 제약에 대한 논의를 전개한다. 이것은 어휘변화의 패러다임 안에서 어휘적 연관성을 갖는 형태들 사이에는 가능한 한 같은 강세나 발음의 패턴을 보이는 것과는 반대의 속성이다. 즉, 어휘변화가 일어나야 하는 환경에서 이미 어휘적으로 연관된 다른 형태와 동일한 결과가 나타나는 것을 피하기 위해 변화가 유보되는 현상이다. 이러한 현상은 특히 굴절관계가 생산적으로 나타나는 언어에서 종종 관찰되는데 여기에서는 러시아어의 어형변화에 나타나는 모음 약화 현상을 중심으로 논의를 전개한다.

3.2.1 러시아어 모음약화

대부분의 슬라브어처럼 러시아어는 5모음 체계를 갖는다. 그러나 강세가 없는 경우 중설 모음 /e, o/가 억제되어 /e/는 [i]로 상승하고 /o/는 [ə] 또는 [a]로 나타난다. 또한 /a/ 역시 [ə]로 약화된다.[12]

(35) 러시아어 모음 체계
    a. 강세가 있는 모음

i		u
e		o
	a	

---

[12] 이 중설 모음의 약화현상은 슬라브어에 공통적으로 나타나는 현상인데 약화의 방향은 개별 언어에 따라 다르다. 예를 들어, 하향성 약화를 보이는 러시아어와는 달리, 불가리아어의 경우 e → i, o → u처럼 상향성 약화가 일어난다. 그러나 불가리아어의 Trigrad 방언에서는 상향성 ɛ → e 약화와 하향성 o, ɔ → a 약화가 모두 일어난다.

b. 강세가 없는 모음

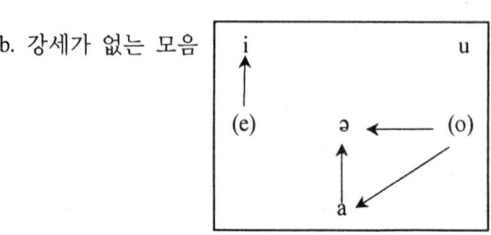

위 도표에서 괄호 속의 모음은 약화된 모음을 나타낸다. (그런데 /a/의 경우는 [ə]로 약화되기는 하지만 중설 모음 /o/의 약화는 두 방향으로 진행될 수 있어, 흔히 [a]로 나타나므로 괄호표시를 하지 않는다.)[13] 또한 이와 같은 모음약화의 양상은 선행하는 자음의 구개성(palatality)과도 밀접한 관련을 가지고 있는데 다음과 같이 요약할 수 있다. 즉, 구개화 자음 (palatalized consonant)이 선행하지 않는 경우는 모음약화가 위의 그림과 같지만, 구개화 자음이 선행하는 경우는 모든 [-high] 모음이 [i]로 상승하는 결과를 보인다.

---

[13] 러시아어는 명사나 동사가 모두 성, 수, 격 등에 대한 굴절 패러다임을 가지고 있다. 또한 강세가 나타나는 것도 획일적으로 이루어지는 것은 아니다. 예를 들어, 다음에 보는 동사의 굴절 패러다임에서 첫 번째 예는 모두 어미에 강세가 오지만, 둘째 예에서는 1인칭 단수에서만 어미에 강세가 오고 기타의 경우는 모두 어간에 강세가 나타난다.

gəvărʲitʲ 'to speak'	sg.	pl.
1인칭	gəvărʲú	gəvărʲím
2인칭	gəvărʲíʃ	gəvărʲítʲi
3인칭	gəvărʲít	gəvăʳrʲát

xodʲitʲ 'to walk'	sg.	pl.
1인칭	xăzhú	xódʲim
2인칭	xódʲiʃ	xódʲitʲi
3인칭	xódʲit	xódʲət

(36) 선행자음과 모음의 축약양상 (고모음 /i, u/는 약화되지 않음.)
　　a. Că　> Cə　　　　b. Cʲă　> Cʲi
　　　 Cŏ　> Cə　　　　　 Cʲŏ　> Cʲi
　　　 Cĕ　> Ci　　　　　 Cʲĕ　> Cʲi

선행자음에 따른 모음의 축약현상을 다시 그림으로 나타내면 다음과 같다.

(37) a. 구개화 자음이 없을 때　　b. 구개화 자음이 선행할 때

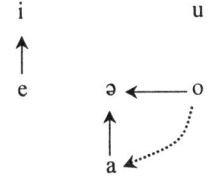
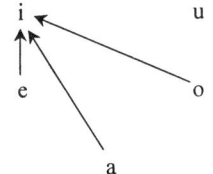

이제 모음약화에 대한 실제 예를 다음에서 관찰할 수 있다(굵은 글씨로 표기).

(38) 선행 자음과 모음약화의 양상
　　a. 모음 /o/의 약화
　　　 i. 일반 자음이 선행하는 경우 [ə]
　　　　 vígəvərʲitʲ　　'speak out'　　(cf. góvər 'dialect')
　　　　 víkərmʲitʲ　　 'to bring up'　 (cf. kórma 'feed')
　　　 ii. 구개성 자음이 선행하는 경우 [i]
　　　　 nʲisʲtʲi　　　 'carry out'　　 (cf. nʲós 'he carried')
　　　　 vívʲisʲtʲi　　 'lead out'　　　(cf. vʲós 'he lead')
　　b. 모음 /a/의 약화
　　　 i. 일반 자음이 선행하는 경우 [ə]
　　　　 vípəlʲitʲ　　　'shoot'　　　　(cf. pálʲitʲ 'shoot')
　　　　 vímənʲivətʲ　　'coax'　　　　 (cf. mánʲivətʲ 'coax')

ii. 구개성 자음이 선행하는 경우 [i]
víťinuťⁱ   'pull out'   (cf. víťágívəťⁱ 'stretch')
víjivʲiťⁱ   'reveal'   (cf. jávnəj 'overt')

이와 같이 약화되는 모음이 모두 [-high] 자질을 가지고 있으므로 다음과 같은 제약의 적용을 받는 것으로 볼 수 있다.

(39) *[-Hi] : 강세가 없는 모음은 [-high] 자질을 가질 수 없다.

또한 구개성 자음이 선행하는 경우에는 뒤따르는 모음이 같은 전설성 [front] 자질을 공유하는 것으로 보아야 하므로 다음의 제약을 설정한다.

(40) CʲV : 모음은 선행하는 자음과 동일한 [front] 값을 갖는다.

이상에서 설정한 두 제약이 서로 다른 자음 뒤에서 나타나는 모음약화를 설명할 수 있다.

(41) 선행자음이 구개자음인 경우의 모음 /a/ 약화

/víťanuťⁱ/ 'pull out'	*[-Hi]	CʲV	IDENT-IO(V)
a. ☞ víťinuťⁱ			*
b. víťənuťⁱ		*!	*
c. víťanuťⁱ	*!	*	

우선 위의 예는 선행자음이 구개자음인 경우이다. (41)의 마지막 후보형은 입력형 모음 /a/가 약화되지 않았으므로 *[Hi] 제약과 CʲV 제약을 위반한다. 또한 두 번째 후보형은 중설모음 [ə]가 나타나므로 역시 CʲV 제약을 위반하게 되어 모두 최적형 선택에서 제외된다. 따라서 입력형의 모음 /a/가 고모음 [i]로 약화되어 나타난 첫 번째 후보형이 최적형으로 선택된다. 물론 입력형과 출력형의 모음이 서로 대응관계를 어겨

IDENT-IO(V) 제약을 어기고 있기는 하지만 하위제약을 위반한 것이므로 다른 후보형에 비해 상대적 우위를 지켜 최적형이 되는 것이다.

한편 선행자음이 평자음인 경우는 위의 그림에서 본 바와 같이 [ə]가 표면에 실현된다.

(42) 선행 자음이 평자음인 경우의 모음약화[14]

/vípalʲitʲ/ 'shoot'	*[-Hi]	CʲV	IDENT-IO(V)
a. ☞ vípəlʲitʲ			*
b. vípilʲitʲ		*!	*
c. vípalʲitʲ	*!		

(42)에서는 선행 자음이 구개자음인 위의 경우와는 다른 최적형이 나타난다. 즉, 두 번째 후보형은 입력형의 모음 /a/가 전설모음 [i]로 실현되어 있으므로 선행하는 평자음의 [-front] 값을 공유하지 못하여 CʲV 제약을 위반한다. 따라서 입력형의 모음이 [ə]로 실현된 첫 번째 후보형이 최적형으로 선택된다.

그러나 동사의 굴절 패러다임을 관찰하면 모음의 약화현상이 이와 같이 음운적인 환경에 의해서만 결정되지 않는다는 점을 알 수 있다. 예를 들어, 다음의 목록은 동사변화에서 나타나는 3인칭 복수어미 모음의 약화가 획일적이지 않음을 보여준다(어미의 모음을 굵게 표시). 다시 말하면 선행하는 자음이 모두 구개자음임에도 불구하고 때로는 모음약화가 일어나기도 하고 일어나지 않기도 하는 것으로 보여진다.

(43) 동사어미(verbal desinences)의 약화

	Infinitive	3rd sg	3rd pl	Gloss
a.	gəvarʲítʲ	gəvarʲít	gəvarʲát	'speak'
b. stávʲitʲ		stávʲit	stávʲət	'place'

---

[14] 그러나 Crosswhite (1999)의 분석에 대해서도 문제를 제기할 수 있다. (42a)의 [ə] 역시 고모음이 아니므로 *[-Hi]제약을 어기는 것으로 볼 수 있기 때문이다.

c. pómnʲitʲ   pómnʲit   pómnʲət   'recall'
d. lamʲitʲ   lómʲit   lómʲət   'break'

위의 목록에서 3인칭 단수형은 어미의 모음이 모두 [i]로 나타난다. 그러나 복수에서는 (43a)에서는 [a]로 나타나지만, 기타의 경우에는 [ə]로 실현된다. 그런데 이런 차이가 생기는 데에는 강세의 위치가 중요한 역할을 한다. 즉, gəvarʲát에서는 단수형과 복수형의 강세가 모두 어미에 나타나므로 복수형 어미의 모음약화가 적용되지 않는다. 그러나 나머지는 모두 어간에 강세가 나타난다. 예를 들어, 복수형 입력형 /pomnʲat/이 *pómnʲat으로 나타나야 하지만 어미에 강세가 없으므로 pómnʲət으로 실현된다고 볼 수 있다. 따라서 같은 위계를 갖는 것으로 가정했던 *[-Hi]와 CʲV 제약의 위계가 *[-Hi] » CʲV로 설정되어야 하여 *[-Hi]를 위반하는 (44b) *pómnʲat이 선택되지 않도록 하여야 한다. 그러나 문제는 선행하는 자음이 구개자음이므로 모음의 약화가 고모음 [i]를 어미에 실현시켜야 한다는 점이다. 그 결과, 가장 하위제약을 위반하는 (44c) *pómnʲit이 최적형으로 선택된다. 그러나 이는 올바른 복수형이 아니고 더 상위제약을 위반하는 (44a) pómnʲət이 실제의 최적형이다.

(44) 3인칭 복수의 모음약화

/pomnʲat/	*[-Hi]	CʲV	IDENT-IO(V)
a. (☞) pómnʲət		*	*
b. pómnʲat	*!	*	
c. 💣 pómnʲit			*

이와 같이 예측된 모음약화가 일어나지 않는 현상이 흔히 발견되는데 그 이유를 Crosswhite (1999)는 모음약화에 의해 나타나는 복수형이 단수형과 같은 형태로 나타나기 때문에 어휘적 차이를 유지하기 위한 다음의 동일성 회피 제약이 작용하기 때문인 것으로 해석한다.

(45) ANTI-IDENT

For two forms, S_1 and S_2, where $S_1 \neq S_2$, $\exists\, \alpha,\, \alpha \in S_1$, such that $\alpha \neq \Re(\alpha)$

이 제약은 어휘적으로 연관된 두 형태의 구성요소가 서로 완전히 같아서는 안된다는 점을 요구한다. 예를 들어, 단수형과 복수형의 모든 모음, 자음, 강세가 완전히 일치해서 단수/복수의 구분이 없어지는 것을 막도록 하는 제약이다. 따라서 이 제약은 앞 절에서 논의된 Steriade (1997)의 어휘형성의 보수성과 서로 상보적(complementary) 속성을 보이는 것으로 볼 수 있는데, 비슷한 개념이 Steriade (1996)에서도 '패러다임의 통일성 (paradigm uniformity)'으로 제시된 바 있다.[15]

(46) 패러다임의 통일성(Paradigm Uniformity)[16]
동일한 어형변화 패러다임의 구성요소는 서로 공유하는 형태소 μ의 모든 표면형이 음운적 속성 P에 대하여 동일한 자질을 가져야 한다 (Steriade 1996: 312).

이제 위에서 본 러시아어의 모음약화는 패러다임의 통일성과는 반대의 속성인 동일성 금지 제약 ANTI-IDENT에 의해 복수형의 표면형을 단수형과 (병렬적으로) 비교하도록 한다.

---

[15] Steriade (1996: 312)는 Palestinian Arabic의 강세형태를 결정하는 데 패러다임의 통일성을 제안한다. 즉, 다음의 예에서 (a)를 택하고 (b)를 선택하지 않는 것은, (b)가 어기의 강세뿐 아니라 모음까지도 대응관계를 보이지 않으므로 패러다임 제약인 PU stress 제약을 두 번 위반하기 때문이다.

Input /fihim-na/ Base: fihim	Stress	PU stress	*i
a. ☞ fihím-na		* (stress)	*
b. fhím-na		* (stress) *! (i)	
c. fihim-na	*!		*

[16] All surface realizations of μ, where μ is the morpheme shared by the members of paradigm X, must have identical features for property P.

(47) 모음약화에 의한 대응관계

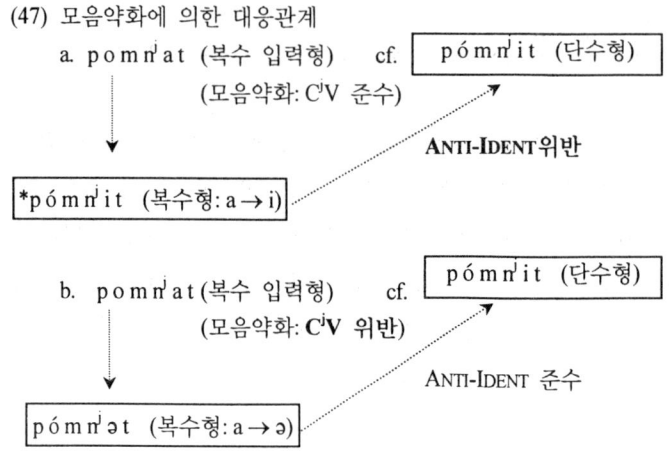

(47a)의 경우는 정상적으로 모음약화가 이루어진 형태이다. 즉, 구개자음이 선행하는 모음의 약화는 고모음을 실현되게 하므로 pómnʲit이 최적형으로 예측된다. 그러나 단수형에 이미 동일한 형태가 있으므로 ANTI-IDENT 제약을 위반하게 된다. 따라서 (47b)에서와 같이 음운적인 제약 CʲV를 위배하더라도 동일성 금지 제약을 준수하는 pómnʲət을 최적형으로 선택하여야 한다. 즉, 생산성이 높은 어형변화의 패러다임을 가진 언어에서는 특정 어형변화가 다른 형태와의 중복을 피하도록 병렬적인 확인을 하게 되는 것이다.

이러한 과정은 이전의 규칙-기반 이론뿐 아니라 표준 최적성 이론으로도 기술하기가 어려운 현상이다. 즉, 규칙을 이용한 도출이론에서는 단수형을 어기로 선택하고 복수형을 도출한 다음 다시 단수형이나 기타 어형 변화표의 다른 형태와 비교하는 확인과정을 거쳐야 하기 때문이다. 따라서 경우에 따라서는 규칙적용 환경을 거꾸로 돌려야 하는 일이 생길 수 있다. 그러나 이러한 과정은 언어기술을 과도하게 복잡하게 할 뿐이다. 즉, 굴절어에서는 어느 어간/어근의 변화에 대한 전체 패러다임을 한꺼번에 고려해야 하는데 이러한 일이 '순차적(serial)' 도출방식을 채택하는 규칙-기반 이론에서는 가능하지 않다. 한편, 일반적인 최적성 이론이나 대응이론에서도 이러한 현상을 설명하기가 쉽지 않다. 그 이유는 복수형 선택을 위해 꼭 단수형을 어기로 삼을 수 있는 것이 아니기 때문이다. 즉, 규칙-기반 이론에서와 마찬가지로 굴절어에서 나타나는 어간/어근의 변화에 대한 전체 패러다임을 한꺼번에 고려하는 것이 가능하지 않기 때문이다. 이러한 문제점을 해결하기 위하여 Crosswhite (1999)의 제안을 따라 패러다임 내부의 형태소를 서로 비교하도록 하는 ANTI-IDENT 제약을 도입하면 올바른 형태를 최적형으로 선택할 수 있다. 이를 최적형 도표로 표시하면 다음과 같다.[17]

(48) ANTI-IDENT 제약의 역할: /pomnʲat/$_{pl}$ → [pómnʲət] (cf. [pómnʲit]$_{sg}$)

/pomnʲat/$_{pl}$ (cf. [pómnʲit]$_{sg}$)	ANTI-IDENT	*[-Hi]	CʲV	IDENT-IO(V)
a. ☞ pómnʲət			*	*
b. pómnʲat		*!	*	
c. pómnʲit	⟶*!			*

이제 화살표가 나타내는 바와 같이 (48c)는 하위제약을 모두 지키고 있지만 (단수형과 동일형으로 나타나므로) 제일 상위의 ANTI-IDENT 제약을 위반하여 우선적으로 제외된다. 그리고 (48b)는 강세가 없는 모음은 [-high] 값을 가질 수 없으므로 *[-Hi]를 위반한다. 따라서 구개자음 뒤에서의 모음약화 패턴을 (불가피하게) 지키지 않아 CʲV 제약을 위반하는 (48a)가 최적형으로 선택된다. 이와 같이 복수형에 대한 최적형은 입력형과의 대응관계만으로 결정되지 않는다. 즉, 괄호 속에 등재된 단수형과의 동일성 대조를 위한 또 다른 종류의 출력형-출력형 대응관계가 필요하다.

---

[17] Crosswhite (1999)에서는 복수형의 비교대상인 단수형을 따로 표시하지 않아 독자들이 혼동을 일으킬 수 있다. 여기에서는 윗 절에서 등록된 형태소를 표시하는 방법과 같이 단수형을 같이 등재하여 비교하였다. 또한 그 대응관계와 동일성 금지 제약 위반을 화살표로 표시하였다.

이상에서 우리는 러시아어에서는 형태소의 표면실현에 있어서 굴절관계를 나타내는 패러다임이 음운적 환경보다 더 중요한 고려 대상이 될 수 있음을 보았다. 즉, 모음약화에 의해 나타날 수 있는 많은 '동음이의(homophony)' 관계가 생길 수 있는데, 패러다임 내부의 대조과정을 통해 모음약화를 유보하거나 다른 방향으로 진행될 수 있다는 점이다. 그런데 실제로는 많은 경우에 강세의 위치에 의해 생기는 모음약화에 의해 많은 '동음이의(homophony)' 관계가 나타나는 것 또한 사실이다. 예를 들어, 다음에 제시된 단수/복수 굴절형태나 형용사/명사의 파생관계를 보면 서로 다른 어휘가 무강세 모음의 약화를 통해 복수형이나 명사형이 서로 같은 형태를 가지게 됨을 알 수 있다.

(49) 모음약화에 의한 동음이의어 발생
  a. mʲátʃ sg. → mʲitʃí pl. 'ball'
    mʲétʃ sg.   mʲitʃí pl. 'sword'
  b. tʃʲásta adj. → tʃʲistatá noun 'frequent'
    tʃʲísta adj.   tʃʲistatá noun 'clean'

이러한 동음이의어 관계를 그림으로 나타내면 다음과 같다. (여기에서 실선은 어휘적 연관성을 나타내고, 점선은 피상적으로만 연관성이 있는 것처럼 보이는 관계를 나타낸다.) 즉, 점선으로 표시된 바와 같이 두 어휘는 서로 어휘적 연관성이 없으며 단수형에서는 서로 다른 모음이 어간에 나타나므로 동음이의 관계가 없다. 그러나 복수형에서는 강세가 어미로 이동하여 어간의 모음이 모두 고모음 [i]가 되어 두 복수형이 같은 형태를 나타낸다.

(50) 비연관 어휘의 동음이의어 관계

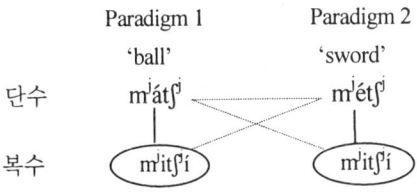

물론 이와 같은 동음이의성이 있는 어휘들이 실제로 사용되는 경우가 종종 발견되어 앞에서 논의한 동일성 금지 제약이 지켜지지 않는 것처럼 해석될 수 있다. 따라서 동일성 금지 제약 ANTI-IDENT는 같은 어휘변화의 패러다임 내부로 그 적용이 제한된다. 다시 말하면, 서로 연관되지 않은 어휘형태의 동음이의성에는 관여하지 않는다는 전제를 필요로 한다.

3.2.2 요약 및 남은 문제

이상에서 우리는 어휘변화에 나타나는 강세와 발음의 변화에 대한 상보적인 두 원칙을 관찰하였다. 즉, 어휘변화에 수반되는 음운적 변화는 패러다임 내부의 어휘적 연관성을 고려해 비경제적인 이형태소를 만들지 않는 경향이 있기는 하지만, 이와는 반대로 유사한 형태들이 서로 동음이의성을 가지지 않도록 차이점이 유지되어야 한다는 점도 고려되어야 한다는 것이다.

우선 3.1에서 논의된 프랑스어와 영어의 예는 어휘의 형성과정에서 행해지는 음운-형태적 변화에 대한 해석은 단순히 음운적 고려 사항만을 반영하는 것이 아니라 같은 패러다임 내에서 새로운 변이 형태소를 만들지 않는 어휘적 보수성과 연관지어 부여된다는 것으로 해석할 수 있다. 즉, 어휘의 형성과정에서 고려되어야 하는 음운적, 형태-통사적, 어휘적 제약 중에서 어휘적 제약이 다른 제약에 못지 않은 중요한 역할을 담당하고 있음을 시사한다.

이와는 상반된 원칙이 적용되고 있음을 보인 것이 3.2에서 제시된 러시아어의 자료이다. 여기에서는 모음의 약화현상이 음운적 환경만으로 결정되는 것이 아니라 패러다임 전체를 고려하여 의미적으로 다른 형태가 동일한 음운표기를 갖지 않도록 하는 동일성 금지 제약이 필요함을 보았다. 또한, 이러한 과정은 규칙을 이용한 도출이론에서는 단수형을 어기로 선택하고 복수형을 도출한 다음 다시 단수형이나 기타 어형 변화표의 다른 형태와 비교하는 확인과정을 거쳐야 하기 때문에 효율적인 기술이 어렵다. 즉, 굴절어에서는 어느 어간/어근의 변화에 대한 전체 패러다임을 한꺼번에 고려해야 하는데 이러한 일이 '순차적(serial)' 도출방식을 채택하는 규칙-기반 이론에서는 가능하지 않다. 그러나 이 문제를 일반적인 최적성 이론이나 대응이론에서도 쉽게 해결할 수 있는 것은 아닌데, 그 이유는 규칙-기반 이론에서와 마찬가지로 굴절어에서 나타나는 어간/어근의 변화에 대한 전체 패러다임을 한꺼번에 고려하는 것이 가능하지 않을 것이기 때문이다.

결국, 여기에서 제시된 두 상보적 분석방식은 특히 패러다임을 고려해야 하는 어휘파생이나 굴절관계에서 나타나는 음운적 불규칙성을 설명할 수 있는 효율적인 길을 제시하는 셈이다. 그리고 기능적인 면에서 볼 때, 이러한 음운변화의 속성은 결국 Kiparsky (1982)가 제시한 다음의 두 가지 상보적(complementary) 원칙을 확인하는 셈이다.

(51) 음운변화의 기능적 조건
 a. 평준화(levelling) 조건: 패러다임 내부의 변이 형태소를 제거하는 경향이 있다.
 B. 명확성(distinctness) 조건: 의미적으로 연관있는 정보를 표면에서 유지하는 경향이 있다.

즉, 평준화 조건은 Steriade가 제시한 어휘적 보수성 (lexical conservatism)

이나 패러다임의 통일성(paradigm uniformity) 을 반영하고, 반면에 명확성 조건은 Crosswhite에서 제시된 동일성 금지 제약을 반영한다고 볼 수 있다.

그러나, 마지막으로 언급하고자 하는 것은, 이상에서 제시된 분석방식이 패러다임을 대상으로 하지만 어휘적 현상을 다루게 되므로 언제나 예측하지 못한 반례가 발견될 수 있다는 점이다. 예를 들어, 러시아어 동사 igralo 'it played'는 무강세 모음이 약화되어 [igrálə]로 나타나는데 여성형 굴절형인 igrala [igrálə] 'she played'와 표면형이 서로 같아지는 문제가 발견된다. 즉, Crosswhite가 제시한 ANTI-IDENT 제약이 위배되는 표면형 [igrálə]가 최적형으로 선택되는 문제가 발생하는데 이를 해결하기 위한 방법을 찾기 힘들다. Crosswhite는 이를 위하여 두 제약간의 위계를 서로 바꾸어 해결할 수 있다는 언급을 하고 있으나 이는 더 큰 문제를 야기할 뿐이다.[18] 이를 제약도표로 표시해 보면 다음과 같다.

(52) igralo [igrálə] 'it played'   cf. igrala [igrálə] 'she played'

/igralo/	*[-Hi]	ANTI-IDENT	IDENT-IO(V)
a. ☞ igrálə		*	*
b. igrálo	*!		

즉, 이 도표는 특정 동사의 어형변화에 필요한 제약위계를 보여주는 것으로 간주될 수 있다. 그러나 이와 같이 동일한 언어에서 제약위계가 달라지는 것은 초기의 최적성 이론이나 McCarthy & Prince (1995)의 대응이론에서 모두 불가능한 일이다. 이를 해결하기 위해서 제 5장에서 소개되는 McCarthy (1998, 1999)의 '감응이론(Sympathy Theory)'을 사용하는 방법

---

[18] 이에 대한 언급은 자세히 되어 있지 않다. 그러나 어느 슬라브어에서는 두 번째 형태가 최적형으로 선택되므로 반대의 제약위계를 갖는 것으로 간주하고 있다. 그러나 언어별 위계가 달라지는 것과는 달리, 같은 언어에서 동사의 유형에 따라 이런 변칙을 사용할 필요가 생기는 것이 문제이다.

을 시도해 볼 수 있으나 '추상성(abstractness)'이나 '불투명성(opacity)'의 문제 등이 등장할 소지가 있어 그리 간단한 문제가 아니다. 다른 효과적인 방식은 제 6장에서 소개되는 Rubach (2000)의 '도출형 최적성 이론 (Derivational Optimality Theory)'일 것이다. 그러나 이 이론은 최적성 이론이 기본적으로 가정하고 있는 '병렬주의(parallelism)'를 포기하고 순차적 (serial) 방식을 택하고 있는 점에서 큰 부담이 돌아온다. 결국, 이러한 문제가 해결될 수 있는 이론이 개발되어야 보다 근본적인 언어분석이 가능할 것으로 보여 이에 대한 개발이 앞으로의 중요한 과제가 될 것으로 예측된다.

주요 참고문헌

Archangeli, Diana and Terence Langendoen. 1997. *Optimality Theory*. Cambridge, MA: Blackwell.
Aronoff, Mark. 1976. *Word Formation in Generative Grammar*. Cambridge, MA: MIT Press.
Crosswhite, Katherine. 1999. Intra-paradigmatic homophony avoidance in two dialects of Slavic. *UCLA Working Papers in Linguistics: Papers in Phonology* 2, 48-67.
Fabb, Nigel. 1984. *Syntactic Affixation*. Doctoral Dissertation, MIT.
Halle, Morris. 1973. Prolegomena to a theory of word-formation. *Linguistic Inquiry* 4, 3-16.
Kager, René. 1999. *Optimality Theory*. Cambridge, UK: Cambridge University Press.
Kenstowicz, Michael. 1997. Uniform exponence: exemplification and extension. *University of Maryland Working Papers in Linguistics* 5, 139-155.
Kiparsky, Paul. 1982. From Cyclic Phonology to Lexical Phonology. In van der Hulst and Smith (eds.), *The Structure of Phonological Representations*, Part I. 130-175. Dordrecht: Foris.
Kiparsky, Paul. 1985. Some consequences of Lexical Phonology. *Phonology Yearbook* 2, 83-136.
McCarthy, John. 1998. Sympathy and phonological opacity. ROA-252.
McCarthy, John. 1999. Sympathy, culminativity, and Duke-of-York Gambit. ROA-327.
McCarthy, John and Alan Prince. 1993. Prosodic Morphology I: Constraint Interaction and Satisfaction. Ms. University of Massachusetts and Rutgers University.

McCarthy, John and Alan Prince. 1995. Faithfulness and reduplicative identity. *University of Massachusetts Occasional Papers 18: Papers in Optimality Theory,* 249-384.

Mohanan, K. P. 1986. *The Theory of Lexical Phonology.* Dordrecht: Reidel.

Permultter, David. 1996. Interfaces: explanation of allomorphy and the architecture of grammars. Ms.

Prince, Alan and Paul Smolensky. 1993. Optimality Theory. Ms. Rutgers University.

Steriade, Donca. 1996. Paradigm uniformity and the phonetics-phonology boundary. *Labaratory Phonology* 5.

Steriade, Donca. 1997. Lexical conservatism and its analysis. Ms. UCLA.

Steriade, Donca. 1999. Lexical conservatism in French adjective liaison. In J.-Marc Authier, Barbara E. Bullock and Lisa Reed (eds.), *Formal Perspectives on Romance Linguistics,* 243-270. Amsterdam: John Benjamins.

Rubach, Jerzy. 2000. Glide and glottal stop insertion in Slavic languages: A DOT analysis. *Linguistic Inquiry* 31, 271-317.

제 4 장 위치적 충실성

최적성 이론의 최근 동향 중 가장 많은 관심을 끌고 있는 것이 '위치적 충실성(Positional Faithfulness)'에 대한 논의와 소위 '감응이론(Sympathy Theory)'이라고 부르는 수정된 대응이론(Correspondence Theory)이라고 할 수 있다. 이 장에서는 우선 위치적 충실성에 대한 논의를 전개하고 감응이론에 대한 소개와 관련된 연구의 논의는 다음 장에서 다루기로 한다. 이를 위하여 우선 이 장의 서론 부분에서는 위치적 충실성의 개념과 일반적인 충실성 제약과의 차이점을 소개한다. 그 다음, 이러한 기본 개념을 가지고 실제 언어분석에 적용되는 방식을 언어습득의 연구를 예로 들어 논의한다. 마지막으로는, 위치적 충실성의 문제점을 제시하고 이에 대한 대안인 '위치적 유표성(Positional Markedness)'에 대한 논의를 전개한다.[1]

4.1 서론

대부분의 언어에서 음절두음이 음절말음보다 더 많은 음성적인 대조(contrast)를 보인다. 예를 들어, 많은 언어에서 자음의 유무성 대조는 음절두음에서만 유지되고 음절말에서는 (무성음으로) 중화되는 현상이 이에 속한다. 그런데 그러한 (음절적인) '위치적 중화(positional neutralization)'가 나타나는 것은 '환경과 무관한(context-free)' 충실성 제약이 (특정 위치에서 자질값 [αF]를 실현시키지 않는) '환경적 유표성(contextual

---

[1] 여기 내용은 안상철 외 (2000)에 소개된 것을 수록한 것임을 밝힌다.

markedness)' 제약과 상호작용을 하는 데에서 기인한다. 반면에 이와 같은 중화가 음절두음에서는 쉽게 일어나지 못하는데, 그 이유를 규명하기 위한 방식으로 이제까지 흔히 논의되어 온 유표성과 충실성 제약의 역할을 파격적으로 수정하는 다른 대안인 '위치적 충실성(Positional Faithfulness)'의 개념을 적용한 분석방식이 등장하였다 (Beckman 1997a,b). 여기에서는 Kager (1999)에 나타난 논의를 바탕으로 그 개념과 적용방식을 간단히 알아보기로 한다.

음운적 중화에 저항하는 것은 음절두음과 같은 특정 위치에서 자질을 '인허(license)'하는 제약 때문인데, 환경과 무관한 유표성 제약들과 상호작용을 한다 (Kager 1999).[2]

(1) 중화에 대한 두 가지 견해
 a. 환경과 무관한 충실성 ⇔ 위치적 유표성
 b. 위치적 충실성 ⇔ 환경과 무관한 유표성

이와 같은 두 가지의 견해에 대하여 대부분의 경우, 중화와 충실성의 환경이 (음절두음, 음절말음 등) 모두 상호 배타적인 표지를 사용하므로 어느 한 쪽 견해만을 지지하는 증거를 찾는 것은 불가능하다. 따라서 현재까지 진행되어 온 연구들에서는 두 가지 견해가 모두 수용되어 왔다. 그러나 몇 가지 자료를 가지고 위치적 충실성에 대한 타당성을 세부적으로 검증해 볼 필요가 있다. 우선, 위치적 충실성은 기능적인 면에서 타당성이 있다고 볼 수 있다. 그 이유는 대조관계가 '인지적으로 두드러진(perceptually salient)' 위치에서 가장 잘 실현된다는 점이 잘 알려진 사실이기 때문이다 (Ohala 1990, Ohala & Kawasaki 1984). 두드러진 위치는 어두 자음, 모음 앞 (또는 방출(released)) 자음, 강세 모음, 음절초 모음

---

[2] '인허(licensing)'의 개념은 OT 이전의 음운론 (Goldsmith 1990, Steriade 1995)에서 유래한다.

등을 포함한다. 예를 들어, 모든 모음은 나타나는 위치나 강세에 관계없이 ('조음에 들어가는 노력을 줄이라'는) 일반적인 모음축약의 대상이 될 수 있다고 가정할 수 있다. 그러나 강세가 있는 모음은 (성조나 길이 등) 내재적인 인지적 두드러짐 때문에 자질의 차이가 잘 나타날 수 있어서 일반적인 축약의 대상이 되지 않을 수 있다. 이와 같이 인지적으로 (또는 음성적으로) '두드러진' 위치에서 입력부의 특정 자질이 출력부에서 보존되도록 하는 제약이 '위치적 충실성' 제약이다.

4.2 위치적 충실성

최근의 OT 연구는 '위치적 충실성'의 개념에서 인지적인 면에 기반을 둔 비대칭성을 부여하고 있다. 충실성 제약들은 음성적인 요인에 의해 인지적으로 두드러진 위치에 대하여 반응한다. 좀더 구체적으로 말하면, 두드러진 위치를 필요로 하는 자질 [F]에 대한 충실성 제약은 [F]를 위한 일반 제약보다 우위에 있다. 이 점은 다음에 보이는 바와 같이 유표성 제약을 위치적 충실성 제약과 일반 충실성 제약 사이에 끼이도록 함으로써 '위치적 중화(positional neutralization)'를 일으키도록 한다.[3]

(2) 위치적 중화의 제약 위계
(두드러진 위치에서의) IO-충실성 » 유표성 » (일반적) IO-충실성

위치적 충실성에 대한 두 번째의 (선험적인) 타당성은 서로 다른 언어에서 관찰되는 여러 음운형태를 포착하고 통합할 수 있다는 점이다. 좀

---

[3] 일부 학자들은 인지적인 원칙들이 문법에 직접적으로 명시되어서 '점진적(gradient)' 음성자질과 '비대조적(non-contrastive)' 음성자질을 참조할 수 있도록 하여야 한다고 주장한다 (Steriade 1995b, Flemming 1995, Kirchner 1995, 1997). 그러나 다른 학자들은 점진적 자질을 참조하지 않도록 한다는 면에서 음운적인 것과 음성적인 것을 엄격히 구분하도록 한다 (Selkirk 1995, Lombardi 1995b, Beckman 1997a, b).

더 구체적으로 말하면, (음절두음, 첫 음절, 어근 분절음 등과 같이) '두드러진' 위치에 속한 분절음들의 자질값을 보존하기 위하여 (음절말음, 가운데 음절, 접사 등과 같이) 다른 위치의 분절음을 희생하는 중화적인 동화현상의 속성은 아주 흔하게 발견되는 경향이다. 예를 들어, 모든 언어에서 [+round]는 일반적으로 특정한 위치에 놓인 모음에서 나타난다는 제약이 있다. 좀더 구체적인 예를 들면, 몇몇 Altaic 언어들은 원순모음을 단어의 첫 음절에서만 허용한다. 이는 첫 음절이 아닌 곳의 분절음에서는 원순성의 차이가 억제되는 환경적(contextual) 중화이다. 그러나 (첫 음절이 아닌 곳인) 중화의 환경이 자연부류(natural class)를 이루지 못하므로, [+round]를 첫 음절이 아닌 곳에서는 피하도록 하는 환경적 유표성을 이용한 분석은 자연스러운 방식이라고 하기 어렵다. 그러나 위치적 충실성의 개념을 이용하면 이러한 문제를 피해갈 수 있다. 그 이유는 다음 (3a)의 IDENT-IO(round, [σ]) 제약이 첫 음절에서 [+round]의 탈락을 막을 수 있도록 할 수 있기 때문이다. 이 제약은 첫 음절을 포함하지 않는다는 점을 제외하고는 다음 (3b)의 일반적인 충실성 제약 IDENT-IO(round)와 동일하다.

(3) a. IDENT-IO(round, [σ])
     첫 음절의 출력부 분절음은 대응하는 입력부 분절음과 같은 [round] 값을 갖는다.
   b. IDENT-IO(round)
     입력부 분절음은 대응하는 출력부 분절음과 같은 [round] 값을 갖는다.

그러나 다음에 제시된 바와 같이 언어 보편적으로 특정 위치에 관련된 제약은 더 일반적이고 위치와 무관한 제약보다 상위에 온다.

(4) 조화 위계
    IDENT-IO(round, [σ]) » IDENT-IO(round)

이 위계는 충실성 제약들의 상호작용에 대한 관계를 설정한다. 또한, 충실성 제약들은 일반적이고 위치와 무관한 유표성 제약인 (원순모음에 벌점을 부과하는) *[+round]와 경합을 벌인다. 예를 들어, Altaic에서는 첫 음절에 의해 인허되는 경우를 제외하고는 모든 모음에서 원순성이 탈락하는데 이 현상을 다음의 위계로 나타낸다.

(5) 첫 음절에서의 원순성 인허
 IDENT-IO(round, [σ]) » *[round] » IDENT-IO(round)

이제 이 제약위계를 가지고 원순성이 양쪽 모음에 모두 나타나는 가상적인 입력형을 생각해 보기로 한다. 다음의 제약도표에서 (6c)는 첫 음절에서 위치적 충실성을 치명적으로 위반하여 우선적으로 제외된다. 그리고 남은 두 후보형 중에서는 *[+round]를 최소한으로 위반하는 (6b)가 최적형이 된다.

(6)

Input: /u—u/	IDENT-IO(round, [σ])	*[+round]	IDENT-IO(round)
a. u—o		**!	
b. ☞ u—i		*	*
c. i—i	*!		**

이러한 분석은 위치적 충실성에 대한 선험적인 논증을 한다. 즉, 중화의 환경을 나타내기 위해 자연부류가 아닌 '첫 음절이 아닌 음절'이라는 개념을 도입하지 않고도 [round]의 환경적 중화를 포착할 수 있음을 보여준다.

그러나 원순성 모음조화에 대하여는 이보다도 더 나은 설명이 가능하다. 예를 들어, Yokuts에서는 Altaic과 마찬가지로 [+round] 자질이 첫 음절에서만 대조를 보이지만, 직접 인허되는 위치를 지나서 접사의 모음에게까지 전파가 된다 (Kager 1999).

(7) a. dub-hum   'leads by the hand'
       dub-mu   'having led by the hand'
       dub-nut   'will be led by the hand'
    b. xil-him   'tangles'
       xil-mi   'having tangled'
       xil-nit   'will be tangled'

첫 음절이 아닌 음절에서의 원순모음화는 첫 음절에 의해 간접적으로 인허된다. 이 유형은 (5)의 Altaic에서 본 직접 인허 유형에 대한 변이 형태이다. 즉, (모든 모음은 같은 원순성 자질을 갖도록 하는) 유표성 제약 HARMONY가 *[+round]를 지배하는 형식이다. 따라서 다음과 같은 위계관계를 설정한다.

(8) 첫 음절에 의해 통제되는 원순성 모음조화
    IDENT-IO(round, [σ]),   HARMONY   » *[+round]   »   IDENT-IO(round)

이제 이 위계관계가 가상의 입력형 /dub-hin/에 대하여 다음의 도표에서 보이는 바와 같이 적용된다.

(9)

Input: /dub-hin/	IDENT-IO (round, [σ])	HARMONY	*[+round]	IDENT-IO (round)
a. ☞ dub-hun			**	*
b. dub-hin		*!	*	
c. dib-hin	*!			*

HARMONY 제약은 (9a)와 (9c)에서 모두 만족되지만 첫 음절에서 위치적 충실성은 후자만 위반한다. 이러한 분석은 외견상으로도 아주 매끈하게 보일 뿐 아니라, 단일 제약위계를 재설정함으로써 Altaic 언어에서의 직접적 원순성 인허와의 연관성을 포착할 수 있다. (Altaic에서는 *[+round]가 HARMONY를 지배한다.) 또한, 이 위치적 충실성 분석은 '환경적 유표성

(contextual markedness)'에 기초한 분석보다 우월하다. 즉, 원순모음의 변화에 벌점을 부과하는 일반적(general) 충실성 제약 IDENT-IO(round)만 가지고는 첫 음절의 무변화가 환경적 유표성에 기인한 것으로 나타난다. 따라서 비록 (*[+round]보다 상위에 놓이는) 첫 음절이 아닌 곳에서 [+round]를 금지하는 제약을 가정한다 하더라도 HARMONY와의 상호작용은 아주 문제점이 많게 된다. 예를 들어 HARMONY » *[+round] » IDENT-IO(round)의 위계관계는 환경적 유표성을 어디에 위치시키든지 *dib-hin을 예측하게 된다.

한편, Steriade (1995a: 162)는 '음절두음이 조음위치 자질이나 후두 자질을 인접한 음절말 자음에 전파하는 '국부적(local)' 동화현상에 이 간접 인허의 개념을 확대 적용할 수 있다'고 말하고 있다. 예를 들어, 많은 언어에서 음절말음은 (독일어나 네덜란드어에서처럼) [voice]나 ('음절말 조건(Coda Condition)'에 의해서) 조음위치에 대한 독립적인 값을 옮길 수 없다. 그런데 이러한 언어들 중 일부에서는 음절말음의 중화현상이 음절말음이 음절두음에 동화되는 현상에 수반되어, 자질이 음절두음에 의하여 간접적으로 인허되는 결과를 가져온다.

(10)   Coda   Onset

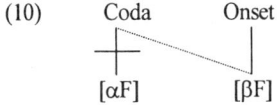

       [αF]   [βF]

국부적 동화에서 간접 인허에 대한 Steriade의 관찰은 최근 OT에서의 위치적 충실성과 연계된다. 즉, 음절두음—음절말음의 비대칭성(asymmetry)이 자음탈락과 관련되어 흔히 관찰되어 왔는데 위치적 충실성은 왜 그러한 비대칭성이 나타나는지, 즉 왜 음절말음의 탈락이 음절두음의 탈락보다 선호되는지를 설명해줄 수 있는 장점이 있다.

4.3 언어습득 분석

최적성 이론이 언어습득에 관한 연구에서도 이전의 연구보다 더 효과적일 수 있음을 보여주는 연구는 최근에 Demuth (1995)나 Velleman (1996) 등에 의해 본격적으로 시작되었다. 특히 Velleman의 연구는 Beckman (1997a,b)의 '위치적 충실성(Positional Faithfulness)'의 개념이 도입된 것으로 최적성 이론의 비 음운론 분야의 적용에 있어 좋은 예가 될 수 있다.

Velleman의 연구는 분절음의 위치가 서로 바뀌는 '음위전환(metathesis)'과 '자음조화(consonantal harmony)'를 중심으로 관찰한 자음의 속성에 대한 보존과 변화의 양상을 관찰한 것이다. 이 연구에 의하면 음위전환이란 각자의 음운체계 안에 가지고 있는 무표적인(unmarked) 형태를 유지하려는 노력 때문에 충실성이 위반된 현상이다. 이전의 규칙-기반적인 이론에 의하면 이러한 현상을 설득력있게 증명하는 일이 쉽지 않았으나, 최적성 이론의 표면제약을 이용하면 이러한 현상을 쉽게 포착할 수 있음을 알 수 있다.

이러한 연구에 필요한 표면제약은 크게 두 가지로 나눌 수 있다. 우선 첫 번째 제약은 CV 구조가 아닌 다른 음절의 형태를 기피하는 음절제약이다. 따라서 CVC나 VC, CCVC 등과 같이 음절말음을 가지고 있거나 음절두음을 결여한 경우, 자음군을 포함하는 경우 등이 모두 이 제약의 통제를 받는다. 이 음절제약과 함께 등장하는 또 다른 제약이 (위치에 따른 선호도가 결정되는) 분절음 자질에 대한 제약이다. 이러한 제약 이외에 입력형과 표면형의 연계성을 유지하려는 충실성 제약이 필요하다. 이를 열거하면 다음과 같다.

(11) Align-Right(Fricative): 마찰음은 어말에 나타난다.[4]

---

[4] 그러나 마찰음과 파찰음을 같이 설명하기 위해서는 이 제약을 Align-R[+cont]로 다

MAX: 입력부의 분절음은 출력부에 그대로 나타난다.
Identity (continuant): [continuant] 자질을 그대로 유지한다.
*COMPLEX: 자음군을 허용하지 않는다.
ONSET: 음절두음을 가져야 한다.

여기에서 가장 중요한 역할을 하는 것이 마찰음이나 파찰음이 단어의 맨끝에 오도록 하는 조음방법에 대한 Align-R(fricative) 제약이다. 즉 다음의 자료에서 보듯이 어린이의 음위전환에서는 음절두음인 마찰음이 종종 어말 자음으로 나타나는 경우가 흔히 발견된다.

(12) 마찰음 이동

[uz] zoo,   [ainf] fine,   [ops] soap,   [nupis] Snoopy,   [taps] stop

이제 이 현상을 제약도표로 나타내면 다음과 같다. (적용된 제약은 앞의 기술과 맞추기 위하여 약간의 표기상의 수정을 하였다.)

(13)

/sop/	Align-R (Fric)	Ident-IO (cont)	MAX-IO	*COMPLEX	ONSET
a. sop	*!				
b. top	N/A	*!			
c. op			*!		*
d. so	*!		*		
e. os			*!		*
f. ☞ ops				*	*

위의 제약도표에서 [sop]과 [so]는 마찰음이 어말에 위치하고 있지 않으므로 우선적으로 제외된다. [top]의 경우는 마찰음을 포함하고 있지 않으므로 Align-R(Fric)의 대상이 아니다. 그러나 첫자음이 마찰음에서 파열음으로 바뀌어 있으므로 Ident-IO(cont) 제약을 위반하여 다음 평가 대상

시 설정하여야 한다.

에서 제외된다. 이제 남은 후보형 중에서 [op]과 [os]는 입력부의 분절음 중 하나가 탈락되어 있으므로 MAX 제약을 위반하여 역시 제외된다. 결국 마지막 남은 [ops]는 자음군을 기피하고자 하는 *COMPLEX 제약과 음절두음을 요구하는 ONSET 제약을 위반하고 있으나 이 제약들이 하위 제약이므로 제약의 최소위반에 해당되어 최적형으로 선택된다.[5]

한편 이러한 조음방법 자질에 대한 제약 이외에 조음위치에 대한 변화도 나타남을 알 수 있다. 다음에 제시된 예는 해당 자음이 위치의 변화를 받기는 하지만 자질의 조음위치 속성은 그대로 유지되고 있음을 보인다.(여러 문헌에 나타난 결과를 Velleman이 인용한 예이다.)[6]

(14) 조음위치 제약: 자음의 이동이 조음위치 자질의 변화와 무관
    a. [dægæ] alligator, [baŋgi] Gumby, [miŋ] cream
    b. [piti] t.v., [piç] sheep, [pʌkʰ] cup, [taʲkʰ] kite, [tɪki, kɪki] kitty

이 자료에서 관찰할 수 있는 것은 자음의 조음위치 자질이 단어 내에서 '전방(front)-후방(back)'의 순서로 정렬된다는 점이다. 즉, 단어의 앞 부분에는 가장 전방성이 큰 양순음이 나타나고 단어의 뒷 부분에는 반대의 속성을 가진 연구개음이 나타나도록 하는 제약이 작용하고 있다는 점을 관찰할 수 있다. 따라서 다음의 두 가지 정렬제약이 필요하다.

(15) Align-L(labial): 순음을 왼쪽에 정렬한다.
    Align-R(dorsal): 연구개음을 오른쪽에 정렬한다.

이제 위에서 본 자음의 음위전환은 이 두 제약이 조음위치를 그대로 유지하고자 하는 Identity 제약보다 상위에 놓이는 경우에 나타나는 현상임

---

[5] 그러나 음위전환을 방지하는 LINEARITY 제약을 설정하면 이 경우와 함께 뒤에서 인용되는 음절위치 자질 제약의 경우에도 효과적으로 사용할 수 있을 것이다.
[6] Velleman은 유사한 스페인어의 예도 인용하고 있다:
    [p'wæt'a] sopa 'soup', [pito] libro 'book', [fəntonno] teléfono 'telephone'.

을 알 수 있다. 이 관계를 다음의 제약도표로 나타낸다.

(16) 전-후 음위전환

/gʌmbi/	Align-L(labial)	Align-R(dorsal)	Ident(place)
a. gʌmbi	*!	*	
b. bʌmbi		N/A	*!
c. gʌŋgi	N/A		*!
d. ☞ baŋgi			

이러한 예는 결국 입력부의 자음이 다른 곳으로 이동될 수는 있어도 삭제되지 않는다는 점으로 해석될 수 있다. 따라서 위의 조음방법의 경우와 마찬가지로 자질은 그냥 삭제되는 것이 아니라 그대로 보존된 채로 이동되는 일반성을 나타낸다고 볼 수 있다.[7]

물론 이러한 설명에 대한 예외도 발견되는 것처럼 보인다. 다음의 세 어린이의 발화자료를 자세히 검토해 보자.

(17) a. [ægəleɪtə] alligator, [gɪpətul] difficult, [gæpəlin] galloping
  (Amahl: 영어사용)
  [koto] shoko 'cocoa', [kuti, kuni] Tunik (name), [gabi] buggy
  (Shelli: 영어/히브리어 사용)
 b. [kɪkamɔ] pelikaan, [lɔm] ballon, [nɔuf] muis 'mouse', [tsɪm] spin 'spider'
  (Tom: 네덜란드어 사용)

그러나 이러한 문제에 대하여 Velleman은 자질의 위치상 일치관계(Identity-of-Position (for nasal))를 설정하여 설명할 수 있다는 주장을 제시하고 있다. 이 어린이들의 경우에는 비음에 대한 위치상의 일치관계를 설정하여 입력형과 출력형의 대응하는 비음자질이 서로 같은 위치에서 나타난

---

[7] 또한 Slobin (1973)이 제안한 언어습득에서 "단어의 가장자리에 관심을 가진다"는 원칙을 따른다고 볼 수 있다.

다는 제약, 즉 Align-R(nasal)을 설정하여야 한다. 또한 Amahl과 Shelli의 경우에는 Align-L(dorsal)이 가장 상위에 있는 반면에 Tom의 경우에는 Align-R(labial)이 가장 상위에 있는 것으로 해석되어야 한다.

한편 다음의 자료는 조음의 방법과 위치에 대한 자질이 모두 관련되는 경우들이다. 비음이 포함된 단어에서는 비음의 조음위치에 관계없이 우선적으로 오른쪽에 정렬시키고 입술소리(순음)에 대한 조음위치상의 고려는 다른 자음에만 적용되도록 되어있다.

(18) 조음상 위치-방법의 제약이 같이 적용되는 경우
 [pɪti] t.v., [pʌkʰ] cup, [tʌmp] jump, [tʌmi] dummy, [tʌmʌ] music

따라서 이러한 자료를 설명하기 위해서는 Align-R(nasal) » Align-L(labial)의 위계관계를 설정하여야 한다. 이제 이상에서 논의된 결과를 요약해 보면, 조음위치 제약과 관련된 Labial/Dorsal 등의 조음위치 자질은 음절의 두음에 정렬되지만 조음방법의 자질과 연관된 마찰음이나 비음 등은 주로 음절말음에 정렬이 된다는 일반성을 포착할 수 있다.

한편 유아들의 발화에서는 흔히 자음조화의 현상도 발견된다. 즉, 한 단어에 속한 서로 다른 자음을 어느 하나로 일치시키는 현상이다. 예를 들어, 위에서 제약도표로 분석한 *Gumby*는 음위전환에 의해 [baŋgi]로 나타나지만 자음조화 현상을 습득한 아이의 경우에는 [bʌmbi]로 나타날 수 있다. 이 현상을 설명하기 위해서는 위치적 충실성(positional faithfulness) 제약, 즉 Identity-of-Position 제약을 도입하여 이를 Align-L(Labial)과 Ident(Dorsal)보다 상위에 놓아야 한다.

(19)

	Input: /gʌmbi/	Ident-Pos(labial)	Align-L(labial)	Ident(dorsal)
a.	gʌmbi		*!	
b. ☞	bʌmbi			*
c.	gʌŋgi	*!	N/A	
d.	baŋgi	*!		

위 도표에서 Ident-Pos 제약이 선호되는 자질을 실현하기 위하여 더 상위에 놓이는 반면, 자질 일치 제약은 비 선호적인 자질이 나타나지 못하도록 더 하위에 놓이는 점을 알 수 있다. 그런데 Ident-Pos 제약은 일종의 충실성 제약이다. 따라서 처음 모음조화를 나타내고 그 다음 음위전환을 습득하는 단계로 가는 유아는 결국 충실성 제약을 억제함으로써 음위전환을 선택하는 것으로 해석할 수 있다.

이상에서 논의된 자음의 교체현상을 보면 양순음이나 연구개음과 같은 유표적인 자음이 단어의 양쪽에 정렬되도록 하는 일반성을 가진 것으로 볼 수 있다. 그러면 무표적인(unmarked) 자음의 출현은 단어의 중간에 나타날 것으로 예측할 수 있다. 실제로 다음의 자료를 보면 유표적인 자음들이 단어의 중간에서는 기초적인 자음의 속성만을 가진, 즉 후두음 [h], [ʔ], 또는 구개성 활음인 [j]로 나타나고 있음을 볼 수 있다. (자료 앞에 표기된 이름은 Velleman에서 인용한 유아들의 이름이다.)

(20) 단어 중간에 나타나는 기초 자음(Medial consonant defaults)
 a. Chistopher [j]: [dajak, jajan] dragon, [kajows] coater
 b. Larissa [h] : [wahə] rabbit,   [ʔahu] apple
 c. No Name [ʔ] : [dæʔi] daddy,   [baʔi] Bobby

이 자료를 통해 우리는 좀더 청각적으로 두드러진(salient) 자음은 음절의 두음이나 말음에 정렬되고 기본/기초 자음은 그 사이를 메꾸는 것으로 일반화할 수 있다.

한편, 다음의 자료는 2.5살-3.6살 사이에 나타난 어느 유아(이름은 Amahl)의 발화양상을 보여준다. 즉, 앞에서 기술된 자음조화 단계에서 음위전환으로 발전해 가는 단계의 발화이다.

(21) Child form   Gloss   Other forms
  [wiktə]   whisker   [witkə] earlier
  [aɪkɪtəl]   icicle   [aɪtɪkəl, aɪkɪkəl]

[plækɪt]   plastic   [plaːtik] earlier
[gæpəlɪn]   galloping
[mizbərəl]   miserable
[æmələn]   animal   [ænəməl]
[mɛlbədən]   mendable   [mɛndəbəl]
[bɔtɔm, blɔdɔm] blancmange

이 현상을 설명하기 위하여 다음과 같은 제약도표를 설정한다. 여기에서 알 수 있는 것은, 자음조화에서 음위전환 단계로 가는 과정은 자질값의 순서를 유지하도록 하는 충실성 제약을 하위로 밀어내고 순서에 관계없이 자질값 자체를 유지하는 충실성 제약을 가장 중시하는 현상이라는 점이다. (즉 이를 앞의 (16)의 제약과 비교해 보면, 아이가 성장함에 따라 제약위계에 변화를 가져온다는 점을 시사한다.)

(22)[8]

Input: /gæləpɪn/	Ident (place)	Align-L (dorsal)	Align-L (labial)	Align-R (nasal)	Align-R (liquid)
a. ☞ gæpəlɪn					
b. gæləpɪn			*!		*
c. gækəkɪŋ	*!			N/A	N/A
d. bækənɪl		*!		*	

이상에서의 설명은 Beckman (1997a, b)이 제안한 자음조화와 충실성 제약이 성인의 문법과는 (아직) 다소 다른 위계관계를 갖는다는 주장과 밀접한 연관을 가지고 있다. 그러나 실제로 제약들의 관계가 어떻게 설정되고 유아의 것과 어느 정도의 차이가 있는가의 문제는 좀더 관찰이 필요한 과제이다.[9]

---

[8] (22d)가 Ident(place)를 위반하지 않는 것은 이 제약이 조음의 위치에만 관여하지 유무성이나 조음방법에는 관여하지 않기 때문이다. 즉, 입력형의 g가 출력형에서 k로 바뀐 것은 유성음이 무성음으로 변화한 것뿐이므로 Ident(place)를 위반하지 않는다.

[9] 언어습득과 관련된 최적성 이론의 연구로 Barlow (1997), Gnanadesikan (1997), Goad

4.4 위치적 유표성

위치적 충실성(Positional Faithfulness)에 대한 Beckman (1997a, b)의 제안은 Zoll (1998)에 의해 그 문제점이 지적되었다. Guugu Yimidhirr와 Hamer 등의 언어를 자료로, Zoll은 위치적 충실성이 몇 가지 자료의 분석에서 결정적인 문제점이 있음을 지적하고 이 개념이 '위치적 유표성(Positional Markedness)'으로 대체되어야 한다는 주장을 하고 있다.

분절음을 적절하게 인허(licensing)하는 양상을 기술하기 위한 하나의 효과적인 방식으로 '유표성 제약(markedness constraint)'이 적용되는 점을 이미 여러 번 논의한 바 있다. 그런데 이러한 유표성은 때로 다른 유표성 제약과 '연접(conjunction)'되어 사용되어야 한다는 주장이 이미 Smolensky (1995)에 의해 제시된 바 있다. 즉, 일반적으로는 환경에 영향을 받지 않는 유표성이 특정한 위치에서만 적용되도록 하기 위해서는 두 가지 조건을 연접제약으로 설정할 필요가 있다. 예를 들어, 어느 언어가 순음 (labial)을 음절말음에서 허용하지 않는 경우, *Labial과 NoCoda의 두 제약을 하나의 제약으로 연접할 수 있다.

(23) 연접제약: [*LABIAL & NOCODA]   (Smolensky 1995)

이 연접제약은 두 조건이 모두 충족되어야 적용된다. 따라서 음절말음이 아닌 음절두음에서 순음이 나타나는 것은 이 제약의 적용대상이 아니다. 즉, 음절말음을 허용하는 것도 좋지 않지만, 특히 순음이 음절말음으로 나타나는 것은 가장 심각한 위반(the worst of the worsts)으로 간주하고 이러한 경우만 배제시키고자 하는 제약이다. 다음의 예는 위치적 유표성을 포착하는 이러한 연접제약의 속성을 보여준다.

(1997), Itô and Mester (1999), Levelt (1996), Pater (1997), Smith (2000) 등을 참조.

(24) 연접제약 ⇔ 위치적 유표성

/pum-sa/	*LABIAL & NOCODA	IDENT(SEG)	NoCoda	*Labial
a. pum.sa	*! (m)		* (m)	** (m, p)
b.☞ pun.sa		* (n)	* (n)	* (p)
c. tun.sa		** (t, n)	* (n)	

여기에서 최적형의 경우에도 NoCoda와 *Labial 제약을 모두 어기고 있지만 상위에 위치한 연접제약을 어기지 않았으므로 최종적으로 선택이 될 수 있음을 볼 수 있다.

그런데 이러한 연접제약을 대신할 수 있는 방법이 Beckman (1997a, b)이 제안한 위치적 충실성을 이용한 분석이다. 즉, 위치적 충실성을 나타내는 다음과 같은 '위치적 동일성(Positional Identity)'을 적용할 수 있다.

(25) 위치적 동일성(Positional Identity, PI)
  인허(licensing) 제약은 특정 환경에 적용되는(context specific) 충실성 제약이다. (예: IDENT(ONSET): 음절두음은 입력부의 대응요소와 일치한다.)

위에서 예를 든 IDENT(ONSET)은 입력형의 음절두음은 출력형에서도 음절두음으로 나타나야 한다는 위치적 충실성 제약이다.

(26)

/pum-sa/	IDENT(ONSET)	*LABIAL	IDENT(SEG)
a. pum.sa		**! (p, m)	
b.☞ pun.sa		* (p)	* (n)
c. tun.sa	*! (t)		** (t, n)

위의 제약도표에서 유표성 제약 *LABIAL은 모든 [labial] 자질의 출현을 막는다. 그러나 더 상위에 위치한 IDENT(ONSET) 제약이 [labial]이 음절두음에 오는 경우만 허가하는 것으로 제한하는 역할을 담당한다. 따라서 두 번째 후보형이 입력형의 [labial] 자음 /p/가 출력형에 실현되어 *LABIAL 제

약을 한 번 어기고 있지만 상위의 IDENT(ONSET)을 어기지 않았으므로 (또 다른 [labial]인 /m/이 표면에 실현된 (26a)보다는 더 나은) 최적형으로 선택될 수 있다.

이상에서 소개된 위치적 유표성과 위치적 동일성(PI)은 언뜻 보기에 서로 비슷한 것으로 보인다. 그러나 앞으로의 두 언어에 대한 논의에서 위치적 동일성이 가지고 있는 문제를 검토해 보기로 하는데, 그 문제점은 다음과 같은 두 가지이다. 우선 첫 번째 문제는 PI는 어느 자질이 특정 위치에서만 지켜지도록 하므로 다른 위치에서의 변화를 허용할 수밖에 없다는 것이다.

(27)

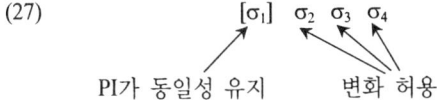

이 밖에도, 두 번째의 문제는 음운적인 조정과정이 유표구조를 일괄적으로 중화시키지 못하는 경우 PI가 음절말음 조건(Coda condition)을 내포한다고 볼 수 없게 된다는 점이다. 이 문제는 뒤에서 Hamer의 자료를 통해 상세한 논의를 하기로 한다.

4.4.1 파생된 복잡성: Guugu Yimidhirr 자료

Guugu Yimidhirr 자료의 분석에서 핵심이 되는 점은 모음 길이의 교체 현상이다. 다음의 자료에서 제시되듯이 모음의 길이에 의해 나타나는 경음절과 중음절의 차이가 오직 처음 두 음절에서만 나타난다.

(28) 모음길이 교체현상: 첫 두 음절의 경음절과 중음절(CVV)
    a. 첫 음절이 중음절인 경우: waaɹigan   'moon'
    b. 둘째 음절이 중음절인 경우: ɖamaaɻbina   'magpie goose'

c. 첫 음절과 둘째 음절이 모두 중음절인 경우: muuluumul 'dove'

그런데 이러한 제약이 기저형에만 적용되는 것이 아니라 파생된 경우에도 그대로 적용된다. 다음의 자료는 접미사 첨가에 의해 어기(base)의 모음이 길어진 결과이다 (Kager 1995: 8).

(29) 접미사 첨가에 의한 어기의 장모음화
    a. /maŋal-nda/   ma.ŋaal.nda   'clay'
    b. /wuluŋguɾ-nda/   wu.luŋ.guɾ.nda   'lightning, flame-ERG'
    (cf. *wu.luŋ.guuɾ.nda)

이와 같이 -nda와 같은 특정 접미사의 첨가가 어기의 (첫 음절이나 두 번째 음절의) 단모음을 장모음으로 바꾸어 줄 수도 있다. 그러나 *[wu.luŋ. guuɾ.nda]의 자료는 장모음화가 처음 두 음절을 벗어나서는 적용이 될 수 없다는 점을 보여준다.

이러한 장모음화 현상은 위치적 유표성을 이용한 인허제약을 설정하기 위하여 장모음화가 일어나는 중음절의 내부구조를 다음과 같이 분석한다.

(30) 중음절 (CVV): 운율어 (PrWd)의 가장 내부에 위치.

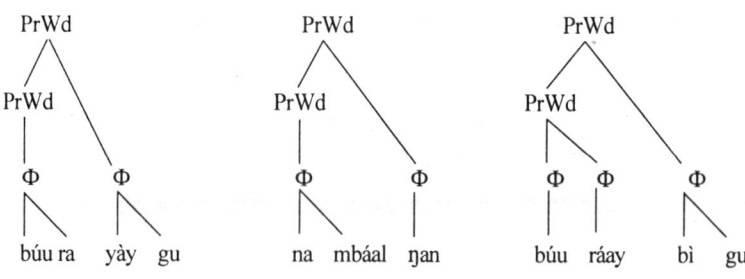

이제 이러한 중음절의 내부구조에 바탕을 두고 장모음화의 기술을 위하여 다음과 같이 필요한 제약을 설정한다.

(31) a. 위치적 유표성(positional markedness) 제약
　　　COINCIDE(heavy syllable, Head PWd): 중음절은 중심 PrWd에 속해야 한다.
　　b. 충실성 제약
　　　IDENT(μ): 입력형의 모라의 길이는 출력형에서 그대로 유지된다.

이 두 제약을 이용하여 *muluumul* 'dove'의 최적형을 다음과 같이 선택할 수 있다.

(32) *muuluu*mul: 중음절이 중심 PrWd에 인허된다.

Candidates	COINCIDE (σ_H, Head PWd)	IDENT(μ)	
a. ☞ ₚWd[muuluu]mul			
b. ₚWd[muuluu]mul		*!	→입력형 *muu*가 출력형에서 단모음화
c. ₚWd[muulu]mul		*!	→입력형 *luu*가 출력형에서 단모음화

위의 제약도표에서 아래의 두 후보형은 입력형의 모음이 모두 출력형에서 단모음화되어 있으므로 모라의 수가 줄어들어 IDENT(μ) 제약을 위반하였다. 그러나 최적형인 첫 번째 출력형은 *muu*가 중심 운율어에 있을 뿐 아니라 단모음화하지 않아 모라의 수를 그대로 유지하므로 아무런 제약도 위반하고 있지 않다.

위의 도표에서는 유표성 제약과 충실성 제약의 위계관계가 밝혀져 있지 않다. 그러나 다음과 같이 입력형의 장모음이 단모음화되는 가상의 형태를 분석해 보면 유표성 제약인 COINCIDE 제약이 충실성 제약인 IDENT(μ)에 우선하고 있음을 알 수 있다.

(33) 중음절이 단축되는 가상형태 /mulubuulu/ → [mulubulu]

Candidates	COINCIDE (σ_H, Head PWd)	IDENT(μ)	
a. ₚWd[mulu]buulu	*!		→*buu*가 중심 PrWd와 일치하지 않음
b. ☞ ₚWd[mulu]bulu		*	→입력형 *buu*가 출력형에서 단모음화

여기에서 첫 번째의 후보형은 장모음이 중심 운율어에 들어있지 않으므로 COINCIDE 제약을 위반하고 둘째 후보형은 입력형의 장모음이 단모음화 되어 있으므로 IDENT(μ) 제약을 위반하고 있다. 그러나 (운율어의 경계 밖에서는 장모음을 허용하지 않는) 둘째 후보형이 최적형이 되므로 이제 COINCIDE » IDENT(μ)의 위계관계가 설정된다.

이러한 위치적 유표성에 의한 분석방식은 원래는 단모음이었던 것이 나중에 (접미사 첨가에 의해) 장모음이 되는 파생된 경우에도 그대로 적용될 수 있다. 예를 들어, /maŋal-nda/ → [ma.ŋaal.nda] 'clay'와 같이 접미사 -nda는 첨가되는 어기의 마지막 단모음을 장모음으로 바꾼다. 따라서 이 현상을 설명하기 위해서는 다음과 같은 정렬제약이 필요하다.

(34) ALIGN (-nda, L, heavy σ, right)
   접미사 -nda의 왼쪽에는 중음절이 있어야 한다.

이 제약은 접미사의 첨가가 어기에 대한 운율적인 제약을 부여하게 되는 역할을 한다. 이 제약을 이용하여 접미사 첨가에 의한 장모음화 현상을 다음과 같이 제시할 수 있다.

(35) 파생 어휘의 장모음화

	/maŋal-nda/	COINCIDE(σ_{Ib}, Hd PWd)	ALIGN(nda)	IDENT(μ)
a.	$_{PWd}$[ma.ŋal].nda		*!	
b. ☞	$_{PWd}$[ma.ŋaal].nda			*

여기에서 장모음화를 규정하는 정렬제약을 지키는 둘째 후보형이 모라수를 지키는 제약을 어김에도 불구하고 최적형으로 선택된다. 따라서 ALIGN(nda) » IDENT(μ)의 위계관계가 설정된다. 물론 여기에서는 COINCIDE 제약의 역할이 없다. 그러나 이 제약의 역할은 또다른 자료의 분석에서 부각이 되고 있다. 즉, 이러한 접미사 첨가에 의한 장모음화는 /wuluŋgur-nda/ →

[wu.luŋ.guɾ.nda] 'lightning'에서와 같이 여기의 음절 수가 두 개를 초과하는 경우 -nda의 첨가가 장모음을 만들어내지 못한다. 그 이유는 장모음의 도출은 약한(weak) 위치인 PrWd를 벗어난 곳에서는 장모음이 허용되지 않기 때문이다. 이를 위하여 다음과 같은 제약도표를 제시한다.

(36) PrWd 밖에서의 장모음화 불가

/wuluŋguɾ-nda/	COINCIDE(σ_{Hb}Hd PWd)	ALIGN(nda)	IDENT(μ)
a. ☞ ₚwd[wu.luŋ].guɾ.nda		*	
b. ₚwd[wu.luŋ].guuɾ.nda	*! (*guuɾ)		*

이 도표에서 최적형이 정렬제약을 위반하는 대신 COINCIDE 제약을 지키고 있으므로 COINCIDE » ALIGN(nda)의 위계관계가 있음을 알 수 있다. 즉, COINCIDE 제약은 정렬제약이 운율어의 범위를 벗어나서 장모음을 만들지 못하도록 통제하는 역할을 담당한다.

이상에서 위치적 유표성을 이용한 분석이 중음절의 구현과정을 효과적으로 설명할 수 있음을 보았다. 그러면 여기에서 또 다른 분석 방식인 위치적 충실성을 사용하는 경우 어떠한 결과를 얻을 수 있는지 비교해 보기로 한다. 우선 위치적 충실성을 사용한 분석에서는 다음과 같은 제약을 설정하게 된다.

(37) a. (위치적) 충실성 제약
   IDENT-HEAD PWD(μ): 중심 운율어에 위치한 음절은 입력부의 대응하는 음절과 같은 무게를 갖는다.
   b. 유표성 제약
   *LONG V: 장모음을 피하라.

이 두 제약과 모라에 대한 충실성 제약 IDENT(μ)를 사용하면 다음과 같이 올바른 결과를 선택할 수 있다.

(38) *muuluu*mul: 중음절이 중심 PrWd에 실현

Candidates	IDENT-HD PWD(μ)	*LONG V	IDENT(μ)
a. ☞ ₚWd[muuluu]mul		**	
b. ₚWd[muluu]mul	*! (mu)	*	*
c. ₚWd[muulu]mul	*! (lu)	*	*

이 제약도표에서는 장모음이 처음 두 음절에서 모두 보존이 되고 있는 첫 번째 후보형이 최적형이다. 이 후보형은 장모음 금지 제약을 두 번 위반 하였다. 그러나 이 제약을 적게 위반한 다른 후보형들이 IDENT-HDPWD(μ) 제약을 위반하여 선택대상에서 제외되므로 IDENT-HDPWD » *LONG V의 제 약위계가 성립한다. 또한 이러한 분석방식은 위에서도 제시된 /mulubuulu/ → [mulubulu], 즉 운율어 밖에서 입력형의 중음절이 단축되는 가상형태 의 분석에서도 그대로 적용되어 올바른 결과를 얻는다.

(39) 운율어 밖에서 입력형의 중음절이 단축되는 가상형태:
/mulubuulu/ → [mulubulu]

Candidates	IDENT-HD PWD(μ)	*LONG V	IDENT(μ)
a ₚWd[mulu]*buu*lu		*!	
b.☞ ₚWd[mulu]*bu*lu			*

여기에서 IDENT-HD PWD(μ)는 아무런 역할도 하지 않는다. 그러나 장모음 이 중심 운율어의 밖에서는 단모음으로 나타나므로 *LONG V » IDENT(μ) 의 위계관계가 성립한다.

한편 접미사의 첨가에 의한 장모음화 현상의 분석에서는 위에서 이미 사용된 접미사의 정렬제약인 ALIGN(nda)를 동일하게 사용할 수 있다.

(40) 접미사 첨가에 의한 PrWd의 음절무게 변경

/maŋal-nda/	ALIGN(nda)	IDENT-HDPWD (μ)	*LONG V	IDENT-(μ)
a. ₚWd [ma.ŋal].nda	*!			
b.☞ ₚWd [ma.ŋaal].nda		*	*	*

이상에서의 논의를 보면 위치적 충실성에 의한 분석이 위치적 유표성에 의한 분석과 마찬가지의 결과를 가져올 수 있다는 점을 알 수 있다. 그러나 이미 위에서도 언급한 바와 같이 위치적 충실성은 약한 위치에서의 음운적 변화를 제어할 수 있는 능력이 없다. 따라서 접미사 -*nda*의 첨가에 의해 PrWd 밖에서 장모음이 나타나는 경우를 설명하지 못하는 문제점이 등장한다. 다음의 제약도표가 이를 예시한다.

(41) 접미사 첨가에 의한 장모음화를 설명하지 못하는 경우

/wuluŋguɾ-nda/	ALIGN(nda)	IDENT-HDPWD(μ)	*LONG V	IDENT(μ)
a. ₚwd[wu.luŋ] guɾ.nda	*!			
b.☞ ₚwd[wu.luŋ] guuɾ.nda			*	*

위 도표에서 위치적 충실성 제약인 IDENT-HDPWD (μ)가 중심 PRWD에만 관여하므로 이를 벗어난 곳에서는 아무런 역할도 하지 못하고 있음을 알 수 있다. 또한 정렬제약 ALIGN(nda)가 다른 제약보다 상위에 있으므로 접미사의 첨가가 무조건적인 장모음화를 초래할 수밖에 없는 문제점이 나타난다. 따라서 위치적 충실성에 의한 분석은 우선 보기에는 위치적 유표성과 같아 보이지만 세부적으로 분석해 보면 커다란 문제를 가지고 있다는 것이 Zoll (1998)의 주장이다.

4.4.2 Hamer 분석의 다중 책략

위치적 충실성에 의한 분석이 가지고 있는 문제점을 제시한 Zoll (1998)은 이 이론이 South Omotic 언어인 Hamer에서 더 많은 문제점을 드러낸다는 점을 보여주고 있다. 우선 이 언어에서 허용되는 C_1C_2 자음군에서 첫 자음이 가질 수 있는 자질은 다음과 같이 제한되어 있다 (Lydall 1976).

(42) C_1C_2구조에서 나타날 수 있는 C_1
    a. 설정음(coronal) 인 {t, s, l, r, n, š}
    b. 뒤따르는 자음과 같은 조음위치를 가진 비음

또한 이 언어에서 나타나는 순음(labial)인 경우 출현 위치가 다음과 같이 제한된다.

(43) a. 음절두음: bula 'draw out', epa 'cry'
    b. 뒤따르는 자음과 같은 조음위치를 가진 음절말 비음:
        omma 'bowls', pimbada 'was afraid had existed'
    c. 어말 자음: kʊmʌb 'eaten', senim dam 'stone-ACC'

즉, 자음군의 경우에 첫 자음이 가져야 할 자질에 대한 엄격한 제한이 있을 뿐 아니라 순음을 사용하는 경우 위치적으로 여러 가지 제약이 동반되는 점을 알 수 있다. 그런데 이러한 자음들이 나타나는 접사의 첨가 등에 의해 환경이 달라져서 이러한 제약을 지키지 못하게 될 경우가 종종 나타나게 된다. 이러한 경우에는 위의 제약을 준수하기 위한 여러 가지 음운현상이 나타난다. 특정 접미사가 첨가된 다음의 자료를 검토해 보자.

(44) a. om-na   [om.ma]   mn → mm 'bows'
    b. kʊm-sa   [kʊn.sʌ]   ms → ns 'cause to eat'
    c. ep-sa   [es.pa]   ps → sp 'cause to cry'

즉, 음절말 순음 /m/ 뒤에 오는 설정 비음 /n/이 [m]으로 나타난다. 그러나 순음을 뒤따르는 자음이 비음이 아닌 경우 오히려 순음 /m/이 설정음 [n]으로 바뀌어 나타난다. 또한 마지막의 예는 양쪽 자음이 모두 비음이 아닐 경우, 음절두음과 음절말음이 서로 바뀐 '음위전환 (metathesis)'의 경우를 보여준다.

이러한 자료를 통해서 보면 결국 여러 가지 가능성 중에서 어느 하나를 택하게 되는 것은 비음의 존재 여부와 위치를 파악한 뒤에 이루어진다는 점을 알 수 있다. 또한 비음만이 동화의 대상이 된다는 점도 알 수 있다. 이를 정리해 보면 다음과 같다.

(45) 자음군 변화에 대한 일반적 책략
    a. 비음의 유무와 그 위치를 확인한다.
    b. 동화의 대상은 비음으로 한정한다.

이러한 책략에 따라 우선 비음이 개입된 경우를 생각해 보기로 한다. 이러한 경우 만약 첫자음이 비음인 경우, 이미 앞에서도 언급한 바와 같이 동화의 대상이 비음이므로 조음위치 자질의 전파가 오른쪽에서 왼쪽으로 진행될 것이다. 그러나 둘이 모두 비음이고 앞의 것이 순음인 경우는 왼쪽에서 오른쪽으로 사실의 전파가 진행된다.

(46) 조음위치 동화: 비음이 있는 경우
    a. L → R: om-na   [om.ma] 'bows'
       (cf. *onna (R → L일 경우))
    b. R → L: kʊm-sa   [kʊn.sʌ] 'cause to eat'
       (cf. *kus.ma (음위전환의 경우))

위의 예에서 특히 두 번째의 것은 동화의 과정이 음위전환보다 더 우월한 지위에 있다는 점을 보여준다. 즉, 비음이 개입된 경우는 음위전환의 환경이 되어도 이를 적용하지 않고 대신 동화를 적용한다는 점이다.
  그러나 만약 양쪽 자음이 모두 비음이 아닌 경우 음위전환이 적용된다. 다음의 자료에서 보면 비음이 아닌 순음이 이 언어에서는 어말 자음이 아니고 단순히 음절말음으로는 나타날 수 없다. 따라서 뒤따르는 설정음 /s/와 자리를 서로 바꾸게 된다. 그리고 이러한 음위전환은 설정음 /s/는 C_1C_2에서 C_1이 될 수 있다는 조건에 해당하므로 가능하게 된다.

(47) 음위전환: 비음이 없는 경우
　　a. ps → sp:　ep-sa　[es,pa]　'cause to cry'
　　b. bs → sp:　wob-sa　[wos.pa]　'make bent'

그러나 다음과 같이 특수한 경우에는 음위전환과 동화가 모두 적용되는 수도 있다. 즉, 둘째 자음이 비음인 자음군은 두 현상이 같이 나타나는 가장 복잡한 양상을 보인다.

(48) 음위전환과 동화가 모두 적용: 둘째 자음이 비음인 경우
　　a. bn → mb: ʌtʌb-na　[ʌtʌm-ba]　'tongues'
　　b. qn → ŋq : dɪq-na　[dɪŋ-qa]　'milk cows'

위 자료에 나타난 현상은 우선 음위전환이 되고 그 다음 비음이 다시 다른 자음에 동화되는 과정으로 해석할 수 있다. 즉, 비음이 아닌 보통 자음은 음위전환 이후에도 역시 동화의 대상이 되지 않는다는 점을 알 수 있다. 따라서 다음과 같은 두 가지 제약을 설정할 수 있다.

(49) a. IDENT(obstruent)
　　　저해음(obstruent)은 입력형의 대응요소와 같은 자질을 갖는다.
　　b. MAX(segment)
　　　입력형의 분절음은 출력형에서 대응요소를 갖는다.

첫 번째 제약은 Hamer에서는 저해음이 동화의 대상이 될 수 없음을 나타낸다. 둘째 제약은 허용되지 않는 자음군을 만들지 않기 위해서 무조건적인 분절음 삭제를 해서는 안된다는 제약을 부여한다.
　그러면 이제 위에서 보인 다양한 예를 설명하기 위해서 앞에서 논의한 Guugu Yimidhirr에서와 마찬가지로 위치적 유표성에 의한 분석과 위치적 충실성에 의한 분석을 모두 시도할 수 있다. 우선, 여기에서는 앞의 논의에서와는 달리 위치적 충실성에 의한 분석을 제시해 본다. 우선

Beckman (1997b: Chapter 4)에 제시된 다음과 같은 제약을 필요로 한다.

(50) a. IDENT(ROOT)
   어근의 모든 분절음은 입력형의 대응요소와 같은 자질을 갖는다.
   b. *Labial   »   *Coronal

첫 번째 제약은 충실성 제약이다. 그런데 충실성의 적용에서 동화현상에서 접미사의 자질보다는 어근의 자질이 보존되도록 우선권을 부여한다. 따라서 om-na → [omma] (*[onna])에서와 같이 L → R의 자질 전파가 나타난다. 둘째 제약은 두 가지의 유표성 제약을 포함하는데 *Labial은 순음을 허용하지 않는다는 것이고, *Coronal은 설정음을 허용하지 않는 제약으로 둘 사이의 위계관계를 나타내고 있다.

그러면 이제 이러한 제약들이 어떻게 적용되는가를 관찰하기 위해 순행동화(progressive assimilation)가 니디니는 /om-na/의 예를 분서해 본다. (여기에서 동일한 자음이 반복된 것은 중복자음(geminate)으로 간주한다.)

(51) 순행동화: IDENT(root) » *Labial » *Coronal

/om-na/	IDENT(root)	*Labial	*Coronal
a. on.na	*!		*
b. ☞ om.ma		*	
c. om.na		*	*!

위의 도표에서 최적형은 *Labial 제약을 위반하고 있지만 어근에 속하는 자음이므로 그대로 유지되는 것으로 볼 수 있다. 즉, 어근의 순음자질을 가능한 한 그대로 유지하라는 위치적 충실성의 결과를 관찰하게 된다. (최적형의 *Labial 위반이 한 번만 이루어진 것은 [m.m]을 중복자음으로 간주하여 자음 하나가 두 배의 길이로 발음된 것으로 간주하기 때문이다. (a)의 *Coronal 위반이 한 번에 머무는 것도 마찬가지 이유이다.)

이와 같이 위치적 충실성에 의한 분석이 순행동화가 적용되는 경우에는 아무런 문제가 없이 올바른 선택을 가능하게 한다. 그러나 이 분석은 곧 다음과 같은 역행동화의 경우에 문제에 봉착하게 된다.

(52) 역행동화

/kum-sa/	IDENT(root)	*Labial	*Coronal
a. ☞ kum.sa		*	*
b.　　kun.sa	*!		**

위의 두 후보형 중에서 실제 표면에 나타나는 것은 둘째 후보형인데 이 분석에서는 상위의 제약 IDENT(root)를 위반하고 있어 잘못된 후보형이 선택되고 있다. 즉, 위치적 충실성에 의한 분석은 어근의 비음이 입력형과 출력형에서 꼭 같아야 하는 것으로 제약함으로써 잘못된 결과를 가져온다. (여기에서 다른 가능한 형태인 *kumfa는 상위제약인 IDENT(obstruent)에 의해서, 또 다른 가능성인 *kuma, *kusa 등은 또 다른 상위제약인 MAX(seg)로 인해 고려대상에서 제외된다.)

이와 같은 문제점을 갖는 위치적 충실성은 음위전환의 경우에 비슷한 문제에 부딪힌다. (다음의 분석에서 분절음의 도치를 표시하기 위하여 아래 첨자의 숫자를 사용하였다. 한편, 분석에 사용된 Linearity 제약은 분절음의 순서를 지키도록 하는 역할을 담당한다. 이 제약에 대하여는 Archangeli & Langendoen (1997), Kager (1999) 등 참조.)

(53) 음위전환

/ep$_1$-s$_2$a/	*Labial	*Coronal	Linearity
a. ☞ ep$_1$.s$_2$a	*	*	
b.　　es$_2$.p$_1$a	*	*	*!

위의 위치적 충실성에 의한 잘못된 분석은 유표성 제약의 기능을 무력

화시켜 음위전환이 일어나지 못하는 것으로 예측하도록 하는 오류를 가져온다. (여기에서 다른 가능한 후보형 *eppa, *essa 등은 상위의 제약 IDENT(obstruent)에 의해 저지되고, *epa, *esa 등은 역시 MAX(seg)에 의해 고려대상에서 제외된다.)

위에서 나타난 음위전환의 분석에 대한 오류를 나타내는 위치적 충실성의 문제점은 결국 유표성 제약을 개별적으로만 적용시킴으로써 발단이 되었다고 볼 수 있다. 따라서 이러한 문제점을 해결하기 위해서는 제약의 연접(conjunction)을 사용한 위치적 유표성의 분석을 도입하여야 한다. 이제 이 방식을 따라 다음의 연접제약을 설정한다.

(54) *[labial]/__C
다른 자음 앞에서는 [labial] 자질이 나타날 수 없다.

이 제약은 *Labial 제약과 음절말음 제약을 연접한 것인데 분절음의 순서를 바꾸지 못하도록 하는 Linearity 제약보다 상위에 놓이게 되어 음위전환을 허용할 수 있게 된다.

(55) 음위전환: *[labial]/__C » Linearity

/ep-sa/	*[labial]/__C	Linearity	*Labial	*Coronal
a. ep. sa	*!		*	*
b.☞ es.pa		*	*	*

즉 위의 연접제약은 단순히 [labial] 자음을 허용하지 않는 것이 아니라 다른 자음 앞에 오는 순음만을 허용하지 않으므로 음절두음에 순음이 오는 둘째 후보형을 최적형으로 선택할 수 있게 된다.

한편, 이 연접제약을 사용한 분석방식은 역행동화의 분석에서도 올바른 최적형을 선택할 수 있도록 한다. 다음의 예를 보면 연접제약이 어근에 대한 충실성 제약보다 상위에 놓임으로써 올바른 최적형이 표면에 나타남을 알 수 있다.

(56) 역행동화: *[labial]/__C » IDENT(root)

/kum-sa/	*[labial]/__C	IDENT(root)	*Labial	*Coronal
a. kum.sa	*!		*	*
b. ☞ kun.sa		*		**

위에서 분석된 예는 역행동화와 음위전환이 모두 적용될 수 있는 경우이다. 따라서 우리는 위와 같은 경우에 음위전환 대신 역행동화가 일어나는 이유를 보여줄 필요가 있다. 즉, 음위전환을 허용하지 않는 Linearity 제약의 도입이 필요하게 된다.

(57) 비음의 역행동화 » 음위전환: Linearity » IDENT(root)

/kum-sa/	Linearity	IDENT(root)	*Labial	*Coronal
a. ☞ kun. sa		*		**
b. kus.ma	*!	*	*	*

위의 도표에서 우리는 비음에 대한 역행동화의 경우에도 위치적 유표성에 의한 방식이 효과적으로 적용됨을 알 수 있다. 즉, 이 경우는 음위전환의 환경이 됨에도 불구하고 이를 적용하지 않고 대신 동화를 적용하여야 하는데 그 역할을 담당하는 것이 Linearity » IDENT(root)의 제약위계이다.

또한 이미 위에서 순행동화의 경우에는 위치적 충실성이 효과적으로 올바른 결과를 선택하도록 하는 분석을 할 수 있다는 점을 보았다. 그러면 현재의 위치적 유표성 분석이 순행동화의 경우를 역시 효과적으로 기술할 수 있는지를 알아볼 필요가 있는데 다음의 제약도표에서 이를 확인할 수 있다.

(58) 순행동화: *[labial]/__C » IDENT(root)

/om-na/	*[labial]/__C	Linearity	IDENT(root)	*Labial	*Cor
a. om.na	*!			*	*
b. on.ma		*!	*	*	*
c. on.na			*!		*
d.☞ om.ma				*	

위에서 우리는 연접 유표제약이 충실성 제약보다 상위에 오게 되므로 위치적 유표성에 의한 분석 역시 올바른 선택을 하게 됨을 볼 수 있다. (최적형의 [m.m]이 첫 번째 제약을 위반하지 않는 것은 이를 중복자음 (geminate)으로 간주하기 때문이다. 마찬가지 이유로 *Labial 제약도 한 번만 위반하는 것으로 간주한다.)

마지막으로 동화와 음위전환이 모두 적용되어야 하는 가장 복잡한 경우를 분석해 보기로 한다. 즉, 음위전환이 이루어진 후에 다시 조음위치에 대한 동화가 진행되는 /ʌtʌb-na/ [ʌtʌm-ba]와 같은 경우이다. 이 분석을 위해서 역시 연접제약이 필요한데 다음의 제약은 저해음이 뒤에 비음이 따라 나오는 경우 그 위치를 바꾸도록 하는 기능을 담당한다.

(59) *[-son]/__C
  저해음은 다른 자음 앞에 올 수 없다.

다음 분석표에서 보면 이 제약은 음위전환을 허용하지 않는 처음 두 후보형을 모두 제외시킬 수 있도록 한다. 결국 최종적으로 선택되는 최적형은 분절음의 순서가 바뀌는 음위전환의 경우로 Linearity를 위반할 수밖에 없다. 그러나 어근의 자음이 그대로 유지되도록 하는 충실성을 지키고 있으므로 어근의 자음 대신 접미사의 자음인 비음이 바뀌도록 하는 결과를 가져온다. 따라서 Zoll (1998)은 다음과 같은 도표를 제시하고 있다. (그러나 이 최종분석이 문제가 있는데, 이를 나타내기 위해 여기에서는 Zoll의 도표에는 표시되지 않은 괄호 속의 위반 표시와 최적형 후보 앞에 ? 표시를 한다.)

(60) 동화가 음위전환과 같이 적용

/ʌtʌb-na/	*[labial]/__C	*[-son]/__C	Linear	IDENT (root)	*Lab	*Cor
a. ʌtʌb.na	*!	*			*	*(*)
b. ʌtʌb.ma	(*!)	*!			*(*)	*
c. ʌtʌn.da			*	*!		*(*)(*)
d.☞? ʌtʌm.ba	(*!)		*	(*)	*(*)	(*)
e. ʌtʌn.ba			*	(*)	*	**

위에서 제시된 제약을 그대로 적용할 경우 위에서와 같은 (Zoll의 분석에서) 예측하지 못한 문제점이 드러난다. 첫 번째 문제는 *[labial]/__C 제약이 모든 [labial] 자음 뒤에는 어떤 자음도 뒤따를 수 없다고 규정하고 있으므로 실제의 최적형이 이를 위반할 수밖에 없다는 것이다. 그러나 앞에서 본 자료에 의하면 같은 [labial] 조음위치를 가진 자음은 허용되는 것으로 나타나 있다. 따라서 이 제약을 다음과 같이 수정하여야 할 것이다.

(61) *[labial]/____Nonlabial C

이러한 수정을 통해 실제의 최적형을 포함한 (b, d)가 모두 최상위 제약을 준수할 수 있게 된다. 그러나 아직도 실제의 최적형은 IDENT(root) 제약도 위반하고 있는 것으로 볼 수밖에 없다. 물론 하위의 *Coronal 제약이 있기 때문에 IDENT(root) 제약의 위반이 최적형에 대한 선택을 바꾸도록 하지는 않는다. 그러나 이 제약 역시 IDENT(root[labial])로 수정하여 어근의 분절음이 [labial] 속성을 보존하도록 하는 제약으로 수정함으로써 원래의 분석의도를 살릴 수 있다. 이러한 과정을 거쳐 다음과 같은 최종적인 분석도표를 얻을 수 있다.

(62)

/ʌtʌb-na/	*[labial]/__Nonlabial C	*[-son]/__C	Linear	IDENT (root) [labial]	*Lab	*Cor
a. ʌtʌb.na	*!	*			*	**
b. ʌtʌb.ma		*!			**	*
c. ʌtʌn.da			*	*!		***
d.☞ ʌtʌm.ba			*		**	*
e. ʌtʌn.ba			*	*!	*	**

이상의 논의에서 우리는 위치적 충실성에 의한 분석이 여러 유형의 자료 분석에서 문제점을 가지고 있음을 보았고, 그에 대한 대안으로 연접제약을 적용하는 위치적 유표성이 가지는 설명력을 관찰하였다. (이러한 가능성은 물론 Itô & Mester (1997) 등과 같이 다른 논문에서도 간략히 제시된 바 있다.) 이러한 점은 앞으로 위치적 충실성에 대한 결정적인 필요성을 제시하는 것으로 볼 수 있다. 끝으로, 이제까지 나타난 관찰에 대한 Zoll (1998)의 주장을 다음과 같이 요약한다.

(63) a. 위치적 충실성 이론은 분절음 인허(licensing)에 대한 적절한 이론이 아니다.
b. 위치적 유표성은 문법의 필요한 부분이다.
c. 개별적인 유표성 위계를 가정할 때 유표성과 위치적 제약의 연접은 불가피하다.

주요 참고문헌

안상철, 이봉형, 이보림. 2000. 『최적성 이론의 이해』 한신문화사.
Archangeli, Diana and Terence Langendoen. 1997. *Optimality Theory.* Cambridge, MA: Blackwell.
Barlow, Jessica A. 1997. *A Constraint-Based Account of Syllable Onsets: Evidence from Developing Systems.* Doctoral dissertation, Indiana University.

Beckman, Jill. 1997a. Positional faithfulness, positional neutralization and Shona vowel harmony. *Phonology* 14, 1-46.

Beckman, Jill. 1997b. *Positional Faithfulness*. Doctoral Dissertation, University of Massachusetts.

Chomsky, Noam and Morris Halle. 1968. *The Sound Pattern of English*. New York: Harper & Row.

Demuth, Katherine. 1996. Alignment, stress, and parsing in early phonological words. In Bernhardt, Barbara, John Gilbert, and David Ingram (eds.), *Proceedings of the UBC International Conference on Phonological Acquisition*, 113-125. Somerville, MA: Cascadilla Press.

Flemming, Edward. 1995. *Auditory Representations in Phonology*. PhD dissertation, UCLA.

Gnanadesikan, Amalia. 1997. *Phonology with Ternary Scales*. Doctoral dissertation, University of Massachusetts at Amherst.

Goad, Heather. 1997. *Consonant harmony in child phonology: An optimality-theoretic account*. In S.-J. Hannahs and Martha Young-Sholten (eds.), Focus on Phonological Acquisition, 113-142. Amsterdam: John Benjamins.

Goldsmith, John. 1976. *Autosegmental Phonology*. PhD dissertation, MIT.

Goldsmith, John. 1990. *Autosegmental and Metrical Phonology*. Cambridge, MA: Basil Blackwell.

Goldsmith, John (ed.). 1995. *The Handbook of Phonological Theory*, 114-174. Cambridge, MA: Basil Blackwell.

Itô, Junko and Armin Mester. 1995. The core-periphery structure of the lexicon and constraints on reranking. *Papers in Optimality Theory: University of Massachusetts Working Papers in Linguistics*, 181-210.

Itô, Junko and Armin Mester. 1997. Sympathy theory and German truncations. *University of Maryland Working Papers in Linguistics* 5, 117-138.

Itô, Junko and Armin Mester. 1999. The phonological lexicon. In Natsuko Tsujimura (ed.), *The Handbook of Japanese Linguistics*, 62-100. Oxford: Blackwell.

Inkelas, Sharon. 1989. *Prosodic Constituency in the Lexicon*. Doctoral Dissertation, Stanford University.

Jun, Jongho. 1995. *Perceptual and Articulatory Factors In Place Assimilation: An Optimality Theoretic Approach*. PhD dissertation, UCLA.

Kager, René. 1996. On affix allomorphy and syllable counting. Ms. Utrecht (OTS Working paper).

Kager, René. 1999. *Optimality Theory.* Cambridge, UK: Cambridge University Press.
Kenstowicz, Michael. 1994. *Phonology in Generative Grammar.* Cambridge, MA: Basil Blackwell.
Kirchner, Robert. 1997. Contrastiveness and faithfulness. *Phonology* 14, 83-111.
Levelt, Clara C. 1996. Consonant-vowel interactions in child language. In Bernhardt, Barbara, John Gilbert, and David Ingram (eds.), *Proceedings of the UBC International Conference on Phonological Acquisition,* 229-239. Somerville, MA: Cascadilla Press.
Lombardi, Linda. 1995. Why place and voice are different: constraint interactions and feature faithfulness in Optimality Theory. Ms. University of Maryland.
Lydall, Jean. 1976. Hamer. In Marvin Bendor (ed.), *The Non-Semitic Languages of Ethiopia,* 393-438. East Lansing: Michigan State University.
McCarthy, John and Alan Prince. 1994a. Generalized Alignment. *Yearbook of Morphology 1993,* 79-153.
McCarthy, John and Alan Prince. 1994b. Emergence of the unmarked: optimaltiy in Prosodic Morphology. *Proceedings of the North East Linguistic Society* 24, 333-379.
McCarthy, John and Alan Prince. 1995. Faithfulness and reduplicative identity. *University of Massachusetts Occasional Papers 18: Papers in Optimality Theory,* 249-384.
Ohala, John J. 1990. The phonetics and phonoloyg of aspects of assimilation. In J. Kingston and M. Beckman (eds.), *Papers in Laboratory Phonology I: Between the Grammar and Physics of Speech,* 258-275. Cambridge University Press.
Ohala, John J. and H. Kawasaki. 1984. Phonetics and prosodic phonology. In C. Ewen and E. Kaisse (eds.), *Phonology Yearbook* 1, 113-127. Cambridge University Press.
Pater, Joe. 1997. Minimal violation and phonological development. *Language Acquisition* 6, 201-253.
Rosenthall. Samuel. 1994. *Vowel/Glide Alternation in a Theory of Constraint Interaction.* Doctoral dissertation, University of Massachusetts.
Selkirk, Elizabeth. 1995. The prosodic structure of function words. In Jill Beckman, Walsh Dickey, and SuzanneUrbanczyk (eds.), *University of Massachusetts Occasional Papers in Linguistics* 18: *Papers in Optimality Theory,* 439-469.
Sherer, Tim. 1994. *Prosodic Phonotactics.* Doctoral dissertation, University of Massachusetts at Amherst.
Slobin, Dan. 1973. Cognitive prerequisites for the development of grammar. In C. A. Ferguson & D.I. Slobin (eds.), *Studies in Child Language Development,* 175-208. New: Holt, Rinehart

and Winston.

Smith, Jennifer. 2000. Positional faithfulness and learnability in Optimality Theory. *Proceedings of ESCOL 99*, 203-214. Ithaca, NY: CLC Publications.

Smolensky, Paul. 1995. On the internal structure of the constraint component CON of US. Talk given at John's Hopkins University.

Steriade, Donca. 1995a. Underspecification and markedness. In John Goldsmith (ed.), *The Handbook of Phonological Theory*, 114-174. Cambridge, MA: Basil Blackwell.

Steriade, Donca. 1995b. Positional neutralizaiton. Ms. UCLA.

Velleman, Shelly L. 1996. Matathesis highlights feature-by-position constraints. In Bernhardt, Barbara, John Gilbert, and David Ingram (eds.), *Proceedings of the UBC International Conference on Phonological Acquisition*, 173-186. Somerville, MA: Cascadilla Press.

Zoll, Cheryl. 1996. *Parsing Below the Segment in a Constraint Based Framework*. Doctoral dissertation, University of California.

Zoll, Cheryl. 1998. Positional asymmetries and licensing. Ms. MIT.

제 5 장 감응이론

최근에 이르러 최적성 이론은 그 적용의 영역이 크게 확대되고 이에 따라 상당한 이론적인 변화와 발전을 거듭하고 있다. 그 중에서도 가장 두드러진 현상이 이미 앞에서 논의된 Beckman (1997a, b)이 제안한 '위치적 충실성(Positional Faithfulness)'과 McCarthy (1997, 1998)가 제시한 '감응이론(Sympathy Theory)'이다. 특히, 감응이론의 등장은 이전의 대응이론이 가지고 있던 설명력의 한계를 극복하려는 시도에서 등장하여 큰 관심의 대상이 되고 있다. 여기에서는 이 현상들의 출현배경과 특성, 그 응용방법 등을 여러 언어의 자료를 통하여 논의하고 이 이론에 대한 문제점도 종합적으로 검토해 보기로 한다.[1]

5.1 감응이론의 등장

'감응이론(Sympathy Theory)'은 McCarthy & Prince (1995, 1997), Benua (1995, 1997)에 의해 널리 알려진 대응이론(Correspondence Theory)을 발전시킨 것이다. 이 이론의 등장은 표준 대응이론을 사용하는 경우, 주어진 제약위계 안에서는 최적형이 다른 후보형에 비해 상위의 제약을 (더) 위반하는, 원하지 않는 결과가 초래되는 수가 있다는 점이 고려된 결과이다. 즉, 도출과정에서 나타나는 불투명성의 문제와 연관되는 문제를 해결하기 위한 분석방식인데 McCarthy (1997, 1998)에서 논의되는 히브리어의 /deš?/ → *deše* 'grass'의 예를 들어 보자. 우선 이 도출과정을 순차이론

---

[1] 이 장의 일부가 안상철 외 (2000)에 같이 수록되었음을 밝힌다.

으로 분석하면 다음과 같이 기술된다. 여기에서 탈락되는 어말자음 /ʔ/은 모음삽입을 위해서 필요한 존재일 뿐 표면에는 나타나지 않는 불투명한(opaque) 추상적 분절음이다. 즉, 모음이 삽입된 /deše?/는 기저형도 표면형도 아닌 중간단계일 뿐이므로 음운론의 오랜 문제인 추상성(abstractness)과 관련된 불투명성(opacity)의 문제를 야기하게 된다.[2]

(1) /deš?/ 기저형
    deše? 모음삽입
    deše 자음삭제

이제 이러한 불투명성을 해결하기 위한 방법으로 최적성 이론의 접근 방식을 비교해 보자. 우선 위에서 제시된 순차적 도출과정을 최적성 이론의 위계도표로 나타내면 다음과 같다.

(2)

/deš?/	CODACOND	MAX-IO	DEP-IO	MAX-C_{IO}
☞ a. deše opaque winner		*	*	*
☜ b. deš transparent rival		*		*
☹ c. deše? sympathy candidate	*!		*	✓

위의 도표에서 세 후보형을 주어진 세 제약, CODACOND, MAX-IO, DEP-IO를 가지고만 평가할 경우 잘못된 두 번째의 후보형이 DEP-IO를 위반하지 않으므로 최적형으로 선택되어야 한다. 그러나 실제 최적형은 첫 번째 후보형이다. 따라서 이 첫 번째 후보형이 선택되도록 하기 위해서는 MAX-C_{IO}를 홀로 위반하지 않는 세 번째 후보형 *deše?*를 고려할 필요가 생긴다. 그 이유는 입력형의 마지막 모음을 그래도 유지하는 점이 실제

---

[2] 추상성이나 불투명성에 대한 논의는 Kiparsky (1973a, b), Kisseberth & Kenstowicz (1979), Kenstowicz (1994) 등을 참고.

의 최적형과 동일하기 때문이다. 따라서 이 세 번째 후보형이 바로 감응(sympathy) 후보형이 된다. (이 후보형에는 ⊛ 표시를 붙인다.) 이제 이 감응 후보형이 두 번째 후보형에 우선하도록 MAX-C$_{IO}$를 DEP-IO보다 상위에 놓아 그릇된 형태가 선택에서 배제되도록 조치한다. 그러나 이러한 일이 감응형태가 최적형이 아니므로 실제의 최적형을 선택하도록 하지는 못한다. 따라서 이 후보형과 실제 최적형인 첫 번째 후보형이 서로 감응하도록 두 후보형만이 공통적으로 준수할 수 있는 제약을 감응제약으로 설정하여야 한다. 즉, '감응(sympathy)' 후보와 실제의 최적형이 공유하는 속성을 찾아 이를 '감응' 제약으로 설정하여 제일 상위의 제약으로 삼는 일이다. 그 결과로 나타난 것이 다음의 도표이다. (여기에서 CODACOND 제약은 단어 끝에 /ʔ/가 나타나지 않도록 하는 역할을 한다.)

(3)

/deš?/	CODACOND	⊛MAX-V$_⊛$	MAX-C$_{IO}$	DEP-V$_{IO}$
☞ a. deše opaque winner			*	*
☜ b. deš transparent rival		*!	*	
⊛ c. deše? sympathy candidate	*!		✓	*

즉, 잘못된 후보형 (b)가 위반하는 제약 MAX-C$_{IO}$를 준수하는 (c)를 감응 후보형으로 설정한 다음, 감응 후보형이 실제 최적형과 공유하는 속성을 감응제약으로 설정하여 (여기에서는 ⊛MAX-V$_⊛$) 상위에 위치시킨다. 그리고 마지막으로는 이 감응제약이 실제 최적형으로 선택되지 못하도록 조치하는 3단계 과정을 거친다. (여기에서는 감응 후보가 위반하는 CODACOND을 MAX-C$_{IO}$보다 상위에 위치시키는 과정이다.) 이러한 과정을 거쳐 다른 가능한 후보형을 고려하여 완성된 최종적인 제약도표는 다음과 같다 (McCarthy 1997: 22). (ANCHOR-IO 제약은 입력형의 자음이 출력형에서 맨 끝에 나타나도록 하는 제약이다.)

170 최적성 이론의 언어분석

(4)

/deš?/	⊛MAX-V$_{MAX-C}$	*COMPL	ANCHOR$_{IO}$	CODA-COND	MAX-C$_{IO}$	DEP-V$_{IO}$
a. ☞ **deše**					*	*
b. ☜ **deš**	*!				*	
c. deš?e			*!		✓	*
d. ⊛MAX-C deše?				*!	✓	*
e. deš?	*!	*!		*!	✓	

이와 같이 입력형이나 표면형에 나타나지 못하는 분절음을 중간단계에 설정하게 되는 음운론적 불투명성(opacity)의 문제를 최적성 이론에서는 '감응(sympathy)'이라는 새로운 유형의 충실성(faithfulness)을 통해 해결의 실마리를 찾고있다. 즉, 음운적 불투명성이란 최종적인 선택에서 배제되는 특정한 후보형, 즉 ⊛ 표시가 붙은 감응 후보형에 대한 새로운 유형의 충실성을 보여주는 관계이다 (McCarthy 1998).

이와 같이 새로운 충실성인 감응관계를 이용한 새로운 최적성 이론의 분석방식은 불투명성의 문제를 재해석할 수 있는 길을 줄 뿐만 아니라, 이전의 단순 대응이론으로는 해결할 수 없었던 최적형 선택을 가능하게 해준다. 예를 들어, McCarthy (1998: 22)는 위에서 본 감응관계의 분석이 감응관계를 사용하지 않는 일반적인 대응이론의 틀에서는 다음과 같이 (굵게 표시된) 잘못된 결과가 나타나게 됨을 보여주고 있다.

(5)

/deš?/	*COMPL	ANCHOR$_{IO}$	CODA-COND	MAX-C$_{IO}$	DEP-V$_{IO}$
a.(☞) deše				*	*
b.☜ **deš**				*	
c. deš?e	*!			✓	*
d. deše?			*!	✓	*
e. deš?	*!		*!	✓	

즉, 첫 번째 실제 (불투명성을 가진) 최적형이 주어진 제약위계 안에서

마지막 제약 DEP-V$_{IO}$의 위배로 인해 (투명성을 가진) 둘째 후보형에 선택 서열에서 밀리는 일이 발생하게 되는 것이다. 이제 이러한 감응이론은 여러 자료의 분석에서 널리 시도되고 있는데 그 대표적인 예들을 다음에 제시한다.

5.2 독일어 이름의 애칭형성

감응이론에 의한 독일어 애칭형성 분석은 Itô & Mester (1997)에 의해 시도되었다. 독일어 이름의 애칭(hypocoristics)을 만드는 방식은 영어의 경우와 아주 유사하다. 다음의 자료는 그 대표적인 유형을 보여준다.

(6) a. 이름
  Gàbriéle Gábi
  Éva   Évi
  Wáldemar Wáldi
  Stéfanie Stéffi
  Ótto   Ótti
  Úlrich   Úlli
 b. 성
  Górbatschow Górbi
  Hónecker Hónni
  Schimánsky Schímmi
  Wásmeier Wási
 c. 보통명사 (사람과 관련된 것들)
  Álkoholiker Álki 'alcoholic'
  Ámerikáner Ámi 'American'
  Ássistènt Ássi 'assistant (professor)'
  Chíp   Chíppi 'computer fan'
  Mútter   Mútti 'mother'
  Schátz   Schátzi 'darling'

Óma　　　　Ómi　　　'grandmother'
Proletarier　　Proli　　'proletarian'
Pròminénter　Prómi　　'VIP'

이상의 자료에서 나타난 애칭형성의 양상을 보면 단어의 첫 음절에 뒤따르는 자음을 하나 추가하고 다시 접미사 -i를 첨가하는 방식을 택하고 있음을 알 수 있다. 그런데 Itô & Mester는 이 현상을 McCarthy & Prince(1995)에서 취급한 바 있는 중첩현상과 마찬가지로 어기와 축약어 사이의 충실성, 즉 MAX-BT가 중요한 역할을 담당하고 있음을 보이고 있다.

(7)　Input:　　/gorbačof/　　　　　/TRUNC + i/

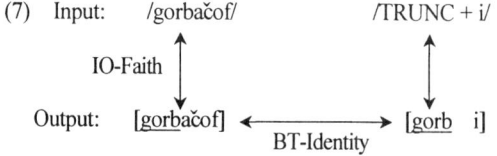

이제 이러한 구도를 제약도표를 통해 분석하면 다음과 같은 결과를 얻는다.

(8)

Base: [(.gór.ba).(čòf.)] Input: /TRUNC + i/	MAX-IO	All-Ft-Left	PARSE-σ	MAX-BT
a.　(.gór.ba).(čòf-i.)		*!		
b.　(.gór.ba).č-i.			*!	of
c. ☞ (.gór.b-i.)				ačòf
d.　(gó.r-i.)				bačòf!
e.　(.gór.ba.)	i!			čòf
f.　(.górb)	i!			ačòf
g.　(.gór.)	i!			bačòf

여기에서 접사 -i는 TRUNC와 붙게 되는 유일한 입력부 요소이며 TRUNC는 OO-IDENT에 의해 내부구조가 완성되는 음운표기가 비어있

는 형태소이다. 따라서 접미사 -i를 결여하고 있는 (e-g)에서 MAX-IO가 위반된다. 다음, 축약형의 운율적 크기를 조정하는 제약인 음보를 왼쪽에 두도록 하는 All-Ft-Left와 모든 음절을 표면에 실현시켜야 한다는 제약 PARSE-σ에 의해 (a-b)가 제외된다. 이제 마지막으로 축약형에서의 어기 분절음의 보존은 하위 제약인 MAX-BT가 담당한다. 따라서 세 번째의 후보형이 최적형으로 선택된다.

그러나 이러한 방식이 제대로 적용되지 못하는 예가 등장한다. 즉, Gàbriéle → Gábi의 경우 동일한 방식을 적용하면 다음에 보이는 바와 같이 잘못된 형태 (c)가 최적형으로 선택될 가능성이 있다.

(9)

Base: [(.gà.bri).(é.le)] Input: /TRUNC + i/	MAX-IO	All-Ft-Left	PARSE-σ	MAX-BT
a. (.gà.bri).(é.le).-i		*!	*	
b. (.gà.bri).(é.l i)		*!		e
c. ☞ (.gá.bri.)				iele
d. (☞) (.gá.b-i.)				riele!
e. (.gáb)	i!			riele

MAX-BT는 언제나 어기의 분절음을 축약형에 최대한으로 보존하려는 노력을 하는 데 비해 실제의 최적형은 어기의 분절음이 (잘못) 예측된 형태보다 하나가 더 적어야 한다. 그러나 이러한 문제의 요인을 찾는 것은 그리 어렵지 않다. 그 이유는 축약형들을 한 음보 내에 어기의 자음군을 최대로 보존하는 유형과 그렇지 않은 유형으로 나눌 수 있기 때문이다.

(10) a. 자음군을 최대로 보존하는 유형

Gorbatschow	Gorbi	*Gorri	
Alkoholiker	Alki	*Alli	'alcoholic'
Computer	Compi	*Commi	'computer'
Gruft	Grufti	*Gruffi	'older person (*Gruft* 'grave')'

| Tourist | Touri | *Toui | 'tourist' |

b. 자음군을 최대로 보존하지 않은 유형

Andreas	Andi	*Andri	
Benjamin	Benni	*Benji	
Dagmar	Daggi	*Dagmi	
Edmund	Edi	*Edmi	
Gabriele	Gabi	*Gabri	
Heinrich	Heini	*Heinri	
Wilhelm	Willi	*Wilhi	
Imker	Immi	*Imki	'beekeeper'
Knoblauch	Knobi	*Knobli	'garlic'

이러한 유형별 축약형 형성을 아래와 같이 나타낼 수 있다.

(11)

	Gorb-i	Gab-i	And-i
	✓σ △ górb.<ačòf>	*σ △ gabr.<iele>	*σ △ andr.<eas>
		✓σ △ gab.<riele>	✓σ △ and.<reas>

즉, 첫 번째 유형은 음보 내에 자음을 최대로 보존하고 있으나 나머지 둘은 그렇지 못하다. 그럼에도 불구하고 어기(base)의 자음을 최대한으로 보존하려는 노력은 그대로 남아있는 것으로 보아야 한다. 그 이유는 자음이 더 적게 유지된 *Ga-i나 *An-i 등이 쓰이지 못하기 때문이다.

그러면 접미사 -i가 첨가되는 [.gorb.], [.bab.], [.and.]의 위상이 무엇이며 축약형 형성에 있어 어떤 역할을 하는가를 생각해 보아야 한다. 이러한 형태는 입력부나 출력부 어느 쪽에도 나타나지 않는 음운적인 불투명성을 보이고 있기 때문이다. 이제 이러한 불투명성의 문제에 대하여 Itô &

Mester는 McCarthy (1997)의 감응이론을 도입하고 있다. 그러나 이들의 감응이론은 McCarthy의 것이 감응제약을 일종의 충실성 제약으로 정의한 데 비해 모든 종류의 제약이 다 감응제약이 될 수 있다는 '확대 감응(Extended Sympathy)' 이론을 제시하고 있다.

(12) 확대 감응(Extended Sympathy)
충실성 이외에 다른 종류의 제약도 (감응 후보형을 결정하는 제약) $\mathbb{C}^{\circledast}$가 될 수 있다.[3]

이제 이 이론을 적용하여 다음과 같은 감응제약을 설정한다.

(13) $\mathbb{C}^{\circledast}$=All-σ-Left: Align (σ, Left, PrWd, Left)

이 제약은 음절의 왼쪽 끝을 운율적 어휘의 왼쪽에 정렬하도록 하는 정렬제약인데, 음절의 말음군을 최대로 형성하고 있는 [.gab.], [.and.] 등의 후보형을 감응후보로 선택한다. 따라서 한 음절에 들어갈 수 없는 자음들을 포함하여 만들어진 *Gabr-i, *Andr-i 등은 이 제약을 위반한다. (물론 접미사가 첨가된 형태도 접미사의 모음으로 인해 음절구조가 달라지므로 이 제약을 위반한다.) 이제 감응후보와 가장 유사한 형태를 최적형으로 선발하기 위하여 다음의 제약을 설정한다.

(14) DEP-⊛O: 출력부의 모든 분절음은 감응후보(⊛-candidate)에 대응요소를 가지고 있어야 한다.[4]

다음의 제약도표에서 1차적으로 MAX-IO가 단음절 후보인 (a-c)를 제외

---

[3] Other types of constraints, besides Faithfulness, can serve as $\mathbb{C}^{\circledast}$ (the constraint determining the sympathy candidate.) (Itô & Mester 1997: 127)

[4] Every segment in the output has a correspondent in the ⊛-candidate.

시킨다. 또한 (f-g)의 후보형은 DEP-⊛O 제약을 두 번 이상 위반하여 그 다음으로 제외된다. 그런데 특히 [andri]는 BT 제약만을 적용하는 위의 분석에서는 최적형으로 예측되었던 (그러나 잘못된) 후보형으로 이 감응 제약에 의해 비로소 제거될 수 있게 되는 것이다. 마지막으로 남은 두 후보형은 MAX-BT의 적용으로 올바른 최적형이 선택된다.

(15)

Base: .an.dre.as Input: /TRUNC + i/	MAX-IO	DEP-⊛O	All-σ-Left⊛	MAX-BT
a. ⊛ .and.	i!			reas
b. .an.	i!			dreas
c. .a.	i!			ndrea
d. .a.n-i.		i	σ	d!reas
e. ☞ .an.d-i		i	σ	reas
f. .an.dr-i.		ri!	σ	eas
g. .an.dre.a.s-i		re!asi	σσσ	dreas

이제까지 논의된 독일어 애칭형성의 분석은 입력부-출력부(Input-Output) 대응관계와 출력부-출력부(Output-Output) 대응관계뿐 아니라 새로운 대응관계인 감응관계도 중요한 대응관계로 설정되어야 함을 예시하였다.[5] 그러나 이상의 분석에서는 축약형의 형태소를 단순히 TRUNC로 설정

---

[5] Itô & Mester (1997)에서 제시된 또 하나의 제안은 두 가지 제약을 통합하여 적용하는 제약연접(constraint conjunction)이다. 그러나 상세한 논의가 제시되지 않았으므로 어말 자음 무성음화에 관한 다음의 도표를 제시하는 것으로 소개를 대신한다. 이 문제에 대한 본격적인 논의는 Zoll (1997, 1998)에서 상세히 전개된다.

Base: .an.dre.as Input: /TRUNC + i/	MAX-IO	DEP-⊛O	All-σ-Left⊛	MAX-BT	CODA-COND	Ident-BT (voi)	Ident-⊛O(voi)
a. ⊛ .ant.	i!			reas		*	
b. .and.	i!			reas	*		*
c. ☞ .an.d-i		i	σ	eas			*
d. .an.t-i.		i	σ	eas	*!		

하여 여기에서 나온 출력형에 접미사 -i를 첨가한 후보형들을 비교하였다. 그러나 이와 같은 감응이론의 분석방식을 출력부-출력부(Output-Output)의 대응관계를 사용하지 않고 단순히 입력부와 출력부와의 관계만을 설정하여 설명할 수 있는 가능성이 없는지를 고려해 볼 만하다. 즉, 입력부의 축약 형태소를 TRUNC로 설정하지 않고 그대로 실제 형태소를 사용하는 가능성이다. Itô & Mester는 이 방식이 다음의 제약을 설정함으로써 가능할 것으로 예측하고 있다.

(16) NONFINALITY: 운율어의 중심 음절(head syllable)은 마지막에 올 수 없다.

이 제약을 도입하여 다음의 도표에서는 입력부의 형태소를 실제 형태소를 사용하여 분석하고 있는데, 위의 OO-대응 분석에서 중요한 역할을 한 MAX-BT 제약이 사용되지 않고 있는 점이 특징이다.

(17) OO-대응을 사용하지 않은 분석

Input: /andreas + i /	NONFINALITY	DEP-⊛O	MAX-IO	All-σ-Left⊛
a. ⊛ .and.	*!		reasi	
b. .an	*!		dreasi	
c. .a.	*!		ndreasi	
d. .i.	*!	i	andreas	
e. .ai.	*!	i	ndreas	
f. .a.ni.		i	dreas!	σ
g. ☞ .an.di.		i	reas	σ
h. .an.dri.		ri!	eas	σ
i. .an.dre.a.si		re!asi		σσσ

즉, 이 분석에서는 MAX-BT의 역할을 MAX-IO가 모두 담당하고 있는 셈이다. 그러나 이러한 양상에 대하여 Itô & Mester가 언급한 바와 같이 과연 감응이론에서 궁극적으로 OO-대응 방식을 제거할 수 있는가의 문제

는 좀더 다른 자료의 비교분석을 통해 근본적인 검토가 있어야 할 것으로 보인다. 예를 들어, *Augúste* → *Gústi*와 같은 경우는 (Anchor-Left, 운율적 중심부의 대응관계와 함께) 여전히 MAX-BT가 요구될 것으로 보인다. 또한 OO-대응의 필요성이 절대적인 것으로 논의된 영어의 *Harry* [hærɪ] → *Har* [hær] 축약의 경우 (Benua 1995, 1997) 역시 중요한 고려사항이 될 것이다.

5.3 차용어 분석

감응이론의 등장은 이제 단일 언어의 자료 분석에만 국한되지 않고 두 언어 사이에 일어나는 어휘의 차용과정을 분석하는 데에도 효과적으로 적용되고 있다. 여기에서는 불어의 어휘가 일본어에 차용되는 현상을 분석한 Shinohara (1998)의 제안을 검토해 보기로 한다.

여기에서 사용되는 자료는 외래어 사전을 이용하지 않고 일시적으로 프랑스에 거주하는 (30-40대의) 일본인들을 대상으로 수집하였다.[6] 외래어의 입력형은 운율적인 자질을 포함한 음소의 연속체로 가정한다. 그 이유는 두 언어 사이의 어휘적 대응관계가 변이음이라기보다는 음소적인 것이기 때문이다. 이러한 가정하에서 일반적인 외래어 차용과정을 다음과 같이 3단계를 거치는 것으로 제시하는데 각 단계간에는 순서가 없는 것으로 본다. (입력형의 음소표기는 수직선인 '| |'을 사용하고 일본어에 차용된 형태는 '/ /'로 표시한다.)

---

[6] 사전을 사용하지 않은 이유는 차용어가 원래 불어 어휘의 철자법을 반영할 수 있고 수집자의 방언에 따라 일관성이 결여될 수 있는 가능성 등이 있기 때문이다.

(18) 외래어 차용과정

입력형	불어 형태(French forms)	예: |kalme| |bak|
		calmer bac
분절음 단계 (segmental level)	분절음 대응 (segmental correspondence)	karme, bak
음절 단계 (syllable level)	모음삽입(vowel epenthesis) 선어말 장음화 (prefinal lengthening)	karume, baku
액센트 단계 (accentual level)	피치-액센트 부여 (pitch accent assignment)	ka'rume, ba'kku
출력형	차용어 형태(adopted forms)	/ka'rume/, /ba'kku/

한편 일본어의 음절구조는 다음과 같이 경음절과 중음절의 두 종류로 나눌 수 있다. 즉, 일반적으로는 음절말음을 허용하지 않지만 비음이나, 그 다음 음절의 두음이 이전 음절로 연장되어 장자음(long consonant)으로 나타나는 모라(mora)성 자음이 허용된다.

(19) 일본어의 음절구조
    a. 경음절: (C)(j)V   (예: /ha/ 'tooth', /tja/ 'tea')
    b. 중음절: (C)(j)VV   (예: /too/ 'tower', /dai/ 'title')
                 (C)(j)VN   (예: /teN/ [teŋ] 'point')
                 (C)(j)VQ   (예: /haQ.pa/ [hap:a] 'leaf')
      (N: 모라를 가진 비음
       Q: 모라를 가진 저해음 (중복자음의 첫 부분))

위에서 예를 든 선어말(pre-final) 장음화는 *bac* |bak|와 같이 단일자음으로 끝나는 자음이 차용어 채택과정에서 /bakku/와 같이 중복자음으로 되는 현상을 말한다. 액센트 단계에서는 피치-액센트가 부여된다.

5.3.1 제약의 상호 관계

이러한 기본 가정하에 이제 최적성 이론의 제약을 사용하여 여러 가지 차용어 채택과정을 기술해 보기로 한다. 이를 위하여 가장 먼저 관찰할 일이 파열음의 파찰음화 과정이다.[7] 즉, 일본어의 [t]와 [d]가 고모음 앞에서 허용되지 않고 파찰음으로 바뀌어 발음되는 현상에 대한 기술이 필요하다. 따라서 아래와 같은 제약을 설정하는데 여기에서 사용되는 분절음의 표기는 (20)에서와 같이 Steriade (1993)의 방식을 따른다. 즉, (21)에 제시된 것은 파찰음화에 관한 제약이며, (22)의 제약은 입력형과 출력형이 같은 구강폐쇄 자질을 가져야 한다는 충실성 제약이다.

(20) 구강폐쇄(closure): [A_0]
　　　(파열음 생성을 위한 구강의 공기흐름에 대한 완전한 폐쇄)
　　마찰음(fricative): [Af]
　　　(공기의 마찰을 일으킬 정도의 구강 협착)
　　접근음(approximant): [A_{max}]
　　　(공기의 마찰을 일으키지 않을 정도의 구강 협착)

(21) 파찰음화(Assibilation)
　　고모음 앞에 오는 [t]와 [d]는 파찰음으로 실행된다(e.g., [tsu]).

(22) Ident-[A_{max}]
　　입력형과 출력형은 파열음의 방출(release) 자질 [A_{max}]가 동일하다.

이제 이 유표성 제약과 충실성 제약의 위계는 /mat-u/ 'wait' → [matsu] (*[matu])의 예에서처럼 유표성 제약 Assib이 충실성 제약보다 상위에 있

---

[7] 캐나다의 Quebec 지방에서 전설 고모음 앞에 나타나는 파열음 [t]가 파찰음 [ts]와 교체를 보이는 경우를 파찰음화의 쉬운 예로 들 수 있다.

는 것으로 설정하여야 한다.[8]

(23) Assib » Ident-[A_{max}]

그러나 유표성 제약 Assib은 파열음 대신 파찰음을 만들도록 하는 제약이므로 파열음보다는 파찰음을 더 유표적으로 설정하는 언어 보편적인 제약과 충돌한다. 따라서 이 언어 보편적 제약을 *Affricate로 설정할 수 있는데 이 제약은 일본어에서 무성 파찰음과 유성 파찰음이 (24)에서와 같이 서로 다른 음운적 속성을 갖고 있음을 보여준다.

(24) 토착어의 마찰음/파찰음 교체현상
   a. /tuki/   [tsuki] 'moon'
      /natu/   [natsu] 'summer'
   b. /kaNduki/ [kandzuki] 'cold month'
      /poNdu/ [pondzu] 'vinegar with lemon'
   c. /gomadu/ [gomazu] 'vinegar with sesames'
      /makaduki/ [mikazuki] 'increasing moon'
   d. /su/   [su] 'vinegar'
      /nasu/   [nasu] 'augergine'

이미 위에서 언급한 바대로 치경음(alveolar) /t, d/는 고모음 /i, u/ 앞에서 파찰음으로 실현된다. 따라서 /tu/, /du/는 [tsu], [dzu]로 실현된다. (a)의 자료는 이러한 교체현상이 무성음에서 규칙적으로 나타남을 보인다. 또한 (b)의 환경인 모라 자음 /N/ 뒤에서도 이 현상이 그대로 유지되므로 /du/는 [dzu]로 실현된다. 그러나 (c)에서처럼, 모음 뒤에 나오는 유성음이 포함된 /di, du/는 파찰음 대신 마찰음이 포함된 [zi, zu]로 실현된다. 즉, 모음 사이에서는 유성 마찰음이 나타나고 그렇지 않은 경우는 유성 파찰

---

[8] 이 점은 (토착어, 음성 상징어, 최신 차용어 등의) 어휘부의 각 하위단계는 서로 다른 제약 위계를 가지고 있다는 Itô & Mester (1995)의 제안과 연관을 맺을 수 있다.

음이 나타나는 교체현상이 나타난다. 그러나 (a, d)에서 보인 것처럼, 무성음은 파찰음과 마찰음의 교체를 보이지 않는다. 이와 같이 유성 파찰음과 무성 파찰음은 서로 다른 음운적인 속성을 보이므로 파찰음 금지 제약을 두 개의 제약으로 분리할 필요가 있다.

(25) *Affricate의 하위분류
 a. *DZ: 유성 파찰음을 허용하지 않는다.
 b. *TS: 무성 파찰음을 허용하지 않는다.

이러한 세분된 제약의 적용방식은 다음과 같이 제시될 수 있다.

(26)

	…du	Assib.	*DZ	Ident-[high]	*TS
a.	…du	*!			
b. ☞	…do			*	
c.	…dzu		*!		

	…tu	Assib.	*DZ	Ident-[high]	*TS
a.	…tu	*!			
b.	…to			*!	
c. ☞	…tsu				*

그러면 이러한 제약들이 실제로 어떻게 (비교적 오래 전에 들여온) 차용어의 최적형을 선택하는데 유무성음 사이의 차이를 보여주는지를 살펴보자. 다음은 이러한 차용어의 대표적인 예들이다.

(27) 오래된 차용어 (지명, 인명)
 |tuluz| 'Toulouse' → /tsuuruuzu/
 |põpidu| 'Pondidou' → /poNpidoo/
 (cf. 영어 차용어: |tu:pi:s| 'two-piece'→ /tsuupiisu/)

그런데 여기서 특기할 만한 사항은 삽입모음 /u/가 파열음 /t, d/ 뒤에서

는 [o]로 교체된다는 사실이다. 그러나 마찰음 /s, z/ 뒤에서는 이러한 일이 일어나지 않는다.[9]

(28) 삽입 모음 교체: [u] → [o] / t, d _____

Shinohara는 이 현상을 위에서 이미 설정한 제약 Assib과 *TS의 역할로 설명하고 있다. 즉, |bat| 'bat'의 /t/ 뒤에 [u]가 올 수 없으므로 (중복자음이 된) *[battu]는 Assib의 위반이며, 파열음이 파찰음으로 바뀐 *[battsu]는 *TS의 위반이 되므로 [batto]가 최적형으로 선택된다.

(29)

bat	Assib	*DZ	Ident-[high]	*TS
a. battu	*!			
b. ☞ batto				
c. batsu				*!

5.3.2 액센트 제약

이제 실제적인 자료를 분석하기에 앞서 액센트를 고려하여야 하는데 이를 위한 제약을 다음과 같이 설정한다.

(30) 액센트 제약
    Head-Left: 강약구조의 음보를 왼쪽에 설정하라. (Trochaic feet)
    Align (F, R, PrWd, R) (Align-R): 음보의 오른쪽 끝을 운율적 어휘의 오른쪽 끝에 정렬하라. (Align the right edge of every foot with the right edge of a PrWd.)
    Non-finality (NonFin): 운율적 어휘에서 (액센트가 있는 음보나 음절인) 중

---

[9] /t, d/ 다음의 모음 /u/를 /o/로 바꾸는 현상은 *[tu], *[du] 등의 제약으로 설정할 수 있다. 그러나 이는 규칙 기반 이론에서는 자연스러운 음운규칙으로 정의하기가 곤란한 현상이다.

심부는 맨 마지막에 오지 않도록 하라. (No prosodic head (i.e., accented F or σ) of PrWd is final in PrWd.)

Max/Min Foot-binarity (Max/Min Bin): 음보는 음절이나 모라 단계에서 최대/최소한 2분지하라. (Feet are maximally/minimally binary at the level of σ and μ.)

Parse-σ: 모든 음절은 음보로 실현시켜라. (Parse every syllable into a foot.)

이러한 제약을 이용하여 끝에서 세 번째 음절에 액센트가 오는 (antepenultimate) 예를 분석해 보면 다음과 같다. (괄호는 음보를 나타내고, ' 표시는 앞 음절에 액센트가 있음을 나타낸다.) 여기에 사용된 Align-L은 Head-L의 개념을 포함한 것으로 강약구조를 갖는 음보를 맨 왼쪽에 위치시키는 제약이다.

(31) *mâchicoulis* /masi'kuri/ 'machicolation'

	maʃikuli	NonFin	Align-R	Parse-σ	Align-L
a. ☞	ma (si'ku) li		*	**	*
b.	(ma'si) kuli		**!	**	
c.	masi (ku'li)	*!		**	**
d.	(masi) (kuli)		**!		**

여기에서 (c)는 음보를 맨 마지막에 설정하여 우선적으로 제외된다. 그 다음은 (b)가 액센트가 있는 음보가 마지막에 위치하지 않고 두 음절을 건너뛰고 있으므로 Align-R을 두 번 위반하여 제외된다. (d)의 경우는 첫 음보가 두 음절을 띄고 설정되어 있으므로 제외된다. 따라서 마지막 남은 (a)가 Align-R을 한 번만 (즉, 최소한으로) 위반하고 있어서 최적형으로 선택된다.[10]

---

[10] Shinohara는 일본어의 운율어는 단 하나의 음보만을 가진다는 가정을 하고 있다. 물론 합성어 (waa)(puro) 'word processor'나 단어를 거꾸로 뒤집은 (hi:)(ko:) 'coffee'와 같은 경우는 액센트가 없는 특수한 형태이다. 따라서 Shinohara(1998: fn. 3)는 두 음보 구조와 액센트 결여 사이에 어떤 관계가 있는 것으로 추측하고 있다.

이러한 최적성 이론의 분석은 규칙이론에서도 나름대로의 설명을 시도할 수 있다. 이를 위하여 다음과 같은 규칙을 설정할 수 있다.

(32) 액센트 규칙 : 마지막 음절을 운율외적(extrametrical)인 것으로 분류하고 액센트를 맨 오른쪽의 2 모라를 가진 음보에 부여한다.[11]

모음삽입 규칙 : 바로 뒤에 모음이 따르지 않는 자음 다음에 모음을 삽입한다.[12]

그러나 이러한 규칙의 설정이 올바른 표면형을 이끌어낼 수 없다는 문제에 직면하게 된다. 아래의 예에서 보여지듯이, *stylo*와 *alerto*의 차용과정에서 이 두 규칙은 적용 순서가 어느 규칙이 먼저 적용되어도 어느 한 쪽에서는 잘못된 표면형이 도출되는 문제가 등장한다. (이탤릭체는 삽입모음을 나타낸다.)

(33) a. /sut̪i'ro/   *stylo*
     stilo   기저형
     sut̪iro   모음삽입
     su'tiro   액센트 부여
     *su'tiro   표면형

b. /are'rut̪o/   *alerte*
     alɛʁt   기저형
     a'lɛʁt   액센트
     a'rerut̪o   모음삽입
     *a'rerut̪o   출력형

이러한 규칙이론의 문제는 결국 삽입모음이 액센트 부여에 참여하지 못

---

[11] Assign extrametricality to the final syllable and accent to the rightmost left-headed bimoraic foot.

[12] Epenthesis rule: Insert a vowel after a consonant not immediately followed by a vowel.

한다는 다음과 같은 제약을 설정함으로써 해결될 수 있다. ('v'는 삽입모음을 나타냄.)

(34) *v: 삽입모음은 음보의 중심부/핵이 될 수 없다.[13]

이 제약은 단순히 일본어에만 적용된다고 하기보다는 언어 보편적인 것으로 보아야 한다. 그 이유는 삽입된 약(weak) 모음이 여러 언어에서 강세나 액센트를 가지지 못하는 것으로 여러 문헌에 나타나 있기 때문이다 (Kenstowicz 1994). 이 제약의 역할은 다음의 제약도표에서 쉽게 파악할 수 있다.

(35) *abrico* /ab*u*ri'ko/ 'apricot'

	abʁiko	*v	NonFin	Align-R	Head-L
a.	a (b*u*'ri) ko	*!		*	
b.	(a'b*u*) riko			**!	
c.	ab*u* (ri'ko)		*!		
d. ☞	a (b*u*ri') ko			*	*

여기에서는 *v와 NonFin과의 위계관계를 설정할 수 없다. 그러나 Shinohara에 의하면, 다음의 예에서 *v가 NonFin보다 우선한다는 사실을 알 수 있다.

(36) *prix* /puri'/ 'prize'

	pʁi	*v	NonFin
a.	(p*u*'ri)	*!	F
b. ☞	(p*u*ri')		FS

여기에서 (a, b) 모두 음보가 운율어의 마지막에 위치하고 있기 때문에

---

[13] A non-prominent nucleus cannot be the head of a foot.

NonFin을 어기고 있다. 그러나 (a)는 액센트가 있는 음절이 마지막에 오지 않았으므로 마지막 음절에 액센트를 가진 (b)보다 위반의 정도가 작다고 볼 수 있다. 그러나 *v의 위반으로 인해 최적형이 되지 못하게 되는 것으로 설명하고 있다. (물론 이러한 설명은 위에서 정의한 NonFin의 개념과 거리가 있으므로 새로운 정의를 하거나 제약을 수정하여야 할 것이다.)

5.3.3 선어말 장음화와 감응제약

선어말 장음화(Prefinal lengthening) 현상은 주로 최근에 들어온 차용어에 나타난다. 이 현상은 대상 외래어가 단일 자음으로 끝나는 경우, 차용어에서는 마지막 음절에 해당하는 운모(rime)를 다음과 같이 두 가지 방식으로 길게 늘이는 현상이다.

(37) a. 무성자음의 중복
　　　archevêque |aʁʃəvɛk| 'archbishop' → /arusjubekku/
　　　patte |pat| 'paw' → /patto/
　　　lac |lak| 'lake' → /lakku/
　　　⎡ cf. 철자의 영향: *haute* |ot| 'high' → /ooto/ 또는 /otto/ ⎤
　　　⎣ 　　　　　　　　*fête* |fɛt| 'party' → /ɸeeto/ 또는 /ɸetto/) ⎦
　　b. 유성 마찰음 앞 모음의 장모음화: |rɔz| 'rose' → /roozu/

즉, 위치적인 환경에 따라 자음을 중복할 수도 있고, 모음을 장음화할 수도 있다. 그러나 모음의 장음화 경우에는 뒤따르는 자음이 유성 파열음이나 비음인 경우 다른 형태의 변이형이 나타나기도 한다.

(38) 변이형: 유성 파열음이나 비음 앞[14]

---

[14] 그러나 *madeleine* |madlɛn| 같은 경우는 /madureenu/만 가능한데 이는 철자의 영향

robe |ʁɔb| 'cloth' → /robbu/ 또는 /roobu/
pomme |pɔm| 'apple' → /pommu/ 또는 /poomu/
reine |ʁɛn| 'queen' → /rennu/ 또는 /reenu/

이러한 선어말 장음화는 모라를 하나 늘리는 것으로 해석될 수 있다. 따라서 모라의 삽입을 금지하는 제약 Dep-μ를 위배하는 결과를 가져온다. 그러나 모라 삽입 제약을 위반함에도 불구하고 장음화가 일어나는 현상을 설명하기 위하여 Shinohara는 다음의 정렬제약(alignment constraint)을 설정하였다.

(39) Align-R (Stem, R, syllable, R)
입력형 어간의 오른쪽 끝은 출력형 음절의 오른쪽 끝과 정렬되어야 한다.

이 정렬제약은 위계관계에서 모라 삽입을 금지하는 제약보다 상위에 놓인다. 그 결과로 자음을 삽입할 수 있다.

(40)

	lak##	Align-R	Dep-μ
a. ☞	rak.ku		*
b.	ra.ku	*!	

그러나 유성 마찰음의 경우에는 |roz| → /roozu/ (*/rozzu/)와 같이 중복자음을 만들지 못한다. 따라서 다음과 같은 유성 마찰음의 중복을 금지하는 제약이 요구된다.

(41) *ZZ: 유성 마찰음은 중복하지 못한다.

그러나 이러한 제약을 사용함에도 불구하고 현재의 분석방식으로는 |roz|에서 /roozu/를 선택하도록 할 수 있는 방법이 없다. (여기에서는 잘못된

으로 보인다.

선택형을 ●로 표시한다.)

(42)

roz##	*ZZ	Align-R	Dep-μ
a.　roz.zu	*!		*
b.(☞)　roo.zu		*	*
c.●　ro.zu		*	

즉, 실제의 최적형 (b) 대신 (c)가 선택되도록 하는 오류가 발생한다.

Shinohara는 이러한 문제를 해결하기 위하여 감응이론을 도입하는데, 이는 실제의 출력형을 선택할 수 있도록 하기 위하여 제 3의 형태인 감응 후보형을 설정하여 이를 실제 출력형과 대응관계를 만들어 주는 방식이다. 우선 첫 단계는 다음의 도표에서 보이는 바와 같이 ((c)가 위반하는 Align-R을 위배하지 않는) 제 3의 후보형 (a)를 감응 후보형으로 설정하여 (b)와의 연관성을 맺도록 하는 일이다.

(43)

roz##	*ZZ	**Align-R**	Dep-μ
a. ⊛　roz.zu	*!		*
b.(☞)　roo.zu		*	*
c.　ro.zu		*	

이제 감응 후보형과 실제 출력형과의 공통점을 고려해 보면 두 후보형 모두 모라의 수가 같다는 점이다. 그러나 (c)는 모라의 수가 이들보다 하나가 적다. 따라서 다음과 같이 감응 후보형과 모라의 수를 대응시키는 제약이 필요하게 된다.

(44)　Max⊛ O-μ
　　　⊛ 후보형에 있는 모든 모라는 출력형에서 이에 대응하는 모라를 가져야 한다.

이 제약은 두 후보형 (a)와 (b) 사이의 연관성을 맺어주는 제약이다. 이러한 제약의 도움으로 다음의 제약도표에서는 실제의 최적형을 선택할 수 있다.

(45)

roz##	Max⊗ O-μ	*ZZ	Align-R	Dep-μ
a. ⊗ roz.zu		*!		*
b. ☞ roo.zu			*	*
c. ro.zu	*!		*	

위의 도표에서 Align-R을 유일하게 준수하는 (a)를 감응형으로 설정하고 이를 (a)와 연관성을 맺어주는 Max⊗ O-μ 제약을 가장 상위에 위치시켰다. 특히 이 제약은 *ZZ보다도 상위에 있어야 하는데 그 이유는 거꾸로 된 위계관계에서는 오히려 감응 후보형이 최적형으로 선택될 수 있기 때문이다.

이제까지 논의를 종합하면 다음과 같은 결과를 얻는다. 즉, 각각의 위계관계가 중복자음화나 유성 마찰음 중복금지, 보상적 장음화 등에 대하여 결정적인 역할을 하게 되는 것이다.

(46) Align R » DepIO-μ → 중복자음화
    *ZZ » Align-R → /zz/ 금지와 정렬관계 위배(misaligning)
    Max⊗ O-μ » Dep-μ → 보상적 장음화

마지막으로, 선어말 장음화의 자료를 소개하는 과정에서, 유성 파열음이나 비음으로 끝나는 외래어는 자음을 중복시킬 수도 있고 모음을 장음화할 수 있는 두 가지 가능성이 모두 허용됨을 보았다. 이제 이러한 가능성은 화자마다 (개별적인) 다른 문법을 가지고 있는 것으로 보는데 그 차이는 설정된 제약들의 위계관계로 설명할 수 있다.

(47) 문법 1: |ʁɔb| [roo.bu] → Max⊗ O-μ » *DD » Align-R
    문법 2: |ʁɔb| [rob.bu] → Max⊗ O-μ » Align-R » *DD

여기에서 두 문법 사이에 감응 후보형의 설정이 다르게 나타난다. 즉, 문법 1에서는 최적형을 선택하기에 앞서 /rob.bu/를 감응 후보형으로 설정하여야 한다. 그러나 문법 2의 경우는 최적형과 감응형이 일치한다.

5.4 감응이론의 문제점

이와 같이 감응이론을 적용한 분석은 이전의 (표준) 대응이론이 해결하지 못하는 문제를 해결할 수 있는 길을 열어줄 수 있는 장점을 가진다. 그러나 여기에서 과연 이 새로운 감응이론이 가지고 있는 (적어도) 잠재적인 문제는 없는지 검토할 필요가 있다. 여기에서는 Kager (1999)에서 제시하고 있는 감응이론에 대한 몇 가지 평가를 살펴보고 그 타당성을 검토해 본다. 마지막으로는, Idsardi (1998)에 의해 이루어진 감응이론의 이론적인 결함 가능성에 대한 신랄한 비판을 소개해 본다.

5.4.1 잠재적 문제점

우선 감응이론은 직접연계와 적형성 제약에 대한 출력형-기반 등, 표준 최적성 이론의 두 가지 기본적인 토대를 그대로 유지한다. 모든 상호작용은 순서가 지어진 단계(ordered levels) 대신 위계가 있는 제약들을 포함하므로 순차적이지 않고 병렬적이다. 적형성 제약들은 출력형이 아닌 (입력형이나 추상적인 중간단계 등) 어떠한 단계도 참조하지 않는다. 선험적인 측면에서 보면, 감응이론은 이제까지 본 불투명성에 대한 모든 최적성 이론의 접근방식보다 우월하다. 그러나 이 이론도 다음과 같은 문제를 가지고 있다.

첫째, 이 이론은 대응이론을 후보형-후보형 충실성에까지 확장함으로써 대응이론을 약화시킨다. 표준 대응제약들은 어휘적 입력형 (즉, IO-faithfulness)이나 실제 출력형 (즉, OO-identity) 중 독립적으로 설정된 하나의 '구체적' 형태와의 일치관계(identity)를 요구한다. 대응제약들의 적용범위를 늘린다는 것은 최적성 이론의 제한성(restrictiveness)에 대한 잠재적인 위협을 가져온다. 추상적 형태에 대한 충실성은 제약간의 상호작용의 수를 급격히 증가시켜서 이 이론의 계산적 복잡성을 급격히 증가시킨다는 점을 암시한다. 추가적인 연구가 없이는 제시하기 힘든 또 하나의 관련된 문제는 학습 가능성(learnability)이다. 즉, 언어의 학습자가 이러한 복잡한 감응관계를 적용해 언어를 습득한다는 증거를 발견하기가 쉽지 않다는 점이다. (학습 가능성에 대하여는 Kager (1997: 7장)를 참조.)

둘째, McCarthy가 제안하듯이 독립적인 동기를 가진 위계관계에만 기초한 선택자에 의해서 독점적으로 ✪-후보형을 결정할 수 있는지가 전혀 불분명하다. 출력형들에 의해 독립적으로 동기가 부여되지 않고, 다른 제약의 지배를 받지 않는 비지배 제약들의 위계가 ✪-후보형을 선택하는 데 연관이 된다. 선택자에 복종하는 제약들의 집합이 언제나 하나 또는 그 이상의 비지배 제약을 위반하는 후보형들을 포함하고 있음을 주시하자. 이러한 선택자에 복종하는 제약의 집합에서 모든 비지배 제약을 지키는 후보형이 나타나지 않는다면 어떻게 되는가? 만약 선택자가 ✪-후보형에서 그렇지 않았으면 지배를 받지 않았을 제약을 위반하도록 암시하는 요구를 한다면, 이러한 상황이 일어날 수 있다. 그러한 경우, 비지배 제약들의 위계는 이 연계성을 없애도록 요구될 것이다. 그러나 '위계관계가 있는 비지배 제약들'의 사용은, 해당언어에서 독립적 동기를 가진 위계관계가 ✪-후보형을 선택하는 데 충분하다는 주장과 모순된다. 개념상으로, 비지배 제약들은 (절대로 위반을 보이지 않는) 투명 출력형으로부터 얻어진 증거에 기초해서 위계관계가 설정되는 것이 아니다.

셋째, 감응이론은 '연쇄이동(chain shifts)' 관계를 설명할 수 없어서 불투명성에 대한 일반적인 이론을 제시할 수 없다는 문제도 제시될 수 있다. (이 연쇄이동 문제는 역급여 불투명성의 일종으로 상세한 논의는

Kager (1999)를 참조하기 바란다.)

5.4.2 불투명성과 감응이론의 문제점

감응이론에 대한 Idsardi (1998a, b)의 비판은 아주 신랄하다. 그는 감응이론이 우리 인간 언어의 본질을 전혀 반영하지 못하고 있다는 견해를 피력하고 있다. 그에 의하면 감응이론이 등장하게 된 직접적인 동기인 음운적인 불투명성이란 인간 언어의 가장 기본적인 속성이라는 것이다. 그리고 이를 설명하는 데는 표준 최적성 이론이나 감응이론보다는 기존의 규칙이론이 훨씬 더 간편하고 효율적이라는 주장을 하고 있다.

음운적인 불투명성(opacity)의 개념은 이미 앞에서도 소개를 한 바 있다. 즉, 표면형에서는 전혀 나타나지 못하는 형태를 기저형에 설정하는 일종의 음운적인 부자연성을 말한다. 다음의 보기에서 제시한 세 가지 예가 이를 잘 보여주고 있다.

(48) a. Boston 영어: /fajr/   기저형 'fire'
        fajər   모음삽입
        fajə   r-삭제
        [fajə]   표면형 (*[faj])

   b. Tiberian Hebrew: /deš?/   기저형 'grass'
        deše?   모음삽입
        deše   ?-삭제
        [deše]   표면형 (*[deš])

   c. Icelandic: /bɪlj-r/   기저형 'storm'
        bɪlr   j-삭제
        bɪlʏr   모음삽입
        [bɪlʏr]   표면형 (*[bɪljʏr])

위에서 제시된 바와 같이 Boston 영어의 /r/, Tiberian 히브리어의 /?/, 아이슬랜드어의 /j/ 등이 모두 기저형에만 설정되어 있을 뿐 표면형에 전혀 나타나지 않는다. 따라서 이러한 추상적인(abstract) 분절음들이 음운분석에서 불투명성을 보이는 문제점을 보이게 된다.

이와 같은 불투명성의 문제를 해결하기 위한 감응이론의 분석은 이미 위에서 제시된 바 있다. 그러나 편의상 히브리어 /deš?/ [deše] 'grass'에 대한 McCarthy (1997)의 분석을 아래에 다시 소개해 보기로 한다. 즉, 아래의 제약도표는 감응관계를 설정함으로써 올바른 최적형을 얻게 되는 과정을 보여준 것이다.

(49)

/deš?/	⊛MAX-V$_{MAX-C}$	*COMPLEX	ANCHOR$_{IO}$	CODA-COND	MAX-C$_{IO}$	DEP-V$_{IO}$
a. ☞ deše					*	*
b. ☜ deš	*!				*	
c. deš?e			*!		✓	*
d. ⊛$_{Max-C}$ deše?				*!	✓	*
e. deš?	*!	*!		*!	✓	

즉, 실제의 최적형은 (a)이지만 감응관계를 설정하지 않으면 (b)의 후보형이 잘못 선택되는 결과가 나타난다. 이러한 문제점을 해결하기 위해서 (a)가 가지고 있는 밑줄친 모음 [e]를 가지고 있는 (c, d)가 모두 입력형의 자음을 그대로 유지하고 있는 데 착안하여 MAX-C를 감응제약으로 설정한다. 그리고 입력형의 자음을 단어의 끝에 위치하도록 하는 ANCHOR 제약을 준수하고 있는 (d)를 감응후보로 삼는다. 마지막으로, 실제의 후보형은 (d)가 아니라 (a)이므로 ⊛MAX-V$_{Max-C}$ 제약을 감응제약보다 상위에 놓아 실제의 최적형이 나타나도록 한다.

그러나 이와 같은 감응이론 분석은 감응제약 설정과 감응후보 선택 등이 필요하므로 규칙이론은 물론이고, 표준 최적성 이론에 비해서도 상당한 복잡성을 가지고 있는 것이 문제점으로 등장한다. 따라서 굳이 이러한 과도한 복잡성을 초래할 이유가 없이 기존의 규칙이론으로 설명하는 것이 더 간편할 수 있다는 생각을 하게 되는 것이 당연하다고 할 수 있는데 이러한 생각을 증명해 보이고자 하는 것이 Idsardi (1998a, b)의 의도이다.

Idsardi (1998b)에 인용된 히브리어의 명사는 세 개의 자음과 삽입된 모음 하나로 이루어지는 역사적 변천과정을 거쳐왔다.[15] 이를 'Segholate'라고 부르는데 정리하면 다음과 같다.

(50) Segholate 명사: /C_1 {a, i, u} $C_2 C_3$/
    /malk/ → [mélex] 'king'
    /sipr/ → [sé:fer] 'book'
    /ʔuzn/ → [ʔó:zen] 'ear'

즉, 세 자음으로 이루어진 어근(root)의 첫 자음과 둘째 자음 사이에 {i, a, u} 중 하나가 삽입되는 형태를 취한다. (/malk/ → [mélex]의 경우에 첫 음절의 모음변화 a → e는 /CaCC/에서 일어나는 모음조화이다.) 이와 같은 명사의 음운적 변이과정을 이제까지의 표준 방식인 규칙을 적용하여 분석하면 다음과 같다.

(51)

기저형	Segholates					CaC	CaCeC
	malk	malk-i	daʃʔ	baʕl	zarʕ	ʕaʃ	gader
Metrification	málk		dáʃʔ	báʕl	zárʕ	ʕáʃ	gadér
Pretonic lengthening							ga:dér
Tonic lengthening		malkí:				ʕá:ʃ	ga:dé:r
Epenthesis	málek		dáʃeʔ	báʕal	záreʕ		
Vowel harmony	mélek		déʃeʔ		zéreʕ		
Spirantization	mélex						ga:ðé:r
ʔ-deletion			déʃe				
Gutteral lowering					zéraʕ		
표면형	mélex	malkí:	déʃe	báʕal	zéraʕ	ʕá:ʃ	ga:ðé:r
	'king'	'my king'	'grass'	'master'	'seed'	'moth'	'wall'

---

[15] 단어가 3개 정도의 자음만으로 구성되고 그 사이에 모음이 삽입되는 것은 히브리어나 아랍어가 속한 셈어(Semitic)의 특성이다. 이에 대하여는 McCarthy (1979) 참조.

우선 강세규칙(Metrification)은 (마지막) 모음에 강세를 준다. 강세앞 장음화(Pretonic Lengthening) 규칙은 강세가 있는 음절의 앞에 개음절(open syllable)이 있으면 이를 장음화하는 것이다. 강세음절 장음화(Tonic lengthening) 규칙은 강세가 있는 음절의 모음을 장음화한다. 모음삽입(Epenthesis) 규칙은 자음군을 피하기 위해 모음을 삽입하는 것이다. 모음조화는 위에서 [e]가 뒤따르는 /a/를 [e]로 바꾸는 기능을 한다. 마찰음화(Spirantization) 규칙은 /k, d/와 같은 파열음을 가장 속성이 가까운 마찰음 [x, ð] 등으로 바꾼다. ʔ-삭제는 어말에서 ʔ를 허용하지 않는 히브리어의 특성을 반영한다. 마지막으로, 후음(gutteral) 하강규칙은, /zarʕ/ → [zéraʕ] 'seed'에서와 같이, 어말 후음 ʕ이 나타나면 그 앞의 모라(mora)를 /a/로 바꾸는 특이한 규칙이다.

이와 같이 히브리어의 복잡한 음운적 과정을 기술하기 위해서는 많은 규칙들이 필요할 수밖에 없다. 또한 이러한 규칙 기반적인 도출과정을 예시하기 위해서 다음과 같은 규칙간의 순서도 필요하다.[16]

(52) a. 강세규칙이 강세음절 장음화(Tonic lengthening)에 선행
→ 급여(feeding) 규칙순

b. 강세규칙이 모음삽입에 선행
→ 역급여(counter-feeding) 규칙순: 불투명성(opacity)

c. 강세음절 장음화가 모음삽입에 선행
→ 역급여(counter-feeding) 규칙순: 불투명성

d. 모음삽입이 모음조화에 선행
→ 급여 규칙순

e. 모음삽입이 마찰음화에 선행
→ 급여 규칙순

f. 모음삽입이 ʔ-삭제에 선행

---

[16] 규칙순서에 대한 주요 개념에 대해서는 Kenstowicz & Kisseberth (1977, 1979)나 「영어학 사전」 (조성식 외, 신아사) 참조.

→ 역출혈(counter-bleeding) 규칙순: 불투명성

g. 모음조화가 후음성 하강규칙에 선행
   → 역출혈 규칙순: 불투명성

h. ʔ-삭제가 후음성 하강규칙에 선행
   → 출혈(bleeding) 규칙순

이러한 복잡성은 물론 언어를 분석하는 데 상당한 부담을 주는 것이 사실이다. 그러나 복잡한 양상을 가진 언어의 분석에서 감응이론을 도입하는 경우 이보다 더 큰 복잡성을 보일 뿐 아니라, 몇 가지 경우에는 설명하지 못하는 예도 나타나게 된다는 것이 Idsardi의 주장이다. 우선 가장 대표적인 예로 McCarthy의 감응이론은 불투명성을 가진 모음삽입 현상을 설명하지 못한다는 점을 지적하고 있다. 그리고 이 문제는 다른 불투명성의 문제, 즉 강세규칙, (개음절에서의 강세 단모음의) 장음화, [zéraʕ]에서 불투명성을 보이는 모음의 속성 등을 역시 설명할 수 없다는 것이다.

그럼 우선 불투명성을 가진 비어말 강세(nonfinal stress)에 대한 감응이론의 분석을 제시해 보기로 한다.

(53) 불투명성을 보이는 비어말 강세 분석

/malk/	⊛IDENT-STRESS$_{DEP-V}$	⊛MAX-V$_{MAX-C}$	*COMPL	ANCHOR	CODA COND	FINAL STRESS	MAX -C$^⊛$	DEP -V$^⊛$
a. ☞ mélex						*		*
b. ⊛MAX-C meléx	*!							*
c. málk		*!	*!					
d. ⊛DEP-V mál		*!					*	
e. ⊛DEP-V máx		*!					*	
f. málke				*!		*		*
g. malké	*!			*!				*

여기에서는 감응이론의 분석이 표준 최적성 이론의 분석에 비해 복잡성을 보이는 것이 문제이지만 올바른 최적형을 선택하는 데는 큰 문제가 없다. 특히, 이 분석에서 나타난 특징은 DEP-V⊛ 제약이 하나 이상의 감응 후보를 허용할 수 있다는 점이다. 아무튼 이 감응이론을 사용한 분석에서는 규칙 기반 이론의 분석에서와 마찬가지로 실제의 표면형이 최적형으로 선택될 수 있으므로 감응이론이 그런대로 성립이 될 수 있는 경우이다.

그러나 접미사가 첨가된 Segholate 명사의 경우 문제점이 발생하기 시작한다. 다음의 예를 보자. (여기에서 실제로 쓰이는 최적형은 굵은 표시로 된 후보형이다.)

(54) 접미사가 첨가된 Segholates

/malk-i/	⊛IDENT-STRESS$_{DEP-V}$	⊛MAX-V$_{MAX-C}$	*COMPL	ANCHOR	CODA COND	FINAL STRESS	MAX -C⊛	DEP -V⊛
a. **malkí**		*!		*!				
b. málki	*!	*!		*!		*		
C. ☞⊛MAX-C Meléx	*!	?						*
D. ⊛DEP-V Malí		*!				*		
E. ☞ ☞ ⊛MAX-C Malekkí								*
f. malexí				*!				*
g. málk	*!	*!	*!					

이 분석도표에서 실제로 나타나야 하는 형태는 맨 처음의 후보형이다. 그러나 감응관계를 이용하는 경우, *[malekki]가 최적형으로 선택된다. 또한 감응관계를 사용하지 않는다 해도 *[melex]와 *[malekki]가 같은 등급을 받게 되어 문제가 해결되지 않는다. 여기에서 근본적인 문제는 ANCHOR의 잘못된 역할인데, 이 제약은 어간의 마지막 자음이 보존되는 경우 이를

반드시 음절말 경계에 정렬시키는 역할을 한다.[17] 그 결과로 ANCHOR 제약이 올바른 후보형인 [malkí]를 제외시킬 수밖에 없는 상황이 일어나는 것이다. (그러나 규칙이론에서는 [malkí]가 투명한(transparent) 형태이므로 아무런 문제가 없이 도출이 된다.) 따라서 감응관계가 결국 투명한 형태에 대하여 예측할 수 없는 행동, 즉 큰 혼돈을 초래하고 있다는 결론에 도달하게 된다. 이 문제를 해결하기 위하여 ANCHOR 제약의 역할을 줄일 수밖에 없다. 이를 위하여 이 제약보다 상위에 위치할 수 있는 다른 제약을 설정해야 할 것이다. (REALIZE-MORPH는 입력형의 형태소 (즉, 접미사) 분절음을 모두 실현시키는 제약이고, IDENT(C-LENGTH)는 대응하는 자음 사이의 길이를 일치하도록 하는 제약이다. 이 추가 제약들은 아래 도표에서 굵은 표시로 나타내며 이에 따라 제외되는 잘못된 후보형에 대한 위반 표시 역시 굵게 표시한다.)

(55) REALIZE-MORPH » ANCHOR (*[melex] 제외 가능)
    IDENT(C-LENGTH) » ANCHOR (*[malekki] 제외 가능)

이러한 장치를 마련한 새로운 분석은 다음과 같이 될 수 있다. (여기에서부터 제시되는 제약의 수가 급속히 늘어나므로 제약을 왼쪽에 세로 방향으로 표시하고 후보형을 맨 위에 가로로 나타낸다. 또한 잘못 예측된 후보형을 Idsardi (1998b)는 ☞로 표시하였으나 여기에서는 이해의 편의상 ☞*로 표시한다. 또한 실제로 나타나야 할 표면형은 (☞)로 표시한다.)

---

[17] 이 제약은 Align(Pcat, Mcat) 제약을 구체화한 것으로 볼 수 있다.

(56) /malk-i/	a. (☞) malkí ⊛Max-C	b. málki	c. meléx ⊛Max-C	d. 💣 malí ⊛Dep-V	e. malekkí	f. malexí	g. málk
⊛Ident-Stress_{Dep-V}		*!	*!				*!
⊛Max-V_{Max-C}			*!				*!
*Complex							*!
Coda-Cond							
Realize-Morph		*!					*!
Ident(C-Length)					*!		
Anchor	*!	*				*!	
Final Stress		*					
Max-C⊛				*			
Dep-V⊛			*		*	*	

그러나 이 경우에도 실제의 표면형인 (a)의 [malkí] 대신 (d)의 *[malí]가 최적형으로 선택되는 오류가 발생한다. 그 이유는 (d)가 입력형의 /k/를 탈락시킴으로써 Anchor 제약을 피할 수 있는 반면 (a)는 그렇지 못하여 이 제약을 위반하기 때문이다. 이 문제를 해결하기 위해서는 (d)의 *[malí]를 제거할 수 있는 제약이 이 계류(anchor) 제약보다 상위에 놓일 수 있도록 해야 할 것이다. 따라서 (d)의 *[malí]가 위반하고 있는 제약 Max-C⊛를 Anchor 제약보다 상위에 놓음으로써 문제를 해결할 수 있다.

(57) /malk-i/	a. ☞ malkí ⊛Max-C ⊛Dep-V	b. málki	c. meléx ⊛Max-C	d. malí	e. malekkí	f. malexí	g. málk
⊛Ident-Stress_{Dep-V}		*!	*!				*!
⊛Max-V_{Max-C}			*!				*!
*Complex							*!
Coda-Cond							
Realize-Morph		*!					*!
Ident(C-Length)					*!		
Final Stress		*					
Max-C⊛ ↰				*!			
Anchor		*	*			*	
Dep-V⊛			*		*	*!	

이와 같이 제약의 위계를 서로 바꾸게 되어 ANCHOR 제약을 위반하고 있는 (a)의 [malkí]와 (f)의 [malexí]의 두 후보형이 마지막까지 경합을 벌이게 되고 결국 제약을 준수하는 (a)의 [malkí]가 최적형으로 선택되는 올바른 결과를 얻을 수 있다. 따라서 /mal-ki/가 규칙이론에서와 같이 투명성을 회복하게 되는 것이다.

그러나 이러한 노력에도 불구하고 모든 문제가 해결되는 것은 아니다. 왜냐하면, 다른 예의 경우에는 또 다른 문제가 등장하기 때문이다. 예를 들어, 접사가 붙지 않은 /daš?/ [deše]의 경우를 동일한 제약과 그 위계관계로 분석할 수 있는지를 검토해 보자.

(58) /daš?/	a. (☞) déše	b. dešé	c. dáš ⊛DEP-V	d. ⊛ déš?e	e. deš?é ⊛MAX-C	f. dešé?	g. dáš?
⊛IDENT-STRESS_DEP-V		*!			*!	*!	
⊛MAX-V_MAX-C			*!				*!
*COMPLEX							*
CODA-COND						*	*
REALIZE-MORPH							
IDENT(C-LENGTH)							
FINAL STRESS	*			*			
MAX-C^⊛	*	*	*				
ANCHOR				*	*		
DEP-V^⊛	*	*		*	*	*	

위의 분석에서도 실제로 나타나야 할 최적형은 (a)의 [déše]이다. 그러나 위의 제약관계에서 얻어지는 것은 (d)의 *[déš?e]이다. 이 문제를 해결하기 위해서 ⊛DEP-V 제약을 위배하고 있는 [déš?e]와는 달리 이를 지키고 있는 (c)의 [dáš]를 감응후보로 선택한다. 이제 이 감응후보에 비해 실제 최적형이 마지막 모음 [e]가 하나 더 있으며, 잘못된 예측형 *[déš?e]가 이 여분 모음 이외에 자음도 하나 더 가지고 있음을 알 수 있다. 따라서

새로운 제약 ⊛DEP-C_{DEP-V}를 가장 높은 제약의 위치에 설정한다.[18]

(59) /daš?/	a. ☞ déše	b. dešé	c. dáš ⊛DEP-V	d. déš?e	e. deš?é ⊛MAX-C	f. dešé?	g. dáš?
⊛DEP-C_{DEP-V}				*!	*!	*!	*!
⊛IDENT-STRESS_{DEP-V}		*!			*!	*!	
⊛MAX-V_{MAX-C}			*!				*!
*COMPLEX							*
CODA-COND						*	*
REALIZE-MORPH							
IDENT(C-LENGTH)							
FINAL STRESS	*			*			
MAX-C^⊛	*	*	*				
ANCHOR				*	*		
DEP-V^⊛	*	*		*	*	*	

이제 새로운 위계관계에 의해 원하는 최적형을 선택할 수 있다. 이와 같이 (일반적인 최적성 이론뿐 아니라 특히,) 감응이론의 분석에서는 문제가 발생할 때마다 소수의 새로운 제약을 첨가함으로써 매번 분석을 수정하여 올바른 표면형을 선택할 수 있는 것처럼 보인다.

그러나 문제는 이러한 낙관적인 예상보다 훨씬 더 심각한 것으로 나타난다. 특히, 위의 분석에서는 ANCHOR 제약의 역할이 무시될 수 있는 것으로 제시되었다. 그러나 이미 앞의 (53)에서 분석한 [mélex]의 경우에 (잘못된 후보형인 (53f)의 *[málke]를 배제할 수 있기 때문에) ANCHOR 제약이 필수적이라는 점을 상기하면 이 제약의 역할을 중요한 요인으로 고려하여야 한다. 그런데, 이 제약에 큰 역할을 부여하는 경우 DEP-V에 해당하는 것이 (53d)의 *[mál] (또는 (53e)의 *[máx])이므로 [mélex]의 분

---

[18] ⊛DEP-C_{DEP-V}를 ⊛MAX-V_{MAX-C}보다 상위에 놓아야 한다. 그 이유는 (여기에서는 언급되지 않은) [róːš]와 같은 예의 분석에 이 위계관계가 필요하기 때문이라는 것이 Idsardi의 설명이다.

석에 대한 또 다른 문제를 던져주게 된다는 점이 관찰된다. 다시 말하면, ⊛IDENT-STRESS$_{DEP-V}$ 제약과 ⊛MAX-V$_{Max-C}$ 제약을 일단 고려하지 않으면 MAX-C보다 상위의 제약 FINAL STRESS를 어기고 있는 (53a) [mélex]가 최적형으로 선택될 수 없기 때문이다.

한편, 불투명성을 보이는 모음의 길이와 관련하여 감응이론의 추가적인 복잡성 문제가 발생한다. 즉, 이제까지의 (표준) 최적성 이론이나 기존의 규칙-기반 이론에 비해 훨씬 복잡한 분석을 해야 하는 문제점이다. 이 문제점을 구체적으로 보기 위하여 우선, 모음의 길이를 변화시키는 역할을 하는 강세모음 장음화(Tonic lengthening)가 어떻게 /malk/ → [mélex] 'king'에 적용되지 못하도록 할 수 있는지 생각해 보아야 한다. 그 이유는 이 강세모음 장음화 현상은 /ʕaš/ → [ʕáːš] 'moth'에서와 같이 강세가 있는 모음을 장음화할 수 있기 때문이다.

또한, 최적형의 모음이 입력형 /malk/의 단모음 길이를 그대로 유지하므로, 음절말에 자음이 두 개가 오는 단모음 [a]에 대한 감응관계가 필요하여 감응후보 ⊛[málk]의 설정이 필요하다. 그 이유는 강세가 있는 모음을 장음화시키는 현상과 어말 자음군을 허용하지 않는 제약을 피해야 하기 때문이다. 그런데, 이 감응관계는 (장모음화도 피하면서) 어말 자음군도 그대로 유지할 수 있도록 *COMPLEX 제약보다 상위에 있어야 한다. 따라서 (자음 사이에) 모음삽입을 피하고 어말 자음을 모두 유지하도록 ⊛[málk]에 대한 감응제약을 {DEP-V, MAX-C}로 설정해야 한다.[19] (실제로 /rabb/에서와 같은 중첩자음에 대한 제약은 {IDENT(C-LENGTH), DEP-V, MAX-C}이다.) 또한 감응관계를 계산하기 위하여 다음과 같은 관계를 설정해야 한다.

(60) *a: C$_0$ » STRESS → LENGTH, PRETONIC → LENGTH » IDENT(V-LENGTH)

---

[19] 그러나 이것이 입력형이 될 수는 없다. 그 이유는 [ʕáːš]에서처럼 단모음이 장음화하는 경우도 흔히 발견되기 때문이다. 따라서 {DEP-V, MAX-C}에 대한 감응관계가 필요하다.

끝으로 감응관계를 실현하기 위한 ⊛IDENT(V-LENGTH){DEP-V, MAX-C} 제약이 필요하다. 이상의 고려 사항을 반영하여 Idsardi (1998b)는 다음과 같은 제약도표를 제시하였다. 우선 상대적으로 간단한 /daš?/ → [déše] 'grass'의 경우를 먼저 제시하면 다음과 같다.

(61) /daš?/	a. ☞ déše	b. de:šé	c. dá:š ⊛DEP-V	d. dáš	e. déš?e:	f. de:š?é: ⊛MAX-C	g. dáš? ⊛{M, D}	h. dá:š?
⊛DEP-?$_{DEP-V}$					*!	*!	*!	*!
⊛IDENT-STRESS$_{DEP-V}$					*	*		
⊛IDENT- V-LENGTH$_{\{M,D\}}$		*!	*!			*		*
⊛MAX-V$_{MAX-C}$			*!	*!			*	*
*COMPLEX							*	*
CODA-COND							*	*
REALIZE-MORPH								
*A:C$_0$]			*					*
STRESS → LENGTH	*			*			*	
PRETONIC → LENGTH						*		
IDENT(C-LENGTH)								
IDENT(V-LENGTH)		*	*			*		*
FINAL STRESS	*	*						
MAX-C$^⊛$	*	*	*	*				
ANCHOR					*	*		
DEP-V$^⊛$	*	*			*	*		

위의 도표에서 알 수 있듯이, 앞에서의 분석에 추가된 점은 모음의 길이를 반영한 점이며, 새로운 분석을 위해 필요한 제약들은 모두 굵은 글씨로 표기하였다. 그리고 이 분석에 필요한 제약은 모두 16개로 증가되었다.

그러나 비슷하기는 하지만, /malk/ → [mélex] 'king'의 분석에서는 제약의 수가 또 증가되어야 한다. 특히 여기에서 고려해야 하는 것은 모음조화이다. 우선 삽입되는 모음이 기본적으로 /e/이지만 후음(gutteral) 다음에는 /a/로 나타난다는 점을 고려하여야 한다. 또한 후음과 같이 나타나는 경우에도 움라우트에 의해 [e] 모음이 나타나는 [ʕéšeθ], [ʕéveð], [ʕéṣev], [ʕéṣer], [ʕéxes], [ʕélem] 등의 형태를 고려해야 한다. 따라서 [melex]에서 기본 모음 [e]를 실현시키기 위하여 다음에서 제시된 것과 같은 제약관계를 설정할 필요가 등장하게 된다.[20]

(62) *aCe » GUTTERAL-e » DEP-a » IDENT-FRONT, DEP-V

이러한 관계에서 최적형을 선택하기 위한 제약도표는 다음과 같다.

(63) /malk/	a. ☞ mélex	b. málex	c. málax	d. má:l ⊛DEP-V	e. ma:lé:x ⊛MAX-C	f. málk ⊛{M, D}
⊛DEP-ʔ$_{DEP-V}$					*!	*!
⊛IDENT-STRESS$_{DEP-V}$					*	
⊛IDENT-V-LENGTH$_{\{M,D\}}$				*!	*	
⊛MAX-V$_{MAX-C}$			*!	*!		*
*COMPLEX						*
CODA-COND						*
REALIZE-MORPH						
*a:C$_0$]						
STRESS → LENGTH	*	*	*			*
PRETONIC → LENGTH					*	
IDENT(C-LENGTH)						
IDENT(V-LENGTH)				*	*	
FINAL STRESS	*	*	*			
MAX-C⊛					*	
ANCHOR						
*aCe		*!				
*GUTTERAL-e						
DEP-a			*!			
IDENT-FRONT	*					
DEP-V⊛	*	*	*		*	

---

[20] 여기에서 DEP-a는 dep-V* (V*는 [e]가 아닌 모음)을 나타낸다. 또한 *aCe는 음보 (foot) 안에서만, 그리고 단모음에만 적용되는 제약이다.

여기에서 볼 수 있는 것은 이제 제약의 수가 20개로 다시 증가하였다는 점으로, /baʕl/ → [báʕal] 'master'의 경우에도 동일한 수의 제약으로 분석을 할 수 있다.

(64)

/baʕl/	a. ☞ báʕal	b. báʕel	c. béʕel	d. béʕal	e. bá:l ⊛Dep-V	f. ba:ʕál ⊛Max-C	g. baʕl ⊛{M, D}
⊛Dep-ʔ$_{DEP-V}$							
⊛Ident-Stress$_{DEP-V}$						*!	
⊛Ident-V-Length$_{\{M,D\}}$					*!	*	
⊛Max-V$_{MAX-C}$					*!		*!
*Complex							*!
Coda-Cond							
Realize-Morph							
*a:C$_0$							
Stress → Length	*	*	*	*			
Pretonic→Length							
Ident(C-Length)	*	*	*	*			*
Ident(V-Length)					*	*	
Final Stress	*	*	*	*			
Max-C⊛						*	
Anchor							
*aCe		*!					
*Gutteral-e		*	*!				
Dep-a	*			*			
Ident-Front			*	*!			
Dep-V⊛	*	*	*	*		*	

그러나 이 분석이 가지고 있는 문제점이 있다. 첫째, 다른 예인 [go:vah], [ro:vaʕ], [ro:mah] 등에서는 후음이 뒤따르는 경우에 모음이 [e] 대신 투명성을 가진 [a]가 쓰이고 있음을 알 수 있다. 이러한 문제점을 수정하기 위해서는 *e-Gutteral과 같은 제약을 새로 만들거나 아니면 기존의

*GUTTERAL-e를 수정해야 할 것이다.

또한, e—a의 모음 연속체는 a—a의 모음 연속체보다 열등하다. 그 이유는 두 경우가 모두 DEP-a 제약을 위반하지만 e—a는 IDENT-FRONT도 위반하기 때문이다. 따라서 e—a는 불투명성을 가지고 있지만 [zéraʕ] 'seed'에서와 같이 마지막 후음과 같이 쓰일 수 있다.

한편, [zéraʕ] 'seed', [šélah] 'weapon', [šéfaʕ] 'abundance'에서의 불투명(opaque) a → e 변화는 특히 문제가 된다. 그 이유는 우선, a → e 변화를 유발하는 요인이 기저형이나 표면형 어디에도 없기 때문에 입력형의 보존이 불가능하다는 점이다. 또한, [mélex]의 선택에서 고려된 이 요인은 마지막 강세를 가진 후보형을 제거하는 감응제약에 결정적으로 의존하고 있다. DEP-a에 대하여 감응관계가 있어야 하지만 그런 경우, [báʕal] 대신 [*béʕal]을 얻게 되므로 가운데 후음, 즉 C_2 후음에 대하여는 잘못된 결과를 이끌어 낸다.

이밖에도, 표면에 충실한 a → eʕ 일반화에 대한 문제가 있다. 어말이 아닌 강세가 있는 개모음에서는 뒤따르는 음절이 후음이 아닌 자음으로 시작하고 같은 음보 내에 있으면 단모음 [a]가 나타날 수 없다. 그런데 이러한 점을 타당한 제약으로 만들 수 있는가 하는 문제가 있다. 따라서, [a]를 C_2 후음과 같이 나타날 수 있도록 하고 마지막 후음인 C_3와는 같이 나타나지 못하게 하는 감응관계가 필요하다.

한편 *GUTTERAL-e » DEP-a의 위계관계는 *GUTTERAL-e의 일반화를 방해하고, 더욱이 투명한 후보형들은 어말강세를 가지고 있으므로 움라우트가 적용되지 못한다는 점도 고려하여야 한다. 마지막으로 ⊛IDENT-FRONT 감응관계가 {<*GUTTERAL-e » DEP-a>, DEP-v́, IDENT(V-LENGTH)}에 연결되어야 한다. (이를 아래에서 ⊛GDDI로 나타낸다.) 이를 종합한 예를 다음에 제시한다. (이 도표에서 ⊛IDENT-FRONT 제약은 첫 모음만 영향을 받을 수 있도록 *e-Gutteral 제약보다 아래에 위치하여야 한다. 또, [deše]에 [e]가 삽입되므로 마지막 자음 ʔ는 표면에 나타나지 못하고 ([melex]에서와 같이) 움라우트가 작용한다.)

(65) /zarʕ/	a. ☞ zéraʕ	b. záraʕ	c. záreʕ	d. zéreʕ	e. za:rá:ʕ ⊛DEP-V	f. zá:r ⊛MAX-C	f. zárʕ ⊛{M,D}
⊛DEP-ʔ$_{DEP-V}$							
⊛IDENT-STRESS$_{DEP-V}$						*!	
⊛IDENT-V-LENGTH$_{(M,D)}$					*!	*!	
⊛MAX-V$_{MAX-C}$						*!	*!
*COMPLEX							*!
CODA-COND							
REALIZE-MORPH							
*a:C₀]							
STRESS → LENGTH	*	*	*	*	*		*
PRETONIC→LENGTH							
IDENT(C-LENGTH)							
IDENT(V-LENGTH)					*	*	
FINAL STRESS	*	*	*	*			
MAX-C⊛						*	
ANCHOR							
*aCe		*!					
*GUTTERAL-e⊛							
*e-GUTTERAL			*	*!			
⊛IDENT-FRONT	*	**!	*		**	*	*
DEP-v́⊛					*		
DEP-a⊛	*	*			*		
IDENT-FRONT	*			*			
DEP-V⊛	*	*	*	*	*		

이제 여기에 사용된 제약은 모두 23개나 된다. 그러나 Tiberian Hebrew의 분석에 필요한 제약의 수에 대한 증가는 여기에서 멈추지 않는다. 예를 들어, 불투명성을 가진 마찰음화(spirantization)의 경우 *V-stop과 같은 추

가적 제약이 필요하다. 따라서 Idsardi에 의하면, 이 언어의 음운현상에 대한 상세한 분석을 위해서는 최소한 25개 이상의 제약이 필요하다는 결론에 이른다. 또한 이러한 제약만 필요한 것이 아니라 기존의 대응관계 이외에 5개 정도의 감응관계가 필요하여 극단적인 복잡성을 보일 수밖에 없다. 그러나 규칙을 사용한 분석에서는 이미 위에서 보았듯이 아무리 복잡한 것처럼 보여도 결국에는 10개 정도의 규칙만 사용하면 된다. 이러한 차이점을 다음과 같이 정리할 수 있다.

(66) 규칙이론과 감응이론의 복잡성 대조
  필요한 규칙: 약 10개
  필요한 감응관계와 제약: 25개 이상의 제약, 최소한 1개의 OO faithfulness,
      5 감응관계 (✪ Max-C, ✪Dep-V, ✪{M, D},
      ✪GDDI, ✪Max-V)

즉, 감응이론은 이전의 규칙이론에 비해 과도한 이론적 장치를 필요로 함을 지적하고 있다. 또한 Idsardi가 지적하는 또 다른 문제점은 이러한 이론적인 복잡성에도 불구하고 일부 현상, 특히 모음삽입의 경우에는 이를 단일 제약으로 설정할 수 없는 점이다. 즉, 여러가지 제약을 설정하여 동일한 결과를 얻기 위하여 서로 공모하도록 해야 하며 이를 단일 제약으로 통합하는 일이 불가능한 경우가 발견된다는 문제점이다. 또한 감응관계와 표준 출력부-출력부 대응관계를 모두 사용해야 하는 점도 기본적인 부담이다.

이상에서 논의한 바와 같이 McCarthy (1998)의 감응이론 분석에서는 결국 입력부-출력부 대응관계, 출력부-출력부 대응관계, 그리고 제 3의 대응관계인 감응관계가 모두 필요하다. 뿐만 아니라 제약의 숫자가 처음 예상과는 달리 상당히 많다는 점을 알 수 있다. 또한, 후보들간의 감응관계를 설정하고 동시에 두 개 이상의 감응관계를 계산해야 하는 등 복잡한 절차가 한두 가지에 그치지 않는다. 이러한 복잡성은 결국 Idsardi

의 입장에서 보면 일종의 술책적(conspirational)인 장치일 뿐이다. 따라서 Idsardi의 연구는 과연 이러한 감응이론 (또는 최적성 이론의) 분석방식이 언어의 본질을 제대로 반영하고 기술할 수 있는지 다시 한 번 숙고해 보아야 할 과제를 던져주고 있는 것으로 볼 수 있다.

주요 참고문헌

안상철, 이봉형, 이보림. 2000. 『최적성 이론의 이해』 한신문화사.
Benua, Laura. 1995. Identity effects in morphological truncation. *University of Massachusetts Working Papers in Linguistics*, 77-136.
Benua, Laura. 1997. *Transderivational Identity: Phonological Relations between Words*. Doctoral Dissertation, University of Massachusetts.
Chomsky, Noam and Morris Halle. 1968. *The Sound Pattern of English*. New York: Harper & Row.
Dresher, Elan. 1983. Postlexical phonology in Tiberian Hebrew. *Proceedings of the West Coast Conference on Formal Linguistics* 2, 67-78.
Halle, Morris and William Idsardi. 1997. R, hypercorrection and the elsewhere condition. In Iggy Roca (ed.), *Derivations and Constraints in Phonology*, 331-348. Oxford: Oxford University Press.
Hayes, Bruce. 1980. *A Metrical Theory of Stress Rules*. Doctoral Dissertation, MIT.
Hayes, Bruce. 1984. Extrametricality and English stress rules. *Linguistic Inquiry* 13, 227-276.
Idsardi, William. 1997. Phonological derivations and historical changes in Hebrew spirantization. In Iggy Roca (ed.), *Derivations and Constraints in Phonology*, 367-392.
Idsardi, William. 1998a. Tiberian Hebrew spirantization and phonological derivations. *Linguistic Inquiry* 29:1, 37-73. Oxford: Oxford University Press.
Idsardi, William. 1998b. *Segholate opacities*. Talk given at MIT.
Itô, Junko and Armin Mester. 1995a. Japanese phonology. J. Goldsmith (ed.), *The Handbook of Phonological Theory*, 817-838. Oxford: Blackwell.
Itô, Junko and Armin Mester. 1995b. The core-periphery structure of the lexicon and constraints on reranking. *Papers in Optimality Theory: University of Massachusetts Working Papers in*

Linguistics, 181-210.
Itô, Junko and Armin Mester. 1997. Sympathy theory and German truncations. *University of Maryland Working Papers in Linguistics* 5, 117-138.
Itô, Junko, Armin Mester, and Jaye Padgett. 1995. Licensing and redundancy: underspecification in Optimality Theory. *Linguistic Inquiry* 26, 571-614.
Inkelas, Sharon. 1989. *Prosodic Constituency in the Lexicon.* Doctoral Dissertation, Stanford University.
Kager, René. 1999. *Optimality Theory.* Cambridge, UK: Cambridge University Press.
Kenstowicz, Michael. 1994. *Phonology in Generative Grammar.* Cambridge, MA: Basil Blackwell.
Kiparsky, Paul. 1973a. How abstract is phonology? In O. Fujimura (ed.), *Three Dimensions in Linguistic Theory,* 5-56. Tokyo: TEC co.
Kiparsky, Paul. 1973b. Abstractness, opacity, and global rules. In O. Fujimura (ed.), *Three Dimensions in Linguistic Theory,* 57-86. Tokyo: TEC co.
Kisseberth, Charles and Michael Kenstowicz. 1979. *Generative Phonology.* New York: Academic Press.
McCarthy, John. 1997. Faithfulness and prosodic circumscription. Ms. University of Massachusetts at Amherst. ROA-201.
McCarthy, John. 1998. Sympathy and phonological opacity. ROA-252.
McCarthy, John and Alan Prince. 1993. Prosodic Morphology I: Constraint Interaction and Satisfaction. Ms. University of Massachusetts and Rutgers University.
McCarthy, John and Alan Prince. 1994a. Generalized Alignment. *Yearbook of Morphology 1993,* 79-153.
McCarthy, John and Alan Prince. 1994b. Emergence of the unmarked: optimality in Prosodic Morphology. *Proceedings of the North East Linguistic Society* 24, 333-379.
McCarthy, John and Alan Prince. 1995. Faithfulness and reduplicative identity. *University of Massachusetts Occasional Papers 18: Papers in Optimality Theory,* 249-384.
McCarthy, John and Alan Prince. 1997. Faithfulness and identity in prosodic morphology. Ms. ROA-216.
Prince, Alan S. 1975. *The Phonology and Morphology of Tiberian Hebrew.* Doctoral Dissertation, MIT.
Pullum, Geoffrey. 1976. The Duke of York gambit. *Journal of Linguistics* 12, 83-102.
Shinohara, Shigeko. 1997. *Analyses Phonologique de l'Adaptation Japonaise de Mots Etrangers.*

These pour le Doctorat, Université de la Sornonne Nouvelle, Paris III.

Shinohara, Shigeko. 1998. Emergence of universal grammar in foreign word adaptations. Ms. MIT. (A draft submitted to *Phonological Typology and Acquisition*.)

Silverman, Daniel. 1992. Multiple scansions in loanword phonology: evidence from Cantonese. *Phonology* 9, 289-328.

Schein, Barry and Donca Steriade. 1986. On geminates. *Linguistic Inquiry* 17:4, 691-744.

Steriade, Donca. 1993. Closure, release and nasal contours. *Phonetics and Phonology* 5, 401-470. New York: Academic Press.

Vance, Timothy J. 1987. *An Introduction to Japanese Phonology*. Albany, NY: State University of New York Press.

Yip, Moira. 1993. Cantonese loanword phonology and optimality theory. *Journal of East Asian Linguistics* 2, 261-291.

제 6 장 도출형 최적성 이론

앞에서 논의된 바와 같이 표면형 도출과정에서 생기는 추상성, 즉 '불투명성(opacity)'의 문제는 생성음운론 이래로 음운분석의 큰 논란이 되어온 주제이다. 그러나 감응이론을 제안한 McCarthy & Prince (1998)의 이론은 Idsardi (1998, 2000) 등에서 비판받은 바와 같이 실제 분석에 사용되기에는 심각한 문제가 있는 것으로 보인다. 이런 가운데에서 Rubach (2000a, b)가 제안한 DOT, 즉 '도출형 최적성 이론(Derivational Optimality Theory)'은 이러한 점을 극복하기 위한 또 하나의 제안이다.

Rubach (2000a, b)의 DOT의 주요 개념은 일견 Benua (1997)의 것과 유사한 것처럼 보인다. 왜냐하면 두 이론 모두 파생/굴절 과정에 나타나는 음운현상을 설명하려 시도하기 때문이다. 즉, '어휘 음운론(Lexical Phonology)'에서 사용되는 '단계(level)'의 개념을 도입하여 최적성 이론이 보이는 설명력을 최대화하려는 노력이 서로 비슷하다. 그러나 Benua가 제약의 위계가 어느 파생단계에서나 그대로 유지된다는 표준 가설을 택하는 반면, DOT에서는 단계별 제약위계의 재설정이 가능하도록 하는 점에서 크게 다르다. 따라서 Rubach는 DOT 이론이 McCarthy & Prince (1995, 1997), Benua (1997)의 출력부-출력부(Output-Output) 이론뿐 아니라, Lombardi (1998)에서 제시된 MAX(Feature) 이론, McCarthy (1998, 1999)의 '감응이론(Sympathy Theory)' 등이 가지고 있는 문제점을 해결할 수 있는 새로운 제안이라고 주장한다.

6.1 서론

도출형 최적성 이론, 즉 DOT의 기본개념은 전통적인 '순차적(serial)' 도출개념을 최적성 이론에 도입한 것이다. 따라서 '병렬적(parallel)' 분석을 주장하는 다른 최적성 이론의 개념과는 정면으로 대치될 수 있다. 또한 음운형태의 도출을 위한 단계(level) 설정도 (표준) 어휘 음운론에서는 형태론적 관점에서 단계를 설정한 데 비해, 순수히 음운적인 기준만으로도 여러 단계를 설정할 수 있다는 점이 다르다. (이는 Rubach (1984), Booij & Rubach (1984, 1987)에서 일관되게 주장해 온 바이기도 하다.) 물론 Benua (1997)의 '변형도출 대응이론(Transderivational Correspondence Theory, TCT)' 역시 단계별 분석을 하고 있으나, 각 단계의 설정이 형태론적 파생과정을 반영하므로 Kiparsky (1982, 1985), Mohanan (1982, 1986) 등의 어휘 음운론의 기본정신에서 벗어나지 않는다. 또한 Benua (1997)의 이론에서는 파생단계에 따라 제약 사이의 위계가 변하지도 않지만, DOT는 음운현상을 고려하여 단계를 설정하므로 단계별로 제약위계가 변할 수도 있다. 따라서 DOT 이론은 결과적으로 도출단계의 설정이나 제약위계의 설정이 모두 자의적이라는 의심을 유발할 가능성이 있다. 그러나 이에 대한 Rubach의 대답은 DOT가 가능한 이론의 복잡성을 제거하려는 노력을 하는 세 가지의 '최소주의(minimalism)' 원칙 위에 기초하고 있다는 것이다. 즉, DOT는 다음에 기술된 바와 같이, '단계 최소주의(level minimalism)', '제약 위계 재조정 최소주의 (reranking minimalism)', '제약 최소주의(constraint minimalism)' 등의 원칙을 지킨다.

(1) DOT의 세 원칙
    a. 단계 최소주의(level minimalism)
        → 도출단계의 수를 최소화한다.
    b. 제약위계 재조정 최소주의(reranking minimalism)
        → 제약위계 재조정을 최소화한다.

c. 제약 최소주의(constraint minimalism)
→ 제약의 수를 최소화한다.

6.2 도출형 최적성 평가

6.2.1 활음과 슬라브어 음절규칙

우선 DOT 이론을 제안하기 위해 Rubach (2000a)가 인용하는 자료는 슬라브어의 음절구조와 관련된 것이다. 특히, 모음의 충돌과 자음의 음절화에 대한 것이 주를 이룬다. 예를 들어, 슬라브어에서는 다른 많은 언어에서 발견되는 것과 마찬가지로, 모음의 연속체를 방지하기 위한 방법이 다양하게 적용될 수 있는데 활음을 삽입하거나 모음을 이중모음화하는 것을 예로 들 수 있다. 따라서 음절구조 분석이 중요한 고려사항이다. 그런데 Rubach가 슬라브어의 DOT 분석에 사용하는 이론적 틀은 모라를 사용하는 방식이 아니고 X 층렬이다. 따라서 모음에 음절핵을 부여하는, 다음에 제시된 제약이 중요한 역할을 담당한다.

(2)　Vowel-Nucleus (V-Nuc)
모든 [-cons] 분절음을 음절핵 N에 연결한다.

즉, 모음과 이중모음을 모두 음절핵에 연결시키고 모라에 대한 고려를 하지 않는다. (그러나 Rubach는 모라를 이용한 방식에 대하여 자신의 이론이 가지는 장점을 구체적으로 제시하지는 않고 있다.) 여기에서 주로 다루는 현상도 음절두음이나 어두음에 해당하는 활음과 성문파열음과 관련된 현상이거나 모음과 이중모음의 구분에 대한 것들이다.
Rubach는 DOT 이론을 제시하기 위해 슬라브어 자료를 분석하는데, 자료선정에 있어서 토착어휘와 외래어를 구분하지 않는다. 그 이유는 슬라브어에 들어온 외래어가 현대 슬라브어의 음운체계에 동화되어 있어서 토착어휘와 음운적 차이를 보이지 않기 때문이다. 예를 들어, 폴란드어에 들어온 외래어 Papuas 'Papuan'와 토착어휘 trzos 'purse'는 파생이나 굴절과정에서 /s/를 [ç]로 바꾸는 구개음화 규칙에 대하여 동일한 적용을 받는다.

(3) a. Papuas [s] (nom.sg):   Papuas + ie [ç+ e] (loc.sg.)
Papuas + ik [ç+ ik] (diminutive)
Papuas + isk + o [ç+ isk + o] (augmentative)

b. trzos [s] (nom.sg.):   trzos + ie [ç+ e] (loc.sg.)
trzos + ik [ç+ ik] (dimin.), trzos + isk + o [ç+ isk + o] (aug.)

또한 외래어의 약어(acronym) 역시 토착어가 적용받는 모음충돌을 피하기 위한 w-삽입규칙의 적용을 받는다. 예를 들어, UEFA (soccer association) → [uwefa]에서 w-삽입현상이 나타나고 있음을 볼 수 있다.

한편, 아래에서 상세히 논의되는 표준 Slovak은 슬라브어 중에서 ONSET 제약을 지키지 않는 극단적인 경우에 속한다. 따라서 모음충돌을 방지하기 위한 '활음삽입(glide-insertion)'이나 '성문파열음 삽입(glottal stop-insertion)'이 전혀 적용되지 않는다. 따라서 다음에 보이는 바와 같이 음절두음이 없는 음절이 흔히 발견된다.

(4) a. iV patriot [i.o] 'patriot', diéta, [i.e:] 'per diem'
     b. Vi altruizmus [u.i] 'altruism', intuitívny [u.i] 'intuitive'
     c. uV eventuálne [u.a:] 'perhaps', január [u.a:] 'January'
     d. Vu múzeum [e.u] 'museum', vákuum [u.u] 'vacuum'
     e. VV neandertálec [e.a] 'Neanderthal man', poeta [o.e] 'poet'
     f. $\#V$ Irán [i] 'Iran', ucho [u] 'ear'

이러한 결과는 최적성 이론에서 분절음 삽입을 금지하는 DEP(Seg) 제약이 ONSET 제약보다 상위에 있기 때문으로 볼 수 있다. 따라서 trio [tri.o] 'trio'가 *[trjo] 또는 *[tri.ʔo]로 될 수 없다. (물론 *[trjo], *[tro] 등도 나타나지 않으므로, 복합구조를 가진 음절두음을 금지하는 *COMPLEX(Onset)이나 분절음 탈락을 금지하는 MAX(Seg) 제약도 ONSET 제약보다 상위에 온다. 따라서, MAX(Seg), *COMPLEX(Onset) » ONSET의 위계를 설정할 수 있다.)

이와 같이 음절두음이 없는 음절을 허용하는 일반적인 경향에도 불구하고 고모음 /i/가 다른 모음과 같이 나타나는 경우에는 활음화 현상이 나타난다. 즉, /iV/ → jV, /Vi/ → Vj로 나타나는데, /ia/ [ja] 'I'와 /rai/ [raj] 'paradise'를 예로 들 수 있다. (Rubach (2000a, b)는 입력부 (또는 기저표기)를 // //로 표기하고 / /표기는 중간단계의 표기이다. 이는 Rubach (1984) 이래 일관된 표기방식이다. 여기에서는 편의상 전통적인 방식을 택하고, DOT를 소개하는 다음 장에서부터 Rubach의 방식을 따르기로 한다.)

(5) /iV/ → jV
     /Vi/ → Vj

이 현상을 설명하기 위하여 아래의 제약을 설정하는데, 음절 주변음이 되기 위해서는 고모음이어야 한다는 제약으로 모든 슬라브어에 공통으로 적용되는 제약이다.

(6) *M(V[-high])
    [-high] 모음은 '음절 주변음(margin)'이 될 수 없다.

(7)

/rai/	ONSET	V-NUC	NOCODA
a. ☞ raj		*	*
b. ra.i	*!		

위에서 제시된 *M(V[-high]) 제약은 모든 고모음이 음절두음이나 음절말음 등의 주변음이 될 수 있도록 한다. 그러나 고모음이 //u//인 경우에는 이 제약이 제대로 지켜지지 않는다. 또한, 러시아어에서는 [w]가 음성적으로 실현되지 않으므로 원천적으로 이 제약의 적용이 불가능하고, 다른 슬라브어에서는 음절말음에서만 [w] 활음을 허용하고 음절두음에서는 허용하지 않는다. 따라서 다음과 같이 [u]를 음절말음에 허용하는 *CODA([u]) 제약이 필요하고, 언어에 따라 이 제약과 ONSET 제약과의 위계가 달라진다고 볼 수 있다.

(8) *CODA([u]): [u]는 음절말음에 실현될 수 없다.[1]
    *ONSET([u]): [u]는 음절두음에 실현될 수 없다.[2]

(9) /pauza/ 'pause'

a.
Slovak: /pauza/	ONSET	*CODA([u])
a. ☞ paw.za		*
b. pa.u.za	*!	

b.
Russian: /pauza/	*CODA([u])	ONSET
a. paw.za	*!	
b. ☞ pa.u.za		*

이와 같이 두 고모음 /i/와 /u/는 다른 음운적 속성을 보인다. 특히 언어보편적으로 흔히 발견되는 고모음 활음화에 대한 저항을 보이는 /u/가 나타내는 음운적 특이성을 고려하여 다음과 같은 기저표기를 설정한다 (Inkelas, Orgun, Zoll 1997). 즉, 활음화를 피하기 위해 /u/의 기저표기에 음

---

[1] Rubach (2000a)는 모음 [u]로 표기하고 있으나 모음이 음성적으로 음절말음에 나타난다는 것이 기존의 음절에 대한 정의와 달라 오해의 소지가 있으므로 이를 (표면에서는 활음화에 의해 [w]로 실현되어야 할) 음소 /u/로 표기한다.

[2] 러시아어에서는 이 두 제약이 모두 최상위에 위치하므로 /u/가 표면에서 [w]로 실현되는 경우가 없다.

절핵을 '우선 연결(pre-linking)'해 두는 방식이다. 따라서 u → w 활음화는 충실성 제약 IDENT(NUC)에 의해 저지된다.

(10)
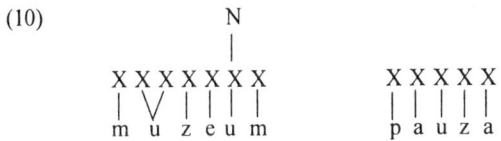

이상에서 간략히 소개된 슬라브어의 음절구조와 관련해, Rubach (2000a)의 자료를 기초로 성문파열음(glottal stop)과 활음(glide) 삽입에 대한 슬라브어의 언어별 유형을 다음과 같이 표시할 수 있다. 전치사가 앞에 나오는 경우는 단어보다 더 큰 구(phrase) 단계이다. 따라서 단어 단계인 어두에서 성문음 첨가가 이루어지지 않으면 전치사 뒤에서도 자동적으로 성문음이 나타나지 않는다. 여기에서 어두에서 성문파열음 삽입이 가능한 불가리아어에서는 단어 단계를 넘어선 구 단계에서 성문음 삽입이 불가능하다는 점을 보여준다.

(11) 성문파열음과 활음삽입에 관한 언어별 유형

LANGUAGES	Glottal stop insertion		Glide insertion
	어두	전치사 뒤	
Russian	O	O	X
Bulgarian	O	X	X
Czech	O	O	O
Polish	X	X	O
Slovak	X	X	X
Colloquial Slovak	X	X	j-insertion 가능

한편 이중모음화에 대하여는 (Colloquial Slovak을 포함한) Slovak에서만 가능한 것으로 기술되어 있다. 예를 들어, 위에서 논의된 바와 같이 러시아어에서는 /u/ → [w]의 변화가 일어나지 않는다. 따라서 이중모음화를

위한 [w]가 음절두음과 음절말음에 모두 나타날 수 없다 (예: pauza [pa.u.za], *[paw.za] 'pause'). 그러나 폴란드어에서는 [w]가 음절두음은 불가능하지만 (Slovak에서와 같이) 음절말음으로는 쓰일 수 있다 (예: [paw.za]).

6.2.2 Slovak 이중모음

여러 언어에서 모음의 충돌을 피하기 위해 사용되는 '이중모음화(diphthongization)'는 슬라브어에서도 자주 적용된다. 예를 들어 슬라브어 di.a.lekt 'dialect'는 모음이 연속해서 나타나 모음충돌이 일어나므로 ONSET 제약을 어기고 있다. 이를 피하기 위해서 이중모음화를 통해 dia.lekt로 재음절화할 수 있다. 즉, Rosenthall (1994)이 제안한 NO-DIPHTHONG 제약을 적용하는 것으로 볼 수 있다. 그러나 슬라브어에서는 언어에 따라 이러한 이중모음화 현상이 적용되기도 하고 그렇지 않기도 한다. 예를 들어, Bulgarian, Czech, Polish 등에서는 NO-DIPHTHONG 제약이 가장 상위에 위치하여 언제나 이중모음화가 적용이 되지만, 이중모음을 가지는 Slovak에서는 꼭 그렇게 되지는 않는다.

구체적인 예를 들면, ria.sa 'cassock'에서는 이중모음이 나타나고 di.a.lekt 에서는 이중모음이 나타나지 않는다. 이와 같은 차이를 설명하기 위해서 Rubach는 이중모음의 기저형을 장모음으로 설정하는데 여기에는 두 가지 이유가 있다. 첫째, '리듬법칙(Rhythmic Law)'에서 이중모음이 장모음과 같은 위상을 갖는다는 점이다.[3] 둘째, 중설모음 e, o와 전설 저모음

---

[3] Slovak 이중모음은 두 개의 X 자리를 차지하여 중음절을 이루는데, 리듬법칙은 장모음이나 이중모음 뒤에 나타나는 장모음 /aː/를 단모음으로 바꾼다. 따라서, 기저형의 장모음이 표면에서도 그대로 나타나는 중성/여성 여격 복수 접사 /aːm/ (즉, zlat+ám [aːm])의 장모음이 stád+ám [am] 'flock', rias+am [am] 'cassock'에서는 단모음화한다. 그리고, 이중모음 ia는 리듬법칙을 유발하므로, 이 법칙을 유발하지 않는 (별개의 음절을 이루는) i.a와 대조를 보인다: rias+am [ria.sam] 'sassock' ~ pian+ám [pi.a.naːm] 'piano'.

ä [æ]가 이중모음으로 나타난다. (여기에서부터 전개되는 DOT 분석에서는 기저형 표기를 // //로 하는데 이는 Rubach (1984, 2000a)의 방식을 그대로 따른 것이다.)

(12) a. //i u a// → [iː uː aː]
　　　 slin + a 'saliva' (nom.sg.) — slín (gen.pl.)
　　　 (모음 위에 있는 액센트 표시는 'long'의 의미)
　　　 pokut + a 'repentance' (nom.sg.) — pokút (gen.pl.)
　　　 par + a 'steam' (nom.sg.) — pár (gen.pl.)

　　 b. //e o æ// → [ie uo ia] (상향성 이중모음(rising diphthongs))
　　　 adres + a [e] 'address' (nom.sg.) — adries [ie] (gen.pl.)
　　　 bomb + a [o] 'bomb' (nom.sg.) — bômb [uo] (gen.pl.)
　　　 pät + a [æ] 'heel' — piat [ia] (gen.pl.)

위에서 제시된 예들 중에서 '상향성 활음(onglide)' [ia]는 추가석인 변화를 보이기 때문에 표면에서 음가를 예측하기 어렵다. 즉, pät+a 'heel' – piat(복수 소유격)에서 나타나는 [æ] – [ia]의 교체는 이중모음 [ia]가 기저의 장모음 //æː//에서 도출되었음을 보여준다. 그리고 이 현상을 설명하기 위해 장모음 [æː]가 표면에 나타나지 못하고 후설화하도록 하는 제약이 필요하다. 그러나 (13a)에서처럼 장모음 [æː]는 순음(labial) 뒤에서는 후설화하지 않는다.

(13) a. pät+a [pæt+a] 'heel'　(cf. piat (gen. pl.))
　　 b. žab+a [žab+a] 'frog'　(cf. žiab (gen. pl.))

물론 두 번째 žab+a [žab+a] 'frog'의 기저형에 //a//가 설정되었다고 생각할 수 있으나 소유격 복수(genitive plural)와 같이 장음화가 필요한 경우에는 [ia]로 나타나므로 기저형이 //æ//가 되어야 한다. 즉, 기저형이 //a//인 šacht + a 'shaft' – šácht [šaːxt] (gen. pl.)와 같은 예들과는 구별되어야 한다.

결국 //žæb//에서 [žiab]을 도출하기 위해서는 다음과 같은 과정이 필요한데 맨 마지막에 전설모음 /æ/를 후설모음 [a]로 바꾸는 'æ-후설화(æ-backing)' 과정이 필요하다.[4]

(14) //žæb// → žæ:b (장음화) → žiæb (이중모음화) → [žiab] (æ-후설화)

이제까지 본 바와 같이 이중모음 [ia]의 기저형은 //æ://이며 이중모음화 이후 유표성 제약인 æ-후설화 제약에 의해 표면형 [ia]가 나타난다고 볼 수 있다. 즉, æ-후설화에 의해 [iæ]로부터 [ia]가 도출된다.
이제 이러한 설명방식을 앞에서 본 dialekt [i.a]와 riasa [ia]의 구분에 적용해 보기로 한다. 즉, 같은 모음이 다른 음절구분을 보이므로 이 두 모음이 서로 다른 기저형, 즉 //ia//와 //æ//를 각각 가지고 있는 것으로 추정할 수 있다. 따라서 올바른 표면형을 선택할 수 있는 방법으로 DOT, 즉 '도출형 최적성 이론(Derivational Optimality Theory)'이 제안되었다 (Rubach 2000a,b).
DOT는 파생단계별로 음운규칙을 적용한다는 점에서 어휘 음운론과 유사하다. 그러나 여기에서 제시되는 파생단계는 어휘형성 과정을 단계로 구분한 Kiparsky (1985), Halle & Mohanan (1985) 등의 어휘 음운론 개념과는 다르다. 즉, Rubach (2000a,b)는 자신이 제안한 어휘 음운론 모델 (Rubach 1984, Booij & Rubach 1987)을 따라 형태론적 기준이 아니고 음운적 기준에 의해 단계를 설정한다. 따라서 Slovak의 경우에 다음과 같이 세 단계를 구분하도록 제안한다.

(15) 제 1단계: 모음연속체와 이중모음 구분
　　　제 2단계: 이중모음화
　　　제 3단계: æ-후설화

---

[4] 이러한 과정은 '지소형(diminutive)' 명사의 경우에도 그대로 나타난다.
　　예: holúb + á [b + æ] 'pigeon' vs. páň + a [ɲ + a] 'master', pachol' + a [l' + a] 'boy'

이러한 단계 설정에 기초하여 dialekt [i.a]와 riasa [ia]의 분석을 다음과 같이 제시한다. (여기에서도 편의상, 제1단계에서 Rubach가 사용하는 // // 표기는 대신 전통적인 / / 표기로 대체할 수 있다.)

(16) 제1단계

dialekt //d i a// dialekt	NO-DIPHTHONG	ONSET
a.☞ [N N / d i a]		*
b. [N / d i a]	*!	

riasa //r æ// riasa	NO-DIPHTHONG	ONSET
a.☞ [N / r æ]		
b. [N / r i æ]	*!	
c. [N N / r i æ]		*!

모음의 연속체를 유지하고 이중모음을 방지하는 것이 제 1단계의 역할이다. 따라서 NO-DIPHTHONG » ONSET의 위계를 갖는다. 그러나 riasa [ria.sa]에 대한 실제의 표면형은 장모음 [æ:]가 아니고 이중모음이 나타나야 한다. 따라서 제 2단계에서 반대의 위계 ONSET » NO-DIPHTHONG을 설정한다. 즉, 이중모음을 억제하는 제약이 위반되도록 하는 것이다. 또한 [æ:]를 허용하지 않는 제약도 설정하여야 한다. (또한 [-labial] 자음 다음에는 [æ:]를 후설화하는 제약 æ-BACKING을 첨가한다.) 그러나 이러한 위계관계가 dialekt에서도 이중모음을 허용할 가능성이 있으므로 음절핵의 위상을 그대로 유지하도록 하는 IDENT(NUC) 제약을 상위에 오도록 한다. (위계관계가 바뀌거나 중요한 역할을 하는 제약을 굵은 글씨로 표기.)

(17) 제 2단계

dialekt

N N | | X X X | | | /d i a/	IDENT (NUC)	*[æ:]	IDENT ([-back])	ONSET	NO-DIPH	æ-BACKING
a.☞ N N | | X X X | | | d i a				*		
b. N ⋀ X X X | | | d i a		*			*!	

riasa (N: X X X / r æ)	IDENT (NUC)	*[æ:]	IDENT ([-back])	ONSET	NO-DIPH	æ-BACKING
a. ☞ N: X X X / r i æ					*	*
b. N: X X X / r i a			*!		*	
c. N: X X X / r æ		*!				*
d. N: X X X / r a			*!			
e. N N / X X X / r i æ	*!			*		

제 2단계에서 dialekt의 올바른 최적형을 얻을 수 있다. 그러나 아직도 riasa의 경우는 [æ]가 나타나는 것이 잘못된 최적형이다. 이러한 결과는 æ-BACKING과 IDENT([-back])의 위계를 재조정함으로써 해결할 수 있다. 즉, 전설모음 æ가 후설모음 a로 바뀔 수 있도록 전 단계에서 출력된 모음의 전설성 [-back]을 그대로 유지하는 제약을 하위로 위치시킨다. 다음의 3단계가 이러한 일을 담당한다.

(18) 제 3단계: riasa

X X X | | | r i æ (N)	IDENT (NUC)	*[æ:]	æ-BACKING	ONSET	NO-DIPH	IDENT ([-back])
a. ☞ N X X X | | | r i a					*	*
b. N X X X | | | r i æ			*!		*	

æ-BACKING 제약은 비순음(nonlabial)인 자음 다음에 [æ]를 허용하지 않는 역할을 하는데 이상에서 본 이중모음의 형성에도 기여할 뿐 아니라 구개음화에도 관여한다. 다음에 예를 든 바와 같이, 지소형 명사를 만드는 경우에 모음과 자음에 대한 교체가 일어난다.

(19) holub 'pigeon', holúb + ä [b + æ] (dimin.)
    pán [n] 'master' – páň + a [ɲ + a] (dimin.)
    osol [l] 'donkey' –osľ + a [ľ + a] (dimin.)

Slovak의 순음은 구개음화하지 않는다. 예를 들어, holúb+ä는 평자음 [b]를 가지지만 páň+a 와 osľ+a는 '전구개음(prepalatal)' [ɲ]와 [ľ]을 보인다. 따라서, 후자를 //n + æ//와 //l + æ//의 기저형으로 설정하고 전설모음 앞에서 구개음화하는 것으로 본다. 그러나 æ가 후설화하므로 표면형이 æ-BACKING에 대하여 '불투명성(opacity)'을 보이게 된다.

이러한 불투명성의 문제를 해결하기 위해서는 기존의 표준 OT와는 다른 방식을 시도하여야 하는데 Rubach가 제시한 DOT는 이를 다음과 같이 해결한다. páň+a [ɲ +a]의 경우를 본다.

(20) 제 1단계

//n + æ//	PALATALIZATION	IDENT([-BACK])	æ-BACKING
a.☞ ɲ + æ			*
b. n + æ	*!		*
c. n + a		*!	
d. ɲ + a		*!	

제 2단계

/ɲ + æ/	PALATALIZATION	æ-BACKING	IDENT([-BACK])
a.☞ ɲ + a			*
b. ɲ + æ		*!	
c. n + a			**!
d. n + æ	*!	*	

제 1단계에서는 [n+a]를 배제하기 위해 IDENT([-BACK]) 제약이 상위에 설정되었다. 그러나 이 결과는 최종 최적형인 (20d)를 배세하는 결과를 가져온다. 따라서 제 2단계에서 이 제약의 위계관계를 재설정한다. 즉, 이 두 도표는 두 제약 æ-BACKING과 IDENT([-BACK])의 위계를 단계별로 달리함으로써 올바른 최적형을 이끌어낼 수 있음을 보여준다.

6.2.3 Czech의 활음과 성문파열음 삽입

앞에서도 언급한 바 있지만 Czech는 이중모음화와 성문파열음 삽입에 대해 유사한 언어인 Slovak과 다른 양상을 보인다. 물론, Czech는 다른 슬라브어와 마찬가지로 고모음이 아닌 모음의 충돌을 허용한다. 즉, Czech의 이중모음화 현상은 고모음에 관련된 현상이라는 점을 말해준다.

(21) V.V   poeta [o.e] 'poet',   neandertálec [e.a] 'Neanderthal man'

이제 이중모음화와 성문파열음 삽입에 대한 세부적인 분석 전에 우선 이중모음화에 대한 결과와 그에 따른 제약관계를 예시한다.

(22) a. $iV \rightarrow ijV$ dialect [i.ja] 'dialect',   patriot [i.jo] 'patriot'
    b. $Vi \rightarrow Vji$ kokain [a.ji] 'cocaine',   hinduista [u.ji] 'Hinduist'
    → ONSET » DEP(Seg)

    c. uV silueta [u.e] 'silhouette',   situovat [u.o] 'place'
    d. Vu museum [e.u] 'museum',   liceum [e.u] 'high school'
    → *ONSET([u]) » ONSET » DEP(Seg)

우선 (22a,b)는 /i/와 다른 모음이 (앞 또는 뒤에) 연속할 때에는 사이에 [j]가 삽입된다는 점을 보여준다. 따라서 분절음 삽입을 허용하지 않는 DEP(Seg)가 위반된다고 볼 수 있다. 그리고, [j]-삽입은 음절두음을 만들어주는 역할을 하므로 ONSET » DEP(Seg)의 제약위계가 형성된다. 한편, (22c,d)의 예는 [w]가 음절두음으로 오지 못함을 보여준다. 즉, 앞에서 이미 제시된 *ONSET([u]) 제약이 가장 상위에 있어야 한다는 점을 말해준다. 따라서 *ONSET([u]) » ONSET » DEP(Seg)의 위계가 만들어진다.

그런데 성문파열음 삽입을 보이는 (23)의 예가 이 위계관계에 문제를 제기한다.

(23) #V → #ʔV   Amerika [ʔa] 'America', ulice [ʔu] 'street'

즉, 성문음의 삽입이 어두에서만 일어나는데 (22)에서 본 것과 같이 단어 안에서의 삽입을 막아야 하는 문제가 발생하는 것이다. 이를 위해서 물론 성문음을 어중에서 나타나지 않도록 하는 새로운 제약을 설정할 수도 있다. 그러나 그런 방식은 문제를 근본적으로 해결하는 것이 아니라 다시 부각시키는 효과를 가져올 뿐이며, 왜 idiot 'idiot'이 활음삽입이 적용된 *[ji.di.jot] 대신 성문음 삽입이 적용된 [ʔi.di.jot]으로 나타나는지에 대한 답을 할 수 없다는 것이 Rubach의 주장이다. 이는 특히, Czech가 (역사적인 'j-전방화(j-preposing)'에 의해) 어두의 i와 ji를 모두 허용한다

는 점에서 중요한 문제이다.[5]

이를 해결하기 위해 Rubach는 DOT 방식을 사용하고 단계별로 제약을 다르게 적용하도록 제안한다. 즉, 제 1단계에서 ALIGN-L을 설정하고 ONSET 제약보다 상위에 오도록 하여 어두에서 활음삽입이 일어나지 못하도록 한다.

(24) ALIGN-L(stem, σ)
    어간의 왼쪽 끝을 음절의 왼쪽 끝에 정렬하여야 한다.

또한 성문음이 나타나지 못하도록 해야 하므로 *[cg]를 설정하고 ONSET 보다 상위로 놓는 일도 필요하다.[6]

(25) *[cg] : [constricted glottis] 자질을 허용하지 말라.

따라서 *[cg] » ONSET 위계에 의해 단어 내부의 모음연속체 VV가 허용된다. 한편, (22a,b)에서처럼 //i//가 나타나는 경우에 j-삽입이 허용되므로 j-삽입을 허용하지 않는 *MULT-LINK 제약이 ONSET 제약보다 하위에 오게 된다. (*MULT-LINK의 개념은 음절핵에 모음과 활음이 같이 연결되는 것을 막도록 하는 것이다.) 따라서, 제 1단계의 제약위계가 다음 (26a)와 같이 설정된다. 그러나 inserát 'announcement'에서는 [ji]대신 [i]가 관찰된다. 즉 *MULT-LINK 제약이 다시 상위로 올라가도록 하는 재조정 과정이 필요하다. 결국 제 2단계의 제약위계는 (26b)와 같이 재설정된다.

(26) a. 제 1단계
    *ONSET([u]), *[cg], ALIGN-L » ONSET » DEP(Seg), *MULT-LINK

---

[5] 다음의 예에서 보듯이 i와 ji 차이는 '어휘적(lexical)'이다.
   예: jiskra 'spark', jit 'go' vs. inserát 'announcement'
[6] 이 제약은 Slovak에서도 적용되는데 특히 Slovak에서는 성문음이 전혀 나타나지 않으므로 *[cg] 제약이 언제나 최상위에 온다.

b. 제 2단계

*ONSET([u]), *MULT-LINK, ONSET » *[cg], DEP(Seg) » ALIGN-L

이러한 제약관계를 이용하여 올바른 idiot [ʔi.di.jot]의 최적형 설정과정을 다음과 같이 나타낸다. (제 2단계의 세 번째 후보형 [i.di.ot]은 (화살표로 표시된 바와 같이) 새로운 입력형 /i.di.jot/의 활음을 잃었으므로 MAX(Seg) 제약도 추가로 위반한다.)

(27) 제 1단계

//idiot//	*[cg]	ALIGN-L	ONSET	DEP(Seg)	*MULT-LINK
a.☞ i.di.jot			*	*	*
b. i.di.ot			**!		
c. ʔi.di.ʔot	**!	*		**	
d. ji.di.jot		*!		**	**

제 2단계

/i.di.jot/	*MULT-LINK	ONSET	*[cg]	DEP(Seg)	ALIGN-L
a.☞ ʔi.di.jot	*		*	*	*
b. i.di.jot	*	*!			
c. i.di.ot		**!			
d. ji.di.jot	**!			*	*

이러한 분석은 두 단계의 설정이 필요함을 보여준다. 그러나 Rubach는 '무성음화(devoicing)'와 한 개의 자음으로 된 '단일자음(monoconsonantal)' 전치사의 '재음절화(resyllabification)'를 통해 또 다른 단계가 즉, '어휘부 이후(postlexical)'에 해당하는 제 3단계가 필요함을 보여준다. 우선 다음의 자료를 보자.

(28)[7] a. nad mostem [nad] 'over the bridge'

---

[7] Rubach에 의하면 Czech의 저해음은 기저에서 모두 유성음으로 간주된다. 그 이유

bez mostu [bez] 'without the bridge'
b. nad prahem [nat] 'over the threshold'
bez prahu [bes] 'without the threshold'
c. nad oknem [nat ʔok] 'over the window'
bez okna [bes ʔok] 'without the window'

첫 번째 예는 기저의 유성음이 무성음 앞에서 무성음화하는 보편적 현상을 보여준다. 이런 무성음화는 okn+o 'window'(중성 주격 단수)처럼 모음으로 시작하는 단어 앞에서도 그대로 지켜진다. 그 이유는 (28c)에서 제시된 바와 같이 성문음 [ʔ]이 삽입되기 때문이다.

그런데 다음과 같은 단일자음 전치사의 경우에는 독립적으로 음절을 구성할 수 없다. 따라서 모음으로 시작하는 단어에 붙어 음절두음이 된다.

(29) a. v 'in', z 'from', s 'with', k 'to'
b. v okně 'in the window', z okna 'from the window'
s oknem 'with the window', k oknu 'to the window'

그러나 자음으로 시작하는 단어 앞에 올 때에는 이러한 일이 불가능하므로 모음 [e]를 삽입한다. (대개의 경우, 뒤에 오는 단어의 첫 자음이 같은 자음이거나 아주 유사한 자음이 나타난다.)

(30) a. ve vodě //v vo// → [ve vo] 'in the water'
ve Francii //v fran// → [ve fran] 'in France'
b. ze zlata //z zla// → [ze zla] 'from gold'
ze soli //z so// → [ze so] 'from salt'
c. se solí //s so// → [se so] 'with salt'
se zlatem //s zla// → [se zla] 'with gold'

는 공명음 앞에서 저해음을 유성화하는 현상이 나타나지 않기 때문이다.

d. ke koni   //k ko// → [ke ko] 'to the horse'
   ke generálovi   //k ge// → [ke ge] 'to the general'

이런 모음삽입 현상은 단일자음 전치사를 음절화하여 표면에 실현시키고자 하는 노력의 결과이다. 따라서 Nespor & Vogel (1986)에서 제안된 '엄밀 층위(strict layer)' 이론을 따라 다음의 제약을 설정한다.

(31) Strict-Layer
     분절음은 음절로 연결되어야 한다.

이 제약에 의해 단일자음 전치사가 표면에 실현된다. 즉, 분절음 삭제를 금지하는 MAX(Seg)와 기본(default) 모음인 [e]가 삽입되는 것이다.

한편, 모음 앞에 나타나는 단일자음 전치사는 모음삽입을 필요로 하지 않으므로 (29b)에서 본 것과 같이 언제나 그 다음 모음과 연결되어 [vo], [zo], [so], [ko] 등과 같이 나타날 것으로 예측할 수 있다. (그리고 실제로 이러한 예측이 러시아어에는 그대로 들어맞는다.) 그러나 (32a)에서 볼 수 있듯이 성문음 [ʔ]이 사이에 나타나거나, (32b)에서처럼 그대로 자음에 연결되기도 하는 경우를 쉽게 관찰할 수 있다.

(32) a. v okně [fʔok] 'in the window',   z okna [sʔok] 'from the window'
        s oknem [sʔok] 'with the window', k oknu [kʔok] 'to the window'
     b. v noze [vno] 'in the leg',   v peci [fpe] 'in the oven'
        z boku [zbo] 'from the side',   z tábora [staː] 'from the camp'
        s tebou [ste] 'with you',   s biskupem [zbis] 'with the bishop'
        k chatě [kxa] 'to the house',   k ženě [gže] 'to my wife'

우선, (32b)와 같은 결과가 나타날 수 있는 것은 Czech가 다른 슬라브어와 마찬가지로 마찰음-파열음, 파열음-파열음 등의 연속체를 허용하기 때문이다. 또한 유무성 동화도 의무적이다. 그러나, 문제는 왜 모음으로

제6장 도출형 최적성 이론 233

시작하는 단어 앞의 단일자음 전치사가 그대로 음절두음으로 변하지 않고 그 사이에 성문파열음을 허용하는가 하는 점이다. 즉, 더 간편한 [vo], [zo], [so], [ko]를 택하지 않고 [fʔo], [sʔo], [kʔo]로 실현되는가 하는 문제를 해결하여야 한다.

이에 대한 Rubach의 대답은 어휘 단계의 음운론이 어휘부 이후 음운론보다 앞에서 완성된다는 것이다. 즉, 단일자음 전치사가 첨가되어 나타나는 음운현상은 어휘부 이후 현상이므로 제 3단계를 설정하여 처리할 수 있다는 것이다. 앞에서 본 idiot에 접미사가 첨가된 *idiotem*은 제 2단계에서 처리되고, 전치사가 붙은 *s idiotem*은 제 3단계에서 처리하게 된다. 제 3단계의 최적형 선택은 다음의 도표로 보인다. 그런데 여기에서 눈여겨 보아야 할 것은 어휘적 제 2단계와 제 3단계 사이에는 제약 등급의 재조정이 필요하지 않다는 점이다. 다만 새로 설정된 제약 STRICT-LAYER가 가장 상위에 위치한다. (편의상 제약도표에서 후보형에 대한 PW 표기를 { }로 하고 음절표기는 '.'로 대신한다. 또한 후보형 (e)의 (s)는 음절에 연결되지 못한 상태를 가리킨다.)

(33) 제3단계:

```
        PW
      / | | \
     σ  σ σ  σ
     /\ /\ /\ /\
     s ʔi di jo tem
```

	STRICT-LAYER	MAX (Seg)	*MULT-LINK	ONSET	*[cg]	DEP (Seg)	ALIGN-L
a. ☞ {sʔi.di.jo.tem}ₚw			*		*		**
b. {se.ʔi.di.jo.tem}ₚw			*		*	*!	*
c. {ʔi.di.jo.tem}ₚw		*	*!		*		*
d. {si.di.jo.tem}ₚw		*	*!				*
e. {(s) ʔi.di.jo.tem}ₚw	*!				*		*
f. {i .di. jo. tem}ₚw		**!	*	*			
g. {sji.di.jo. tem}ₚw			**!				**

앞에서 본 제 2단계에서는 DEP(Seg) 제약과 ALIGN-L 제약 사이의 위계가 나타나지 않았다. 그러나 이 도표를 통해 DEP(Seg) 제약이 ALIGN-L 제약보다 상위에 있어야 한다는 점이 부각된다.

이상에서 본 Czech의 분석은 어휘부 이후 현상을 분석하는 제 3단계가 필요하며,[8] 어두에서의 삽입자음이 활음 [j]가 아니라 성문음 [ʔ]이 된다는 점을 효율적으로 기술하고 있다고 볼 수 있다.

6.2.4 다른 이론과의 비교

DOT를 제안한 Rubach는 몇 가지 대표적인 최신이론과의 비교를 통해 자신의 모델이 갖는 장점을 부각시키려 하고 있다. 이를 위해서 Benua (1995, 1997)가 제안한 '변형도출 이론(Transderivational Theory, TCT)'로 대표되는 '출력부-출력부 대응이론(Output-Output Correspondence Theory, OO-이론)', Lombardi (1998)의 'MAX(Feature) 이론', 그리고 McCarthy (1998, 1999)의 '감응이론(Sympathy Theory)' 등에서의 문제점을 지적하고 있다.

6.2.4.1 출력부-출력부 대응이론

출력부-출력부 대응이론, 즉 OO-이론의 첫 번째의 문제로 출력형 제약을 설정함으로써 이론이 가지게 되는 과도한 힘이 부여되는 점을 지적한다. 이를 위하여 불가리아어에서 나타나는 성문음 삽입과 어말자음 무성화를 예로 든다. 불가리아어에서는 Slovak과 마찬가지로 모음으로 시작하는 단어는 활음을 삽입하지 않고 성문파열음을 삽입한다.[9] (앞에

---

[8] 폴란드어의 일부 시골 방언도 이와 유사하지만 삽입자음이 서로 반대인 점이 다르다. 예를 들어, inn + ym [ji] 'another' (도구격, 단수) 뿐 아니라, z inn + ym [zji] 'with another'에서도 어두에서 성문음 대신 활음이 삽입된다.

[9] 따라서 Irak 'Iraq'의 표면형이 *[ji.rak]이나 *[i.rak]으로 되지 않고 [ʔi.rak]으로 나타난다.

서 언급한 바 있지만, 불가리아어와 러시아어 모두 성문음 삽입이 적용되지만, 러시아어에서는 단일자음으로 시작하는 전치사가 앞서는 경우에 성문음이 나타나지 못한다. 그러나 불가리아어는 이 경우에도 성문음이 삽입된다.) 따라서, 명사 obedi 'dinner'의 단어단계에서 성문음 [ʔ]이 삽입된다. 그리고 어휘부 이후 단계인 어구 s obedi [sʔo] 'with dinners'에서는 Max(Seg) 제약에 의해 전 단계에서 이미 들어와 있는 성문음을 삭제하지 않는다. 따라서 잘못된 형태인 *[so]가 나타나지 않게 된다.

이와 같은 결과를 OO-이론에서도 그대로 나타낼 수는 있다. 이를 위해 다음에 보는 것처럼, 구 s obedi에 대한 (단어) 어기를 obed [ʔobet]로 설정하게 된다.

(34) 기저형: //s obed + i//
표면형: [ʔobet]

/ʔobet/	IDENT$_{OO}$[cg]	ALIGN-L	*[cg]
a.☞ sʔobedi		**	*
b. sobedi	*!	*	

여기에서 유의할 점은 단어형 obed와 구인 s obedi 사이의 표면상 연관 관계가 첫 음절에 한정된다는 것이다. 특히, obed [ʔobet]에 나타나는 성문파열음이 구에서도 그대로 나타나도록 해야 하는 일이 중요하다. 반면에 어말 무성음화는 구에서 나타나지 않도록 해야 한다. 그렇지 않으면 *[sʔobeti]와 같이 잘못된 형태가 나타나기 때문이다. 이런 일을 위해 IDENT$_{IO}$([voice]) » IDENT$_{OO}$([voice]) 제약위계를 설정하여야 한다. 그러나 단어 obed [ʔobet]에서 무성음화가 나타나야 하므로 FINAL-DEVOICING » IDENT$_{IO}$([voice]) » IDENT$_{OO}$([voice]) 관계가 설정된다. 그러나 이런 관계는 언어에 따라 서로 다른 제약위계가 가능하다는 최적성 이론의 개념을 고려해 볼 때 그 타당성이 의심된다. 예를 들어, 언어 변화의 어느 단계에서 (어말 자음을 모두 무성음화하는) FINAL-DEVOICING » IDENT$_{IO}$([voice])가

되고, (어말 무성음이 나타나지 않는 다른 변화단계에서는) 거꾸로 IDENT$_{IO}$ ([VOICE]) » FINAL-DEVOICING으로 된다고 볼 수도 있다. 그런데 이런 가능성이 실제 언어에서 관찰되지 않는다. 또한 IDENT$_{OO}$([voice]) » FINAL-DEVOICING » IDENT$_{IO}$([voice]) 관계를 설정하여 어느 언어가 어말 유성 저해음을 모두 무성음으로 바꾸는 것을 가능하게 할 수도 있지만 이 역시 실제 언어에서 관찰되지 않는 결과이다. 따라서 출력부 제약을 과도하게 설정하는 것이 이론에 대한 과도한 힘을 부여하는 결과를 가져온다는 것이 Rubach가 주장하는 첫 번째의 문제이다.

두 번째 문제는 '어기(base)'의 설정에 관한 것이다. 예를 들어, 폴란드어 동사 ewolu+ować [lu.wo] 'evolve'에 삽입된 활음 [w]가 ewolu-cj+a [lu.tsja] 'evolution'에서는 나타나지 않는 w/∅ 교체관계를 보인다. 따라서 ewolu-cj+a를 어기로 보고, IDENT$_{OO}$(NUC)을 위반되지 않는 상위제약으로 설정하면 ewolu+ować [lu.wo] 분석이 별 문제가 없는 것처럼 보인다. (또한 DOT 분석이 필요로 하는 *ONSET([u]) » ONSET 관계를 설정하지 않아도 올바른 형태를 선택할 수 있는 장점도 있다 (Rubach 2000a: 304).)

(35) 기저형: //lu+o//

어기: N | [lu]	IDENT$_{OO}$[Nuc]	ONSET	*ONSET([u])
a.☞ N N | | lu.wo			*
b. N N | | lu. o		*!	
c. N | lwo	*!		*

그런데 이런 분석을 필요로 하는 w/∅ 교체관계를 보이는 예가 ewolu+ować ~ ewolu-cj+a와 konstytu+ować 'constitute' ~ konstytu+cj+a 'constitution'

단 두 개에 불과하다는 문제점이 등장한다. 즉, 다른 단어는 모두 언제나 활음이 나타난다. 따라서 위의 ewolu+ować [lu.wo] 분석에서 [w]가 없는 형태를 기저형으로 설정하는 것은 순전히 우연한 것으로 볼 수밖에 없다. 일반적으로는, /uV/가 [wV]로 활음화하지 않는데 OO-이론이 이러한 점을 설명하기에는 무리라고 볼 수 있다는 것이 Rubach의 주장이다.

한편 앞에서 논의된 Czech의 예에서도 j-삽입과 관련하여 비슷한 문제점을 지적할 수 있다. 즉, OO-이론이 어구 s idiotem [sʔi.di.jo.tem] 'with the idiot'을 분석하기 위해서는 어기를 [ʔi.di.jot]으로 설정하여야 한다.

(36) 기저형: // s idiot + em //
표면형: [ʔi.di.jot]

/ʔi.di.jot/	IDENT$_{OO}$[cg]	ALIGN-L	*[cg]
a.☞ sʔi.di.jo.tem		**	*
b. si.di.jo.tem	*!	*	

그러나 문제는 병렬주의 방식을 택하는 최적성 이론에서 어떻게 성문음과 활음이 모두 삽입된 형태인 어기 [ʔi.di.jot]에 일반성을 부여할 수 있느냐 하는 것이다. 특히, 삽입 활음을 고려할 때 j가 교체현상을 보이지 않으므로 앞에서 본 폴란드어의 경우과 같은 문제가 등장한다. 즉, 어간의 첫 모음 i는 ʔ-삽입을 유발하지만, 어중의 모음 i는 j-삽입을 유발하는 점을 고려할 때 어기 설정의 타당성이 의심된다는 것이다.

마지막으로, Slovak 어휘 riasa 'cassock'에서 나타나는 이중모음화 역시 교체현상이 나타나지 않으므로 OO-이론의 적용이 어렵다. 반면에, páň+a 'master' (지소형)는 //pa:n+æ// → [pa:ɲ+a]에서 보듯이 교체형을 가지고 있다. (그리고 OO-이론에서는 이에 대한 제대로 된 분석이 어렵다.) 즉, 불투명성이 어간이 아니라 어미에서 나타나고 있는데 접사가 교체형을 가지고 있다는 것이 설명에 별 도움이 되지 못한다. (이를 위해서, holúb+ä 'pigeon' (dim.)의 접사에 나타나는 [æ]와 páň+a 'master'의 접사 [a]를 기억

하자.) OO-이론이 유추를 통한 분석을 한다면, páň+a의 접미사에 대한 어기가 holúb+ä에서 나타나는 것과 같거나, 순음(labial)으로 끝나는 단어의 경우 기저의 //æ//를 그대로 표면에 실현할 수 있다는 가정을 할 수 있는데 이러한 가정은 아주 부자연스럽다.

결국, 이상에서 논의된 결과를 근거로 Rubach는 OO-이론이 문법의 힘을 과도하게 하거나 음운변화에서 실제로 관찰되지 않는 유형을 예측하도록 하는 문제가 있을 뿐 아니라, 어기의 개념을 정의하는 데 상당한 문제점이 있다고 주장하고 있다.

6.2.4.2 MAX(Feature) 이론

MAX(Feature) 이론의 주축인 MAX(Feaure) 제약은 언뜻 보면 IDENT(Feature) 제약과 비슷해 보이지만 근본적인 면에서 차이를 보인다. 이 이론이 제시된 동기가 된 일본어의 예를 보면, 기저형 //kag+ta// 'sniffed'가 표면에서 [kai+da]로 나타난다. 다시 말하면, 유성 저해음 //g//가 탈락하는 대신 가지고 있던 유성음 자질을 접미사 //t//에 전달하여 표면에서 유성음으로 나타나게 한다는 것이다. 따라서, 기존의 IDENT ([voice]) 제약으로는 이러한 점을 나타내기 불가능한데, 그 이유는 기저의 유성음 //g//에 대응하는 분절음이 [d]가 아니라 [i]이기 때문이다. 따라서 Lombardi (1998: 47)는 다음과 같은 MAX([voice]) 제약을 설정하였다.

(37) MAX([voice])
입력부의 유성 자립분절은 출력부에서도 나타나야 한다.[10]

즉, 입력형의 유성자질이 꼭 대응하는 분절음에 나타나도록 하는 IDENT ([voice]) 제약과는 달리, 출력형의 어느 곳에서든 실현되기만 하면 되도

---

[10] A voiced autosegment in the input must be represented in the output.

록 하는 이동이 자유로운 제약이다. 즉, //kag+ta// 'sniffed'에 대한 최적형 [kai+da]는 기저 //g//의 유성음이 대응 분절음이 아닌 접미사 //t//에 나타나 [d]로 실현되게 하는 역할을 한다. 그리고 어간의 유성자질이 대응하는 분절음 [i]에 나타나지 않아서 IDENT([voice]) 제약을 위반하기는 하지만 이 IDENT 제약이 하위에 위치하므로 최적형 선택에 영향을 주지 않는다.[11]

이제 다시 위에서의 논의로 돌아가, OO-이론이 Slovak 자료 páň+a 'master'(dim.)와 riasa 'cassock'에 대하여 보이는 문제점은 Lombardi (1998)가 제시한 MAX(Feature) 이론에 의해서 해결될 수 있다. (물론, 뒤에서 논의되듯이 이 이론 역시 이론적인 면에서 그리고 선험적인 면에서 몇 가지 문제를 가지고 있다.) 다음의 제약도표를 보자.

(38) //n+æ// páň+a 'master' (dim.)

/ɲ + æ/	MAX([-back])	PALATALIZATION	æ-BACKING	IDENT([-back])
a.☞ ɲ + a				*
b. ɲ + æ			*!	
c. n + a	*!			*
d. n + æ		*!		*

이 도표는 위에서 논의된 DOT 분석의 제 2단계 도표에 MAX([-back]) 제약을 첨가하여 제일 상위에 오도록 한 것이다. 최적형인 첫 번째 후보형 [ɲ+a]는 //æ//의 자질 [-back]이 대응 분절음이 아닌 기저의 //n//에서 나온 [ɲ]에서 실현되고 있으므로 (하위의 제약 IDENT([-back])을 위반하지만) 최상위 제약 MAX([-back])을 충족한다. 그리고 세 번째 후보형 [pa:n+a]는 이 제약으로 인해 선택에서 제외된다.

이러한 분석은 riasa //ræ:sa// 'cassock'에서도 잘 적용이 된다. (위에서 논

---

[11] 물론 이 자료에 대한 DOT 해석은 제 1단계에서 //kag+ta//를 설정하고, 제 2단계에서 /g/가 [i]로 바뀌도록 하는 것이다 (Rubach 2000: 308).

의된 DOT 분석이 필요했던 것은 잘못된 후보형 [ra:sa]를 제거하기 위하였던 것임을 기억해 두자.)

(39) riasa 'cassock'

X X X | \\/ r æ	MAX([-back])	*[æ:]	æ-BACKING	IDENT([-back])
a.☞ N /\\ X X X | | | r i a				*
b. N /\\ X X X | | | r i æ			*!	
c. N /\\ X X X | \\/ r æ		*!	*	
d. N /\\ X X X | \\/ r a	*!			*

이 도표 역시 DOT 분석에서 사용된 것에 최상위 제약 MAX([-back])를 추가한 것이다. 이제 가장 강력한 경쟁상대인 네 번째 후보형이 내부 어디에도 [-back] 자질을 가지고 있지 않으므로 MAX([-back]) 제약에 의해 경쟁에서 탈락한다. 물론 최적형 역시 대응 분절음에 [-back] 자질이 나타나지 않아 IDENT([-back]) 제약을 위반한다. 그러나 입력형 모음 //æ//의 [-back] 자질이 대응 분절음은 아니지만 [i]에 실현되므로 최상위 제약 MAX([-back])를 충족한다.

이와 같이 MAX(Feature) 이론은 DOT가 필요로 하는 단계별 분석에서 탈피한 새로운 해석을 효과적으로 수행할 수 있는 장점이 있다. 그러나 이 이론 역시 한 두 가지 문제점을 가지고 있는데, 이론적인 것과 선험적인 것으로 나누어 볼 수 있다. 우선 이론적인 면에서 동일 자질에 대하여 MAX(Feature)와 IDENT(Feature) 두 가지를 설정하여야 하므로 자질에 관련된 제약의 수가 두 배로 늘어나는 비경제성이 등장한다. 또한 MAX(Feature) 제약이 IDENT(Feature) 제약과 차별화되기 위해서는 출력형의 어느 위치에 해당 자질이 나타나야 하는지를 지정할 수 없는데 이는 이론 자체에 통제되지 않은(unconstrained) 힘을 부여하게 되는 문제점을 가져온다. 그리고 결국 이 문제는 선험적인 문제에 직결된다. 즉, 해당 자질이 출력형에서 하나 이상의 위치에 나타나는 경우 어느 것을 고려해야 하는가의 문제가 생기게 되는 것이다.

구체적인 예로 Slovak을 들어보자. tel'+a [t'el'+a] 'calf'는 위에서 본 paň+a 'master' (dim.) 또는 osl'+a 'donkey' (dim.)와 같은 종류의 예이다. 그러나 첫 음절에서 [-back] 자질을 가지고 있는 곳이 [t']와 [e] 두 곳이므로 모두 MAX([-back])을 충족한다. 따라서, tel'+a [t'el'+a]에서는 paň+a 'master' (dim.)나 osl'+a 'donkey' (dim.)에서와는 달리, 기저의 //l//을 [l']로 구개음화하도록 강제할 수 없다. 따라서, tel'+a의 평자음 //l//을 구개음 [l']로 바꾸는 것이 충실성 제약을 위반하는 것이므로 올바른 형태 [t'el'a] 대신 잘못된 형태 *[t'ela]가 선택된다.

이 문제는 이중모음 [ia]와 관련된 예에서도 관찰된다. 예를 들어, riasa [riasa] 'cassock'와 유사한 예인 dial' [d'ial'] 'distance'의 기저형은 //dæ:l'//이다. 즉, 기저형의 모음이 가지고 있는 [-back] 자질을 [d'], [i], [l']이 모두 가지고 있으므로 [t'el'+a]가 보인 동일한 문제를 드러낸다. 이 외에도 nitársky [ta:r] 'stapler' (형용사형)와 연관된 단어 nitiarsky [t'iar] 'threader' (형용사형)에서도 자음의 구개성과 [-back] 사이의 연결문제가 등장한다.

이상에서 논의된 바와 같이 Lombardi (1998)의 MAX(Feature) 이론도 DOT가 분석한 자료에 대하여 보이는 나름대로의 설명력에도 불구하고 이론적, 선험적 문제를 가진다는 점을 알 수 있다.

6.2.4.3 감응이론

앞 장에서 소개한 바와 같이 McCarthy (1998)가 불투명성을 해결하기 위한 방법으로 제안한 것이 바로 '감응이론(Sympathy Theory)'이다. 이 이론의 특징은 두 개 이상의 어기를 병렬적으로 설정하여 최적형을 선택한다는 점이다. 즉, 이전의 표준 최적성 이론이 단 한 개의 어기를 설정하는 데 비해, 기저형인 입력형을 어기로 설정하는 것 이외에 최적형 선택 이전의 중간형태인 '감응어기(sympathetic base)'를 별도로 설정하는 점이 대표적인 차이점이다. 특히, 감응어기는 표면에 나타나는 불투명성으로 인해 실제 최적형이 가지지 못하는 정보를 가지고 있어야 한다. 이러한 단점이 있기는 하지만 대신 DOT에서 적용하는 도출과정을 생략할 수 있는 장점을 보일 수 있다. 이 점을 위에서 예를 든 páň+a 'master' (dim.) 분석을 통해 예시해 보기로 한다.

다음의 도표는 páň+a 'master' (dim.)의 최적형을 선택하기 위한 표준 최적성 이론의 분석이다. 위의 다른 분석에서 사용한 제약을 대부분 그대로 사용하고, [+anterior]인 비구개음 /n/과 [-anterior]인 구개음 [ɲ]의 차이를 나타나기 위해 IDENT([+anterior])를 추가하여 (구개음화가 일어나는 것이 최적형이므로) 하위제약으로 설정하였다. (Rubach는 기저형, 즉 입력형을 // //로 표기한다.)

(40) /n+æ/   páň+a 'master' (dim.)

/n + æ/	PALATALIZATION	æ-BACKING	IDENT([-back])	IDENT([+anterior])
a. (☞) ɲ + a			*	*!
b. ɲ + æ		*!		*
c. 💣 n + a			*	
d. n + æ	*!	*		

이 도표에서 나타난 위계관계는 자의적으로 설정된 것이 아니다. 그러나 이 위계관계가 선택하게 하는 것은 (☞)로 표시된 실제 최적형이 아

니라 (☜로 표시된) 잘못된 형태이다. 그러나 제약간의 위계를 바꾸어도 최적형을 선택할 수 없는데, 그 이유는 *[paːn+a]가 최적형 [paːɲ+a]가 위반하는 제약보다 하나를 덜 위반하기 때문이다. 이 문제를 해결하기 위해서 감응이론의 적용을 시도한다.

감응이론의 적용을 위해서는 두 가지 전제가 필요하다. 첫째, 잘못된 후보형들 중 하나를 지정해서 감응후보로 삼아야 한다. 둘째, 새로운 제약, 즉 '감응 충실성 제약(sympathetic faithfulness constraints)'을 허용하여 감응후보의 속성이 최적형에 그대로 유지되도록 하여야 한다.

그러면 감응후보의 설정이 어떻게 이루어지는가를 알아야 하는데, 이 과정 역시 자의적으로 이루어지는 것은 아니다. 이를 위해서 제약 중 하나가 '선택자(selector)'가 되어 주 역할을 담당한다. 그런데 이 선택자를 고르는 것이 쉽지는 않다. 이에 대하여 McCarthy (1998)가 제시한 원칙은 충실성 제약 중 하나가 선택자가 된다는 것이다. (그러나 앞 장에서 소개한 바 있는 Itô & Mester (1997)는 모든 제약이 다 선택자가 될 수 있다는 가정을 하고 있다.)

그러면 이제 McCarthy (1998)의 제안을 따라서 위의 도표에서 선택자를 택하기로 하는데, 충실성 제약이 두 개가 있으므로 이 중 하나가 선택자가 된다. 그런데 IDENT$_{IO}$([+anterior])는 좋은 선택자가 아니다. 왜냐하면 처음 두 후보형이 이를 위반하기 때문에 선택이 (c,d)로 한정되고 이 중 (c)가 더 적은 수의 위반을 하므로 감응후보가 되어야 하기 때문이다. 그런데 이 세 번째 후보형 [paːn+a]는 우리가 제외해야 할 후보형이다. 따라서, 다른 충실성 제약 IDENT([-back])이 선택자가 되어야 하고 (a, c)의 후보형은 선택자 제약을 위반하므로 감응후보에서 제외된다. 이제 남은 두 후보형 중에서 상위제약을 하나만 위반하는 두 번째 후보형 [paːɲ+æ]가 감응후보로 선택된다.

이제 최적형을 선택하기 위해 감응제약 ☜IDENT([-back])을 선택자로 선정한다. 또한 감응제약 ☜IDENT([-back])이 æ-BACKING보다는 아래에 오고 IDENT_IO([-back])보다는 상위에 오도록 한다. 이는 입력형과 다른 후보형들 사이의 위반 관계를 평가하기 위한 것이다. (특히, æ-BACKING을 상위에 놓는 것은 감응후보가 최적형으로 선택되지 않도록 하는 역할을 담당한다.)

(41) páň+a 'master' (dim.)

/n + æ/	PALATALIZATION	æ-BACKING	⊛IDENT ([-back])	IDENT ([-back])	IDENT ([+ant])
a. ☞ ɲ + a			*	*	*
b. ⊛ ɲ + æ		*!			*
c. n + a			**!	*	
d. n + æ	*!	*	*		

한편, riasa 'cassock'의 경우도 이와 비슷한 분석을 할 수 있다. 여기에서도 잘못된 형태인 *[ra:sa]를 제외하고 [riasa]를 선택하도록 하는 일이 중요하다. 우선 입력형 /ræ:sa/를 가정하고, *[ra:sa]와 [riasa] 두 후보형이 IDENT_IO([-back])을 모두 위반하지만, [ra:sa]가 NO-DIPHTHONG 제약을 위반하지 않으므로 더 나은 후보형이다. 따라서 이런 잘못된 결과를 피하기 위해서 감응이론 분석을 시도한다. 그리고 감응후보로 [riæsa]를 선정하는데 이는 위에서와 같이 IDENT([-back])이 선택자가 되기 때문이다. 그리고 역시 감응제약으로 ⊛IDENT([-back])이 설정된다.

(42) riasa 'cassock'

/ræ:sa/	*[æ:]	æ-BACKING	ONSET	⊛IDENT ([-back])	IDENT ([-back])	NO-DIPH
a. ☞ ria.sa				*	*	*
b. ræ:.sa	*!	*				
c. riæ.sa		*!				*
d. ra:.sa				**!	*	
e. ⊛ ri.æ.sa		*!	*			
f. ri.a.sa			*!	*	*	

여기에서도 첫 번째 후보형 [ria]와 네 번째 후보형 [ra:]를 구별해 주므로 감응제약 ☞IDENT([-back])의 역할이 결정적이다. 또한 감응후보 ☞[riæ]가 [-back]을 두 개 가지고 있는 데 반해, [ria]는 [a]만 감응제약을 위반하므로 감응제약에 대한 위반 정도가 한 번에 그친다. 그러나, 감응어기 ☞[riæ]가 [-back] 자질을 두 개 가지고 있는 데 비해 *[ra:]는 이 자질을 전혀 가지고 있지 않으므로 감응제약을 (치명적으로) 두 번 위반한다.

이와 같이 감응이론은 앞의 DOT 분석에서 보인 páň+a 'master' (dim.)와 riasa 'cassock' 자료를 도출단계를 설정하지 않고 최적형을 선택할 수 있는 장점이 있다. 그러나 이 이론 역시 다음에 논의되는 바와 같이, 활음과 성문음의 삽입뿐 아니라 모음 연속체와 관련된 문제에 있어서 문제점을 드러낸다. 우선 모음 연속체 [i.a]와 이중모음 [ia]의 경우를 보자.

앞에서 논의된 Slovak의 dialekt [i.a]와 riasa [ia]의 음절적 차이를 가져오는 것은 제 1단계에서 적용되는 NO-DIPHTHONG 제약이다. (두 어간의 기저형은 각각 //dialekt//와 //ræ:sa//이다.) 또한 [-cons] 분절음에 음절핵을 연결하는 V-NUC 제약이 상위에 있으므로 /ræ:/에는 음절핵이 하나가 부여되어 한 음절이 된다. 그러나, [-cons] 분절음이 두 개가 있는 /dia/는 음절핵이 두 개가 부여되어 [di.a]로 나타난다. 따라서 [di.a.lekt]는 ONSET 제약을 어기게 되지만 [ræ:sa]의 경우는 위반의 대상이 되지 않는다. (논의의 편의상 앞에서 제시된 도표를 여기에 반복한다.)

(43) DOT 분석

제 1단계: 모음 연속체와 이중모음 구분

dialekt

X X X | | | //d i a// dialekt	No-Diphthong	Onset

a. ☞   N N
      | |
  X X X
  | | |
  d i a
		*

b.   N
    /|\
  X X X
  | | |
  d i a
	*!	

riasa

N
     /\
  X X X
  | \/
// r æ// riasa
	No-Diphthong	Onset

a. ☞   N
     /\
  X X X
  | \/
  r æ		

b.   N
    /\
  X X X
  | | |
  r i æ
	*!	

c.   N N
     | |
  X X X
  | | |
  r i æ
		*!

그러나 riasa [ria.sa]에 대한 실제의 표면형은 장모음 [æ:]가 아니고 이중모음이 나타나야 한다. 따라서 제 2단계에서 Onset » No-Diphthong을 설정한다. 또한 [-labial] 자음 다음에는 [æ:]를 후설화하는 제약 æ-Backing을 첨가한다. 물론 이러한 위계관계가 dialekt에서도 이중모음을 허용할

가능성이 있으나 상위에 있는 IDENT(NUC) 제약이 이러한 가능성을 배제한다.

(44) 제 2단계: 이중모음화

dialekt

/d i a/ (N N, X X X)	IDENT (NUC)	*[æ:]	IDENT ([-back])	ONSET	NO-DIPH	æ-BACKING
a.☞ d i a (N N, X X X)				*		
b. d i a (N, X X X)	*				*!	

riasa

r æ (N, X X X)	IDENT (NUC)	*[æ:]	IDENT ([-back])	ONSET	NO-DIPH	æ-BACKING
a.☞ r i æ (N, X X X)					*	*
b. r i a (N, X X X)			*!		*	
c. r æ (N, X X X)		*!				*

d. N ╱╲ X X X | ╲╱ r a			*!		
e. N N | | X X X | | | r i æ	*!			*	

제 2단계에서 dialekt의 올바른 최적형을 얻을 수 있지만, riasa의 경우는 [æ]가 나타나는 것이 잘못된 최적형이다. 따라서 제 3단계에서 æ-BACKING 과 IDENT([-back])의 위계를 재조정한다.

(45) 제 3단계: æ-후설화
riasa

X X X | | | r i æ	IDENT (NUC)	*[æ:]	æ-BACKING	ONSET	NO-DIPH	IDENT ([-back])
a.☞ N ╱╲ X X X | | | r i a					*	*
b. N ╱╲ X X X | | | r i æ				*!	*	

이상에서 예시한 바와 같이 DOT 분석의 단점은 순차적 단계를 설정하고 제약의 위계를 재설정해야 한다는 점이다. 그러나 이러한 '순차적(serial)' 방식을 택하지 않는다면, [ria.sa]를 택할 수 있는 ONSET과 NO-DIPHTHONG 사이의 제약위계는 ONSET » NO-DIPHTHONG 뿐이다. 그러

나 이 위계는 dialekt에서도 모음의 연속체 대신 이중모음 [ia]를 허용하는 문제가 생긴다. 물론 원하지 않는 이중모음화를 피하기 위해 IDENT(NUC) 제약을 ONSET보다 더 위에 놓을 수 있다. 그러나 음절핵은 기저형에 표시될 수 없기 때문에 순차적 도출방식이 아니면 이 IDENT(NUC) 제약을 적용할 수 없다. 그리고 감응이론의 등장이 표면에서의 불투명성을 해결하기 위한 것이므로 여기에 대한 개입이 불가능하다. 물론 표준 최적성 이론에서는 dialekt와 같이 필요한 어휘의 기저형에 음절핵을 미리 표시(prespecify)하여 IDENT(NUC) 제약을 원하는 대로 적용하는 방법을 택할 수도 있다. 그러나 모든 어휘의 기저형을 임의적으로 설정하는 것은 언어기술의 일반성을 근본적으로 위협하게 된다.

표준 최적성 이론이나 감응이론이 DOT 분석을 대체하기 어려운 또 하나의 예로, 불가리아어의 성문파열음과 활음삽입 현상을 분석해 보기로 한다. 불가리아어에서는 단어초에 음절두음을 실현하기 위해서 성문파열음이 삽입된다. 그런데 다음의 자료에 나타나듯이, 이 삽입 성문음이 단어 단계 뿐 아니라 구(phrase)에서도 그대로 유지된다. ([fʔ]는 저해음의 유무성 동화에 의한 결과이다.)

(46) 불가리아어: Amerika [ʔa] 'America'
→ v Amerika [fʔa] 'in America'

그리고, 이 현상을 순차적 도출과정을 거치지 않는 분석을 이용하면 다음과 같은 잘못된 결과 [va]를 얻는다.

(47)

	/v a/	MAX(Seg)	ALIGN-L	ONSET	DEP(Seg)	*COMPLEX(onset)
a.💣	va		*			
b.	a	*		*		
c.	ʔa		*		*	
d.(☞)	fʔa		**		*	*

이 문제를 해결하기 위해 감응이론을 적용해 보자. 이를 위하여 우선 선택자가 되는 제약을 선정하여야 한다. 여기에서 McCarthy (1998)의 제안에 의하면 충실성 제약 중 하나가 선택자가 되어야 하므로 MAX(Seg)와 DEP(Seg) 중 하나를 선정하여야 한다. 그런데, MAX(Seg)를 선정하는 경우 감응어기는 이 제약을 위반하지 않는 (a, c, d) 중 하나가 될 것이다. 그러나 첫 번째 후보형 [va]가 제약의 위반이 가장 적으므로 감응어기가 될 가능성이 크다. 그리고 이러한 가능성은 DEP(Seg)을 선택자로 하는 경우에도 마찬가지이다. 그러나 [va]와의 유사성을 통해 올바른 최적형 [fʔa]를 얻는 것은 불가능하다.

물론 McCarthy (1998) 대신 Itô & Mester (1997)의 제안을 따라 유표성 제약까지도 선택자로 고려할 수 있지만 결과는 희망적이지 않다. 즉, ONSET과 *COMPLEX(Onset)은 [va]를 감응어기로 선정하고, ALIGN-L은 [a]를 감응어기로 선정하기 때문이다.

또 다른 가능성으로는 "성문파열음을 가지도록" 하는 새로운 제약 Positive-ʔ을 선택자로 설정해 볼 수도 있는데, 그 경우 [ʔa]가 감응어기로 나타날 것이다. 여기에 ⊛IDENT([ʔ]) 제약을 추가하고 MAX(Seg) » ALIGN-L을 설정하면 올바른 최적형 [fʔa]가 나타날 것이다. 그러나 이러한 무리수는 최적성 이론의 기본정신을 훼손하는 일이다. 성문파열음이 나타나는 것은 ONSET 제약에 의한 것이라는 기본 속성을 무시한 자의적인 분석이기 때문이다. (이 밖에도 Rubach는 이와 같은 무리한 분석의 문제점은 폴란드어의 활음삽입이나 Czech의 성문파열음과 활음삽입에서도 확연히 드러날 수 있음을 보이고 있다.)

6.3 러시아어의 전/후설성 교체현상

여기에서는 DOT에 대한 또 다른 분석의 예로 Rubach(2000b)에 제시된 러시아어의 자료를 검토한다.

6.3.1 러시아어 모음과 자음의 전/후설성 교체현상

러시아어의 모음은 전설성을 가진 [i, e]와 후설성을 가진 [ɨ, u, o, a]의 두 부류로 나눌 수 있다 (Zubritskaya 1995, Rubach 2000b). (그러나 실제로 [i]와 [ɨ]가 음소적 차이를 보이지 않고, [ə]는 모음약화로 나타나는 모음이므로 5모음 체계를 설정하는 것이 일반적이다.)

(48)

[-back]	[+back]	
i	ɨ	u
e	(ə)	o
	a	

여기에서 전설성 모음 /i/는 구개음화에 관여하여 자음을 구개음 (또는 '연자음(soft consonants)')으로 바꾸지만, 때에 따라 반대의 경우, 즉 자음의 후설성에 의해 후설모음 [ɨ]로 바뀌기도 한다. 이 경우 변화의 요인이 되는 것이 후설성을 가진 경자음(hard consonants)이다. 따라서 러시아어의 자음은 [-back] 자질을 가진 구개자음인 '연자음(soft consonants)'과 [+back] 후설성 자음인 경자음으로 구성되어 있고, 엄밀한 의미에서 평자음(plain consonants)는 없는 것으로 간주된다 (Sweet 1879, Broch 1911, Halle 1959). (Rubach (2000b)에서는 경자음을 [pˠ], [kˠ] 등으로 표시하지만 표기의 복잡성을 피하기 위해 전통적인 방식을 따라 단순표기 하기로 한다.)[12]

(49) Hard: [p b m f v t d s z ts r l n š ž k g x]
     Soft: [pʲ bʲ mʲ fʲ vʲ tʲ dʲ sʲ zʲ   rʲ lʲ nʲ č kʲ gʲ xʲ]

---

[12] 뒤에서 논의되는 바와 같이 /š, ž, ts/는 표면에서 음성적으로 연자음의 속성을 가지지만 음운적 측면에서 경자음으로 간주되어야 한다. 그리고 그러한 설정이 도출형 최적성 이론의 분석을 논리적으로 강화할 수 있다.

여기에서 굵은 글씨로 표시된 것은 경자음 [ts, š, ž]에 대응하는 연자음이 없다는 것과 연자음 [č]에 대응하는 경자음이 없다는 사실을 보여준다. 러시아어에서 나타나는 구개음화는 전설모음 [i, e]와 전이음 [j] 앞에서 일어난다. 그리고, 구개음화의 유형은 다음과 같이 4가지로 분류할 수 있다.

(50) a. Velar palatalization: k → č
       ruk + a 'hand' (Fem Nom Sg) ~ ruč + īšč + a (Aug Nom Sg)
                                         ruč + en'k + a (Dim Nom Sg)
  b. Affricate palatalization: ts → č
       konets 'end' ~ konč + i + t' 'to finish'
       otets 'father' ~ otč +estv + o 'patronymic'
  c. **Iotation**[13]: t → č
       šut 'joker' ~ šuč + u 'I joke'
  d. Surface palatalization: t → t'
       brat 'brother' ~ brat + j + a [t'] 'brothers (Coll)'
       xvost 'tail' ~ xvost + ik [t'] (Dim), xvost + e [t'] (Loc Sg)

이와 같은 구개음화 현상은 전설모음이나 전이음 [j]가 가진 [+high, -back] 자질을 자음에 전파하여 후설성 자음을 [-back] 자질을 가진 연자음으로 바꾸는 현상으로 해석할 수 있다. (여기에서 '표층 구개음화(Surface Palatalization)'는 /i, j/가 가진 [-back, +high] 자질을 전파하는 현상이다. 그러나 Rubach (2000b)는 표준 최적성 이론에서는 이를 효율적으로 기술하기 힘든 현상임을 보이고 있다.)

또한 러시아어에는 이와 같이 모음의 속성이 자음에 전달되는 현상과는 반대의 현상, 즉 자음의 전/후설성이 모음에 전달되어 모음의 전/후

---

[13] 공시적인 면에서 전이음 /j/가 기저형이나 표면형 어디에도 나타나지 않기 때문에 이 현상은 추상성(abstractness) 또는 불투명성(opacity)에 의존해야 하는 대표적인 예이다.

설화를 야기하는 현상이 있다. 예를 들어, 다음 명사 주격의 단/복수 교체형 자료는 기저의 후설모음 /i/가 선행하는 연자음의 전설성으로 인해 전설모음으로 바뀌는 '전설화(Fronting)' 현상을 보여준다. (사용된 격 어미는 모두 주격(nominative).)

(51) Fronting: ɨ → i / C$_{[-back]}$ ____
    (Soft C + /i/ → Soft C + [i])
    gost'   ~   gost + i [t'i]   'guest'
    los'   ~   los + i [s'i]   'moose'
    slovar' ~   slovar + i [r'i]   'dictionary'
    { cf. Hard C + /i/ → Hard C + [ɨ]   No change
      e.g. nos   ~   nos + y [sɨ]   'nose'
          zub   ~   zub + y [bɨ]   'tooth' }

또, 이와는 반대로 전설모음 /i/가 [+back] 자질을 가진 경자음 뒤에서 후설모음 [ɨ]로 바뀌는 '후설화(Retraction)' 현상도 흔히 나타난다. 특히, 이 후설화 현상은 접두사와 어간 사이에서 나타나기도 하지만, 단어 사이나 전치사를 포함하는 구(phrase), 즉 접어(clitic)가 있는 경우에도 나타날 수 있다.

(52) 후설모음화(Retraction): i → ɨ / C$_{[+back]}$ ____
    (Hard C + /i/ → Hard C + [ɨ])
    a. Prefix + stem: Perfectives
       iskat'   'look for' → raz + yskat' [zɨ]
                               ob + yskat' [bɨ]
                               ot + yskat' [tɨ]
                               s + yskat' [sɨ]
                               pod + yskat' [dɨ]
                               iz +yskat' [zɨ]
    b. Clitic + word
       ot instituta   [tɨ]   'from the institute'

k invalidu   [kɨ]   'to the invalid'
pod izboj   [dɨ]   'under the room'
s igloj   [sɨ]   'with the needle'

c. Between words
brat id'ot   [tɨ]   'my brother is going'
mal'čik igrajet   [kɨ]   'a boy is playing'
dom iskustva   [mɨ]   'art gallery'
golos Ivana   [sɨ]   'Ivan's voice'

물론 이와 같은 후설화 현상은 연자음 뒤에서는 나타나지 않는다.

(53) gost'   'guest'   ~ gost' iz Moskvy   [t'i]   'a guest from Moscow'
los'   'moose'   ~ los' id'ot   [s'i]   'the moose is going'

6.3.2 도출형 최적성 이론 분석

이와 같이 다양하게 나타나는 모음과 자음 사이의 [back] 자질 교류 현상을 설명하기 위하여 다음의 제약을 설정할 수 있다 (Rubach 2000b).[14]

---

[14] 이 제약은 다음의 Zubritskaya (1995)의 CV Link 제약을 수정한 것이다.

CV Link: In CV all features linked to a vowel must also be linked to a consonant.

그러나 Rubach는 선행 자음과 고모음 사이의 전/후설 일치관계는 선행자음과 중설모음 사이의 일치관계와 다르게 보아야 한다는 입장을 보이고 있다. 예를 들어, 러시아어에서는 전설모음 /i, e/가 모두 구개음화를 유발할 수 있으나 Ukrainian이나 폴란드어에서는 구개음화가 /i, j/ 앞에서만 나타난다. 또한 러시아어 차용어에 나타나는 구개음화의 예외현상도 /e/가 나타나는 환경이고 (예: tensist [ten'is'ist] 'tennis player', xrizantema [xr'izantema] 'chrysanthemum'), /i/가 있는 경우는 예외를 발견할 수 없다. 그러므로 선행 자음과 고모음 사이의 전/후설 일치관계는 선행자음과 중설모음 사이의 일치관계와 다르게 보아야 한다. 따라서 Rubach (2000b)는 Zubritskaya (1995)의 CV Link 제약을 Pal-i 제약으로 수정하였다. 그러나 역사적으로 보면 러시아어의 /e/도 /je/에서 도출된 것이므로 (Shevelov 1964), /j/의 음가가 선행하는 자음에 옮겨간 것으로 보는 것이 타당하다.

(54) Palatalization-i (PAL-i)
CV$_{[+high]}$ 연속체는 모음의 [back] 자질을 공유한다.

이 밖에도 다음과 같은 입력부-출력부 대응제약을 설정할 수 있다.

(55) a. Ident-C$_{[+back]}$
b. Ident-C$_{[-back]}$
c. Ident-V$_{[+back]}$
d. *ü (전설 원순 고모음 금지)
e. *ɨ (후설 비원순 고모음 금지)
f. *i (전설 비원순 고모음 금지)

이러한 제약을 사용하여 구개음화가 적용되는 경우와 그렇지 않은 경우를 다음의 도표로 설명할 수 있다. (다음 도표에서 입력형 표기를 // // 로 하는데 이는 Rubach (1984, 2000a, b)의 방식을 그대로 따른 것이다.)

(56)

	//t + i//	Pal-i	Id-V$_{[+bk]}$	*ɨ	*i	Id-C$_{[+bk]}$
a. ☞	t' + i				*	*
b.	t + ɨ			*!		
c.	t + i	*!			*	

(57)

	//t + ɨ//	Pal-i	Id-V$_{[+bk]}$	*ɨ	*i	Id-C$_{[+bk]}$
a. ☞	t + ɨ			*		
b.	t' + i		*		*!	*
c.	t + i	*	*!		*	

한편 //t'i// → [t'i]에 나타나는 전설모음화 현상은 자음의 속성을 바꾸지 말아야 하므로 Ident-C$_{[-back]}$ 제약을 설정하여 설명할 수 있다. (그러나 자음의 속성을 바꾸지 않는 Ident-C$_{[-back]}$ 제약이 모음의 전설모음화 과정에서 원순모음 [ü]를 만들어 내지 못하도록 해야 하는데 이 일을 하는 것

이 *ü 제약이다.)

(58)

//t' + i//	Id-C[-bk]	Pal-i	Id-V[+bk]	*ɨ	*i	Id-C[+bk]
a. ☞ t' + i			*		*	
b. t + ɨ	*			*!		
c. t' + ɨ		*		*!		

또한, 연자음 뒤에 /i/가 나타나는 *put' is Moskvy* 'a journey from Moscow'는 다음과 같이 기술될 수 있다.

(59)

//t' + i//	Id-C[-bk]	Pal-i	Id-V[+bk]	*ɨ	*i	Id-C[+bk]
a. ☞ t' +i					*	
b. t + ɨ	*!			*		
c. t' + ɨ		*!		*		

따라서 //t + i//나 //t' + i//는 자음과 모음이 동일한 [back] 자질을 공유하게 되므로 충실성을 최대한으로 지키는 것으로 볼 수 있다. 그러나 반대의 경우, 즉 //t' + i//나 //t + i//는 최적형이 상위의 충실성 제약을 위반할 수 밖에 없을 뿐 아니라 자음, 모음 어느 것을 바꾸어야 하는지 결정을 내릴 수 없는 문제가 발생한다. 다시 말하면, 전/후설성을 일치시키기 위하여 자음을 바꿀 수도 있고 (//t// → [t'], //t'// → [t]), 모음을 바꿀 수도 있기 (즉, //i// → [ɨ], //ɨ// → [i]) 때문이다. 이러한 문제는 러시아어가 가지고 있는 형태론적 속성과 관련이 있다. 따라서 이러한 경우를 설명하기 위하여는 도출과정을 보이는 도출형 최적성 이론의 도입이 필요하다는 것이 Rubach (2000a, b)의 주장이다.

도출형 최적성 이론에서 제 1단계는 단어의 구조를 표시한다. 그리고 제 2단계에서는 접어로 구성된 어구나 어휘부외적(postlexical) 현상을 표시한다. 그리고, 제 2단계에서 Ident-C[+back] 제약이 상위로 이동한다. (물론 다른 모든 제약보다 상위로 가는 것은 아니다.) 그리고 그 결과로

brat Ivana 'Ivan's brother'의 경우, 구개음화 대신 모음의 후설화가 나타나는 현상을 (그리고 *put' Ivana* 'Ivan's journey'에서는 입력형의 모음이 그대로 표면에 나타나는 점을) 설명할 수 있다.

(60) 제 2단계

//t+ i//	Id-C$_{[+bk]}$	Id-C$_{[-bk]}$	Pal-i	Id-V$_{[+bk]}$	*ɨ	*i
a. ☞ t ɨ					*	
b. t' i	*!					*
c. t i			*			*!

한편, *pri + gotovit'* 'prepare'에서 밑줄친 자음과 같이 접두사의 내부에 있는 자음은 구개음화가 되어 나타난다. 그러나 전설모음 앞 자음이 접두사의 마지막 자음인 경우 구개음화가 나타나지 않는다.

(61) raz + iskat' → ra<u>z</u> + <u>i</u>skat' 'look for' (*ra<u>z</u>' + <u>i</u>skat')
    s + igrat' → <u>s</u> + <u>i</u>grat' 'play' (*<u>s</u>' + <u>i</u>grat')
    (cf. pri + gotovit' → p<u>r</u>'i + gotovit' 'prepare')

이와 같은 문제를 설명하기 위해 소위 말하는 '출몰모음(ghost vowel)' yer를 포함하는 러시아어의 음운구조를 살펴볼 필요가 있다. 즉, 다음과 같은 완료형 굴절과정에서 접두사의 형태가 모음의 유무를 보이는 교체현상을 나타내므로 접두사의 마지막에 출몰모음 /O/를 설정하여야 한다. (표면에 나타나지 못하는 추상적 모음이므로 이를 대문자로 표기한다. 철자 y는 [ɨ]로 실현된다.)

(62) raz + yskat' 'look for' ~ raz<u>o</u> + brat' 'take apart' /razO/
    s + ygrat' 'play' ~ s<u>o</u> + brat' 'collect' /sO/

이제 이러한 (추상적) 기저형의 설정으로 올바른 최적형을 찾아야 하는

데 이를 위해 역시 단계별 분석이 요구된다. (여기에서 편의상 전/후설성을 모두 제어할 수 있는 Ident-V[bk] 제약을 사용한다.)

(63) 제 1단계

//sO+ igrat'//	Max-V	Id-C$_{[-bk]}$	Pal-i	Id-V$_{[bk]}$	*$_i$	*$_i$	Id-C$_{[+bk]}$
a. ☞ sO + igrat'						*	
b. sO + igrat'				*!	*		
c. s' + igrat'	*!					*	*

(64) 제 2단계

/sO+ igrat'/	Id-C$_{[+bk]}$	Id-C$_{[-bk]}$	Pal-i	Id-V$_{[bk]}$	*$_i$	*$_i$	Max-V
a. ☞ s + igrat'					*	*	*
b. s' + igrat'	*!					*	*
c. s' + igrat'	*!		*	*	*		*

여기에서 알 수 있듯이 제 1단계에서는 입력부의 출몰모음이 그대로 나타나야 하는데 Max-V 제약이 이에 대한 기능을 담당한다. 그러나 제 2단계에서는 이 제약이 하위로 이동하여 출몰모음이 사라지고 대신 Ident-C [+back] 제약이 상위로 이동하고 이에 의해 구개음화가 일어나지 않는 첫 후보형이 최적형으로 선택된다.

이와 같이 접두사 첨가과정에서 나타나는 구개음화와 모음의 후설화는 도출과정에서 중간단계를 필요로 하므로 도출형 최적성 이론의 좋은 증거로 사용된다. 예를 들어, *komsomol* + *ets* [l'] (Nom Sg), *komsomol'* + *ts* + *a* [l'] (Gen Sg) 'youth organization in Soviet Union'의 구개음 출현에서는 [-back] 출몰모음 /E/를 설정하면 쉽게 설명이 된다. 즉, 기저형 /komsomol + Ets' + a/로부터 제 1단계에서 /komsomol' +Ets' +a/를 도출하도록 하는 것이다. 그리고 제 2단계에서 출몰모음을 금지하는 제약 *yer이 상위에 나타나고 Max 제약이 하위로 내려가 출몰모음이 나타나지 않게 된다.

(65) 제 1단계

komsomol +Ets' + a	Max-V	Id-C[-bk]	Pal-i	Id-C[+bk]
a. ☞ komsomol'+Ets' + a				*
b. komsomol +Ets' + a			*!	
c. komsomol + ts' + a	*!			

(66) 제 2단계

komsomol' +Ets' + a	*yer	Id-C[+bk]	Pal-i	Id-C[-bk]	Max-V
a. ☞ komsomol' + ts' + a					*
b. komsomol +Ets' + a	*!		*	*	
c. komsomol+ ts' + a				*!	*

6.3.3 병렬평가 방식의 문제점

위에서 소개된 후설모음화(retraction)는 전설모음이 경자음 뒤에서 후설모음으로 바뀌는 현상이다. 예를 들어 otvet Ivana 'Ivan's answer'는 [otvet ivana]로 실현되어 후설모음화를 보인다. 이는 단어와 단어 사이, 또는 접두사와 어간 사이에 재음절화가 일어나지 않는 슬라브어의 특성 때문이다. 즉, [ot.vet.i.va.na]로 음절화되므로 음절 내에서 일어나는 자음의 변화인 구개음화가 나타나지 못하고 대신 모음이 변하는 후설모음화가 나타나게 되는 것이다. 이를 설명하기 위하여 Zubritskaya (1995)는 다음의 정렬(alignment) 제약을 설정하였다.

(67) Align (coronal, syllable left)
  모음에 연결된 설정음(coronal) 자질은 음절의 왼쪽에 정렬된다.

이 제약에 따라 음절의 오른쪽에 있는[ot.vet.i.va.na]의 [t]가 구개음으로 바뀌지 못하므로 대신 모음이 후설모음화할 수 있는 여지를 주게 된다. 반면에 두 번째 /t/가 어간 내에 들어있는 otvet + i + t' 'to answer'는 [ot.ve.t'it']로 음절화하여 구개음이 나타남을 설명할 수 있다.

그러나 이 방식은 큰 문제점을 가지고 있는데, 우선 자음의 구개음화와 모음의 후설모음화가 근본적으로 Palatalization-i 같은 동일 제약에 의해 통제된다는 대전제를 흐리게 한다는 점이 지적될 수 있다. 그러나 더 큰 문제는 위의 정렬제약이 다음의 자료에서 자음 하나로 이루어진 전치사가 모두 구개음이 될 것으로 잘못된 예측을 하게 된다는 점이다.

(68) k Ivanu   'to Ivan'   [kɨ] (*[k'i])
　　 s Ivanom 'with Ivan' [sɨ] (*[s'i])
　　 v Ivane   'in Ivan'   [vɨ] (*[v'i])

이러한 문제는 슬라브어의 전치사가 단일 자음만으로 구성된 경우 그 자음이 그 다음 음절의 두음으로 나타나기 때문이다. 따라서 이 경우 위의 정렬제약을 따라 구개음이 예측된다.

이 문제에 대한 Zubritskaya (1995)의 해결책은 다음과 같은 운율구조를 설정하여 전치사의 자음이 운율어(Prosodic word)에 바로 연결되게 함으로써 음절두음으로 오지 못하게 하는 것이다.

(69)

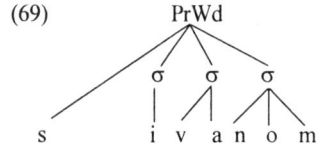

이에 대하여 Rubach는 Selkirk (1980)이 제안한 '엄밀 층위 가설(Strict Layer Hypothesis)'을 위반하는 문제점을 지적한다. 이는 분절음이 바로 윗 운율단계인 음절을 거치지 않고 상위단계인 운율어에 연결되는 것이 자연스러운 분석이 아니기 때문이다.

이 분석이 가지는 또 하나의 문제점은 다음의 자료에 나타난 바와 같이 모음 ~Ø의 교체현상에서 나타난다.

(70) a. s oknom   'with the window'
        v okne   'in the window'
     b. s sestroj 'with the sister'
        v vode   'in the water'
     c. so straxom 'with the fear'
        vo vlasti 'in the power'

위 자료는 단일 자음으로 이루어진 전치사가 첨가되는 어간이 전치사의 자음과 같은 자음으로 시작하고 또 다른 자음이 이어지는 경우 기저에 감추어져 있던 출몰모음이 표면에 나타나는 현상을 보여준다. (이를 위하여 Rubach (2000b)는 *ssC-, *vvC- 제약을 제안한다.) 그런데 이런 현상은 결국 러시아어의 음절구조의 특성을 보여주는 것으로 볼 수 있는데 그 이유는 전치사의 마지막 자음이 음절말음이 될 때는 모음삽입이 이루어지지 않기 때문이다.

결국 이러한 관찰에서 얻어지는 것은 다른 슬라브어와 마찬가지로 러시아어는 마찰음과 파열음을 공명도를 고려하지 않고 음절두음을 이루는 자음군으로 허용한다는 점이다. 따라서 *kto* 'who', *vdova* 'widow', *vz'at'* 'take' 등에서 이러한 음절두음 자음군을 볼 수 있다. 이러한 점은 전치사로 사용되는 단일 자음과 어간의 첫 자음(예: *s xvostom* 'with the tail')에도 나타나는데, 결과로 나타나는 중복자음 음절두음도 허용한다(예: *s sor* 'quarrel', *s sestroj* 'with the sister'). 그러나 동일자음 다음에 또 다른 자음이 나오는 복합 음절두음이 되는 경우 이를 허용하지 않게 되는데 이를 위해 모음이 삽입되는 것이다.

(71) s + sC → [sosC], v + vC → [vovC]

결국 이러한 과정을 설명하기에 Zubritskaya (1995)가 설정한 위의 음절구조는 한계를 가질 수밖에 없다. 따라서 음절구조의 올바른 기술은 다음과 같이 되어야 한다는 것이 Rubach (2000b)의 주장이다.

(72)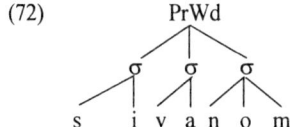

이러한 음절구조에 대한 논증을 위해 다음의 자료를 살펴볼 필요가 있다. 여기에서는 접두사나 전치사의 자음이 (73a)에서는 [j] 앞에서 구개음화하지만 (73b)에서는 같은 환경에서 구개음화하지 않는 사실을 알 수 있다 (Avanesov 1968).

(73) a. C'j

s + jezd	[s'j]	'congress'
v + jexat'	[v'j]	'enter'
s juga	[s'j]	'from the south'
v Jalte	[v'j]	'in Yalta'
k Jeltsinu	[k'j]	'to Yeltsin'

b. Cj

ot + jexat'	[tj]	'go away'
pod + jexat'	[dj]	'come up'
bez Jeltsina	[zj]	'without Yeltsin'
golos Jeltsina	[sj]	'Yeltsin's voice'
pidžak Jeltsina	[kj]	'Yeltsin's jacket'

(73b)에서 구개음화가 나타나지 않는 것은 접두사나 전치사 자체에 모음이 있기 때문이다. 즉, 자체 모음이 있는 전치사나 접두사의 자음은 그 다음 음절의 음절두음으로 재음절화되지 않으므로, 구개음화가 음절경계를 넘어서 나타나지 못함을 보이고 있는 것이다.

또한 구개음화와 모음삽입 현상이 모두 나타나는 다음과 같은 어구를 생각해 볼 수 있는데 접두사 자음 s, v가 음절두음에 속하는 것으로 보아야 한다. 그 이유는 이들 자음이 [j] 앞에서 구개음화되고 모음삽입이 복합 음절두음에 의해 초래된다는 사실을 알 수 있기 때문이다.

(74) v v + jezde   'in the entrance' → [v<u>o</u> <u>v</u>'jezde]
    s s + jezdom   'with the congress' → [s<u>o</u> <u>s</u>'jezdom]

이상의 논의에서 본 바와 같이 Zubritskaya의 주장이 기초하고 있는 음절 구조의 표기에 근본적인 문제가 있음을 알 수 있다. 또한, 이 주장이 구개음화를 설명하기 위한 정렬제약이 구개음화가 나타나는 *golos + in + a* 'voice(Dim)' [s'i]와 구개음화 대신 모음 후설화가 나타나는 *s + Ivanom* 'with Ivan' [si]의 차이를 구별하기에는 부족하다는 Rubach의 주장이 설득력이 있다고 볼 수 있다. 그리고 Rubach는 이 문제를 해결하기 위하여 구개음화는 제 1단계에서 적용되고, 모음의 후설화는 제 2단계에서 적용되도록 하는 도출형 최적성 이론 분석을 제안하는 것이다.

한편 이러한 도출형 최적성 이론 대신 Benua (1997)의 '변형도출 대응 이론'을 분석방법으로 생각해 볼 수 있다. 그러나 이 이론은 출력부와 출력부 사이의 대응관계를 병렬적으로 평가하는 방식을 사용하므로 교체현상을 보이는 표면형 사이의 유추(analogy) 관계를 설정해야 한다. 그러나 전 단계의 출력형이 모두 독립적으로 사용될 수 있는 어휘가 되어야 한다는 전제가 있으므로 굴절관계가 복잡한 러시아어의 경우에는 이러한 방식의 적용에 한계가 있다. 예를 들어, 앞에서 본 많은 전치사가 독립적으로 사용될 수 없을 뿐 아니라, 구개음화와 관련된 교체형을 찾기 위해서는 여러 용법을 참조해야 하는데, 그 중 어느 것을 다음 단계의 어기(base)로 설정해야 하는지 결정하기 어렵다. 그리고 설령 어기 설정의 문제를 해결한다 해도 자음의 구개음화와 모음의 후설화를 같이 설명하는 방법을 찾기가 어렵다. 이를 위해 모음의 후설화가 나타나는 *otvet Ivana* 'Ivan's answer'와 자음의 구개음화가 나타나는 *otvet + i + t'* 'to answer'에 모두 모음의 후설화가 나타나는 것으로 잘못된 예측을 할 수 있다. (여기에서는 최적형을 얻기 위하여 수정된 제약을 적용한다.)

(75) 제 1단계

otvet	Id-C$_{[bk]}$	Pal-i	Id-V$_{[bk]}$	*$_i$	*$_i$	→
a. ☞ otvet						
b. otvet						
c. otvet'	*!					
d. otvet'	*!					

제 2단계

otvet Ivana	Id-C$_{[bk]}$	Pal-i	Id-V$_{[+bk]}$	*$_i$	*$_i$
a. ☞ otvet ivana				*	
b. otvet ivana		*!			*
c. otvet' ivana	*!	*			*
d. otvet' ivana	*!				*

이와 같이 모음의 후설화가 나타나는 경우에는 변형도출 방식으로도 올바른 형태를 얻을 수 있다. 그러나 구개음화가 나타나는 경우는 동일한 방식을 적용하면 잘못된 결과가 나타난다.

(76) 제 1단계

otvet	Id-C$_{[bk]}$	Pal-i	Id-V$_{[bk]}$	*$_i$	*$_i$	→
a. ☞ otvet						
b. otvet						
c. otvet'	*!					
d. otvet'	*!					

제 2단계

otvet + i + t'	Id-C$_{[bk]}$	Pal-i	Id-V$_{[+bk]}$	*$_i$	*$_i$
a. 💣 otvet it'				*	
b. otvet it'		*!			*
c. otvet' it'	*!	*		*	
d.(☞)otvet' it'	*!				*

이러한 병렬분석의 문제점은 McCarthy (1998)가 제안한 '감응이론

(Sympathy Theory)'에서도 해결하기 어렵다. 그 이유는 최적형을 얻기 위한 중간단계를 '선택자(selector)'로 설정하여야 하는데 선택자로 설정된 형태가 위의 두 상반된 형태를 도출하는 데 서로 다른 결과를 가져오기 때문이다. 따라서 이러한 문제점을 해결할 수 있는 유일한 최적성 이론의 대안이 '도출형 최적성 이론'이라는 것이 Rubach의 주장이고 이것은 굴절어 분석에 상당히 효과적인 모델로 해석될 수 있다.

6.3.4 도출형 최적성 이론에 대한 추가 자료검토

Rubach (2000b)에 의하면 구개음화를 위한 제약은 위에서 논의한 Pal-i 제약 이외에 별도의 제약 Pal-j가 필요하다.

(77) Palatalization-j (Pal-j)
    음절두음을 구성하는 자음과 전이음 /j/는 [back] 자질을 공유한다.

Pal-i가 모든 전설모음과 전이음 /j/ 앞에서 나타나는 구개음화를 설명하기 위한 것이라면 이것은 전이음 /j/ 앞에서만 나타나는 구개음화를 설명하기 위한 것이다. 즉, 다음과 같은 자료를 보면 Pal-i 제약이 충분하지 못함을 알 수 있다.

(78) pidža**k** Jeltsina 'Yeltsin's jacket' → [k]
    k Jeltsinu   'to Yeltsin'   → [kʲ]

첫 번째 예에서는 경자음이 나타나고 두 번째 예에서는 연자음이 나타난다. 그런데 구개음화에 관여하는 Pal-i 제약이 자음의 후설성을 그대로 유지하도록 하는 Ident-C$_{[+back]}$ 제약보다 하위에 있으므로 두 번째 예에 나타나는 구개음화를 설명하기 어렵게 된다. 따라서 이를 위하여 Pal-j를 별도로 설정하고 이를 제 2단계에서 적용하게 된다. (제 1단계에서는 전

치사가 첨가되지 않으므로 제약적용의 대상이 되지 않는다.[15])

(79) 제 2단계

k̲ Jeltsinu	Pal-j	Id-C$_{[+bk]}$	Id-C$_{[-bk]}$	Pal-i
a. ☞ (k' je)$_\sigma$		*		
b. (k je)$_\sigma$	*!			*

이 도표에서 우리는 새로운 제약 Pal-j가 핵심적인 역할을 담당하여 Ident-C [+back]이 위반가능한 제약이 되었음을 알 수 있다.

6.4 치찰음

이미 위에서 소개된 바와 같이 /š, ž, ts/ 세 '치찰음 (strident)'은 음성적 속성상 경자음으로 분류된다. 그러나 이 세 자음은 이에 상응하는 연자음이 없을 뿐 아니라 음운적 속성상 기저형에서 연자음으로 분류되어야 한다는 주장이 설득력있게 제시되어 왔다 (Halle 1959, Lightner 1965, 1972, Rubach 2000b).

역사적으로 보면 이 자음은 특정 자음의 구개성을 약화시키는 '경자음화(hardening)' 현상의 결과이다.[16] 따라서 음성적으로는 표면에서 경자음으로 실현되지만 아직도 음운-형태적으로 연자음으로 간주해야 하는 중요한 현상들이 발견된다.

예를 들어 러시아어 형태론의 어형변화(declension)에서는 연자음과 경

---

[15]

	Jeltsinu	Id-C$_{[-bk]}$	Pal-i	Id-C$_{[+bk]}$
a. ☞	je…			
b.	je…			

[16] 경자음화 현상은 같은 슬라브어 내에서도 그 결과가 다르게 나타난다. 예를 들어 러시아어에서는 /š, ž, ts/만 경자음화의 영향을 받았고, /č/는 연자음으로 남아있지만, Ukranian에서는 /š' ž' č' dž'/가 경자음 /š ž č dž/으로 바뀌었고 /ts'/는 그대로 연자음으로 남아있다.

자음이 서로 다른 형태소를 택하는 경우가 있다. 예를 들어, 남성 소유격 복수 어미는 어간이 경자음으로 끝나는 경우 -ov를 선택하고 연자음으로 끝나는 경우에는 -ej를 선택한다. 그런데 다음의 자료에서 볼 수 있듯이 경 치찰음 /š, ž, ts/으로 끝나는 어간 뒤에서는 연자음으로 끝나는 경우와 마찬가지로 -ej를 선택하는 예외처럼 보이는 현상이 나타난다.

(80) a. Hard C + -ov
    kot 'cat' → kot + ov
  b. Soft C + -ej
    test' 'father-in-law' → test' + ej
  c. (Soft) Strident + -ej
    kl'uč [č'] 'key' → kl'uč + ej [č']
  d. (Hard) Strident + -ej
    nož 'knife' → nož + ej

이러한 현상은 결국 경 치찰음이 기저형에서 연자음으로 설정되어야 설명이 가능한 예이다.

한편, 러시아어의 강세가 없는 모음을 약화시키는 현상은 중, 저 모음에만 영향을 끼치는데, 음절두음이 연자음인 경우 /e, o, a/가 [i]로 상승하고, 음절두음이 경자음인 경우 [a]로 하강하는 현상이 있으며 전자를 'Ikanie', 후자를 'Akanie'라고 부른다.

(81) a. Ikanie (after Soft C):

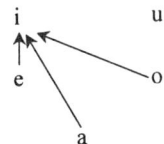

dél + o 'matter' ~ del + á [d'ilá] (PL)
s'ól + a 'villages' ~ s'ol + ó [s'iló] 'village'
p'át' 'five' ~ p'at' + órk + a [p'it'órka] 'five' (COLL)

b. Akanie (after Hard C):

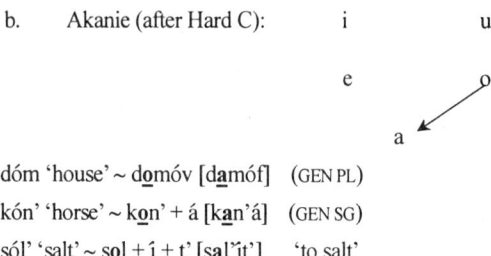

dóm 'house' ~ d<u>o</u>móv [d<u>a</u>mófˈ]   (GEN PL)
kón' 'horse' ~ k<u>o</u>n' + á [k<u>a</u>n'á]   (GEN SG)
sól' 'salt' ~ s<u>o</u>l + î + t' [s<u>a</u>l'ît']   'to salt'

그런데 다음의 자료에서는 경 치찰음 /š, ž, ts/ 뒤에서 모음상승 현상인 Ikanie와 모음 후설화가 모두 나타난 경우를 볼 수 있다.

(82) šólk [šólk] 'silk'   ~ š<u>o</u>lk + á [š<u>i</u>lká] (NOM PL)
    žón [žón] 'wife' (GEN PL) ~ ž<u>o</u>n + á [ž<u>i</u>ná] (NOM SG)
    žémčug [žémč'uk] 'pearl' ~ ž<u>e</u>mčug + á [ž<u>i</u>mč'ugá] (NOM PL)
    tséx [tséx] 'union'   ~ ts<u>e</u>x + á [ts<u>i</u>xá] (NOM PL)

예를 들어, *š<u>o</u>lk + á* [š<u>i</u>lká]는 밑줄친 모음이 Ikanie인 o → i, 모음 후설화인 i → ɨ, 두 과정을 모두 적용받은 결과이다. 이를 규칙이론으로 설명하면 다음과 같이 나타낼 수 있다.

(83) /š'olk + a/   기저형
      š'ilka   Ikanie
      š ilka   Hardening
      š ɨlka   Retraction

이를 도출형 최적성 이론의 분석에서는 제 1단계에서 연자음을 그대로 유지하여 Ikanie에 의해 모음에 o → i가 적용되고, 제 2단계에서 경자음화(hardening)와 이에 따른 모음의 후설화 현상이 나타나도록 할 수 있다. 그리고 치찰음이 표면에서 경자음이 될 수 있도록 제 2단계에서 새로운 제약 Hard-C가 상위에 설정된다.

(84) 제 1단계[17]

š'olk	Ikanie	Id-C$_{[-bk]}$	Pal-i	*ɨ	*i
a. ☞ š'ilk					*
b. š'olk			*!		
c. šolk		*!			
d. šilk		*!	*		*

제 2단계

š'olk + a	Hard-C	Ikanie	Id-C$_{[-bk]}$	Pal-i	*ɨ	*i
a. ☞ šɨlk + a				*		*
b. š'ilk + a	*!					*
c. šilk + a			*	*		*!
d. š'ɨlk + a	*!			*		*

이와 같이 일견 설명이 복잡한 것처럼 보이는 음운현상을 단계별 도출 과정을 반영함으로써 효과적으로 설명할 수 있는 것이 Rubach (2000a, b)가 제시한 '도출형 최적성 이론(Derivational Optimality Theory)'이다. 그리고 이를 위해서는 표준 최적성 이론이나 감응이론에서 추구하는 병렬 평가방식을 재고할 수밖에 없는 것으로 보인다. 이는 특히, 슬라브어와 같이 굴절관계가 복잡한 언어에서 효과적으로 사용될 수 있는 언어분석

---

[17] 위의 도표는 Rubach (2000b)에서 제시된 제 2단계를 기준으로 재구성해 본 것이다. 그러나, Ikanie 현상이 강세가 없는 모음에만 적용되므로 굴절이 일어나지 않는 제 1단계에서 이 제약을 적용하는 것은 적절치 않다. 러시아어에서 모음이 하나뿐인 단어는 항상 그 모음에 강세를 가지기 때문이다. 따라서 이 경우는 다음과 같이 단일 단계에서 굴절을 시키고 필요한 제약을 적용하여 최적형을 얻을 수 있을 것이다.

š'olk + á	Hard-C	Ikanie	Id-C$_{[-bk]}$	Pal-i	*ɨ	*i
a. ☞ šɨlk + a				*		*
b. š'ilk + a	*!					*
c. šilk + a			*	*		*!
d. š'ɨlk + a	*!			*		*
e. šolk + a		*!	*			

모델로 해석될 수 있다.

6.5 결론

이상의 논의에서 DOT가 여러 슬라브어의 음운현상을 어떻게 효율적으로 분석하는지를 검토하였다. 또한 이 이론과 비교되는 몇 가지 최신 최적성 이론 방식과의 비교를 통해 서로의 차이점도 확인하였다. 그러나 이 이론이 가지는 여러 장점에도 불구하고 단계의 설정을 통한 복잡성이 해소되는 것으로 보이지는 않는다. 또한 단계설정의 타당성이 애매한 점도 문제이다. 자신의 어휘 음운론 (Rubach 1984, Booij & Rubach 1984, 1987)에서는 음운규칙의 '순환성(cyclicity)'을 기준으로 단계를 설정하였으나, DOT에서의 단계설정은 이러한 기준이 결여되어 있는 듯 하다. 또한, 제약의 위계를 바꾸는 것이 자의적인 흔적을 보이고, 제약의 수가 다른 최적성 이론에 비해 많이 줄어드는 것으로 판단하기에도 아직은 이른 것으로 보인다. 그러나 Rubach는 최적성 이론의 표준이론을 비롯, 대응이론, MAX(Feature) 이론, 감응이론 등 여러 분석 방식이 문제점을 가지고 있는 것은 병렬주의에 집착하기 때문이라고 지적한다. 따라서 병렬주의를 버리고 순차적 도출방식을 도입하여 이론을 수정하는 것이 최적성 이론이 나아가야 할 방향이라는 주장을 하고 있다.

주요 참고문헌

Avanesov, Ruben J. 1968. *Russkoye Literaturnoye Proiznoshenie*. Moscow: Prosveshchenie.
Benua, Laura. 1995. Identity effects in morphological truncation. *University of Massachusetts Working Papers in Linguistics*, 77-136.
Benua, Laura. 1997. *Transderivational Identity: Phonological Relations between Words*. Doctoral Dissertation, University of Massachusetts.

Booij, Geert and Jerzy Rubach. 1984. Morphological and prosodic domains in Lexical Phonology. *Phonology Yearbook* 1, 1-28.
Booij, Geert and Jerzy Rubach. 1987. Postcyclic versus postlexical rules in Lexical Phonology. *Linguistic Inquiry* 18, 1-44. Borowsky, Toni. 1986. *Topics in the Lexical Phonology of English*. Doctoral dissertation, University of Massachusetts, Amherst.
Broch, Olaf. 1911. *Slavische Phonetik*. Heidelberg: Carl Winter.
Chomsky, Noam and Morris Halle. 1968. *The Sound Pattern of English*. New York: Harper & Row.
Halle, Morris and K.P. Mohanan. 1985. Segmental phonology of modern English. *Linguistic Inquiry* 16, 57-116.
Halle, Morris. 1959. *The Sound Pattern of Russian*. The Hague: Mouton.
Idsardi, William. 1997. Phonological derivations and historical changes in Hebrew spirantization. In Iggy Roca (ed.), Derivations and Constraints in Phonology, 367-392.
Idsardi, William. 1998a. Tiberian Hebrew spirantization and phonological derivations. *Linguistic Inquiry* 29:1, 37-73. Oxford: Oxford University Press.
Idsardi, William. 1998b. Segholate opacities. Talk given at MIT.
Idsardi, William. 2000. Clarifying opacity. Ms. To appear in *The Linguistic Review*.
Inkelas, Sharon, Orhan Orgun, and Cheryl Zoll. 1997. The implications of lexical exceptions for the nature of grammar. In Iggy Roca (ed.), *Derivations and Constraints in Phonology*, 393-418. Oxford: Oxford University Press.
Itô, Junko and Armin Mester. 1997. Sympathy theory and German truncations. *University of Maryland Working Papers in Linguistics* 5, 117-138.
Iverson, Gregory. 1984. Rule ordering. In Asher, R. E. (ed.), *Encyclopedia of Language and Linguistics*, 3616-3621. Oxford: Pergamon.
Kager, René. 1999. *Optimality Theory*. Cambridge University Press.
Kiparsky, Paul. 1973. Abstractness, opacity and global rules. In In O. Fujimura (ed.), *Three Dimensions of Linguistic Theory*, 57-86. Tokyo: Taikusha.
Kiparsky, Paul. 1982. Lexical Morphology and Phonology. In I.-S. Yang (ed.), *Linguistics in the Morning Calm*, 2, 3-91. Seoul: Hanshin.
Kiparksy, Paul. 1983. Word formation and the lexicon. In F. Ingemann (ed.), Proceedings of the 1982 Mid-America Linguistics Conference. University of Kansas.
Kiparsky, Paul. 1985. Some consequences of Lexical Phonology. *Phonology* 2, 85-138.
Kiparsky, Paul. 2000. Opacity and cyclicity. Ms. To appear in *The Linguistic Review*.

Lightner, Theodore. 1965. *Segmental Phonology of Contemporary Standard Russian.* Doctoral dissertation, MIT.

Lightner, Theodore. 1972. *Problems in the theory of phonology: Russian phonology and Turkish phonology.* Edmonton: Linguistic Research Inc.

Lombardi, Linda. 1998. Evidence for Max Feature Constraint from Japanese. In *University of Maryland Working Papers in Linguistics* 7, 41-62.

McCarthy, John. 1997. Faithfulness and prosodic circumscription. Ms. University of Massachusetts at Amherst. ROA-201.

McCarthy, John. 1998. Sympathy and phonological opacity. ROA-252.

McCarthy, John. 1999. Sympathy, culminativity, and Duke-of-York Gambit. ROA-327.

McCarthy, John. 2002. Comparative markedness. Ms. ROA-489.

McCarthy, John and Alan Prince. 1995. Faithfulness and reduplicative identity. *Papers in Optimality Theory: University of Massachusetts Working Papers in Linguistics,* 249-384.

McCarthy, John and Alan Prince. 1997. Faithfulness and identity in prosodic morphology. Ms. ROA-216.

Mohanan, K.P. 1982. *Lexical Phonology.* Doctoral dissertation, MIT.

Mohanan, K.P. 1986. *The Theory of Lexical Phonology.* Dordrecht: Reidel.

Nespor, Mariana and IreneVogel. 1986. *Prosodic Phonology.* Dordrecht: Foris.

Pesetsky, David. 1979. Russian morphology and lexical theory. Ms., MIT.

Prince, Alan and Paul Smolensky. 1993. Optimality Theory. Ms. Rutgers University.

Roca, Iggy. (ed.) 1997. *Derivations and Constraints in Phonology.* Oxford: Clarendon Press.

Rosenthall, Samuel. 1994. *Vowel/Glide Alternation in a Theory of Constraint Satisfaction.* Doctoral dissertation, University of Massachusetts at Amherst.

Rubach, Jerzy. 1984. *Cyclic and Lexical Phonology: The Structure of Polish.* Dordrecht: Foris.

Rubach, Jerzy. 2000a. Glide and glottal stop insertion in Slavic languages: A DOT analysis. *Linguistic Inquiry* 31, 271-317.

Rubach, Jerzy. 2000b. Backness switch in Russian. *Phonology* 17, 39-64.

Rubach, Jerzy. 2003a. Polish palatalization in Derivational Optimality Theory, *Lingua* 113, 197-237.

Rubach, Jerzy. 2003b. Posterior stridents in Korean and Russian. Ms. University of Warsaw/University of Iowa.

Selkirk, Elizabeth. 1980. The role of prosodic categories in English word stress. *Linguistic Inquiry* 11, 563-605.

Shevelov, George Y. 1964. *A Prehistory of Slavic: The Historical Phonology of Common Slavic.* Heidelberg: Carl Winter.

Sweet, Henry. 1879. Russian pronunciation. *Transactions of the Philological Society* 1877-1879, 543-560.

Zubritskaya, Ekaterina. 1995. *The Categorical and Variable Phonology of Russian.* Doctoral disseration, University of Pennsylvania.

제 7 장 비교 유표성 이론

앞에서 논의된 바와 같이, 생성음운론 이래로 음운분석의 핵심 주제로 자리잡은 추상성, 불투명성(opacity)의 문제를 해결하기 위한 여러 노력이 있었다. 특히, 감응이론(Sympathy Theory)을 제안한 McCarthy & Prince (1998)의 이론은 Idsardi (1997, 2000) 등에서 비판받은 바와 같이 실제 분석에 사용되기에는 심각한 문제가 있는 것으로 보인다. 이런 가운데에서 Rubach (2000)가 제안한 DOT, 즉 '도출형 최적성 이론(Derivational Optimality Theory)'은 이러한 점을 극복하기 위한 또 하나의 제안이다. 이러한 흐름 속에서 최근 McCarthy (2002d)는 유표성 제약(markedness constraint)을 두 부류로 나누어 '신 유표성 제약(new markedness constraint)'과 '구 유표성 제약(old markedness constraint)'으로 나누어 적용하도록 제안하고 있다. 이러한 방식을 통해 최적성 이론의 기본 개념인 병렬성을 유지하면서 불투명성의 문제나, 파생 환경 문제(derived environment effect), 비연속적 음운현상(non-iterative process), 융합(coalescence)의 문제 등을 효율적으로 설명할 수 있다는 것이 McCarthy의 주장이다. 또한, 이 이론은 도출 환경 문제 등 특정 음운현상을 설명하는 데 이전에 제시된 Łubowicz (1998, 2002)가 제안한 국부적 제약연접(local constraint conjunction)보다 더 우월함을 보이고 있다는 주장이다.

7.1 기본 개념의 도입

여기에서는 최신 제안인 McCarthy (2002d)의 비교 유표성(Comparative Markedness) 이론의 기본 개념과 제안 동기를 소개한다.

7.1.1 비교 유표성 제약

최적성 이론의 핵심은 충실성(faithfulness) 제약과 유표성(markedness) 제약으로 구성되어 있다. 충실성 제약은 입력형과 출력형 사이의 일치 관계를 요구하는 제약이며, 유표성 제약은 출력형에 대한 (언어 보편적인) 유/무표성을 제약하는 것이므로 입력형을 고려하지 않는다. 그런데, 최근의 McCarthy (2002d) 제안은 유표성 제약의 위반사항을 입력형에 완벽하게 충실한 '완전 충실 후보형(fully faithful candidate, FFC)'과 비교하여 표시하도록 하는 제안을 제시하였다.

예를 들어, 다음의 (1a)는 분절음 삽입을 금지하는 충실성 제약 DEP과, 공명음이 저해음(obstruents)은 유성음으로 나타나는 것이 좋지 않다는 유표성 제약 NOVCDOB을 위반한다. 이 유표성 제약은 (1b)에서도 같이 위반되는 것으로 볼 수 있다.

(1)   a. /ab/ → [ʔab]   위반: NOVCDOB, DEP
       b. /ampa/ → [amba]   위반: NOVCDOB

즉, 두 현상이 모두 유표성 제약 NOVCDOB을 똑같이 위반하고 있다. 그런데, (1a) /ab/ → [ʔab]의 경우는 이미 입력형 (따라서, 완전 충실 후보형)이 가지고 있는 유성음이 그대로 표면에 나타났으므로 새로운 유성음을 만들어낸 것이 아니지만, (1b) /ampa/ → [amba]에서는 입력형/완전 충실 후보형(FFC)이 가지지 않았던 유성 저해음이 표면에 '새로' 나타난 점이 서로 다르다. (여기에서 완전 충실 후보형 FFC는 [ab]과 [ampa]이다.) 따라서, 전자의 유표성 제약 위반은 이미 '오래된(old)' 것으로 볼 수 있으며, 후자의 경우만이 '새로운(new)' 위반에 해당한다. 이를 위하여 McCarthy (2002d)는 전자를 위하여 구 유표성 제약 ₀NOVCDOB를 설정하고 후자를 위하여는 ₙNOVCDOB를 설정하고 있다. 즉, '비교 유표성(Comparative Markedness)'의 개념을 도입하는 것이다. (아래에서 굵은 글자가 위반사항을 표시한다.)

(2) a. /ab/ → [ʔab]   위반: $_O$NOVCDOB, DEP
    b. /ampa/ → [amba]   위반: $_N$NOVCDOB

이와 같이 모든 유표성 제약 M을 오래된 것 $_O$M과 새 것 $_N$M으로 구별할 수 있는데 적용관계를 벤 다이어그램(Venn diagram)으로 표시하면 다음과 같다.

(3)
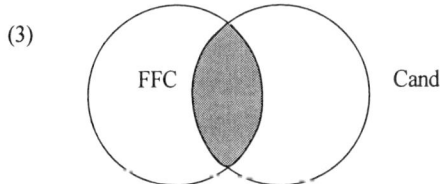

위의 그림에서 왼쪽의 원은 표준 최적성 이론에서 완전 충실 후보형 FFC가 가지는 유표성 위반이고, 오른쪽 원은 평가대상 후보형이 보이는 유표성 위반이다. 따라서, 음영으로 처리된 부분, 즉 Cand∩FFC가 이미 입력형에 있던 유표성이 현재 평가대상 후보형에 나타난, 물려받은 (inherited) 유표성 위반을 보여준다.

7.1.2 기득권 효과

한편 보편문법에 사용되는 유표성 제약 M이 언어에 따라 이를 준수하는 표면형만을 허용하는 경우도 있고, 또 M을 위반하는 모든 경우를 배제하는 경우도 있다. 그런데, 어떤 경우에는 M이 충실성 제약보다 하위에 있어서 비충실적 후보형을 허용하지 않음에도 불구하고, 이미 기저형에서 이를 위반하는 경우에는 표면형에서도 이를 허용하는 경우가 있다. 즉, 이미 기저형/입력형에 포함되어 있는 유표성 위반 분절음은 그 기득권을 인정하게 되는 경우로 이를 McCarthy는 '기득권 효과(Grandfather Effect)'라고 부른다.[1]

구체적인 예를 들어, Mekkan Arabic에서는 다음과 같은 무성음 동화현상이 있다(밑줄로 표시).

(4) Mekkan Arabic의 [-voice] 동화현상
    a. 유성 저해음이 이를 뒤따르는 무성음에 동화
        /ʔagsam/   ʔak̠sam   'he swore an oath'
        /mazku:r/   mas̠ku:r   'mentioned'
    b. 무성음은 유성음이 뒤따르는 경우에 동화되지 않음
        /ʔakbar/   ʔakbar, *ʔagbar 'older'
    c. 기저형의 유성 저해음은 (음절말음이라도) 유성음 속성 유지
        /ʔibnu/   ʔib̠nu   'his son'
        /ʔadʒu:z/   ʔadʒu:z̠   'old'
        /dabdaba/   dab̠daba   'pitter-pat (footsteps)'

위의 자료는 무성음 동화현상에 의해 유성음이 무성음으로 변할 수는 있으나(4a), 새로운 유성음은 나타나지 못한다는 점을 보여준다. 특히, (4c)의 자료는 이미 기저형에 있는 음절말음의 유성성은 그 기득권을 인정받아 무성음으로 바뀌지 않는 기득권 효과를 보이고 있다는 점을 보여준다. 즉, NOVCDOB는 (4b)에서처럼 동화를 막을 수는 있지만 (4c)에서처럼 이미 기저형에 존재하는 유성음을 무성음으로 바꿀 수는 없다는 점이다.[2]

---

[1] 이 용어는 법률용어 '조부 조항(祖父 條項, Grandfather clause)'에서 유래한 것으로, 법률의 기득권 옹호 조항과 개념을 같이한다. 이 법률은 미국 남북전쟁 후의 남부의 일부에서 전쟁 전부터 선거권을 가진 자와 그 자손에게 자동적으로 선거권을 인정한 조항인데 1915년 실효되었다.
[2] 그러나 (4c)는 실제로 기저형에서 유성 저해음을 뒤따르는 무성음을 보여주지 못하므로 좋은 예가 아니다.

이를 이제 비교 유표성 제약을 사용한 최적성 이론, 즉 '비교 유표성 (Comparative Markedness, CM) 이론' 분석으로 다음과 같이 제시한다. 이를 위하여 유표성 제약 NOVCEOB를 신, 구 제약으로 나누어 $_N$NOVCEOB와 $_O$NOVCEOB로 나누고, (4a, b)의 경우를 다음과 같이 분석한다.

(5)

	/ʔagsam/	$_N$NOVCEOB	AGREE(Voice)	$_O$NOVCEOB
a.☞	ʔaksam			
b.(FFC)	ʔagsam		*!	

	/ʔakbar/	$_N$NOVCEOB	AGREE(Voice)	$_O$NOVCEOB
c.(FFC)☞	ʔakbar		*	
d.	ʔagbar	*!		*

첫 번째 예에서 $_N$NOVCEOB 제약은 두 후보형이 모두 충족하고 있으므로, 유무성 동화를 요구하는 AGREE(Voice)가 FFC를 제외한 다른 후보형을 최적형으로 선택한다. 그러나 두 번째 예에서는 완전 충실 후보형 FFC만이 $_N$NOVCEOB 제약을 지키고 있으므로 무성음의 유성동화가 나타나지 않는다.

한편 기저형의 유성음이 그대로 표면에 나타나 위반하게 되는 구 제약 $_O$NOVCEOB는 충실성 제약 IDENT(voice)보다 하위에 위치한다. 이에 따라 (4c)의 예를 분석할 수 있다.

(6)

	/ʔibnu/	IDENT(Voice)	$_O$NOVCEOB
a.☞	ʔibnu		*
b.	ʔipnu	*!	

결국, 이러한 분석은 Mekkan Arabic의 예는 일반적인 $_N$M » Faith » $_O$M의 위계관계를 가지고 있음을 보여준다.

7.1.3 위반 위치와 t-대응 개념

비교 유표성(Compartive Markedness), 즉 CM 이론에서 또 다른 중심적인 개념은 유표성 제약이 후보형 안에서 위반되는 '위반 위치(locus of violation)'이다. 예를 들면, /amba/가 ampa로 나타나는 경우, b가 위반 위치가 된다. 이 개념을 형식화하면 다음과 같다.

(7) Loc 함수(function)
  Loc(cand) → {locus$_1$, locus$_2$, ...}, locus$_j$는 후보형 cand의 분절음.

위에 기술한 바와 같이, 위반 위치는 분절음을 나타내며, 분절음 연속체(string)를 나타내는 것은 아니다. 위 함수관계를 흔히 사용되는 제약에 적용하면 다음과 같다.

(8) Loc$_{NOVCDOB}$ ≡ '[+voice, -son]인 C의 모든 예를 접수 거부한다.'
      'Return each instance of C, where C is [+voice, -son].'
  Loc$_{ONSET}$ ≡ 'Return each instance of V, where V is initial in some syllable.'
  Loc$_{NOCODA}$ ≡ 'Return each instance of C, where C is final in some syllable.'
  Loc$_{PARSE-SYLL}$ ≡ 'Return each instance of V, where V is the head of an unfooted syllable.'
  Loc$_{FT-BIN}$ ≡ 'Return each instance of V, where V is the head of a syllable that is the head of a unary foot.'

여기에서 자질(feature)이나 운율 단위(prosodic constituent)가 위반 위치에 적용되는지는 분명하지 않다. 또한, 일반적인 '점진적(gradient)' 제약, 특히 점진적 정렬(alignment) 제약은[3] 유표적 구조를 다시 되돌리는 함수관계로 정의할 수 없다. 그러나, 최근 McCarthy (2002a)는 모든 제약이 '범

---

[3] 예를 들어, McCarthy & Prince (1993)에서 제시된 Align(Ft, Word, L)은 음보(foot)와 단어의 왼쪽 끝 사이에 있는 모든 음절에 위반표시를 부여한다.

주적(categorical)'이라고 주장하므로 이러한 필요성이 해소된다는 입장을 취하고 있다.

한편, CM 이론에서는 새로운 유표성 위반을 평가하기 위하여 (입력형과 동일한) 완전 충실 후보형 FFC와 다른 후보형을 비교하는 방식을 취한다. 그 이유는 입력형에는 정밀한 평가에 필요한 강세, 음절 등의 정보가 들어있지 않다고 가정하기 때문이다. 이러한 추가적인 정보는 후보형에만 표시된다고 가정하므로 입력형에 이러한 정보를 추가하여 FFC로 지정한다. 따라서 FFC와 다른 후보형을 연결해주는 '이행적(移行的, transitivized) 대응' 관계를 설정하여야 한다. 이를 't-대응(t-correspondence)'이라고 부른다.

(9) t-대응[4]

입력형 *inp*으로부터 나온 *cand1*과 *cand2*를 후보형을 하고, *s1, s2*를 각각 *cand1*과 *cand2*에 속한 분절음으로 정하자. 그러면 *s1*이 *inp*의 분절음 *s-inp*에 대응할 경우에만 *s1*이 *s2*에 대응한다. 이 경우 $s1\ \Re_t\ s2$ 관계를 설정할 수 있다. (이 때 $\Re_t$는 이행(移行, transitivity) 관계에 따른 대응관계를 표시한다.)

이제 t-대응 개념을 Loc 함수관계를 도입하여 비교 유표성 이론을 다음과 같이 정의할 수 있다.

(10) 비교 유표성(Comparative Markedness) 정의[5]

---

[4] Let *cand1* and *cand2* be two candidates from input *inp*. Let *s1* be a segment in *cand1* and *s2* be a segment in *cand2*. Then *s1* t-corresponds to *s2* iff *s1* corresponds to some segment *s-inp* in *inp* and *s2* also corresponds to *s-inp*. We say then that $s1\ \Re_t\ s2$, with $\Re_t$ standing for the correspondence relation obtained through transitivity.

[5] $_NM_i(cand, FFC, \Re_t) \equiv$ Let $Loc_i(cand) = \{c_1, c_2, c_3, \ldots\}$ and let $Loc_i(FFC) = \{f_1, f_2, f_3, \ldots\}$. For each c_m that lacks a t-correspondent among f_n, assign one violation mark.

$_OM_i(cand, FFC, \Re_t) \equiv$ Let $Loc_i(cand) = \{c_1, c_2, c_3, \ldots\}$ and let $Loc_i(FFC) = \{f_1, f_2, f_3, \ldots\}$. For each c_m that has a t-correspondent among f_n, assign one violation mark.

$_NM_i$(cand, FFC, $\Re_t$) ≡ (후보형의 위반 위치 집합) Loc_t(cand) = {$c_1, c_2, c_3, ...$}와 (완전충실 후보형 FFC의 위반 위치 집합) Loc_t(FFC) = {$f_1, f_2, f_3, ...$}를 설정하고, f_n 중에 t-대응관계를 갖지 못하는 각각의 c_m에 위반 표지를 하나씩 부여한다.

$_OM_i$(cand, FFC, $\Re_t$) ≡ (후보형의 위반 위치 집합) Loc_t(cand) = {$c_1, c_2, c_3, ...$}와 (FFC의 위반 위치 집합) Loc_t(FFC) = {$f_1, f_2, f_3, ...$}를 설정하고, f_n 중에 t-대응관계를 보이는 각각의 c_m에 위반 표지를 하나씩 부여한다.

이 정의를 실제 예에 적용해 보면, 두 개의 유성 저해음을 가진 (4b)의 *ʔagbar는 두 개의 NOVCDOB 위반 위치를 가지고 있다. 그런데, g의 경우는 FFC인 ʔakbar와 t-대응관계를 가지지 못하므로 $_N$NOVCDOB 제약을 하나 위반한다. 반면에, 또 다른 유성 저해음 b는 FFC의 유성 저해음과 t-대응관계를 보이므로 *ʔagbar는 $_O$NOVCDOB 제약도 한 번 위반하게 되는 것이다.

그러면, 여기에서 흔히 제기되는 의문에 대한 논의를 해보기로 한다. 아래에 McCarthy가 나열한 사항을 정리해 보기로 한다.

(11) 제기되는 주요 의문사항에 대한 요약
 a. $_NM$, $_OM$으로 구분되는 유표성과 달리 충실성에 대한 제약은 신, 구 제약으로 구분할 필요가 없다. 왜냐하면 FFC가 충실성 제약을 위반할 수 없으므로, 필요한 충실성 제약은 $_NF$ 뿐이다.
 b. 후보형을 입력형 대신 굳이 FFC와 비교하는 이유는 입력형이 음절구분과 같은 예측 가능한 구조를 결여할 수 있기 때문이다.
 c. FFC 자체가 후보형이 될 수도 있는데, t-대응의 정의상 FFC의 모든 분절음이 스스로 대응관계를 보일 수 있기 때문이다. 즉, $_NM$을 위반하는 경우에만 대응관계를 결여하는 것이 되므로 FFC는 절대로 $_NM$을 위반하지 않는다.
 d. 충실성 하나만 가지고 강제로 $_NM$ 제약을 위반하도록 할 수는 없다.

만약 $_N$M 제약이 최적 후보형에 의해 위반된다면 최소한 한 개의 $_O$M 제약이 상위에 있어야 한다.

e. $_O$M 제약이 생성음운론에서 제기된 '형태구조 제약(morpheme structure constraints)'을 연상시키므로 $_N$M, $_O$M 제약의 구분이 이중성 문제(duplication problem)를 제기할 것처럼 보이지만 그렇지 않다.[6] 형태구조 제약은 정의상 교체(alternation) 현상을 만들어내지 않지만 $_O$M은 교체현상을 야기할 수 있다. 모든 비충실적 최적형은 $_O$M 제약과 연관되는데 $_O$M이 할 수 없는 일을 하는 것이 $_N$M이다.

f. 이전 유표성 제약의 위계가 M1 » M2와 같이 고정되어 있었던 것처럼, 비교 유표성 제약의 위계가 $_N$M1, $_O$M1 » $_N$M2, $_O$M2의 고정위계를 가지는지, 또는 $_N$M1 » $_N$M2와 $_O$M1 » $_O$M2의 두 고정 위계를 갖는지는 분명하지 않다.

7.2 새로운 유표성의 위반 금지

여기에서는 $_N$M » $_O$M의 위계관계를 보이는 예를 논의한다. 이를 위하여 기득권 보장효과를 재론하고, 파생 환경(derived environment) 문제, 제약연접(constraint conjunction) 등을 검토한다.

7.2.1 기득권 효과

Walipiri의 모음조화는 *i/u* 교체를 보이며, 네 가지로 나뉘는데 그 중 세 가지는 형태소적인 제약을 강하게 받는다 (van der Hulst & Smith 1985). 따라서 여기에서는 그런 제약을 받지 않는 마지막 유형을 가지고 논의를 전개한다. 다음의 자료는 (12a)에서는 접미사의 모음 *u*가 선행하는 모음 *i*에 조화되지만, (12b)에서는 순음성(labiality) 자음에 의해 모음조화가 방해되는 점을 보여준다.

---

[6] McCarthy (2002c: 71-76) 참조.

(12) a. maliki-kirli-rli-lki-ji-li   'dog-COMIT-ERG-then-me-they'
    cf. minija-kurlu-rlu-lku-ju-lu   'cat-id.'
        kurdu-kurlu-lku-ju-lu   'child-id.'
    b. ŋamirni-puraji   'uncle-your'
        *ŋamirni-piraji
        ŋali-wurru,   'we two (incl.)-EMPH'
        *ŋali-wirri

여기에서 (12b)의 pu 연속체가 가지는 특이성은 많은 언어에서 나타나는 '순음성 유도(labial attraction)'의 개념과 연관이 되어 있다. 즉, 순음성 자음을 뒤따르는 모음이 원순화하는 현상인데, -puraji의 u가 순음성 유도 조건에 따라 i로 나타나지 못하는 것으로 볼 수 있다. 그러나 문제는, wapirri-mi 'ABS conceal, cover up DAT'나 wipi-mi 'ABS radiate out', -pirdinypa 'definite specific', -mipa 'only, -pinki 'and the like' 등에서 관찰할 수 있는 바와 같이 Warlpiri가 일반적인 순음성 유도 현상을 가지지 않는다는 점이다. 다시 말하면, 모음조화에 의해서는 pi가 생겨날 수 없으나, 이미 기저형에 들어있는 pi는 표면에서 허용될 수밖에 없는 경우, 즉 기득권 효과(grandfather effect)에 해당한다.

이 현상을 최적성 이론을 이용해 분석하면 우선 모음조화 현상을 위해 다음과 같은 도표를 얻을 수 있다.

(13) Warlpiri: SPREAD(-round) » IDENT(round)

/malliki-kurlu-rlu-lku-ju-lu/	SPREAD(-round)	IDENT(round)
a.☞ maliki-kirli-rli-lki-ji-li		******
b. amlike-kurlu-rlu-lku-ju-lu	******!	

또한 많은 언어에서 발견되는 순음성 유도를 설명하기 위해서 다음의 LABATT 제약을 설정한다.

(14) L$_{OC}$LABATT ≡ 순음성 자음(p, m, w)을 뒤따르는 모음 *i*를 거부하라.

이제 이 제약 역시 다른 유표성 제약과 마찬가지로 신, 구 두 제약으로 나뉘어진다. 그리고, 순음성 유도가 나타나지 않는 언어이므로 $_O$LABATT 제약을 충실성 제약 IDENT(round)보다 하위에 설정한다.

(15) Warlpiri: IDENT(round) » $_O$LABATT

	/wipi-mi/	IDENT(round)	$_O$LABATT
a.☞ (FFC)	wipimi		***
b.	wupumu	***!	

한편, $_N$LABATT 제약은 SPREAD(-round), IDENT(round)보다 상위에 설정한다. 따라서 $_N$LABATT » SPREAD(-round) » IDENT(round) » $_O$LABATT 위계관계가 생긴다.

(15) Warlpiri: $_N$LABATT » SPREAD(-round) » IDENT(round) » $_O$LABATT

	/ŋali-wurru/	$_N$LABATT	SPREAD (-round)	IDENT (round)	$_O$LABATT
a.☞ (FFC)	ŋaliwurru		**		
b.	ŋaliwirri	*!		**	

여기에서 눈여겨 볼 것은 *ŋaliwirri가 신 유표성 제약 $_N$LABATT을 위반한다는 점이다. 즉, 세 번째 음절의 *i*가 FFC ŋaliwurru의 *u*와 t-대응을 하고 있으므로 새로운 위반이 되는 것이다.

그러면, 이러한 비교 유표성 이론 대신 충실성 이론으로 Warlpiri 현상을 설명할 수 없는지 검토해 볼 수 있다.[7] 우선, /i/ → u 현상은 그렇지 않지만, /u/ → i 현상은 IDENT(+round) 제약을 위반한다. 이러한 모음조화

---

[7] 이 대안 이외에 McCarthy (2002d)에서는 자립분절(autosegmental) 음운분석 방식이 검토되었는데, 바람직한 방식이 아니라는 점이 지적되었다.

를 위해 SPREAD 제약이 IDENT 제약보다 상위에 와야 한다. 아래의 도표는 위의 비교 유표성 방식과 같은 결과를 보여준다.

(16) IDENT(+F)/IDENT(-F) I: SPREAD(-round) » IDENT(+round)

	/malliki-kurlu-rlu-lku-ju-lu/	SPREAD(-round)	IDENT(+round)
a.☞	maliki-kirli-rli-lki-ji-li		******
b.	amlike-kurlu-rlu-lku-ju-lu	******!	

또한 순음성 유도 현상이 없으므로 IDENT(-round)가 LABATT보다 우위에 있으며 위와 같은 결과를 보여준다.

(17) IDENT(+F)/IDENT(-F) II: IDENT(-round) » LABATT

	/wipi-mi/	IDENT(-round)	LABATT
a.☞	wipimi		***
b.	wupumu	***!	

마지막으로, LABATT 제약이 모음조화를 저지하므로 SPREAD(-round)보다 상위에 위치한다.

(18) IDENT(+F)/IDENT(-F) III: LABATT » SPREAD(-round)

	/ŋali-wurru/	IDENT (-round)	LABATT	SPREAD (-round)	IDENT (+round)
a.☞	ŋaliwurru			*	
b.	ŋaliwirri		*!		**

이와 같은 충실성 이론 분석방식도 같은 결과를 가져오는 것으로 볼 수 있다. 그러나 이 방식은 일반성 포착 면에서 문제점을 나타낸다. 이 방식은 위에서 본 기득권 효과를 유표성 제약의 폭넓은 적용 영역으로 해석하는 대신 자질의 충실성에 국한된 특수한 문제로 인식한다는 점이다.

이 충실성 방식이 문제점을 보이는 또 다른 예로 다음의 Sundanese의 유음 이화현상(liquid dissimilation)을 살펴보기로 한다.

다음의 자료는 Sundanese에서 접요사(infix) /ar/이 특정 환경에서 al로 실현되는 현상을 보여준다(Cohn 1992).

(19) Sundanese: /ar/ → al 교체현상
  a. 어근 l 뒤
      l-al-itik   'little'
  b. 어근 내에 다른 r이 있을 때
      p-al-ərceka   'handsome'
      c-al-ombrek   'cold'
      m-am-otret   'take a picture'
  c. 다른 r이 바로 인접한 음절의 두음일 때
      r-ar-ahit   'wounded'
      c-ar-uriga   'suspicious'
  d. l을 포함하는 어근의 다른 예
      g-ar-ilis   'beautiful'
      ŋ-ar-ajləŋ   'jump'
      m-ar-ahal   'expensive'

이 자료에서 가장 기본적인 것은 (19b)로 한 단어에 두 개의 r이 있으면 접사의 r이 l로 이화되는(dissimilate) 현상이다. 그러나 모든 r이 l로 이화되는 것이 아니어서, (19c)에서처럼 *lVrV 연속체가 나타나는 결과가 예측되면 (즉, /c-ar-uriga/ → caruriga, *caluriga) 이화현상이 나타나지 않는다. (19a) 역시 금지된 구조 *lVrV가 나타나는 것을 방지하기 위하여 /r/을 l로 바꾸는 현상을 보여준다. (19c)의 /r-ar-ahit/ → rarahit, *ralahit의 경우는 *lVrV와 정반대의 경우인 *rVlV가 나타나는 것을 방지하고 있음을 보여준다. 그러나 (19d)는 기저형에 이미 자리잡은 *rVlV는 기득권을 보장받아 그대로 표면 실현이 허용됨을 보여준다.

이러한 r/l 교체현상의 문제는 언제 r이 l로 교체되는가를 효과적으로

예측하는 일이다. 따라서 위에서 예시한 IDENT(+F)/IDENT(-F)를 사용한 충실성 이론을 적용하는 경우 유일한 충실성 제약은 IDENT(-lateral)이 되고, OCP(r), *lVrV, *rVlV 등의 유표성 제약이 동원된다. (물론, 언제나 접사만 이화현상의 영향을 받으므로 IDENT$_{ROOT}$(-lateral)은 가장 상위에 있다고 가정한다.)

(20) Sundanese: Ident(+F)/Ident(-F) I

/b-ar-ocor/	OCP(r)	IDENT(-lateral)
a.☞ balocor		*
b. barocor	*!	

(21) Sundanese: Ident(+F)/Ident(-F) II

/c-ar-uriga/	*lVrV	OCP(r)
a.☞ caruriga		*
b. caluriga	*!	

(22) Sundanese: Ident(+F)/Ident(-F) III

/l-ar-itik/	* lVrV	IDENT(-lateral)
a.☞ lalitik		*
b. laritik	*!	

(23) Sundanese: Ident(+F)/Ident(-F) IV

/r-ar-ahit/	*rVlV	OCP(r)
a.☞ rarahit		*
b. ralahit	*!	

(24) Sundanese: Ident(+F)/Ident(-F) V

/g-ar-ilis/	IDENT(-lateral)	*rVlV
a.☞ garilis		*
b. galilis	*!	

이상에서 보여준 위계관계는 개별적으로 보면 전혀 문제가 없는 것으로 보인다. 그러나 제약관계를 함께 고려하면 상호간의 일관성이 결여되고 있음을 알 수 있다. 문제는 (23)에서 $*rV/V$가 OCP(r)보다 상위에 있고, (20)에서 OCP(r)은 IDENT(-lateral)보다 상위에 있는데, (24)에서 IDENT(-lateral)는 다시 $*rV/V$보다 상위에 있게 된다는 점이다. 그리고 이러한 문제를 해결하기 위해서는 비교 유표성 이론을 도입하여야 한다는 것이 McCarthy의 주장이다. 다음의 도표에서 보듯 CM 분석에서는 $*rV/V$ 제약을 신, 구 제약으로 구분하여 적용함으로써 이러한 위계 모순 문제가 발생하지 않는다.

(25) 비교 유표성 I: $_N*rV/V$ » OCP(r)

/r-ar-ahit/		$_N*rV/V$	OCP(r)
a.☞(FFC)	rarahit		*
b.	ralahit	*!	

비교 유표성 II: IDENT(lateral) » $_O*rV/V$

/g-ar-ilis/		IDENT(lateral)	$_O*rV/V$
c.☞	garilis		*
d.	galilis	*!	

(25a, b)에서는 이화현상이 새로운 $*rV/V$ 연속체를 만들어낼 수 없으므로 $_N*rV/V$ 제약이 OCP(r)보다 상위에 나타난다. 그러나 기득권 효과 (grandfather effect)에 의해 $*rV/V$가 실제 역할을 하지 못하는 (25c, d)에서는 $_O*rV/V$ 제약이 하위에 온다. 즉, 신, 구 제약으로 양분된 유표성 중 $_N*rV/V$ 제약은 이화현상을 저지하고, $_O*rV/V$ 제약은 동화현상을 유발하는 역할을 분담하고 있는 것이다.

7.2.2 파생 환경 효과

Makassarese에서는 r, l, s 등으로 끝나는 어근 뒤에 모음을 복제해서 삽입하는 현상이 있다. 그런데 복제된 모음 이외에 마지막에 ʔ을 추가로 삽입한다. 그러나 기저형에서 어근이 이미 모음으로 끝나는 경우는 이러한 자음 삽입이 나타나지 않는다. 즉 ʔ-삽입은 오직 파생된 환경에만 적용되는 것이다.

(26) Makassarese의 삽입 현상

    a. /rantas/   rántasaʔ   'dirty'
         /teʔter/   tétiereʔ   'quick'
         /jamal/   jámalaʔ   'naughty'
    b. /lompo/   lómpo, *lómpoʔ   'big'

이와 같은 환경은 물론 음운적으로 도출된 파생 환경이다. 그러나 이 외에 형태론적으로 도출된 파생 환경도 있을 수 있다. 이러한 문제를 Łubowicz (2002)는 다음과 같이 제시하고 있다.

(27)   Makassarese :   ol#   olo#   oloʔ#

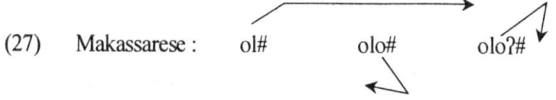

위 그림은 기저형 /olo#/와 /oloʔ#/는 (자체적인 충실성을 가지므로) 스스로에게 사상(寫像, mapping)되지만, 기저형 /ol#/은 표면형 oloʔ#에 사상되는 것을 보여준다. 즉, /ol#/ → oloʔ# 사상과정은 충실성 면에서 더 기저형에 가까운 olo# 대신 oloʔ#가 표면에 나타남을 보여준다. 따라서 표준 최적성 이론에서는 왜 /olo#/가 아닌 /ol#/에만 ʔ-삽입이 가능한가의 문제가 대두되었다.

여기에서 모음삽입은 상위제약 CODA-COND의 결과인데 이 제약은 오직 동화된 음절말음이나 ŋ, ʔ만을 어말에 허용하도록 한다. 물론, 이 제약은 (MAX-C와 함께) DEP-V보다 상위에 위치한다.

(28) /rantas/	CODA-COND	MAX-C	DEP-V
a.☞ rantasaʔ			*
b.(FFC) rantas	*!		
c. ranta		*!	

한편, McCarthy는 ʔ-삽입은 운율어의 마지막에 모음이 오는 것을 금지하는 유표성 제약 FINAL-C의 적용 결과로 해석한다.[8] 그런데 이 제약은 /rantas/와 같은 입력형에만 해당하고 /lompo/와 같은 입력형에는 작용하지 못한다. 즉, 모음으로 끝나는 운율어가 ʔ-삽입에 의해 새로 생겨난 형태인 경우에 한해서 적용되는 제약이므로 $_N$FINAL-C 제약이 $_O$FINAL-C보다 상위에 위치하여야 한다. 다음은 이러한 위계관계로 두 상반된 예를 설명할 수 있음을 보인다.

(29) $_N$FINAL-C, CODA-COND, MAX-C » DEP-V, DEP-C » $_O$FINAL-C

/rantas/	$_N$FINAL-C	CODA-COND	MAX-C	DEP-V	DEP-C	$_O$FINAL-C
a.☞ rantasaʔ				*	*	
b. rantasa	*!			*		
c.(FFC) rantas		*!				
d. ranta			*!			

/lompo/	$_N$FINAL-C	CODA-COND	MAX-C	DEP-V	DEP-C	$_O$FINAL-C
e.☞ (FFC) lompo						*
f. lompoʔ					*!	

이와 같은 분석을 통해 우리는 '파생환경 효과(Derived Environment Effect)'

---

[8] LOC$_{FINAL-C}$ ≡ Return every V, where V is final in a prosodic word.

에 적용되는 위계관계를 다음과 같이 설정할 수 있다.⁹

(30) $_NM$ » Faith » $_OM$

이 위계관계는 이상에서 논의한 '기득권 효과(Grandfathering Effect)'나 '파생환경 효과(Derived Environment Effect)'가 같이 공유하는데 이러한 연관 관계는 결코 우연한 것이 아니다. 왜냐하면 기득권 효과나 파생환경 효과가 서로 다른 것인 것처럼 보이지만 사실은 같은 것이기 때문이다. 예를 들어, 위에서 예로 든 Mekkan Arabic의 분석은 규칙-기반 이론에서 보면 음절말음 위치의 유성음만을 무성음화하는 것으로 기술할 수 있다.

(31) Mekkan Arabic 규칙-기반 분석

기저형	/ʔagsam/	/ʔakbar/	/ʔibnu/
[αvoice] 역행동화	ʔaksam	ʔagbar	---
음절말음 무성화(파생환경)	---	ʔak̲bar	저지됨

위의 규칙-기반 분석에서 음절말음의 무성음화는 오직 파생환경에만 적용되므로 역행 유성동화(regressive voicing assimilation)를 다시 되돌리는 것으로 제한이 된다. 그리고 그 결과는 (/k/ → g → k와 같이) 헛수고만 하는 결과가 나타나는 유명한 Duke-of-York 식의 파생으로 나타난다. 따라서 규칙-기반 음운론에서는 기득권 효과가 바로 /ʔakbar/ → (ʔagbar →) ʔakbar와 같은 Duke-of-York식 파생과 비파생 환경을 결합한 결과이다.

물론, 기득권 효과와 파생환경 효과는 기능적으로 서로 다르다. 기득권 효과는 동화현상이 $_NM$ 제약에 의해 저지되므로 정적(static)이라고 할 수 있지만, 파생환경 효과는 특정 현상이 $_NM$에 의해 유발이 되므로 동

---

⁹ 동일한 방식의 분석이 한국어의 구개음화 현상을 효율적으로 설명할 수 있다. McCarthy (2002d: 22-25) 참조.

적(dynamic)이라는 차이가 있다. 그러나 최적성 이론에서는 그러한 차이를 구별하지 않으므로 결국 같은 유표성 제약이 두 현상에 같이 적용되는 것이다.

7.2.3 제약연접 이론과의 비교

위에서 분석한 파생환경 효과의 예를 Łubowicz (2002)의 제약연접 방식으로 기술할 수도 있다. 예를 들어, 위에서 기술한 Makassarese의 예를 효과적인 방식으로 기술할 수 있는 것으로 보인다. 이를 위하여 충실성 제약 DEP-V와 유표성 제약 FINAL-C를 연접하여 하나의 제약으로 묶어 적용한다.

(32) 제약연접: [DEP-V & FINAL-C]$_{seg}$ » DEP-C » FINAL-C

/rantas/	[DEP-V & FINAL-C]$_{seg}$	DEP-C	FINAL-C
a.☞ rantasa?		*	
b. rantasa	*!		*

/lompo/	[DEP-V & FINAL-C]$_{seg}$	DEP-C	FINAL-C
c.☞ lompo			*
d. lompo?		*!	

이러한 분석 역시 유표성 제약을 적용하고 입력형이나 이에 가까운 형태의 정보를 이용하므로 언뜻 보아 비교 유표성 이론과 유사하게 보인다.

그러나 McCarthy는 제약연접 이론이 Kiparsky (1973)가 정의한 파생환경 효과를 설명하는 것이 아니라는 주장을 전개한다. Kiparsky (1973)에 의하면 규칙 A가 적용되어야 규칙 B의 구조조건이 충족되는 경우에 규칙 A가 규칙 B 적용을 위한 파생환경을 만들어 주는 것으로 정의한다. 따라서 하나의 비충실적 대응관계가 새로운 유표성 구조를 만들어내고 이를 피하기 위해 또 다른 비충실적 대응관계가 필요하게 되는 McCarthy 의 비교 유표성(Comparative Markedness) 이론은 Kiparsky의 파생환경 개념과 맥을 같이 한다. 그러나 제약연접을 통한 파생환경 기술은 이와는 거리가 있을 뿐 아니라 이를 훼손할 가능성도 배제할 수 없다는 것이다. 왜냐하면 파생환경에 가장 근접하는 것이 연접된 충실성 제약이 위반되도록 제약연접의 영역을 정의하는 것인데, 그렇지 않으면 충실성 제약과 이를 활성화시키는 연접 유표성 제약 사이의 연관성이 생기지 않기 때문이다. 그런데 제약연접 이론은 다음과 같은 두 가지 문제점이 나타날 가능성이 있다. 즉, 서로 관련이 없는 제약을 연접하거나 잘못된 영역에서의 연접이 생길 수 있다.

(33) a. 연관 없는 제약의 연접
   예: [IDENT(back) & NOVCDOB] » IDENT(voice) » NOVCDOB
   b. 잘못된 영역에서의 연접
   예: [DEP-V & FINAL-C]$_{Prwd}$ » DEP-C » FINAL-C

우선 (33a)의 예는 움라우트가 나타나는 경우인데 가상의 예인 /boti/ → pöti, /beta/ → beta, /böta/ → böta 같은 결과를 보일 것으로 예측된다. 그러면 제약연접은 (/boti/ → pöti로 인해) 저해음은 전설화된 모음 앞에서는 무조건 무성음화된다는 잘못된 예측을 하게 된다. 또한, (33b)의 경우에는 가상의 예 /tarpa/ → tarapaʔ, /tara/ → tara의 예에 비추어 단어의 어느 곳에서든 모음삽입이 있으면 무조건 ʔ를 삽입하도록 하는 잘못된 일반화를 유도할 가능성이 있다.

McCarthy (2002d)는 기득권 효과에 대하여도 CM 이론, 즉 비교 유표성 이론은 제약연접이 할 수 있는 일을 그대로 할 수 있음을 보여준다. 예를 들어, 다음은 Kalenjin에서 나타나는 역행 [ATR] 모음조화를 보여준다. (√는 어근을 나타내고 굵은 글자는 [+ATR] 자질 동화의 시발점을 나타낸다.)

(34) Dominant/Recessive [ATR] harmony: Kalenjin

  /kɪ-a-√ke:r-ɪn/ kiʊke:rin 'I saw you (sg.)'
  /kɪ-a-√kɛr-e/   kiʊkere 'I was shutting it'
 Cf. /kɪ-a-√kɛr/   kiɑkɛr   'I shut it'

여기에서 [-ATR]은 전파되지 않지만 이미 기저형에 동화를 유발하는 [+ATR] 모음이 없고 [-ATR] 모음만 있을 경우 이를 그대로 유지하는 기득권 효과를 보이고 있다. 이러한 현상을 Bakovic (2000)은 다음과 같이 제약연접을 이용해 분석을 하고 있다.

(35) 제약연접 분석 (Bakovic 2000)

/kɪ-a-√kɛr-e/	[IDENT(ATR) & *-ATR]$_{seg}$	AGREE(ATR)	IDENT(ATR)	*-ATR
a. ☞ kiʊkere			***	
b. kiukɛre		*!		***
c. kiɑkere	*!		*	****

/kɪ-a-√kɛr/	[IDENT(ATR) & *-ATR]$_{seg}$	AGREE(ATR)	IDENT(ATR)	*-ATR
d. ☞ kiɑkɛr				***
e. kiʊkɛr			***!	

그러나 이 분석은 역시 비교 유표성을 적용한 분석도 가능하다. 이를 위해서 *-ATR 제약을 둘로 나누어 충실성 제약 IDENT(ATR)의 하위에 놓이는 $_O$*-ATR 제약 이외에 새로운 [-ATR] 모음을 저지할 수 있도록 $_N$*-ATR 제약을 상위에 설정할 수 있다.

(36) CM 분석: $_N$*-ATR » IDENT(ATR) » $_O$*-ATR

이와 같이 비교 유표성 이론은 제약연접 이론이 할 수 있는 일을 효과적인 방법으로 재기술할 수 있다.

그러나, 이 CM 이론은 특정 경우에 제약연접 이론이 할 수 없는 일을 할 수 있는 경우도 있는데, 스리랑카에서 쓰이는 포르투갈어의 변종(Creole)이 여기에 해당한다. 이 언어에서는 (37a)에서처럼 순음성(labial), 설배음성(dorsal) 비자음은 뒤따르는 자음의 조음위치에 동화하는 반면, (37b)에서 보듯 설정음(coronal)은 이러한 동화를 따르지 않는다.

(37) Sri Lankan Portugese Creole
   a. /ma:m-su/ ma:nsu 'hand (gen. sg.)'
      /ma:m-pə/ ma:mpə 'id. (dat.sg.)'
      /ma:m-ki/ ma:ŋki 'id. (verbal N)'
      /mi:tiŋ-su/ mi:tinsu 'meeting'
      /mi:tiŋ-pe/ mi:timpə 'id. (dat. sg.)'
   b. /si:n-su/ si:nsu 'bell'
      /si:n-pə/ si:npə, *si:mpə 'id. (dat.sg.)'
      /si:n-ki/ si:nki, *si:ŋki 'id. (verbal N)'

이 현상을 효과적으로 설명하기 위하여 McCarthy (2002d)는 순음성/설배음성을 가진 자음을 금지하도록 하는 *LAB|DORS 제약을 설정하고 이를 다시 신, 구 제약으로 나누어 적용하고 있다.

(38) Sri Lankan Portugese Creole

/ma:m-ki/	ₙ*LAB|DORS	AGREE(place)	IDENT(place)	ₒ*LAB|DORS
a.☞ ma:ŋki			*	*
b.(FFC) ma:mki		*!		**

/si:n-pə/	ₙ*LAB|DORS	AGREE(place)	IDENT(place)	ₒ*LAB|DORS
c.☞(FFC) si:npə/		*		*
d. si:mpə/	*!		*	*

(38a, b)의 두 후보형 모두 기저형이 이미 *LAB|DORS 제약을 위반하므로

새로 *LAB|DORS 제약을 위반하지 않는다. 따라서 $_N$*LAB|DORS 제약을 위반하지 않는다. 그러므로 AGREE(place)가 최적형 선택의 중요한 역할을 담당한다. 한편, (38d)의 비음 m은 기저형에서 *LAB|DORS을 위반하지 않은 /n/에 대응하는 새로운 유표성 자음이므로 $_N$*LAB|DORS을 위반한다.

언뜻 보기에 제약연접 이론에서도 충실성 제약 IDENT(place)와 유표성 제약 *LAB|DORS을 연접하여 이 문제를 해결할 수 있을 것처럼 보인다. 그러나 다음의 예에서 보듯이 /ma:m-ki/ → ma:ŋki의 경우, 연접제약이 /m/ → ŋ 대응 관계를 허용하지 않으므로 잘못된 선택을 하게 된다.

(39) 제약연접 분석

/ma:m-ki/	IDENT(place) &*LAB|DORS	AGREE (place)	IDENT (place)	*LAB|DORS
a. ☞ ma:ŋki	*!		*	*
b. ☞ ma:mki		*		**

이러한 잘못된 결과가 나타나는 것은 출력형 자음 ŋ이 입력형 자음과 다를 뿐 아니라 유표적이어서 IDENT(place)&*LAB|DORS 연접제약을 위반하기 때문이다. 결국, 비교 유표성 분석으로 잘 설명이 되던 현상이 제약연접을 통한 분석에서는 오류가 나타나는 결과가 발생한 것이다.

7.3 이전 유표성의 위반 금지

여기에서는 7.2의 경우와는 반대의 경우, 즉 기저형에서 유표성을 위반하는 구조를 금지하는 예를 살펴보기로 한다. 즉, $_O$M제약이 $_N$M제약보다 상위에 위치하는 경우이다. 여기에서는 어말음 탈락 같은 비연속적(non-iterative) 현상, 금지되어야 하는 분절음이 융합에 의해서는 만들어지도록 허용되는 융합 모순(coalescence paradox) 문제, 어느 현상의 출력형이 예측과 달리 다른 현상의 적용을 받지 못하는 '반급여(counterfeeding)'

에 의한 불투명성(opacity) 문제를 다루기로 한다.

7.3.1 비연속 음운현상

이 현상에 대하여 가장 잘 알려진 언어는 Lardil인데 최소한 세 개의 모라를 가진 주격 명사에서 어근의 마지막 모음이 (그리고 어말에 허용되지 않는 자음도) 탈락된다. 그러나 다음의 자료에서 보듯이 이 현상은 비연속적이어서 한 번만 적용된다.

(40) Lardil 어말음 탈락

/pulumunitami/	pulumunita	'young f. dugong'	cf. pulumunitamin
/kurumpuwa/	kurumpu	'tata-spear'	cf. kurumpuwan
/pulŋarpa/	pulŋar	'huge'	cf. pulŋarpan
/muŋkumuŋku/	muŋkumu	'wooden axe'	cf. muŋkumuŋkun
/ṭipiṭipi/	ṭipiṭi	'rock-cod'	cf. ṭipiṭipin

/pulumunitami/의 경우, 순음이 어말에 허용되지 않으므로 마지막 모음 *I*와 선행 자음 *m*이 함께 탈락한다. /pulŋarpa/에서도 어말음 탈락과 /p/의 탈락이 마지막에 *r*이 오도록 한다. 그러나 어말음 탈락은 연속적이 아니므로 여기에서 단어의 길이가 3모라가 넘어도 어말음 탈락이 더 이상 이어지지 않는다. 이를 비교 유표성 이론으로 분석하면 다음과 같다.

(41) Lardil: $_O$FINAl-C » MAX » $_N$FINAL-C

	/pulumunitami/	$_O$FINAl-C	MAX	$_N$FINAL-C
a.(FFC)	pulumunitami	*!		
b.☞	pulumunita		**	*
c.	pulumun		****!	

어말음 탈락은 기저형의 마지막 모음만을 대상으로 한다. 따라서 $_O$FINAl-

C는 FFC와 공유하는 위반사항만을 찾아내서 벌점을 부과한다. (따라서 FFC가 이를 위배한다.) 반면, 또 다른 유표성 제약인 $_N$FINAl-C은 (41b)의 마지막 모음을 발견하여 벌점을 부과하지만 이 모음이 FFC에서의 마지막 모음이 아니므로 상위의 $_O$FINAl-C를 위반하지 않는다. 그리고 (41b)가 중간에 위치한 충실성 제약 MAX를 최소한으로 위반하므로 최적형으로 선택되는 것이다. 결국 이러한 분석은 왜 어말음 탈락 현상이 (FINAL-C를 어기지 않는) 자음으로 끝나는 어근에는 영향을 끼치지 않는가를 보여준다.

7.3.2 융합의 모순 문제

'융합(coalescence)' 현상은 입력부의 두 분절음이 출력형에서 하나의 분절음으로 결합되어 나타나는 음운적인 현상을 가리킨다. 따라서 출력형 융합 분절음 ç는 두 입력형 분절음의 특성을 공유한다. 그런데, ç가 융합에 의해서만 생성될 수 있고 입력부에서는 나타날 수 없는 경우가 생기면 이를 융합의 모순현상이라고 부른다.

이를 검토하기 위하여 융합현상의 대표적인 예를 Sanskrit에서 찾을 수 있다. Sanskrit에서는 일반적으로 중설모음(mid vowel)이 나타나지 않는다. 그런데 /a+i/ → [e:], /a+u/ → [o:] 융합에 의한 장모음인 중설모음이 허용되는 모순적인 현상이 나타난다.

(42) /a+i/ → e: /ca$_1$+i$_2$ha/ → ce:$_{1,2}$ha 'and here'
    /a+u/ → o: /ca$_1$+u$_2$ktam/ → co:$_{1,2}$ktam 'and said'

이러한 융합현상을 설명하기 위하여 Schane (1987)의 '분자 음운론 (Particle Phonology)'의 개념을 도입하여 [HI]와 [LO] (분자) 자질을 이용할 수 있는데 다음과 같은 최적성 이론 분석이 가능할 것이다.

(43) Sanskrit: IDENT(HI), IDENT(LO) » NO-MID

/a_1 + i_2/ [LO] [HI]	IDENT(HI)	IDENT(LO)	NO-MID
a. ☞ $e_{1,2}$ [HI, LO]			*
b. $i_{1,2}$ [HI]		*!	
c. $a_{1,2}$ [LO]	*!		

여기에서 최적형으로 선택되는 것은 융합현상에 의해 입력형의 (분자) 자질에 충실성을 보이는 (그러나 중설모음을 금지하는 유표성 제약 NO-MID를 위반하는) 첫 번째 후보형이다. 그러나 이러한 분석은 입력형이 중설모음인 경우 이는 이 언어에서 나타날 수 없는 모음이므로 출력형에서는 고모음이나 저모음으로 나타나야 한다. 그리고 이를 위해서는 NO-MID 제약이 상위로 이동하여 위의 경우와는 반대의 제약 위계가 나타나는 융합의 모순이 발생할 수밖에 없게 된다는 것이 McCarthy (2002d)의 주장이다.

(44) Sanskrit: **NO-MID** » IDENT(HI) » IDENT(LO)

/e/ [LO,HI]	No-Mid	IDENT(HI)	IDENT(LO)
a. ☞ i [HI]			*
b. e [HI, LO]	*!		
c. a [LO]		*!	

그러나 McCarthy (2002d)에서는 이러한 융합에서의 모순을 새로 도출되는 중설모음을 허용하기 위하여 $_N$NO-MID 제약을 충실성 제약보다 하위에 놓음으로써 쉽게 해결하고 있다.

(45) Sanskrit 비교 유표성 분석[10]: $_O$NO-MID » IDENT(LO) » $_N$NO-MID

/a$_1$ + i$_2$/ [LO] [HI]	$_O$NO-MID	IDENT(LO)	$_N$NO-MID
a. ☞ e$_{1,2}$ [HI, LO]			*
b. i$_{1,2}$ [HI]		*!	

/e/ [HI,LO]	$_O$NO-MID	IDENT(LO)	$_N$NO-MID
c. ☞ i [HI		*	
d.(FFC) e [HI,LO]	*!		

이와 같이 일반 최적성 이론 분석에서 나타날 수 있었던 융합에서의 제약위계 모순이 비교 유표성 이론에서는 나타나지 않는 장점이 있다는 것이 McCarthy (2002d)의 주장이다.[11]

7.3.3 역급여에 의한 불투명성

'역급여(counterbleeding)'의 개념은 규칙-기반 이론에서 오랫동안 사용되어온 것이다. 즉, 규칙 P1의 적용결과가 P2의 적용대상이 될 수 있지만 P2가 먼저 적용됨으로써 이러한 적용을 피해가는 역급여 불투명성(opacity)이 나타난다.

대표적인 예로 서로 다른 두 음운현상이 역급여 관계를 보이는 경우를 생각해 보자. Barrow Inupiaq에서는 설정음의 구개음화가 기저형의 /i/

---

[10] 그러나 이 경우, FFC인 a$_1$, i$_2$가 최적형으로 선택되지 않도록 하는 장치가 필요할 것이다.
[11] 그러나 제약연접을 사용한 분석에서도 이러한 융합 문제를 해결할 수 있는 길이 있을 것으로 보인다. 예를 들어, [NO-MID & [-long]]와 같은 연접 제약을 IDENT(HI)나 NO-MID 제약보다 상위에 놓으면 위에 든 Sanskrit의 융합문제를 해결할 수 있다.

로부터 도출된 *i*에 의해서 발생하는데, 다른 기저형 /ɨ/에서 도출된 *i*는 구개음화를 유발하지 못한다.

(46) a. 구개음화 발생: /i/ 뒤
      어간   -*lla* 'be able'   -*niaq* 'future'   -*vuni* '3sg realis'
      /niʀi/   niʀiʎʎa   niʀiñiaq   niʀivʎuni 'eat'
  cf. /sisu/   sisulla   sisuniaq   sisuvluni 'slide'
    b. 구개음화 비발생: /ɨ/ 뒤
      /tiŋi/   tiŋilla   tiŋiniaq   tiŋivuluni 'take flight'

구개음화가 나타나는 (46a)와는 달리, (46b)에서는 /ɨ/ → i의 '절대중화 (absolute neutralization)'가 나중에 적용되어 구개음화를 역급여한다고 볼 수 있다. 즉, 절대중화가 구개음화의 적용환경을 만들어 줄 수 있으나 실제로는 (나중에 적용되므로) 구개음화의 입력부를 만들지 않게 되는 불투명 역급여가 나타나는 것이다. 그리고 이전의 (표준) 최적성 이론에서는 이를 효과적으로 기술하기 어려운 점이 있었다. 왜냐하면 입력형과 출력형 사이의 비충실적 대응관계는 상위의 유표성 제약 때문에 나타나게 되는데, (단순하게 입력형-출력형 대응관계만 고려하면) *niʀiʎʎa*가 **niʀilla*보다 더 낫다고 평가하는 동일한 유표성 제약이 **tiŋiʎʎa*가 *tiŋilla* 보다 더 낫다고 평가할 가능성이 있기 때문이다.

그러나 비교 유표성 이론에서는 FFC(즉, *niʀilla*)가 *i*를 뒤따르는 설정음을 구개음으로 만드는 유표성 제약 PAL을 위반하는 경우에만 구개음화가 나타나게 된다.[12] (따라서 *niʀiʎʎa*가 나타난다.) 반대로 FFC(즉, *tiŋilla*)가 이 제약을 충족하면 구개음화가 나타나지 않는다. (따라서 *tiŋilla*가 나타난다.) 이러한 분석은 구 유표성 제약을 충실성 제약보다 상위에 오도록 하고 신 유표성 제약을 이들보다 하위에 오도록 하는 제약위계를 설정함으로써 가능하게 된다.

---

[12] Loc_{PAL} ≡ Return every C, where C is a coronal and the preceding vowel is *i*.

(47) Barrow Inupiaq 비교 유표성 분석: $_O$PAL » IDENT(place) » $_N$PAL

	/niRi-lla/	$_O$**Pal**	IDENT(place)	$_N$PAL
a.☞	niRiʎʎa		*	
b.(FFC)	niRilla	*!		
	/tiŋilla/			
c.☞	tiŋilla			*
d.	tiŋiʎʎa		*!	
(FFC)	tiŋilla[13]			

7.3.4 다른 분석과의 비교

7.3.4.1 제약연접 이론

이와 같은 분석을 다른 최적성 이론의 분석방식과 비교해 볼 수 있다. 우선 위의 분석 대신 제약연접을 통한 분석을 시도해 볼 수 있다. 이를 위해 다음과 같은 제약위계를 설정할 수 있다.

(48) Barrow Inupiaq (제약연접)
[IDENT(back) & IDENT(place)]$_{Adj-σ}$ » PAL » IDENT(place)

그런데 7.2.3에서 이미 언급한 바와 같이 연접제약의 영역을 잘못 지정하는 경우 실제 나타나지 않는 형태가 예측되는 결과가 초래될 수 있다. 위의 경우 제약연접의 영역이 인접 음절이 되어야지 인접 분절음이 될 수 없다. 그 이유는 /savik-lu/ → savigʎu 'knife-and'에서와 같이 바로 인접하지 않은 모음 *i*도 구개음화를 야기할 수 있기 때문이다. 그러나 이러한 영역 (즉, 인접 음절) 지정은 가상의 예 /tiŋi-lla/가 tiŋilla (*tiŋiʎʎa)로 잘못 예측되는 결과를 가져온다. 즉, /i/가 인접 음절에서 전설모음으로

---

[13] 물론 FFC가 최적형이 되지 않도록 하기 위해서 *i 제약을 상위에 설정해야 한다.

바뀌므로 비파생 *i*가 선행함에도 불구하고 *l*의 구개음화가 나타나지 않게 되는 잘못된 예측이 생기는 것이다.

또한 잘못된 충실성 제약끼리 연접이 되어도 이상한 결과를 초래할 수 있다. 예를 들어, 음절말 자음의 무성화가 나타나는 언어에서 다음의 (49)와 같은 제약연접이 설정된다고 가정하면 (50)에서와 같은 대응관계가 나타날 것이다.

(49) 가상언어: [IDENT(voice) & IDENT(place)]$_{Adj\text{-}seg}$ » PAL » IDENT(place)

(50) a. /batik-lu/ → batikʎu
     b. /batig-lu/ → batiklu

(50b)의 경우, *i* 모음이 선행함에도 불구하고 무성음화된 자음에 인접하기 때문에 /l/이 구개음화되지 않는 이상한 결과를 보인다.

이러한 잠재적인 문제는 비교 유표성 이론에서는 모두 원천적으로 방지된다. 우선 /tiɲi-lla/ → tiɲilla (*tiɲiʎʎa)가 원천적으로 불가능한데, 그 이유는 첫 음절에서의 /i/ 모음 전설화가 PAL의 새로운 위반위치가 되지 않기 때문이다. (즉, 구 유표성 위반이므로 구개음화가 되지 않은 것은 상위의 $_o$PAL에 의해 우선적으로 제외될 것이다.) (50)의 경우에도 인접한 자음의 무성음화가 PAL 제약의 충족에 아무런 영향을 주지 않기 때문에 '이상한' 결과가 나타날 수 없다.

7.3.4.2 단계적 최적성 이론

'단계적 최적성 이론(Stratal Optimality Theory)'이란 어휘 음운론 (Lexical Phonology)의 단계(stratum) 개념을 도입한 것으로 이전에 소개한 Rubach (2000a, b)의 도출형 최적성 이론과 같은 분석 방식이다. 따라서 불투명성이 나타나는 음운현상의 연관 관계를 (SPE 방식의 규칙순서 대신) 단계별로 적용하는 방식이다. 예를 들어, 위에 논의한 Barrow Inupiaq의 모음중화와 구개음화를 다음과 같이 두 개의 단계로 나누어 기술할 수 있다.

(51) 1단계: Lexical   PAL » IDENT(place); IDENT(back) » *ɨ
     입력부   /niRi-lla/   /tiŋilla/
     출력부   niRiʎʎa   -----
    2단계: Word   IDENT(place) » PAL; *ɨ » IDENT(back)
     입력부   niRiʎʎa   tiŋilla
     출력부   -----   tiŋilla

우선 1단계에서 PAL 제약이 IDENT(place)보다 상위에 있으므로 niRiʎʎa에서 i 다음에 구개음화가 나타난다. 그러나 IDENT(back)이 *ɨ 제약보다 상위에 있으므로 /tiŋilla/에서 /i/ → i 중화는 나타나지 않는다. 그러나 2단계에서는 제약의 위계가 바뀌게 되어 모음중화가 나타난다. 또한 PAL 제약도 하위로 내려가므로 tiŋilla처럼 i 모음 뒤에서 구개음화가 나타나지 않는다.

그러나 McCarthy에 의하면 이 방식은 이전의 규칙순서를 적용한 것과 같은 효과를 가져오는 것이므로 규칙순서 적용으로 설명이 어려운 '기득권 효과(grandfather effect)', '파생환경 효과(derived environment effect)', '불투명(opaque)'한 속성을 보이는 '반급여(counterfeeding)' 현상을 설명하는 데에는 한계가 있을 것이라는 의견을 제시하고 있다.

한편, 이전에 제시된 '감응이론(Sympathy Theory)'이나 '표적 제약(targeted constraints)' 이론(Bakovic 2000, Wilson 2000, 2001)은 불투명성 문제의 기술에서 '비교 유표성' 이론과 맥을 같이 한다고 볼 수 있다. 예를 들어, 비교 유표성 이론에서 비교의 기준이 되는 것이 FFC라면 감응이론에서는 (가장 충실성이 높은 후보형인) 감응후보(sympathetic candidate)가 이 역할을 한다고 볼 수 있다. 표적 제약 이론에서는 비교의 기준이 되는 것이 '제약에 의한 제약(constraints-by-constraints)'의 토대에 기초한다.[14] 이와 같이 세 이론이 서로 유사한 속성을 가지는 것은 흥미 있는 일이다. 특히, 비교 유표성 이론이 기득권 효과, 파생환경 효과, 비연속적 현상, 융합의 모순성, 그리고 불투명성에 대하여 폭넓은 적용 영역을 가진다. 그러나 감응이론이 (비록 위에 든 다른 현상에 대하여는 문제점을 가지고 있지만) 불투명성 문제에 대하여 더 넓은 적용 가능성을 보이고, 표적 제약이론 역시 불투명성과 관련된 몇 경우에 왜 특정 유표성 제약이 비충실적 대응관계를 나타나게 하는지에 대한 흥미 있는 연구를 보이고 있다.

7.4 언어습득과 비교 유표성 이론

음운습득에 대한 대부분의 연구는 음소목록(inventory)이나 음소배열제약(phonotactics)에 대한 것이 대부분이다. 그러나 파생환경 효과, 불투명성 문제 등의 형태음소적 변이관계 역시 중요한 주제임에는 틀림이 없는데 비교 유표성 이론에서는 이러한 현상들을 효과적으로 기술하고 있음을 보았다. 여기에서는 언어습득, 특히 음소배열 제약의 습득 연구에서 보편적으로 수용되는 기본적인 문제가 어떻게 기술되는지를 보여주기로 한다.

음소배열 제약의 습득에서 가정 기본적인 가정은 유아의 문법에 대한 입력형은 성인과 같은 기저형이 아니라 유아가 인식하는 성인문법의 표

---

[14] 예를 들어, /patka/와 같은 입력형에 대하여 다음의 NOWEAKCONS 제약이 후보형 paka를 충실성이 가장 높은 후보형 patka와 비교를 하도록 한다.

NOWEAKCONS (Wilson 2001: 160): 어느 후보형을 χ, 모음에 의해 만들어지지 않은 χ의 자음을 α라고 하자. 그러면 α가 제거된 경우를 제외하고는, 후보형 y가 χ와 같으면 y가 χ보다 더 우월하다 (즉, $y > \chi$). (Let χ be any candidate and α be any consonant in χ that is not released by a vowel. If candidate y is exactly like χ except that α has been removed, then y is more harmonic than χ (i.e., $y > \chi$).)

면형이라는 점이다. 예를 들어 성인이 [but] 'boot'라고 발음하는 어휘를 유아가 [bu]라고 발음한다면 [but]이 유아문법의 입력형이 되고 이로부터 완전한 운율정보를 가졌으나 다른 표면형태를 가진 [bu]가 표출되는 것으로 본다. 언어습득 연구에서 중요한 또 하나의 가정은 습득의 초기단계에서는 모든 유표성 제약이 모든 충실성 제약에 우선한다는 점이다. 그런데 주어진 문법이 잘못된 결과를 나타내는 경우는 옳은 후보형을 선호하는(winner-favoring) 제약보다 상위에 위치한 잘못된 후보형을 선호하는(loser-favoring) 제약 때문으로 이를 바로잡기 위해서 후자를 하위의 위계로 강등(demotion)시키게 된다는 것이다.[15]

이에 대한 대표적인 예는 Smith (1973)에 발표된 유명한 연쇄이동(chain shift)의 경우로, 언어습득 단계의 유아 Amahl Smith는 *puzzle*을 *puddle*로, *puddle*을 *puggle*로 바꾸어 발음한다.

(52) a. puzzle → puddle
   b.   puddle → puggle

이 현상은 우선 zoo → [du]처럼 설정성 마찰음이 파열음으로 바뀌고, *bottle* → [bɔtlˌ]처럼 (연구개성) *l*이 뒤따르는 설정성 파열음은 연구개음으로 바뀌는 것으로 해석할 수 있다. 따라서 설정 마찰음을 억제하는 *Z 제약과 *l* 앞의 설정 파열음을 억제하는 *Dl 제약을 설정한다. 위에서 언급한 바대로 초기습득 단계에서는 모든 유표성 제약이 충실성 제약보다 상위에 있으므로 신, 구 유표성 제약이 상위에 있는 다음과 같은 분석 도표를 만들 수 있다. (W는 옳은 후보형을 선호하는(winner-favoring) 제약의 위반을, L은 잘못된 후보형을 선호하는(loser-favoring) 제약의 충족 관계를 나타낸다.[16])

---

[15] Barlow (1997), Demuth (1996), Gnanadesikan (1997), Goad (1997), Itô and Mester (1999), Levelt (1996), Pater (1997), Sherer (1994), Smith (2000) 등을 참조.
[16] 따라서 이를 전통적인 제약도표로 바꾸기 위해서는 W가 있는 제약 영역에서는 W

(53) 초기단계: puggle

		$_O*Z$	$_O*Dl$	$_N*Z$	$_N*Dl$	Ident(cont)	Ident(place)
	/pʌzl/						
a. (FFC)	pʌzl	W				L	L
b.	pʌdl				W		L
c. ☞	pʌgl						
	/pʌdl/						
d.	pʌzl			W		W	L
e. (FFC)	pʌdl		W				L
f. ☞	pʌgl						
	/pʌgl/						
g.	pʌzl					W	W
h.	pʌdl						W
i. (FFC)☞	pʌgl						

이 도표에서 습득초기의 유아는 가장 제한된 음소목록을 가지고 있어서 *puzzle*, *puddle*을 발음하지 못하고 *puggle*만 발음하게 되는 점을 설명할

표시를 위반표시 *로 대체하여 표시하고, 반대로 L이 있는 제약의 영역에서는 이를 결여하는 칸에 *를 부여하여야 한다.

		$_O*Z$	$_O*Dl$	$_N*Z$	$_N*Dl$	Ident(cont)	Ident(place)
	/pʌzl/						
a. (FFC)	pʌzl	*					
b.	pʌdl				*	*	
c. ☞	pʌgl					*	*
	/pʌdl/						
d.	pʌzl			*		*	
e. (FFC)	pʌdl		*				
f. ☞	pʌgl						*
	/pʌgl/						
g.	pʌzl					*	*
h.	pʌdl						*
i. (FFC)☞	pʌgl						

수 있다. 그러나 이후 습득자가 설정성 마찰음을 습득하게 되어 *puzzle* → [pʌzl₁]이 가능하게 되면 ₒ*Z 제약이 하위로 강등되어 다음과 같은 제약도표를 얻는다.

(53) 설정 마찰음 습득 단계: puzzle, puggle

		ₒ*Dl	ɴ*Z	ɴ*Dl	Ident(cont)	Ident(place)	ₒ*Z
	/pʌzl₁/						
a. (FFC)☞	pʌzl₁						
b.	pʌdl₁			W	W		L
c.	pʌgl₁				W	W	L
	/pʌdl₁/						
d.	pʌzl₁		W		W	L	
e. (FFC)	pʌdl₁	W				L	
f. ☞	pʌgl₁						
	/pʌgl₁/						
g.	pʌzl₁				W	W	
h.	pʌdl₁					W	
i. (FFC)☞	pʌgl₁						

또한 습득자가 *puddle*을 발음할 수 있게 되는 경우에는, ₒ*Dl 제약이 하위로 내려가게 될 것이다. 이와 같은 결과를 제약의 위계관계로 표시하면 다음과 같다.

(54) a. puggle   : ₒ*Z, ₒ*Dl, ɴ*Z, ɴ*Dl » Ident(cont), Ident(place)
    b. puzzle, puggle   : ₒ*Dl, ɴ*Z, ɴ*Dl » Ident(cont), Ident(place) » ₒ*Z
    c. puddle, puggle   : ₒ*Z, ɴ*Z, ɴ*Dl » Ident(cont), Ident(place) » ₒ*Dl
    d. puzzle, puddle, puggle: ɴ*Z, ɴ*Dl » Ident(cont), Ident(place) » ₒ*Z, ₒ*Dl

위의 위계관계에서 알 수 있듯이 현재의 비교 유표성이 전통적인 유표성 이론과 차이를 보이는 점이 나타난다. 즉, 비교 유표성 분석에서는 언제나 위계에서 하위로 이동하는 것은 $_OM$ 제약이고 $_NM$ 제약은 언제나 위계의 변화가 없다는 점이다. 즉, 음소배열 제약의 습득의 목표는 (성인문법에 있는) 입력형 /X/로부터 성인의 발음 X를 이끌어 내는 것인데, 이러한 (일치) 대응관계는 $_NM$ 제약의 우위에 영향을 줄 수 없다. 왜냐하면 입력형을 반영해야 하는 FFC가 $_NM$을 위반할 수 없기 때문이다. 따라서 신 유표성 제약의 위반은 형태 음소적인 습득이 일어나 후에 가능하다는 점을 예측할 수 있다.

한편, 습득자가 완전한 성인문법을 습득하지 못하고 *puddle/puggle* 단계에 머무르는 경우를 가정할 수 있는데, 이는 기득권 효과에 해당한다. 왜냐하면 입력형과 대응하는 [dl₁]은 가능하지만 파생된 [dl₁]은 허용되지 않기 때문이다. 실제로 이에 해당하는 좋은 예가 *please* → [piz]/*police* → [plis]의 경우이다.

(55) a. *please* [pliz] → [piz]   b. *police* [pəlis] → [plis]

즉, 어두자음군 *pl*의 단순화 현상은 *please* [pliz] → [piz]와 같이 기저형에 이미 자음군이 형성되어 있었던 경우에는 적용이 되지만 *police* [pəlis] → [plis]에서와 같이 모음 탈락에 의해 자음군이 파생된 경우에는 영향을 끼치지 못한다는 것이다.

이와 같은 기득권 효과는 특히 어린이의 음운습득에 나타나는 연쇄이동에서 관찰된다. 위에서 언급한 바대로 Amahl은 한 동안 *puzzle* → *puddle*, *puddle* → *puggle*의 연쇄이동 현상을 보이는 것이 관찰되었는데 이는 *dl* → *gl* 대응관계를 요구하는 유표성 제약이 *puzzle*과 같은 입력형에는 적용되지 못하는 반급여 불투명성(counterfeeding opacity)의 예이다. 이를 비교 유표성 이론으로 분석하면 다음과 같다.

(56) 연쇄이동 습득 단계: puzzle → puddle → puggle[17]

		$_O$*Z	$_O$*Dl	$_N$*Z	Ident(cont)	Ident(place)	$_N$*Dl
	/pʌzl/						
a. (FFC)	pʌzl₁	W			L		L
b. ☞	pʌdl₁						
c.	pʌgl₁					W	L
	/pʌdl/						
d.	pʌzl₁			W	W	L	
e. (FFC)	pʌdl₁	W				L	
f. ☞	pʌgl₁						
	/pʌgl/						
g.	pʌzl₁				W	W	
h.	pʌdl₁					W	
i. (FFC)☞	pʌgl₁						

위의 도표는 반급여 불투명성, 연쇄이동의 문제가 유표성 이론의 기본적 현상임을 나타내는 것으로 볼 수 있다. 연쇄이동은 다른 장치를 필요

---

[17] 역시 전통적인 제약도표로 표시하면 다음과 같다.

		$_O$*Z	$_O$*Dl	$_N$*Z	Ident(cont)	Ident(place)	$_N$*Dl
	/pʌzl/						
a. (FFC)	pʌzl₁	*					
b. ☞	pʌdl₁				*		*
c.	pʌgl₁				*	*	
	/pʌdl/						
d.	pʌzl₁			*	*		
e. (FFC)	pʌdl₁		*				
f. ☞	pʌgl₁					*	
	/pʌgl/						
g.	pʌzl₁				*	*	
h.	pʌdl₁					*	
i. (FFC)☞	pʌgl₁						

로 하는 것이 아니고 다만 이미 가지고 있는 제약의 위계를 바꾸는 것으로 해결할 수 있다고 볼 수 있다.

물론 이와 같은 비교 유표성 이론 대신 다른 방식으로 분석하는 것도 가능하다. 예를 들어, Dinnsen & McGarrity (2003)은 *puddle → puggle*의 교체)현상을 Benua (1997)의 변형도출 이론을 적용하여 다음과 같이 분석한다.

(57)

	puddle	OO-FAITH	*Dl	IO-FAITH
a.	pʌdl$_i$		*!	
b. ☞	pʌgl$_i$			*

여기에서 OO-FAITH는 어기(base)와 형태적으로 도출된 파생형 사이의 대응관계를 가리키고, IO-FAITH는 전통적인 의미에서의 입력형-출력형 대응관계를 나타낸다. 그런데, 이 경우에는 *puddle*이 단일 형태소이므로 OO-FAITH가 아무런 역할을 하지 못하고 *Dl*이 결정적인 역할을 한다. 그러나, *Dl* 제약은 *quietly* [kwæ:tli:], *[kwæ:kli:]와 같이 파생어휘인 경우에는 아무런 역할을 하지 못하는데 Dinnsen & McGarrity (2003)는 그 이유를 OO-FAITH가 상위에 있기 때문이라고 설명한다. 즉, 다음의 도표에서 보듯이 어기가 되는 quiet와 출력형 사이의 충실성 관계가 결정적 역할을 하므로 *Dl* 제약의 위반이 가능한 Benua (1997)가 지적한 '과소적용(underapplication)'의 경우가 되는 것이다.[18]

(58)

	quietly	OO-FAITH	*Dl	IO-FAITH
a. ☞	kwæ:tli:		*	
b.	kwæ:kli:	*!		

---

[18] 이는 위에서 간략히 언급한 *please* [pliz] → [piz]의 어두자음군 단순화가 *police* [pəlis] → [plis]에서와 같이 모음 탈락에 의해 자음군이 파생된 경우에는 영향을 끼치지 못하는 기득권 효과의 경우와 유사하다.

이러한 분석 이외에도 Lubowicz (1998)의 제약연접 분석 방식도 또 다른 대안이 될 수 있다. 물론 위에서 지적한 바대로 적절한 제약끼리의 연접이 되어야 하고 또 올바른 영역지정이 필요한 것은 당연하다. 그러나 모두 올바른 결과를 보여줄 수 있다고 하더라도 어느 특정 모델을 유지하려면 더 많은 자료를 통해 검증을 거쳐야 할 것으로 보인다. 그리고 여기에는 유아의 모국어 습득 뿐 아니라 제2외국어 습득, 그리고 발음 습득이 뒤떨어진 어린이의 모국어 습득 등 다양한 경우를 모두 포함하는 것이 바람직할 것이다.

주요 참고문헌

Bakovic, Eric. 2000. *Harmony, Dominance, and Control*. Doctoral dissertation, Rutgers University.

Barlow, Jessica A. 1997. *A Constraint-Based Account of Syllable Onsets: Evidence from Developing Systems*. Doctoral dissertation, Indiana University.

Benua, Laura. 1997. *Transderivational Identity: Phonological Relations between Words*. Doctoral Dissertation, University of Massachusetts.

Cohn, Abigail. 1992. The consequences of dissimilation in Sundanese. *Phonology* 9, 199-220.

Demuth, Katherine. 1996. Alignment, stress, and parsing in early phonological words. In Bernhardt, Barbara, John Gilbert, and David Ingram (eds.), *Proceedings of the UBC International Conference on Phonological Acquisition*, 113-125. Somerville, MA: Cascadilla Press.

Dinnsen, Daniel A. and Laura W. McGarrity. 2003. On the nature of alternations in phonological acquisition. Ms. Indiana University.

Gnanadesikan, Amalia. 1997. *Phonology with Ternary Scales*. Doctoral dissertation, University of Massachusetts at Amherst.

Goad, Heather. 1997. Consonant harmony in child phonology: An optimality-theoretic account. In S.-J. Hannahs and Martha Young-Sholten (eds.), *Focus on Phonological Acquisition*, 113-142. Amsterdam: John Benjamins.

Idsardi, William. 1997. Phonological derivations and historical changes in Hebrew spirantization. In Iggy Roca (ed.), *Derivations and Constraints in Phonology*, 367-392. Oxford: Oxford University Press.

Idsardi, William. 2000. Clarifying opacity. Ms. To appear in *The Linguistic Review*.

Itô, Junko and Armin Mester. 1997. Sympathy theory and German truncations. *University of Maryland Working Papers in Linguistics* 5, 117-138.

Itô, Junko and Armin Mester. 1999. The phonological lexicon. In Natsuko Tsujimura (ed.), *The Handbook of Japanese Linguistics*, 62-100. Oxford: Blackwell.

Kiparsky, Paul. 1973. Abstractness, opacity and global rules. In In O. Fujimura (ed.), *Three Dimensions of Linguistic Theory*, 57-86. Tokyo: Taikusha.

Kiparsky, Paul. 1985. Some consequences of Lexical Phonology. *Phonology* 2, 85-138.

Kiparsky, Paul. 2000. Opacity and cyclicity. Ms. To appear in *The Linguistic Review*.

Levelt, Clara C. 1996. Consonant-vowel interactions in child language. In Bernhardt, Barbara, John Gilbert, and David Ingram (eds.), *Proceedings of the UBC International Conference on Phonological Acquisition*, 229-239. Somerville, MA: Cascadilla Press.

Łubowicz, Anna. 1998. Derived environment effects in optimality theory. ROA-239-0198 (http://ruccs.rutgers.edu/roa.html).

Łubowicz, Anna. 2002. *Contrast Preservation in Phonological Mappings*. Doctoral dissertation. University of Massachusetts at Amherst.

McCarthy, John. 1998. Sympathy and phonological opacity. ROA-252.

McCarthy, John. 2002a. OT constraints are categorical. ROA-510.

McCarthy, John. 2002b. Sympathy, culminativity, and Duke-of-York Gambit. In Caroline Féry and Ruben van de Vijver (eds.), *The Syllable in Optimality Theory*. Cambridge University Press.

McCarthy, John. 2002c. *A Thematic Guide to Optimality Theory*. Cambridge University Press.

McCarthy, John. 2002d. Comparative markedness. Ms. ROA-489.

McCarthy, John and Alan Prince. 1995. Faithfulness and reduplicative identity. *Papers in Optimality Theory: University of Massachusetts Working Papers in Linguistics*, 249-384.

McCarthy, John and Alan Prince. 1997. Faithfulness and identity in prosodic morphology. Ms. ROA-216.

Mohanan, K.P. 1986. *The Theory of Lexical Phonology*. Dordrecht: Reidel.

Pater, Joe. 1997. Minimal violation and phonological development. *Language Acquisition* 6, 201-253.

Prince, Alan and Paul Smolensky. 1993. Optimality Theory. Ms. Rutgers University.

Rubach, Jerzy. 2000a. Backness switch in Russian. *Phonology* 17, 39-64.

Rubach, Jerzy. 2000b. Glide and glottal stop insertion in Slavic languages: A DOT analysis. *Linguistic Inquiry* 31, 271-317.

Sherer, Tim. 1994. *Prosodic Phonotactics*. Doctoral dissertation, University of Massachusetts at Amherst.

Smith, Neil. 1973. *The Acquisition of Phonology: A Case Study*. Cambridge: Cambridge University Press.

Smith, Jennifer. 2000. Positional faithfulness and learnability in Optimality Theory. *Proceedings of ESCOL 99*, 203-214. Ithaca, NY: CLC Publications.

van der Hulst, Harry and Norval Smith. 1985. Vowel features and umlaut in Djingili, Nyangumarda and Warlpiri. *Phonology* 2, 277-303.

Wilson, Colin. 2000. *Targeted Constraints: An Approach to Contextual Neutralization in Optimality Theory*. Doctoral dissertation, Johns Hopkins University, Baltimore, MD.

Wilson, Colin. 2001. Consonant cluster neutralization and targeted constraints. *Phonology* 18, 147-197.

제 8 장 음성학과 최적성 이론

이 장에서는 다양한 방향으로 발전되어 가는 최적성 이론이 어떻게 음성 언어의 분석에 적용될 수 있는가를 논의한다. 특히 음성학과 음운론의 전통적인 경계를 뛰어넘어 음성적 정보를 음운분석에 적용하는 제안들이 소개된다. 이를 위하여 우선 Flemming (1995, 1996)의 제안의 기초가 된 산포이론(Dispersion Theory)의 특성과 적용방법을 알아본다. 또한 이 방식이 가지고 있는 음운분석의 장점도 함께 논의한다. 이 외에도 Hayes (1996)를 중심으로 최적성 이론의 틀 안에서 음성학적 정보를 음운론 연구에 적용하는 방법을 검토하기로 한다.

8.1 산포이론

Flemming (1995a, b)의 제안이 기초하고 있는 '산포이론(Dispersion Theory, 散布理論)'은 Lindblom (1986, 1990)에 의해 제안된 음성학적 음운분석 방법이다.[1] 이 이론의 기본 개념은 소리의 발성에서는 가능한 소리들의 '대조(contrast)'에 관련된 조음, 음향, 청음적 제약이 서로 충돌을 일으키는데 최종적으로 나타나는 출력형은 이 충돌관계를 적절히 해결한 형태라는 것이다. 그런데 이 출력형을 결정하는 주요 원칙으로, 다음과 같이 음운적 대조에 대한 세 가지 기능적인 제약을 필요로 한다.

(1)   a. 대조의 수를 최대화하라.
      b. 대조의 명료성을 최대화하라.

---

[1] 그러나 더 거슬러 올라가면 Zipf (1949), Martinet (1955)에까지 연결될 수 있다.

c. 조음적 노력을 최소화하라.

(1a)은 음운적 대조의 수를 최대화함으로써 출력형들 사이의 음운/어휘적 차이를 두도록 하는 기능을 한다. 따라서 필요한 만큼의 음소의 수를 확보하는 기능을 담당한다. (1b)는 청자를 위한 제약인데, 대조에 대한 청각적 명료성을 최대화함으로써 청자가 음소/어휘들 사이의 차이를 쉽게 인지하도록 하는 기능을 한다. 반대로 (1c)는 화자를 위한 책략으로 모든 언어에서 화자는 가능한 한 적은 노력을 들여서 발음을 한다는 제약이다. 이와 같이 화자는 가능한 한 발성을 쉽고 편하게 하려는 의도를 나타내지만, 반대로 청자는 나타나는 소리들이 서로 최대의 차이를 보여 알아듣기 편하도록 하게 만들려는 의도를 보인다.

이와 같은 제약을 골격으로 하는 산포이론은 음운론에 두 가지 중요한 결과를 가져다 준다. 첫째, (1a, b)의 제약들은 대조를 보이는 형태들 사이에 적용되어 어휘의 적형성이 단독으로 평가되는 것이 아니라 대조의 수와 명료성 두 가지를 모두 고려하도록 해야 한다는 점을 말해준다. 둘째, 대조에 대한 명료성은 청각-음향적 개념이므로 대조의 명료성이 최대화되어야 한다는 원칙을 청각적 표기의 관점에서 고려하도록 한다.

이러한 산포이론의 적용 예로 다음의 그림을 보자. 여기에 보여진 세 가지 그림은 위에서 본 책략을 고려하여 모음도의 구성에 관련될 수 있는 분절음의 수와 위치를 보여준다.

(2)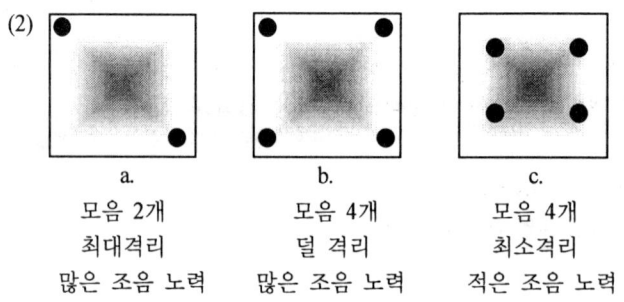

윗 그림의 (a)는 모음이 두 개뿐이므로 대조관계가 하나만 나타나지만 그 대조가 최대의 '명료성(distinctness)'을 가진다. 즉, 두 모음이 청각적 영역에서 서로 최대로 격리되어 있어서 명료성이 최대로 드러나고 있다. 그러나 조음을 위해서는 많은 노력이 필요하고 모음의 수가 두 개에 불과한 모음도이다. (b)는 역시 많은 조음 노력이 들기는 하지만 주어진 동일 영역에서 더 많은 소리를 포함한 모음도이다. 따라서 대조의 수 (number of contrasts)를 최대화하려는 의도와 대조의 차이성을 최대화하려는 의도가 근본적으로 적용된 결과이다. 또한 이 모음도에서는 조음 노력을 최소화하려는 화자의 의도가 대조의 차이(명료성)를 최대화하려는 청자의 의도와 충돌을 일으킨다. (그리고 청자의 의도가 더 반영되어 있다.) 그러나 조음 노력을 최소화하려는 의도가 이보다 강하게 나타나는 경우, (c)의 모음도에서 보는 바와 같이 필요한 대조관계를 선택할 수 있는 '청각영역(auditory space)'이 좁아진다. 즉, 청각적 인지영역의 주변에 있는 소리들이 안쪽에 있는 소리들보다 더 많은 조음 노력이 필요하기 때문에, 노력이 많이 드는 소리를 회피하기 위해서는 소리들을 축소된 청각적 인지영역에 한정시켜야 할 것이고 따라서 소리 사이에 덜 차이가 나는 대조관계를 보인 결과가 나타나게 된다. 여기에서 우리는 대조의 명료성 최대화와는 조음 노력의 최소화와 대조의 수의 최대화가 모두 충돌을 보이지만, 둘 사이에서는 직접적인 충돌이 일어나지는 않는다는 사실에 유념하여야 한다. 즉, 화자의 의도는 청자의 의도와 직접적으로 상충되지만 대조관계의 최대화를 통해 충분한 음소의 수를 확보하려는 제약과는 (직접적인) 충돌을 보이지 않을 수 있다.

산포이론은 음운분석에 음성적 정보를 자질로 바꾸어 적용하는 이론이다. 따라서 음성학과 음운론의 구분이 상당히 약해지는 특성이 있다. Flemming의 모델은 청각적(auditory) 표기와 대조에 대한 제약의 형식화가 아래에 기술된 바와 같이 핵심을 이룬다.

8.1.1 청각적 표기

산포이론에서는 모든 소리가 다차원적(multi-dimensional) 청각영역에 표시되는 것으로 간주한다. 이러한 표기를 위해 필요한 청각영역은 다음과 같이 제시되는데 그 기준이 모두 음향적인 개념을 바탕으로 하고 있다.

(3) a. 포만트 주파수(formant frequency)
    b. 소음 주파수 (noise frequency)
    c. 분산성(diffuseness)
    d. 소음의 강도(noise intensity)
    e. 강도(intensity)
    f. VOT

포만트 주파수는 공명음의 공명양식을 나타낸다. 따라서 이 수치의 사용은 주로 모음에 해당하며 F1, F2, F3 등의 세 가지 공명 주파수가 주로 사용된다.[2] 소음 주파수는 소음 스펙트럼상의 '진폭(amplitude)'의 '정점(peak)'에 대한 주파수를 나타낸다. 분산성은 스펙트럼 모양의 퍼진 정도를 나타내며[3] 소음의 강도는 스펙트럼상에 나타난 소음의 진폭을 나타낸다. 그러나 '강도(intensity)'는 소음에 국한된 것이 아니고 전반적인 음향 에너지의 크기를 나타낸다. 마지막으로 VOT는 '성대진동 시작점(voice onset time)'을 나타낸다.[4]

---

[2] 물론 모음 이외에도 특별한 경우에 공명성이 강한 비음이나 유음에 사용될 수도 있다. 또한 포만트의 종류는 F4, F5... 등도 고려할 수 있으나 이들은 고주파수대에서 음향적 에너지가 급격히 줄어드는 특성이 있어 큰 의미를 갖지 않는다. (이에 대한 간략한 설명은 안상철(1995) 참조.)
[3] 음향 에너지가 스펙트럼의 가운데 부분에 몰려 있으면 [compact]이고 그렇지 않으면 [diffuse]인데, 조음적으로 구강의 뒤쪽에 대한 앞쪽의 비율이 높으면 [compact]로 나타난다.
[4] 이 분야에 대한 배경 정보는 Jakobson & Halle (1956: 29ff), Clark & Yallop (1995:

물론 위에 제시된 모든 영역이 다 사용되는 것은 아니다. 예를 들어 '포만트(formant)' 주파수는 모음이나 비음 등 공명이 강한 소리에 사용되고 소음 주파수는 저해음(obstruent)에만 사용된다. 또한 위에 제시한 영역별 값은 수치로 나타내는 것이 보통이지만 Flemming은 이를 음운론에 적용하기 위하여 우리에게 친숙한 2분법에 의한 표기로 바꾸고 있다. 예를 들어 포만트 수치는 2분법을 사용하여 다음과 같이 모음을 구별하는데 사용된다.

(4)

F1 값	i	ɪ	e	ɛ	a
lowest	+	-	-	-	-
low	+	+	-	-	-
high	-	-	-	+	+
highest	-	-	-	-	+

즉, 음향적으로 F1 값은 조음상의 모음의 높이에 반비례하는네 이를 2분법으로 표기하면 모음의 높이를 표기하는 자질로 사용할 수 있다는 이론이다.

또한 모음을 나타내기 위해서는 높이뿐 아니라 전설/후설성을 아울러 표기해야 하는데 이를 위하여 동일한 방법으로 F2를 사용할 수 있다. 따라서 어느 모음의 속성을 음향적/청각적 자질을 사용하여 다음과 같이 전통적인 '자질행렬(feature matrix)' 안에 나타낼 수 있다. (그런데 (a)의 영역별 자질표기는 잉여적이므로 (b)로 나타내는 것이 더 경제적이다.)

Appendix 2) 등을 참조.

(5)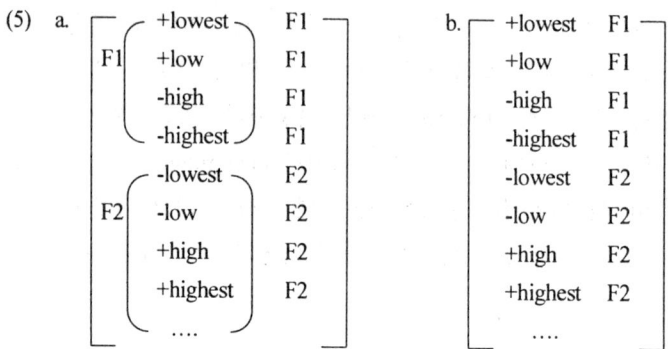

8.1.2 대조에 대한 제약

앞에서도 제시된 바와 같이 소리체계를 구성하는 데는 세 가지 중요한 목표가 서로 경쟁을 하게 되고 그 충돌관계를 해결한 결과가 해당 언어의 소리체계로 나타난다. 물론 논리적으로는 청자의 의도나 화자의 의도 어느 쪽만이 반영되는 가능성도 있을 수 있으나 실제 언어에서는 어느 한쪽의 제약이 일방적으로 다른 제약을 제압하는 일은 없다. 즉, 언어에 따라 어느 종류의 제약이 어느 정도로 지켜지는가 하는 제약의 위계관계가 설정되고 이에 따라 실제의 출력형이 나타난다. 따라서 최적성 이론의 틀 안에서 위에서 제시한 음향적/청각적 제약을 설정하고 적용하고자 하는 것이 Flemming의 의도이다. 따라서 위에서 제시한 세 가지 기능적 제약을 다시 산술적으로 세분하여 제약으로 설정한다.

우선 어떤 언어에서 대조의 수를 최대화하는 원칙을 대조의 숫자에 따라 다음과 같이 몇 가지 제약으로 구성된 위계관계를 설정할 수 있다.

(6) Maintain 1contrast » Maintain 2 contrasts »…» Maintain n contrasts

즉, Maintain k contrasts 제약은 모음에 대한 종류를 평가하는 제약이다. 모음의 종류가 많을수록 대조의 수를 많이 유지하는 것으로 간주된다.

예를 들어, i-a의 모음체계는 종류가 2개이므로 서로 한 가지 대조관계만 유지하지만, i-e-ɛ-a는 종류가 4개이므로 세 가지 대조관계를 유지하는 것으로 본다. 즉, n개의 모음이 있는 경우 n-1의 대조가 나타난다. 따라서 대조의 수를 최대화하지 못하고 1개나 2개의 대조만을 보이는 것이 더 많은 위반을 하고 있는 것으로 간주한다.

둘째, 대조의 청각적 명료성을 최대화하는 원칙도 비슷한 방식으로 다음과 같이 위계관계를 설정할 수 있다.

(7) MinDist $_{F1}$ = 1 » MinDist$_{F1}$ = 2 » ... » MinDist$_{F1}$ = n

여기에서 MinDist$_{F1}$ = n은 F1 값의 대조를 보이는 (즉, 높이의 차이를 보이는) 모음들은 F1 자질표기가 최소한 n개의 차이를 보여야 한다는 표시이다. 따라서 MinDist$_{F1}$ = 2는 두 개 이상의 모음이 F1 자질이 최소한 두 개의 차이를 가지도록 하는 제약이다. 여기에서 대조의 명확성이 적으면 적을수록 위반 정도가 커지므로 제약 MinDist$_{F1}$ = 1은 MinDist$_{F1}$ = 2나 MinDist$_{F1}$ = n보다 더 상위에 위치한다.

이러한 개념을 가지고 실제 분석의 예를 검토해 보자. 다음의 제약도 표는 모음 높이에 관련된 F1에 대한 두 가지 제약을 가지고 대조에 대한 두 가지 기능적 제약이 균형을 이루게 되는 상황을 보여준다. 즉, 더 적은 수의 Maintain contrast 제약의 위반이 MinDist 제약의 더 많은 위반을 초래한다는 점을 알 수 있다.

(8)

모음 종류의 최대화 (n-1)	Maintain 1 F1 contrast	Maintain 2 F1 contrasts	Maintain 3 F1 contrasts	Maintain 4 F1 contrasts
i—a		*	*	*
i—e—a			*	*
i—e—ɛ—a				*

모음 사이의 명료성 최대화	MinDist$_{F1}$ = 1	MinDist$_{F1}$ = 2	MinDist$_{F1}$ = 3	MinDist$_{F1}$ = 4
i—a				
i—e—a			**	**
i—e—ɛ—a		**	***	***
		↓	↓ ↓ ↓	↓ ↓ ↓
		e/ɛ, ɛ/a	i/e, e/ɛ, ɛ/a	i/e, e/ɛ, ɛ/a

위의 도표에서, i—a 모음체계는 (첫 번째 제약을 제외한) 세 가지 Maintain contrast 제약을 한 번씩 모두 위반하고 있으나 (두 모음의 F1에 대한 자질표기가 모두 다르므로) MinDist 제약에 대한 위반은 없다. 반면에, i—e—ɛ—a 체계는 (모음의 높이가 모두 3종류이므로 4종류의 높이 차이를 보이도록 하는) 마지막 Maintain contrast 제약을 한 번만 위반하고 있다. 그러나 MinDist 제약은 첫 번째를 제외하고는 모두 2개 이상의 위반을 보여 가장 많은 MinDist의 위반을 보인다. 예를 들어, (화살표로 표시한 바와 같이) 자질값이 최소한 두 개가 차이가 나도록 하는 두 번째 제약은 e-ɛ가 한 번, ɛ-a가 한 번씩 위반하고 있다. 같은 방식으로 자질값이 최소한 세 개가 차이가 나도록 하는 세 번째 제약은 i-e, e-ɛ, ɛ-a가 한 번씩 위반한다. 마지막 MinDist$_{F1}$=4에 대한 위반은 추가적인 모음이 없으므로 세 번째 제약에 대한 위반과 같다. (이 계산은 위에서 제시한 (4)의 자질표기에 기초해야 한다.)

이와 같은 관련성을 반영하여 다음과 같은 제약위계를 설정할 수 있다.

(9) Maintain 1 » MinDist$_{F1}$=2 » Maintain 2 » MinDist$_{F1}$=3 » Maintain 3
  F1 contrast   F1 contrasts   F1 contrasts

이 위계관계는 다음의 표에서 보여지는 것처럼 두 가지의 F1 대조를 나타내는데, 최적형으로 선택되는 i-e-a 모음체계는 세 가지 모음 높이와 두 가지 대조를 보이지만 최소한 세 가지 F1 자질이 차이가 나도록 하는 제약을 위반한다. 물론 이 제약을 준수하도록 하는 경우 i-a 후보형을 선택할 수 있는데 이럴 경우에는 (최소한 두 개의 F1 대조 (즉, 모음 높이 차이)를 보이도록 하는) 더 상위의 제약을 위반하게 된다.

(10)

	Maintain 1 F1 contrast	MinDist$_{F1}$ =2	Maintain 2 F1 contrasts	MinDist$_{F1}$ =3	Maintain 3 F1 contrasts
i—a			*!		*
☞i—e—a				**	*
i—e—ɛ—a		*!*		***	

e/ɛ, ɛ/a   i/a (종류차이 2-1=1)

여기에서 우리는 대조의 수를 최대화하는 것과 명료성을 최대화하는 것 사이의 균형이 두 개의 비교적 명료한 대조를 만들어 내고 있음을 알 수 있다. 물론 이 위계관계를 바꾸면 이와는 다른 균형을 보이는 결과를 얻게 된다. 예를 들어, 만약 MinDist$_{F1}$=3이 Maintain 2 F1 contrasts보다 위에 놓임으로써 대조의 (종류보다) 명료성에 더 많은 강조를 하게 되는 경우 최적의 모음체계는 i-a로 나타날 것이다. 이와 같이 대조의 수와 명료성을 최대화하는 두 상충되는 원칙 사이의 균형을 이루게 하는 것이 바로 제약위계이며, 언어에 따라 서로 다른 위계관계를 가질 수 있다.

이 분석방식은 특정 어휘의 입력형을 설정하고 이와 관련된 변이음이나 변이 형태소의 선택에 대한 평가를 하는 데에 적용할 수 있다. 예를 들어, 동일한 위계관계를 적용하는 경우, 기저형 /pit/와 연관지을 수 있는 변이 형태소의 출력형들로 두 번째 것이 선택된다

(11)

Input: /pit/	Maintain 1 F1 contrast	MinD$_{F1}$ =2	Maintain 2 F1 contrasts	MinD$_{F1}$ =3	Maintain 3 F1 contrasts
pit— pat			*!		*
☞ pit— pet, pat				**	*
pit— pit, pet, pat		*!*		***	

여기에서 출력형이 되는 변이 형태소의 종류에는 입력형과 다른 형태가 출력형으로 나타날 수 있는 가능성을 고려할 수 있다. 그러나 그럴 경우, 입력형(기저형)의 모음의 음성적 자질을 그대로 보존하도록 하는 충실성 제약이 이러한 후보군을 배제할 수 있다. 이를 위하여 /pit/에서의 모음 /i/에 대한 [low F1]과 [high F1]에 대한 동일성(identity) 제약을 설정한다. (Flemming은 Prince & Smolensky (1993)를 따라 이를 Parse로 표시한다.)

(12)

Input: /pit/	Mntn 1 F1	MinD$_{F1}$ =2	Mntn 2 F1	MinD$_{F1}$ =3	Mntn 3 F1	Ident [low F1]	Ident [hi F1]
☞ pit— pet, pat				**	*		
pet— pit, pat				**	*	*!	
pat— pit, pet				**	*	*!	*

위의 도표에서 만약 충실성 제약인 Identity 제약을 사용하지 않을 경우 세 후보군이 모두 동일한 제약 위반 정도를 가지고 있으므로 최적 후보를 선택할 수 있는 방법이 없다. 그러나 충실성 제약 Identity[low F1]은 /i/가 가진 [+low F1] 값을 가지지 못한 *pet, pat*이 *pit*에 대응하는 출력형으로 나타나지 못하도록 막는 기능을 한다. 또한 Identity[high F1]은 *pit*이 [-high F1]으로 표시되므로 [+high F1] 값을 가진 *pat*을 제거할 수 있다.

이와 같이 충실성 제약은 입력형의 형태소와 출력형의 변이 형태소가 비슷한 음성적 속성을 가져야 함을 밝혀줄 수 있을 뿐 아니라 대조관계를 표시하는 기능을 하게 된다. 즉, 입력형의 특성이 출력형의 표기에 그대로 보존되어 입력형-출력형 대응관계를 보여줄 수 있다. 예를 들어, *atom* ~ *atomic*의 교체관계에서 입력형의 모음 두 개가 두 출력형에서 구현될 수 있도록 하는 장치인 셈이다.

(13)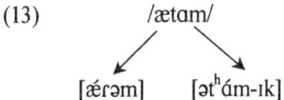

마지막으로, 산포이론의 세 번째 원칙인 조음노력의 최소화는 화자의 의도를 반영한 것으로 언어 보편적 제약이다. 예를 들면, 저해음을 발성할 때는 유성음을 만들지 말도록 하거나, 긴장모음은 단모음이 되지 못하도록 함으로써 조음에 들어가는 노력을 최소화하는 일반적인 제약이다. 이에 대하여 Flemming (1996)에서는 특별한 논의를 하고 있지는 않다. 그러나 다음과 같은 Kirchner (1996, 1998)의 Lazy 제약이 구체적인 예가 될 수 있다.

(14) Lazy: Minimize articulatory effort.

이 제약은 (특히 모음 사이에 오는) 저해음(obstruent)의 발성에서 단일음은 무성음보다는 유성음이 조음적인 노력이 덜 필요하고, 이중자음(geminate)의 경우는 거꾸로 유성음이 조음적 노력이 더 많이 필요하다는 논리에 기초한 제약이다. (따라서 이 제약은 다시 Lazy$_{singleton}$과 Lazy$_{geminate}$로 세분될 수도 있다.)[5]

---

[5] 구체적인 예로, 고대 영어의 마찰음 유성음화(Fricative Voicing, FV)에 대한 예외로 보이는 다음의 두 예를 설명하는데 이 제약이 중요한 역할을 담당한다.

8.2 산포이론의 응용

산포이론의 적용은 이제까지 만족스럽지 못했던 음운형태의 분석에 새로운 평가기준을 제공하는 결과를 가져온다. 여기에서 다루는 문제는 모음의 분포적 특성, 음성적 강화(enhancement), 중화현상 등이다.

8.2.1 모음의 분포

모음도를 구성하기 위한 모음의 분포는 일반적으로 3모음 체계는 /i, a, u/, 5모음 체계의 경우 /i, e, a, o, u/로 구성되는 것이 보통이다. 특히 흔히 발견되는 5모음 체계에서 /i, e, a, o, u/가 아닌 /i, y, ɨ, ɯ, u/ 등과 같이 특정 영역에서만 모여있는 모음들이 나타나는 일이 없다. 따라서 이러한 현상을 전통적으로는 일종의 '동시발생(cooccurrence) 제약'으로 기술하였다.

(15)　　 i 　　 u 　　　 *i y ɨ ɯ u
　　　　　e 　o
　　　　　　a

(16) *[-back,+round],　 *[+back, -round]

/pyffan/ 'to puff'	LAZY$_{gem}$	FV	Ident-IO(voice)
a. ☞ pyffan		*	
b.　 pyvvan	*!		*
/luciferes/ 'Lucifer's'	LAZY$_{singleton}$	FV	Ident-IO(voice)
a.　[(luci)(feres)]	*!	*	
b. ☞ [(luci)(veres)]			*

첫 번째 예는 이중자음이 유성음화가 되지 않는 이유를 보이고, 두 번째 예는 운율적으로 별개의 영역을 형성하는 형태소는 Lazy 제약을 준수하는 대신 (모음 사이에서도) 유성음화 제약을 위반할 수 있다는 점을 보인다. (보다 상세한 사항은 Moon (1998), Ahn (1999) 참조).

이러한 동시발생 제약에 의한 설명은 어느 분절음 내에서 조합되지 못하는 자질들을 기술한 것으로, 나타나는 유표성이 대조의 영역이 아니라 분절음 자체의 속성으로 기술하고 있다. 따라서 왜 이러한 유표성이 나타나는지에 대한 근본적인 원인을 밝히지 못하는 셈이다.

그러나 산포이론은 이를 위에서 본 것과 같이 대조의 관계를 제어하는 세 가지 제약의 조정에 의해 나타난 결과로 설명할 수 있다. 예를 들어 불가능한 */i, y, ɨ, ɯ, u/는 다음과 같이 분석이 된다. 여기에서 특기할 일은 중심 자질의 설정에 F2를 사용하고 있는 점이다. 그 이유는 F1이 모음의 높이와 (정반대의) 관련이 있었던 반면, F2는 모음의 전설/후설성과 관련이 있기 때문이다. 다시 말하면, */i, y, ɨ, ɯ, u/의 모음체계는 모두 높이가 같고 전설/후설성만 다른 모음들로 구성되어 있으므로 전설성이 높을수록 F2 값이 커지는 속성을 이용한 것이다. 또한 '원순성(lip rounding)'은 F2 값을 낮추는 기능을 한다.

(17)

	i	y	ɨ	ɯ	u
highest F2	+	-	-	-	-
high F2	+	+	-	-	-
low F2	-	-	-	+	+
lowest F2	-	-	-	-	+

위와 같은 모음체계에서는 전설 원순모음이나 후설 비원순 모음을 포함함으로써 부적절한 i―y, ɯ―u 같은 짝이 나타나게 된다. 그런데 이 중 전자의 짝은 [highest F2] 값 한 개가 다르고 후자는 [lowest F2] 한 개만 다르다. 또한 [ɨ]도 [y]와 [ɯ]와 다른 자질값이 하나뿐이다. 따라서 이 모음체계는 $MinDist_{F2}=4$ 제약을 위반하게 되어 부적합한 것으로 간주된다.[6] 이러한 평가방법을 나타내기 위하여 앞에서 본 것과 같이 F2에 관

---

[6] 물론 최적의 모음체계인 /i, e, a, u, o/도 (i―e와 u―o가 전설/후설성이 같으므로) F2에 대한 청각적인 거리를 유지하는 데 실패하고 있지만 이들 모음이 [a]와의 F2에 대

련된 제약의 위계를 설정할 수 있다. 다음은 앞에서 본 F1에 대한 위계를 F2로 바꾸어 놓은 것이다.

(18) Maintain 1 F2 contrast » MinDist$_{F2}$=4 » Maintain 2 F2 contrasts

이와 같이 산포이론은 모음 사이의 대조의 수와 청각적 거리를 최대화하는 원칙을 가장 덜 위반한 모음체계가 나타나는 이유를 설명할 수 있다. 즉, 청각적으로 대조가 잘 되는 모음의 조합이 더 적합한 것으로 설명이 된다. 따라서 전설모음 영역에만 몰려있는 *[i, e, æ]와 같은 모음군이나 후설 영역에만 몰려있는 *[u, o, a] 등을 같은 맥락에서 설명할 수 있다. 그러나 이전의 동시발생 제약에 의한 설명은 그 이유를 분명히 제시하지 못하는 문제점이 그대로 남아있는 셈이다.[7]

8.2.2 음성적 강화현상

여기에서는 음성적 강화현상의 대표적인 몇 가지 예를 산포이론을 적용하여 설명하는 방식을 논의한다.

8.2.2.1 모음의 원순성

Stevens & Keyser (1989)에 의하면 독자적으로는 대조적이지 못한 보조적(ancillary) 자질들이 기본적 대조관계를 더 분명하게 나타나도록 하는 기능을 할 수 있는데 이를 '강화(enhancement)' 현상이라고 부른다. 예를

하여 큰 대조를 보이므로 더 이상의 거리를 유지하는 데 실패하는 일이 일어나지 않는다.
[7] 모음도의 중간부분에 모음이 몰려있는 [ɨ, ə, ɐ]는 Margi 등 몇 개 언어에서 나타나는 것으로 관찰되고는 있으나 상대적으로 아주 드문 경우이다.

들면, 전설모음은 F2 값이 크고 후설모음은 F2 값이 낮으므로 전설/후설성 차이는 F2의 차이로 나타난다. 그러나 원순성 자체는 전설/후설성과는 직접적인 관련이 없다. 그런데 원순화가 F2를 낮추는 기능을 하여 후설모음은 원순화하고, 전설모음은 비원순화함으로써 F2 자질을 최대한 차이가 나도록 하여 최대의 대조를 보이도록 하게 된다. 따라서 일반적으로 대부분의 언어에서 원순모음은 후설 쪽에 나타나고 전설모음에는 원순모음이 아주 드물게 나타나는 이유를 설명할 수 있다. 즉, [i]와 [y]가 동시에 나타나고, [u]와 [ɯ]가 같이 나타나기 힘들다. 이러한 산포 이론의 설명력은 다음과 같은 제약도표를 사용함으로써 쉽게 알아볼 수 있다.

(19)

	Maintain 1 F2 contrast	MinDist$_{F2}$ =3	MinDist$_{F2}$ =4	Maintain 2 F2 contrasts
☞ i—u				*
i—ɯ			*!	*
y—u			*!	*
i—ɨ—u		*!*	**	

음성적 강화현상에 대한 이전의 설명 중에서 가장 대표적인 것으로 '미명세 이론(underspecification theory)'에서 사용하는 다음과 같은 '잉여규칙(redundancy rule)'을 들 수 있다(Archangeli & Pulleyblank 1994).

(20) [+back] → [+round]

그러나 이러한 잉여규칙은 어떤 종류의 음성적 강화가 가능하고 어떤 것이 그렇지 않은지에 대한 설명과 예측이 불가능하다. 즉, 잉여규칙은 이론적인 면을 형식화한 것에 지나지 않으므로 청각적인 면에서 그 이유를 설명할 수 없어 산포이론이 이 점에서 우월성을 보인다고 할 수

있다.[8]

8.2.2.2 비음화에 의한 유성 파열음의 음성적 강화

파열음의 발생과정에서는 유성음을 발성하기가 힘들다. 그 이유는 발성과정에서는 맨 먼저 구강의 앞쪽이 폐쇄되어 구강 안에서 공기의 압력이 증가하게 되는데, 공기가 방출되지 못해 압력이 낮아지지 않으므로 성대의 진동을 야기하는 공기의 흐름이 멈추게 되기 때문이다. 따라서 파열음의 발성에서는 순간적으로 성대의 진동이 멈추게 되어 유성음의 속성을 유지하기 힘들게 된다.

그러나 비음화를 통해서 유성 파열음의 유성음 속성을 다시 강화할 수 있다. 그 이유는 비음 생성을 위한 첫 단계에서 연구개(velum)를 낮추어 구강 내에 모여있는 공기가 코로 빠져나가도록 하여 공기 압력을 낮아지게 하므로 성대의 진동을 유발하여 유성음의 생성이 가능하게 하기 때문이다. 또한 비음 생성에서 생기는 낮은 주파수 영역의 큰 에너지 진폭이 그대로 전달이 되는데 이 낮은 주파수 에너지가 유성음 생성의 주된 요인이 된다.[9] 따라서 파열음의 경우에는 비음화가 유성음의 속성을 강화시키는 역할을 한다.

(21)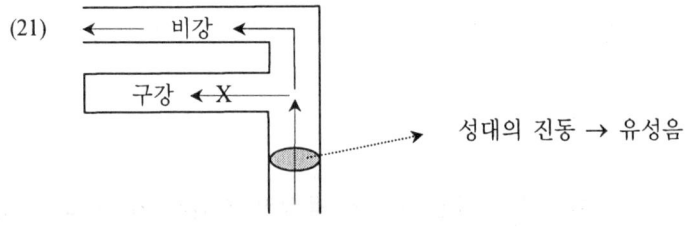

---

[8] 음성적 강화에 대한 또 다른 예로는 불어에서 나타나는 모음의 '비음화(nasalization)'에 따른 모음 하강현상을 들 수 있다. 즉, 비음이 모음의 F1 주파수를 높이는 역할을 하여 비모음이 하강하게 된다 (Ahn 2001).

[9] 비음 생성에서 낮은 주파수 영역에 나타나는 음향 에너지 분포에 대하여는 Kent & Read (1993) 참조.

비음화의 유성음 변별력 강화 기능은 '선비음화(prenasalization)'에 의해 무성 파열음과 유성 파열음의 차이를 구별하게 하는 현상이 여러 언어에서 나타나고 있는 점에서 쉽게 그 증거를 찾을 수 있다 (Piggot 1992). 그러나 유의해야 할 점은 서로 대조가 되지 못하는 소리들은 이러한 비음화에 의한 유성음 강화 현상이 나타나지 않는다는 점이다. 예를 들어, 모음 사이에서는 유성 파열음의 선비음화가 절대로 나타나지 않는다.[10] 그 이유는 모음과 유성 파열음이 유무성의 대조를 보이지 않기 때문이다.

8.2.2.3 원순화에 의한 [-anterior] 마찰음의 강화

영어나 불어 등 여러 언어에서 우리는 흔히 후방성을 가진 마찰음이 종종 원순화를 수반하는 점을 관찰할 수 있다. 이를 조음적인 면에서 설명하기는 쉽지 않다. 그러나 음향적인 면에서 생각해 보면 원순성이 마찰음 사이의 대조성을 강화시키는 기능을 가지고 있음을 알 수 있다. 예를 들어 영어와 불어의 '치찰음(strident)'은 [+anterior]에 속하는 [s, z]와 [-anterior]에 속하는 [ʃ, ʒ]가 있다. 이들 사이의 음향적 차이는 일차적으로 치찰음의 마찰 에너지가 어느 주파수 영역에 집중되어 있느냐에 따라 결정된다. 즉, 공기의 마찰 지점이 구강의 앞에 있는 전방성 마찰음은 입술과 마찰 지점의 길이가 (즉, 공명관의 길이가) 짧기 때문에 비교적 높은 주파수 영역(약 4,000Hz 이상)에 마찰 에너지가 나타난다. 반면에 마찰 지점이 뒤쪽에 있는 후방성 마찰음은 이보다 낮은 영역 (주로

---

[10] 물론, 오직 대조를 보이는 자질만을 표시하는 '대조적 미명세(contrastive underspecification)'를 적용하여 이 문제의 설명을 시도할 수 있다. 그러나 오직 대조적인 자질만이 기저형에 표시되기 때문에 [+back] → [+round]와 같은 '강화규칙(enhancement rule)'이 잉여자질이 표시되기 전에 적용되므로 대조적 자질만 강화되는 결과를 가져올 것이다. 따라서 대조적 미명세에 의한 접근이 가능하기는 하지만 역시 왜 이러한 결과가 나타나는지에 대한 원인 규명이 불가능하다.

2,500Hz 정도)에까지 마찰 에너지가 나타난다. 즉, 공명관의 길이가 길어 질수록 마찰 에너지의 영역이 낮은 주파수대로 이동한다. 그런데 원순화는 입술을 둥글게 하여 전체 공명관 (즉, 구강)의 길이를 늘리는 역할을 하므로 마찰 에너지의 영역을 낮은 쪽으로 확장하는 데 기여를 하게 되는 것이다.

(22) 마찰지점으로부터의 공명관 길이

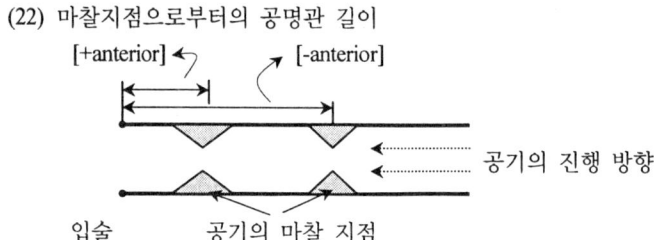

이러한 관계를 이제 산포이론에서 설명하기 위해서는 '소음 주파수 (noise frequency, NF)'를 변별적 자질로 바꾸어 표시하여야 한다. 다음의 도표는 흔히 발견되는 치찰음을 종류별로 NF 자질을 사용하여 표시한 것이다.

(23)

		$\underline{s}^w$	$\underline{s}$	$\int^w, \varrho^w$	$\int, \varrho$	s^w	s
lowest	NF	+	-	-	-	-	-
low	NF	+	+	+	-	-	-
high	NF	-	-	-	-	+	+
highest	NF	-	-	-	-	-	+

여기에서 우리는 마찰음이 모두 원순화에 의해 NF 값이 한 단계씩 낮아지는 것을 볼 수 있다.[11]

---

[11] Polish의 예를 보면 [-anterior] → [+round]와 같은 잉여규칙이 잘못된 결과를 가져온다는 점을 알 수 있다. 올바른 기술은 가장 낮은 NF를 가진 치찰음이 원순화한다는 것이 되어야 한다. 즉, 원순화에 의한 음성적 강화가 치찰음의 대조관계와 관련

영어와 불어에서는 가장 낮은 NF를 갖는 '치찰음(strident)'이 '구개치경음(palatoalveolar)'인 [ʃ]이다. 그러나 Polish에서는 치찰음의 종류가 '치음(dental)' [s̪], '치경구개음(alveopalatal)' [ɕ], 그리고 '반전음(retroflex)'인 [ʂ]가 있다. 그런데 실제 조음에서는 반전음이 원순화되어 [ʂʷ]로 나타난다. 그러나 같은 [-anterior]인 치경구개음은 [ɕʷ]로 원순화되지 않는다. 이러한 불균형성을 이제 산포이론에서는 대조의 명료성의 관점에서 해석할 수 있다. 이를 위하여 다음의 제약도표를 보자.

(24)

	Maintain 2 NF contrast	MinDist$_{NF}$ =1	MinDist$_{NF}$ =2	MinDist$_{NF}$ =3
s—ɕ—ʂ			*!	**
☞ s—ɕ—ʂʷ				**
s—ɕʷ—ʂʷ			*!	*
s—ɕʷ—ʂ		*!	*	*

치찰음의 수가 모두 3개이므로 첫 번째 제약은 모두 준수한다. 그러나 마지막 후보군은 ɕʷ—ʂ의 NF 차이가 나타나지 않으므로 MinDist$_{NF}$=1 제약을 위반하여 우선적으로 제외된다. 그 다음으로는 ɕ—ʂ, ɕ—ʂʷ가 한 가지씩만 NF 차이를 보이므로 MinDist$_{NF}$=2를 위반한다. 따라서 최대의 대조관계를 가지고 여기까지 제약을 위반하지 않은 두 번째 자음군이 최적의 치찰음군을 이루게 되는 점을 설명할 수 있다.

8.2.3 중화현상

중화현상은 음성적 대조관계가 특정 위치에서 사라지는 것으로 분포되어 있다.

적 제약에 의한 부수적인 결과로 인지되어 왔다. 예를 들어, 독일어나 슬라브어에서 발견되는 음절말 자음의 무성음화 현상은 음절말 위치에서 유성음을 허용하지 않는 분포적 제약에 의한 것으로 인식되어 왔다.[12] 그러나 산포이론에서는 이를 음절말 같은 특정 위치에서 대조의 명료성을 약화시키는 제약의 역할에 의한 것으로 설명한다. 예를 들면, Danish에서는 '기식음(aspirated)'과 '비기식음' 사이의 대조관계가 어말 위치에서 중화된다. 또한 독일어에서는 무성음과 유성음의 대조가 음절말음에서는 무성음으로 중화된다. 이러한 현상을 설명하기 위하여 산포이론에서는 다음과 같은 제약을 설정한다.

(25) *Voiced Coda: 음절말음에서 유성음을 피하라.
　　　 MinDist$_{VOT}$=1: VOT의 대조를 보이는 소리는 최소한 1개의 VOT 자질이 차이가 있어야 한다.
　　　 Maintain VOT contrast: VOT 영역에서 대조관계를 유지하라.

이러한 제약을 가지고 /rad/와 /rat/가 [rat]로 중화되는 현상을 다음의 도표로 나타낼 수 있다.

(26)

	*VoiceCoda	MinDist$_{VOT}$=1	Maintain VOT contrast
rad—rat	*!		
☞ rat			*
rad	*!		*

또 다른 중화의 예는 호주 원주민이 사용하는 Gooniyandi인데, 반전음과 '설첨음(apical)'인 치경 파열음의 대조관계가 모음 뒤에서만 유지되고

---

[12] 이를 다음과 같이 표시할 수 있다. *Coda
　　　　　　　　　　　　　　　　　　　|
　　　　　　　　　　　　　　　　　[+voice]

어두 위치나 자음 뒤에서는 중화되어 두 소리가 '자유변이(free variation)'를 보인다. 그런데 반전음은 폐쇄될 시점에서 세 번째 포만트인 F3가 낮아진다는 점에서 설첨 치경음과의 차이를 보인다. 그러나 반전음의 폐쇄시간 동안 혀끝이 앞쪽으로 이동하여 '치경(alveolar ridge)', 즉 잇몸으로부터 떨어지게 된다. 따라서 이 소리들은 공기의 방출시에 조음적으로나 음향적으로 아주 유사하게 된다. 이제 이러한 중화현상을 설명하기 위하여 다음의 제약을 설정한다.

(27) MinDist$_{F3}$=1: F3의 추이(transition)에서 대조를 보이는 소리들은 [low F3] 자질이 서로 달라야 한다.
Maintain F3 transition contrast.

반전음과 설첨 치경음 사이의 차이는 전자가 [+low F3]이고 후자가 [-low F3]로 나타난다. 그러나 공기의 방출시 둘이 모두 [-low F3]로 중화된다. 따라서 자음 뒤에서는 [low F3]에 관한 대조관계를 유지할 필요가 없어서 다음과 같이 자유변이를 보이는 중화현상이 나타나는 것으로 해석한다.

(28)		MinDist$_{F3}$=1	Maintain F3 transition contrast
C$_t$V—C$_t$V		*!	
☞C$_t$V			*
☞C$_t$V			*

위에서 보듯이 중화의 결과가 자유변이로 나타나므로 두 번째와 세 번째 출력형이 모두 최적형으로 나타난다. 즉, 조음의 편이성 등 다른 제약이 없다면 반전음이나 설첨 치경음 어느 쪽으로 발음해도 무방하게 된다.[13]

---

[13] 그러나 실제로 반전음에 대한 조음이 더 많은 노력이 필요할 것으로 생각될 수 있

8.2.4 대조관계 유지

소리들 사이의 대조관계를 그대로 유지하려는 제약의 기능에 대한 직접적인 증거는 영어 파열음의 유무성 대조의 실현에 대한 예를 들 수 있다. 다음에 보이는 도표는 영어 파열음의 위치에 따른 유무성 대조관계를 보여준다.

(29)

	[-voice]	[+voice]
Initial	voiceless aspirated	voiceless unaspirated
Medial (unstressed)	voiceless unaspirated	voiced

이러한 분포상황을 보면 유성음이 처음 위치에서 제약을 받는다는 점을 알 수 있는데 그 이유를 저해음의 발성 중간에 성대의 진동을 일으키기가 어렵기 때문으로 해석할 수 있다. 따라서 어두 위치에서는 유성음보다는 무성음이 선호된다. 그러나 유성음의 무성음화가 일어난다면 원래의 무성음과의 대조성이 상실되고 말 것이다. 따라서 이를 피하기 위하여 무성음이 기식음으로 바뀌어 그 결과로 무성음은 기식음으로, 유성음은 무성 비기식음으로 실현되어 대조성을 유지한다. 그러나 음절의 가운데 위치에서는 이러한 변화가 일어나지 않는다. 그 이유는 모음 사이 등 중간의 위치에서는 유성음을 위한 성대의 진동이 힘들지 않으

다. 이럴 경우 화자가 설첨 치경음을 선호할 것으로 예측할 수 있는데 이를 다음과 같은 도표로 나타낼 수 있다. (Flemming (1996)은 MinDist$_C$=n & 1 F3가 중화된 파열음은 다른 설정음과 다른 추가적인 차이점 이외에 한 개의 F3에 대한 차이점을 가지고 있어야 한다는 제약으로 해석한다.)

/C̯V—C̯V/	MinDist$_{F3}$=2	*Retroflex	MinDist$_C$ =n & 1 F3	Maintain F3 transition contrast
C̯V—C̯V	*!	*		
☞ C̯V			*	*
C̯V		*!		*

므로 유성음이 그대로 나타나기 때문이다. 따라서 무성음과의 대조성이 유지되어 있으므로 무성음도 굳이 기식음으로 바꿀 필요가 없게 된다. 이러한 설명은 모두 VOT 자질의 구별에 기초하고 있는데 파열음에 대한 VOT 자질표기는 다음과 같다.

(30)

	t^h	t	d
VOT: aspirated	+	-	-
voiced	-	-	+

이 자질 표기를 기초로 파열음의 대조성 보존 현상을 다음의 도표로 보여준다. 첫 번째 도표는 어두 위치에서의 대조성 보존을 위한 기식음화 현상이고, 둘째 도표는 (강세가 없는) 모음 사이의 경우이다.[14] 여기에 사용된 *Initial voiced stop은 어두 위치에서 유성음을 피하도록 하는 조음 노력의 최소화 제약이고, *Aspiration 역시 기식음 조음을 피하도록 하는 것이므로 마찬가지로 조음 노력의 최소화 제약이다.

(31)

/# t – d/ 어두 위치	MinDist$_{VOT}$=1	Maintain VOT contrast	*Initial voiced stop	*Aspiration
#t—d			*!	
☞ #t^h—t				*
#t		*!		

---

[14] 강세가 있는 모음 사이에 오는 경우는 이러한 대조관계를 유지할 필요가 없음에도 불구하고 기식음화가 일어난다. Flemming은 이에 대하여 두 가지 설명이 가능할 것으로 기술하고 있다. 첫째, 강세가 있는 음절은 완전한 유성음과 기식음 사이에 최대 대조성을 얻기 위하여 더 많은 조음 노력을 필요로 할 것이라는 점이다. 둘째, 기식음은 그 다음 모음을 무성음으로 만들 수 있는 가능성 때문에 화자들이 이를 피할 가능성이 많은데, 특히 기식음이 단모음 앞에 나타날 경우 문제로 등장한다(예: [pʰətɛɪroʊ]). 그러나 장모음이나 강세가 있는 모음 앞에서는 이러한 가능성이 없기 때문에 기식음의 출현이 별 문제가 되지 않는다.

/#VtV-VdV/ (비강세) 모음 사이	MinDist$_{VOT}$=1	Maintain VOT contrast	*Initial voiced stop	*Aspiration
☞ #VtV—VdV				
#Vt^{h}V—VdV				*!

위의 도표에서 볼 수 있듯이 어두 위치에서는 Maintain VOT contrast 제약이 결정적인 역할을 하고 있다. 그러나 모음 사이에서는 필요없는 기식음을 피하도록 하는 *Aspiration 제약에 의해 최적형이 선정된다. 이상에서 본 바와 같이 파열음의 유무성 변화와 기식음 현상은 어느 분절음 내에서 독자적으로 결정되는 것이 아니라 대조를 보이는 다른 (유무성이 대조를 보이는) 파열음과 연계해서 해석을 해야 한다. 즉, 어두에서 무성 파열음의 기식음화 현상은 대응하는 유성 파열음의 무성음화 때문에 (대조성의 보존을 위해) 나타나는 것이다. 따라서 무성 파열음의 발성은 단독으로 그 표면형태가 구현되는 것이 아니라 유무성 대조를 보이는 대응 유성 파열음과 연관되어 나타난다.

이상의 논의에서 우리는 산포이론의 특성과 음운현상에 대한 설명력을 관찰하였다. 특히, 모든 언어에서 다양하게 나타나는 음운현상이 맨 앞에서 제시되었던 세 가지 원칙을 지키기 위한 세부적인 제약의 상호작용에 의해 나타난 결과임을 보았다. 즉, 대조의 수를 최대화하는 것 이외에, 청자의 의도를 나타내는 대조의 명료성 최대화, 화자의 의도를 반영하는 조음 노력의 최소화 등이 핵심적인 역할을 하는 것으로 귀결된다.

8.3 음성적 정보와 음운분석

이제 음운분석에 대한 음성적 기초를 주장하는 또 하나의 제안인 Hayes의 입장을 검토한다. Hayes의 제안 역시 결국 음성적 정보를 최적성 이론에 포함하여 실제 음운현상에 적용하도록 하는 것이다. 이와 같이 음성적 영역과 음운분석의 영역을 연결하고자 하는 노력은 이전의 음운론 연구에서도 꾸준히 시도된 바 있다. 가까운 예로는 Archangeli & Pulleyblank (1994)가 '기반 음운론(Grounded Phonology)'의 제안에서 음운분석이 음성적 고려에 기초한다는 점을 보여주었다. Browman & Goldstein (1989) 등의 '조음 음운론(Articulatory Phonology 또는 Gestural Phonology)'은 이보다 더 나아가 음운현상의 분석에 조음적인 세부 정보를 적용하여 기존의 음운론적 분석을 재해석하도록 제안함으로써 음성학과 음운론의 명확한 구분이 적절치 않음을 주장하였다.

Hayes의 제안은 이러한 일련의 연구와 맥을 같이 한다고 볼 수 있다. 그의 제안은 '귀납적(inductive)'으로 음성적 기반에 기초한 음운제약을 설정하고 이를 최적성 이론에 이용한다는 것이다. 따라서 위에서 논의한 Flemming이나 Lindblom의 산포이론과 같이 '조음 용이성(ease of articulation)', '인지(perception)'상의 대조성과 명료성 등을 고려하는 기능주의자(functionalist)의 입장을 취한다. (그러나 음운분석에 필요한 제약을 설정하는 점에서 형식주의자(formalist)의 입장도 함께 견지한다는 주장을 하고 있다.)

Hayes는 우선 자신의 제안이 최적성 이론을 적용하기 위한 것임을 전제로 최적성 이론의 장점을 세 가지로 요약한다. 첫째, 다른 형식적 이론이 가지고 있는 '검증 가능성(falsifiability)'을 가지고 있다는 것이다. 따라서 분석의 오류가 발견될 때에는 이론을 수정하거나 다른 것으로 대체할 수 있는 여지가 있다. 예를 들어, 이전 이론에서 '모라(mora)'의 개념이 도입됨으로써(Hyman 1984, Hayes 1989), '보상적 장음화(compensatory lengthening)'에 대한 분석이 모두 이에 따라 수정된 점을 들 수 있다.

둘째, 이전의 연구에서는 가능하지 않았던 해결책을 제시할 수 있다는 점이다. 이에 대한 대표적인 예로는 앞 장에서 소개한 바 있는 중첩 현상에서 나타나는 순서상 모순을 해결하여 최적성 이론의 새로운 장을 개척한 McCarthy & Prince (1995)의 제안이나, Guugu Yimidhirr에 대한 Zoll (1998)의 분석을 대표적으로 참고할 수 있다.

셋째, 유표성(markedness) 제약은 (이와 상충되는) 충실성 제약과 함께 최적성 이론의 음운분석에서 두 축을 이룬다. 그런데 언어 보편적 유표성 제약을 개별 언어분석에 적용할 수 있다는 점이다. 이전의 규칙-기반 이론에서는 유표성을 다소 자의적인(arbitrary) 형태의 규칙을 설정하여 설명하려 하였으나, 최적성 이론에서는 모든 유표성 제약이 개별 언어분석에 모두 적용될 수 있으며 언어별 차이는 단지 제약들 사이의 위계를 다르게 설정함으로써 해결한다.

이와 같은 장점을 가정하고 있는 Hayes의 기본 입장은 음성적 정보에 기초한 제약은 기능적인 면뿐 아니라 언어의 유형별 차이를 설명하는 데에도 설명력을 갖는다는 것이다. 그 이유는 음성적 동기를 가진 제약은 여러 언어에 자연스럽게 적용될 수 있으며 언어별 차이는 해당 제약이 위치하는 위계로 설명할 수 있기 때문이다. 따라서 음운론은 음성적으로 자연스러운 것이어야 하며 사용되는 제약들은 언어 습득자들이 내부적으로 만들어 내는 '문법 디자인(grammatical design)'의 산물로 간주된다.

8.3.1 파열음 유성음화의 음성적 요인

음운적 기술은 근본적으로 '범주적(categorial)'이므로 '계량적' 기술을 하는 음성적 기술과 다르다. 그런데 어느 특정 음운현상의 보편성이 언어별로 다르게 나타나는 점을 알 수 있는데 이를 전통적인 음운분석에서는 언어별로 다른 규칙을 설정할 수밖에 없었다. 그러나 어떤 음운현상은 언어별 차이를 크게 보이지 않는 경우도 있어 이들 사이의 차이를 설명하는 것이 쉽지 않은 일이었다. 예를 들어 남미의 Ecuadorian Quechua에서 나타나는 비음 뒤 유성음화를 들 수 있다. 이 제약은 이 언어에서는 모든 비음 뒤에서는 무성자음이 나타날 수 없어 음운적인 것으로 간주된다. 다음의 예에서 처소격 접미사가 비음 뒤에서는 [bi]로 나타날 수밖에 없다.

(32) sača-pi 'jungle-loc.' vs. atam-bi 'frog-loc.'

그런데 이러한 제약은 음성적으로 아주 자연스러운 것이다. 왜냐하면 비음의 유성음적 속성 때문에 뒤따르는 저해음이 무성음 속성을 유지하기가 어렵기 때문이다. 따라서 이 현상은 많은 언어에서 발견된다 (Hayes & Stivers 1996). 그런데 여기에서 생기는 의문은 왜 이런 음성적으로 자연스러운 현상이 일부 언어에서는 나타나지 않는가 하는 점이다. 대표적인 예로 영어에서는 이러한 현상이 발견되지 않는다. 이에 대한 Hayes의 대답은 비록 이 현상이 음운적으로는 영어에서 나타나지 않지만 음성적으로는 이와 유사한 현상이 나타난다는 것이다. 예를 들어 무성 저해음 /p/를 [m]과 [r] 뒤에서 각각 발음하도록 한 뒤 유무성 정도를 측정해 보면 비음 뒤의 저해음이 훨씬 더 많은 유성음화가 진행되어 있음을 확인할 수 있다는 것이다. 물론 영어에서는 유성 저해음 /b/가 음소로 존재하므로 /p/의 유성음화가 [b]와 동일할 정도는 아니다. 따라서 이 현상은 음성적인 기반을 가지고 있는 것으로 Quechua에서는 음운적으로 적용되고 영어에서도 음성적인 제약으로 적용될 수 있다는 것이다.[15]

이밖에도 파열음의 유성음화는 여러 환경에서 발견된다. 특히 음소목록에서 서로 대칭을 이루어야 하는 환경에서도 무성 파열음은 발견되지 않는 경우가 흔히 있다. 즉, 음운적인 음소목록에서 대칭성이 있어야 하지만 그렇지 못하거나 음성적으로는 유성음과 무성음 사이의 비대칭적 상황이 흔히 발견된다.

---

[15] Hayes는 이를 영어에서는 '굽어지지만 꺾어지지 않는' 책략(a bend but don't break strategy)을 보이는 것이라고 기술하고 있다.

(33) a. 아랍어에서 /b/는 있어도 /p/가 음소목록에 결여되어 있으나 Dutch에서는 유성음인 */g/가 결여되어 있다.
   b. 일본어, West Greenlandic에서 *[bb]와 같이 유성 파열음은 중첩될 수 없다.
   c. Latin에서는 유성 저해음이 다른 저해음 뒤에 나타날 수 없다.
   d. Polish나 독일어 등에서는 유성 저해음이 단어 끝에 나타날 수 없다.

이러한 비대칭적 현상은 결국 음성적인 요인에 의해 결정된다. 예를 들어, 입술소리와 같이 입의 앞쪽에서 조음되는 소리는 성도(vocal tract)의 부드러운 부분이 많이 포함되어 더 많은 공기를 가두어 성대의 진동이 유발하는 '성문압력(transglottal pressure)'의 하강을 돕는 역할을 한다. 따라서 입의 앞쪽에서는 무성음보다는 유성음의 조음이 더 쉽다는 것이다. 이와 같은 현상을 일반화하기 위하여 Hayes는 다음과 같은 '파열음 유성음화 난이도표(landscape of stop voicing difficulty)'를 제시한다.[16]

(34) 유성 파열음 난이도

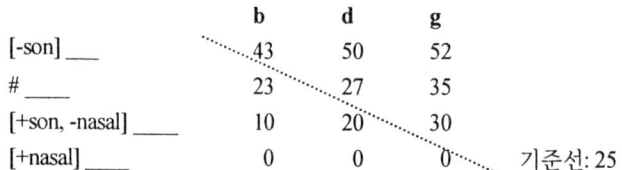

	b	d	g
[-son] ___	43	50	52
# ___	23	27	35
[+son, -nasal] ___	10	20	30
[+nasal] ___	0	0	0

기준선: 25

위의 도표에 표시된 바와 같이 수치가 기준선(contour line)인 25 미만이면 조음이 쉽지만 25 이상이면 조음이 상대적으로 어렵다는 점을 나타낸다. 이러한 결과에 따라 다음과 같은 가상적인 음운제약을 만들 수 있다.

(35) a. 조음 노력이 25 이상인 유성음을 회피하라.

---

[16] 이 도표는 Keating (1984)의 실험결과를 기초로 작성된 것이다.

b. 저해음 뒤의 유성 파열음을 피하라.
　　c. 어두에서 *[d], *[g]를 피하라.
　　d. 구강 공명음(oral sonorant) 뒤에서 *[g]를 피하라.

이러한 가상적인 제약의 타당성은 실제로 위 (33)에서 기술된 실제 언어의 자료에 반영됨으로써 입증이 된다.

8.3.2 음성적 음운제약의 설정

그러면 이와 같은 언어 보편적 음성적 속성이 언어 습득자가 개별 언어의 문법을 구성하는 데 어떻게 적용될 수 있는지를 논의해 보기로 한다.
　여기에서 Hayes는 문법구성의 기초는 '귀납적 기반(inductive grounding)'으로 규정한다. 여기에서 말하는 '기반'이란 음성적인 기초를 말하며, 귀납적이라는 것은 필요한 제약이 주어진 입력 자료를 처리하는 과정에서 학습되는 것을 말한다. Hayes가 제시하는 귀납적 기반의 연산방식(algorithm)은, 제약의 수는 풍부하게 설정되지만 고려대상이 되는 제약들이 음성적 기반에 근거해 평가된다는 것이다. 즉, 음성적으로 조음이 더 쉬운 것이 바로 기반이 있는(grounded) 제약이 되는 것이다. 이제 고려대상이 되는 제약 C와 두 개의 음운적 항목 E1, E2를 설정하는 경우 두 제약이 모두 제약 C를 위반하거나 또는 모두 준수하는 경우를 생각할 수 있다. 그러나 그렇지 않은 경우, 다음과 같이 두 가지씩의 올바른 예측(correct prediction)과 오류(error)의 가능성이 대두된다.

(36) a. 올바른 예측
　　　　E1이 C를 위반하고 E2가 C를 준수하면
　　　　　→ E1이 E2보다 실현이 더 어렵다.
　　　　E1이 C를 준수하고 E2가 C를 위반하면

→ E1이 E2보다 실현이 더 쉽다.
b. 오류
E1이 C를 준수하고 E2가 C를 위반하면
→ E1이 E2보다 실현이 더 어렵다.
E1이 C를 위반하고 E2가 C를 준수하면
→ E1이 E2보다 실현이 더 쉽다.

이와 같이 올바른 예측과 오류는 정반대의 현상이다. 여기에서 어느 특정 제약의 효율성을 판단하는 기준을 다음과 같이 수식화한다.

(37) 제약 효율성 (Constraint effectiveness)
효율성 = 올바른 예측 / (올바른 예측 + 오류)

여기에서 제약의 효율성 수치가 1로 나오면 가장 완벽한 음성적 기반을 가지고 있는 것으로 간주한다. 따라서 조금이라도 조음이 힘든 것은 허용하지 않는 제약이 된다. 만약 수치가 0인 경우는 조음이 쉬운 항목을 배제하는 등 전혀 고려의 대상이 되기 힘든 이상한 제약을 말한다. 따라서 언어 습득자는 가능한 한 높은 단계의 효율성을 가진 제약을 추구하게 된다는 것이다. (그러나 실제 언어 사용에서 효율성 1의 제약이 나타나기는 힘들다.)

그러면 이와 같은 개념을 적용하여 실제로 귀납적 기반의 제약을 적용하는 방식을 알아보기로 한다. 이를 위하여 다음의 도표를 제시한다.

(38) 6개 파열음의 4가지 환경에서의 음성적 난이도

	p	t	k	b	d	g
[-son]__	7	0	0	43	50	52
#__	10	0	0	23	27	35
[+son, -nas]__	45	28	10	10	20	30
[+nas]__	155	135	107	0	0	0

이 도표는 위 8.3.1에서 소개한 내용을 계량화한 것이다. (또한 표시된 수치는 UCLA에서 수행된 음성실험 자료에 기초한다.) 여기에서 우리는 원으로 표시된 부분이 가장 음성적 기반이 약한 것으로 평가할 수 있다. 예를 들어, 저해음 뒤에서는 유성 파열음이 가장 조음이 힘들고 비음 뒤에서는 무성 파열음이 가장 힘이 든다는 점이 나타나 있다. 이러한 고려를 바탕으로 가능한 제약과 효율성 연관 제약을 다음과 같이 기술할 수 있다.

(39) 제약	효율성	인접제약(Neighbors)
a. *[+nasal][+voice]	0.000	*[+nasal][-voice], *[-nasal][+voice], *[+voice], *[+nasal]
b. *[+nasal][-voice]	1.000	*[+nasal][+voice], *[-nasal][-voice], *[-voice], *[+nasal]
c. *[-nasal][+voice]	0.701	*[-nasal][-voice], *[+nasal][+voice], *[+voice], *[-nasal]
d. *[-nasal][-voice]	0.357	*[-nasal][+voice], *[+nasal][-voice], *[-voice], *[-nasal]
e. *[+son][+voice]	0.500	*[+son][-voice], *[-son][+voice], *[+voice], *[+son]
f. *[+son][-voice]	0.861	*[+son][+voice], *[-son][-voice], *[-voice], *[+son]
g. *[-son][+voice]	0.841	*[-son][-voice], *[+son][+voice], *[+voice], *[-son]
h. *[-son][-voice]	0.094	*[-son][+voice], *[+son][-voice], *[-voice], *[-son]
i. *[LAB, +voice]	0.425	*[LAB, -voice], *[COR, +voice], *[DORS, +voice], *[LAB], *[+voice]
j. *[LAB, -voice]	0.633	*[LAB, +voice], *[COR, -voice], *[DORS, -voice], *[LAB], *[-voice]
k. *[COR, +voice]	0.500	*[COR, -voice], *[LAB, +voice], *[DORS, +voice], *[COR], *[+voice]
l. *[COR, -voice]	0.443	*[COR, +voice], *[LAB, -voice], *[DORS, -voice], *[COR], *[-voice]
m. *[DORS, +voice]	0.608	*[DORS, -voice], *[LAB, +voice], *[COR, +voice], *[DORS], *[+voice]

n. *[DORS, -voice]	0.371	*[DORS, +voice], *[LAB, -voice], *[COR, -voice], *[DORS], *[-voice]
o. *[+voice] unless LAB	0.568	*[-voice] unless LAB, *[+voice] unless COR, *[+voice] unless DORS, *[ ] unless LAB, *[+voice]
p. *[-voice] unless LAB	0.388	*[+voice] unless LAB, *[-voice] unless COR, *[-voice] unless DORS, *[ ] unless LAB, *[-voice]
q. *[+voice] unless COR	0.521	*[-voice] unless COR, *[+voice] unless LAB, *[+voice] unless DORS, *[ ] unless COR, *[+voice]
r. *[-voice] unless COR	0.513	*[+voice] unless COR, *[-voice] unless LAB, *[-voice] unless DORS, *[ ] unless COR, *[-voice]
s. *[+voice] unless DOR	0.453	*[-voice] unless DORS, *[+voice] unless LAB, *[+voice] unless COR, *[ ] unless DORS, *[+voice]
t. *[-voice] unless DOR	0.556	*[+voice] unless DORS, *[-voice] unless LAB, *[-voice] unless COR, *[ ] unless DORS, *[-voice]
u. *[LAB]	0.541	*[COR], *[DORS]
v. *[COR]	0.466	*[LAB], *[DORS]
w. *[DORS]	0.491	*[LAB], *[COR]
x. *[ ] unless LAB[17]	0.459	*[ ] unless COR, *[ ] unless DORS
y. *[ ] unless COR	0.534	*[ ] unless LAB, *[ ] unless DORS
z. *[ ] unless DORS	0.509	*[ ] unless LAB, *[ ] unless COR
aa. *[+voice]	0.519	*[-voice]
bb. *[-voice]	0.481	*[+voice]
cc. *[+nasal]	(undetermined)	*[-nasal]

---

[17] 이 제약은 LAB만 허용하도록 하는 제약으로 해석된다.

dd. *[-nasal]	(undetermined)	*[+nasal]
ee. *[+son]	(undetermined)	*[-son]
ff. *[-son]	(undetermined)	*[+son]

위에서 보여진 효율성이 어떻게 개별 제약에 측정이 되는지 예를 들어 보자. *[LAB, -voice]는 [p]를 금지하는데 (위에서 기술한 바와 같이) 음성적 기반을 가진 제약이다. 따라서 아주 높은 효율성을 가지고 있을 것으로 예측되는데, 이를 다음의 도표에서 확인할 수 있다.

(40)

	p	t	k	b	d	g
[-son] ___	a. 7	b. 0	c. 0	d. 43	e. 50	f. 52
# ___	g. 10	h. 0	i. 0	j. 23	k. 27	l. 35
[+son, -nas] ___	m. 45	n. 28	o. 15	p. 10	q. 20	r. 30
[+nas] ___	s. 155	t. 135	u. 107	v. 0	w. 0	x. 0

위의 도표에서 *[LAB, -voice] 제약은 음영으로 표시된 부분을 피하도록 한다. 그런데 이 제약이 높은 효율성을 가지기 위해서는 회피되는 영역이 그렇지 않은 영역과 비교하여 훨씬 더 큰 조음적 난이도를 가지고 있어야 한다. 따라서 각 항목별 올바른 예측과 오류를 다음과 같이 나타낼 수 있다. (여기에서 > 표시는 왼쪽이 오른쪽보다 더 난이도가 높다는 점을 나타낸다.)

(41) a. 올바른 예측: 50
   a > b, c, h, i, v-x
   g > b, c, h, i, v-x
   m > b, c, d, h-l, n-r, v-x
   s > b-f, h-l, n-r, t-x

  b. 오류: 29
   a < d-f, j-l, n-r, t, u
   g < d-f, j-l, n, o, q, r, t, u
   m < e, f, t, u
   s < 없음

위의 계산 과정을 보면 우선 [p]가 저해음 뒤에서 가지는 난이도가 a에 나타난 바와 같이 7이므로 이보다 더 수치가 낮은 칸을 세보면 b, c, h, i, v-x가 된다. 같은 방식으로 어두에서 가지는 난이도 (즉, g) 10보다 낮은 칸의 목록과 갯수도 이와 같다. 같은 방식으로 m과 s 항목을 계산하면 모두 합쳐 50개가 얻어진다. 반대로 오류를 보이는 경우는 [p]가 각 환경에 보이는 난이도의 수치보다 더 높은 항목을 계산하는데 29가 얻어진다. 이러한 결과를 효율성의 계산에 사용하면 50/(50+29)가 되어 0.633이 되는데 이 수치가 바로 위의 (39)에 표시되어 있다.

한편 *[LAB, -voice]의 인접제약은 다음에 보여진 바와 같이 효율성이 0.6333보다 더 떨어진다. 따라서 *[LAB, -voice]가 비슷한 부류의 제약을 대표하는 것으로 볼 수 있다.

(42)

제약	효율성	인접 제약에 대한 근거
*[LAB, +voice]	0.425	[voice] 값 교체
*[COR, -voice]	0.443	PLACE 값 교체
*[DORS, -voice]	0.371	PLACE 값 교체
*[LAB]	0.541	[+voice] 삭제
*[-voice]	0.481	[LAB] 삭제

이러한 과정을 반복해서 실행하여 다음과 같이 음성적 기반을 가진 제약을 나열할 수 있다.

(43)

제약	효율성	특징적 효과
a. *[+nasal][-voice]	1.000	postnasal voicing
b. *[+son][-voice]	0.861	postsonorant voicing
c. *[-son][+voice]	0.841	postobstruent devoicing
d. *[-nasal][+voice]	0.701	postoral devoicing
e. *[LAB, -voice]	0.633	*p
f. *[DORS, +voice]	0.608	*g
g. *[+voice] unless LAB	0.568	/b/ is the only voiced stop

h. *[–voice] unless DORS	0.556	/k/ is the only voiceless stop
i. *[LAB]	0.541	*labials
j. *[ ] unless COR	0.534	COR is the only place
k. *[+voice]	0.519	voicing prohibited

즉 효율성의 수치가 보여주듯이 모두 0.5 이상의 효율성을 가지고 있으므로 음성적 기반이 좋은 제약으로 평가할 수 있다. 그리고 여러 언어에서 그 효율성이 검증된다. 예를 들어 (43a)는 이미 위에서 Quechua와 영어를 자료로 타당성을 검증한 바 있으며, (43c)는 아랍어, (43d)는 Dutch에서 발견되는 현상이다. 이러한 효율성이 높은 제약들과는 반대로 다음의 제약들은 효율성이 낮으므로 실제 언어에서 그 예를 찾기 힘들 것으로 예측된다.

(44)

제약	효율성	특징적 효과
a. *[+voice] unless COR	0.521	/d/ is the only voiced stop
b. *[–voice] unless COR	0.513	/t/ is the only voiceless stop
c. *[ ] unless DORS	0.509	DORS is the only place
d. *[COR, +voice]	0.500	*d
e. *[+son][+voice]	0.500	postsonorant devoicing
f. *[DORS]	0.491	*dorsals
g. *[–voice]	0.481	voicing obligatory
h. *[COR]	0.466	*coronals
i. *[ ] unless LAB	0.459	LAB is the only place
j. *[+voice] unless DORS	0.453	/g/ is the only voiced stop
k. *[COR, –voice]	0.443	*t
l. *[LAB, +voice]	0.425	*b
m. *[–voice] unless LAB	0.388	/p/ is the only voiceless stop
n. *[DORS, –voice]	0.371	*k
o. *[–nasal][–voice]	0.357	postoral voicing
p. *[–son][–voice]	0.094	postobstruent voicing
q. *[+nasal][+voice]	0.000	postnasal devoicing

8.4 언어습득과 제약

이상에서 논의된 제약들이 언어 습득자에게 어떤 위상을 가지고 있는가를 확인함으로써 그 음성적 기반을 검증할 수 있다. 즉, 어린이들의 언어습득 과정을 통해 위에서 제시된 성인들의 음운제약이 어떻게 받아들여지는가를 확인하는 절차이다. 그리고 그 결과는 성인들의 제약이 모두 어린이들의 언어습득 과정에 그대로 반영되고 있다는 것이다. 따라서 위의 제약이 갖는 음성적 기반은 언어습득을 통해 검증된다고 해석할 수 있다. 이에 대한 구체적인 예로 Hayes는 다음의 몇 가지를 들고 있다. (해당 예는 Smith (1973) 등에서 인용한다.)

우선 어린이들은 언어의 발성보다는 인지가 더 빨리 이루어진다는 점을 들 수 있다. 잘못된 인지로 받아들여질 수 있는 경우가 더러 있기는 하지만 어린이들이 성인들이 사용하는 어휘형태를 자신에게 가능한 형태로 바꾸어 표현한다는 점이 잘 알려져 있다. 또한, 어린이들은 성인들이 사용하는 복잡한 형태를 단순화시키는 경향을 보인다. 이러한 경향은 복잡한 자음군을 쪼개서 일부를 다른 곳으로 이동하여 실행하는 경우에서 찾아볼 수 있다. 예를 들어 다음의 예는 어두의 자음군을 쪼개서 일부를 맨 뒤로 옮기거나 아니면 맨 뒷 자음과 합치는 경우들이다.

(45) /kwi:n/ 'queen' → [giːm]
　　 /striŋ/ 'string'　　[triŋs]

이와 같은 현상은 결국 자음군을 피하려는 성인들의 음운제약을 그대로 반영하는 것이다. 이와 비슷한 예로 어두나 어말에서 유성 파열음을 피하려는 제약이나 모음 사이에서 파열음을 유성화하는 제약들이 어린이들의 언어에 그대로 발견된다. (두 살짜리 유아의 경우이다.)

(46) a. [b̥ebu] 'table' → #___에서 무성 파열음 회피
    b. [aːt] 'hard' → ___#에서 무성 파열음 회피
    c. [wəːgin] 'working' → V___V에서 무성 파열음 회피

또한 어린이들의 언어에 [p]와 [g]를 결여하고 있는 경우가 발견되는 것도 위에서 제시된 제약을 그대로 반영하는 증거이다.

결국 음성적 기반을 가진 효율성이 높은 제약은 실제 언어에서 흔히 나타나는 현상을 보여줄 뿐 아니라 어린이들의 언어습득에서도 그대로 반영되고 있음을 알 수 있다. 따라서 효율성이 높지 못한 제약은 그 사용 빈도가 아주 제한적이고 어린이의 언어습득 과정에서도 관찰이 매우 어려울 것으로 예측할 수 있다. 실제로 Hayes는 어린이들은 음성적 기반이 없는 제약을 보이는 언어를 구사하지 않으며 이러한 점은 성인이 외래어를 받아들이는 경우에도 그대로 적용된다고 기술하고 있다. 즉, 이상한 부자연스러운 음절구조를 가지고 있는 경우 이를 그대로 받아들이지 않는다는 것이다.[18]

이상에서 논의된 바와 같이 음성학 연구와 최적성 이론의 결합은 계량적인 분석을 하는 음성학과 범주적 기술을 하는 음운론의 영역을 최적성 이론의 틀을 이용하여 서로 교류할 수 있는 가능성을 열어놓은 데에 그 의의가 있다고 할 수 있다. 즉, 음성학의 계량적 정보를 음운분석을 위한 제약의 타당성을 검증하는 데 사용함으로써 보다 설명력을 높일 수 있다. 또한 언어습득 등의 연구에서 이를 확인함으로써 기능적인 면과의 교류를 시도할 수 있는 길을 열어줄 수 있을 것으로 기대된다.

---

[18] 이 점은 가상의 어휘를 이용하여 실험을 할 수 있다. 즉, [rtap]와 [ktap] 두 가상의 어휘를 영어 화자에게 실험을 해보면 전자의 경우를 더 부담스러워 하게 된다.

주요 참고문헌

안상철. 1995. 발성의 음향학. 「대한 음성언어 의학회지」 6:1, 88-102.
Ahn, Sang-Cheol. 1999. Optimality analyses of English Words. 「영어사」 8, 305-321. 영어사학회 특강 자료.
Ahn, Sang-Cheol. 2001. Chain shifts in Optimality Theory: Nasal vowel lowering in French. 「어학연구」 37:2, 359-375
Ahn, Sang-Cheol. 2002. A dispersion account on Middle Korean vowel shifts. To appear in *Japanese/Korean Linguistics* 10, 237-250.
Anderson, Stephen R. 1981. Why phonology isn't 'natural'. *Linguistic Inquiry* 12, 493-539.
Archangeli, Diana and Douglas Pulleyblank. 1994. *Grounded Phonology*. Cambridge, MA: MIT Press.
Bach, Emmon and Robert Harms. 1972. How do languages get crazy rules? In Robert P. Stockwell and Ronald K. S. Macaulay (eds.), *Linguistic Change and Generative Theory*, 1-21. Indiana University Press.
Browman, Catherine and Louis Goldstein. 1989. Atoms of segmental structure: components, gestures and dependency. *Phonology* 6:2, 201-251.
Chomsky, Noam and Morris Halle. 1968. *The Sound Pattern of English*. New York: Harper & Row.
Clark, John and Collin Yallop. 1995. *An Introduction to Phonetics and Phonology*. (2nd edition) Cambridge, MA: Blackwell.
Flemming, Edward. 1995. *Auditory Representations in Phonology*. Doctoral dissertation, UCLA.
Flemming, Edward. 1996. Evidence for constraints on contrast: the dispersion theory of contrast. *UCLA Working Papers in Phonology* 1, 86-106.
Hayes, Bruce. 1989. Compensatory lengthening in moraic phonology. *Linguistic Inquiry* 20, 253-306.
Hayes, Bruce. 1995. *Metrical Stress Theory: Principles and Case Studies*. University of Chicago Press, Chicago.
Hayes, Bruce. 1996. Phonetically driven phonology: the role of Optimality Theory and inductive grounding. Paper written for the volume of the 1996 Milwaukee Conference on Formalism and Functionalism in Linguistics. ROA-158.
Hayes, Bruce and Tanya Stivers. 1996. The phonetics of postnasal voicing. Ms., UCLA.
Hyman, Larry M. 1985. *A Theory of Phonological Weight*. Foris, Dordrecht.

Jakobson, Roman and Morris Halle. 1956. *Fundamental of Language*. The Hague: Mouton.
Jakobson, Roman, Gunnar Fant, and Morris Halle. 1952. *Preliminaries to Speech Analysis*. Cambridge, MA: MIT Press.
Jun, Jongho. 1995. *Perceptual and Articulatory Factors in Place Assimilation: An Optimality Theoretic Approach*. Doctoral dissertation, UCLA.
Ingram, David. 1989. *First Language Acquisition: Method, Description, and Explanation*. Cambridge University Press.
Kager, René. 1999. *Optimality Theory*. Cambridge University Press.
Keating, Patricia. 1984. Aerodynamic modeling at UCLA. *UCLA Working Papers in Phonetics* 54, 18-28.
Keating, Patricia. 1985. Universal phonetics and the organization of grammars. In Fromkin, Victoria (ed.), *Phonetic Linguistics: Essays in Honor of Peter Ladefoged*, 115-132. Orlando, FL: Academic Press.
Kent, Ray and Charles Read. 1992. *The Acoustic Analysis of Speech*. San Diego: Singlular Publishing Group, Inc.
Kirchner, Robert. 1998a. Geminate inalterability and lenition. Ms. UCLA.
Kirchner, Robert. 1998b. *An Effort-Based Approach to Consonant Lenition*. Doctoral dissertation, UCLA.
Ladefoged, Peter and Ian Maddieson. 1996. *The Sounds of the World's Languages*. Oxford, UK: Blackwell.
Lindblom, Björn. 1986. Phonetic universals in vowel systems. In J. Ohala and J. Jeager (eds.), *Experimental Phonology*. Orlando: Academic Press.
Lindblom, Björn. 1983. Economy of speech gestures. In Peter F. MacNeilage, *The Production of Speech*, 217-245. New York: Springer-Verlag.
Martinet, Andre. 1952. Function, structure, and sound change. *Word* 8.
Martinet, Andre. 1955. *Economie des Changements Phonétiques*. Berne: Francke.
McCarthy, John and Alan Prince. 1995. Faithfulness and reduplicative identity. *Papers in Optimality Theory: University of Massachusetts Working Papers in Linguistics*, 249-384.
Moon, An-Nah. 1998. A blocking effect of a prosodic word boundary in Old English fricative voicing. *The History of English* 6, 89-111. Korean Society for the History of the English Language.
Ohala, John J. 1983. The origin of sound patterns in vocal tract constraints. In MacNeilage, Peter F. (ed.), *The Production of Speech*, 189-216. New York: Springer.

Piggot, Glyne. 1992. Variability in feature dependency: The case of nasality. *Natural Language and Linguistic Theory* 10, 33-78.

Prince, Alan and Paul Smolensky. 1993. Optimality Theory. Ms. Rutgers University.

Silverman, Daniel. 1995. *Acoustic Transparency and Opacity*. Doctoral dissertation, UCLA.

Smith, Neilson. 1973. *The Acquisition of Phonology*. Cambridge University Press.

Stevens, Kenneth and S. Jay Keyser. 1989. Primary features and their enhancement in consonants. *Language* 65, 81-106.

Stevens, Kenneth. 1989. On the quantal nature of speech. *Journal of Phonetics* 17, 3-45.

Tesar, Bruce and Paul Smolensky. 1993. The learning of Optimality Theory: An algorithm and some basic complexity results. ROA-52.

Westbury, John and Patricia Keating. 1986. On the naturalness of stop consonant voicing. *Journal of Linguistics* 22, 145-166.

Zipf, George. 1949. *Human Behavior and the Principles of Least Effort*. Cambridge: Addison-Wesley.

주제어 색인

감응 ·· 169, 170
감응어기 ·· 242, 250
감응이론 ···················· 127, 131, 167, 265, 269, 275, 305
감응 충실성 제약 ··· 243
감응후보 ······································· 175, 194, 201, 243
강도 ·· 320
강세음절 장음화 ·· 196
깅악건 ··· 62
강약약 ··· 107, 110
강화 ··· 45, 330, 332, 333
검증 가능성 ··· 341
경자음화 ·· 266, 268
계류 ·· 38, 66, 68, 200
과도적용 ·· 40, 55, 60, 71, 75
과소적용 ······································ 43, 44, 54, 55, 60, 77, 78, 312
괄호매김 모순 ··· 49, 86
교체 ······················· 74, 100, 143, 181, 221, 237, 250, 283, 312
구강모음 ·· 99
구개치경음 ··· 335
구 유표성 제약 ·································· 275, 276, 302
구조적 제약 ··· 5
구체적 ··· 3, 37, 51, 133, 192
국부적 ·· 137
국부적 제약연접 ·· 275
귀납적 기반 ··· 345, 346

급여 ··· 4, 196
기능주의자 ··· 341
기득권 효과 ················ 277, 284, 286, 289, 292, 305
기반 음운론 ····································· 292, 341
기식음 ·· 336, 338
기준선 ··· 344

ㄷ

다시 쓰기 규칙 ·· 4, 5
다차원적 ··· 320
단계 유순성 ·· 49, 71
단계적 최적성 이론 ································ 304
단계 최소주의 ·· 214
단일자음 ·· 230, 233
대응이론 ····························· 36, 167, 234, 270
대조 ·············· 100, 131, 316, 319, 322, 324, 330, 338
도출 폐쇄 ·· 71
도출형 최적성 이론 ········ 128, 213, 256, 265, 269, 304
동시발생 ····································· 328, 329, 330
동음이의 ······································· 124, 125
동일성 효과 ·· 57
동일요소 인접회피 원칙 ···························· 32
등급 ·································· 9, 10, 27, 198

마찰음화 ·· 196, 208
명료성 ································ 4, 316, 318, 319, 341
모라 ····························· 13, 62, 149, 179, 196, 215, 341

모음삽입	168, 196, 209
모음충돌	96, 97, 99, 216
무성음화	230, 235, 292
문법 디자인	342
미명세 이론	15, 331
Move-α	5, 6

반급여	297, 305
반급여 불투명성	310, 311
반전음	335, 336, 337
범주적	281, 342, 353
변이 형태소	95, 96, 99, 103, 107, 325
변형도출 대응이론	49, 54, 89
병렬주의	128, 237, 270
보상적 장음화	190, 341
보충법	100
복수어기의 연관성	105
부정적 운율영역 지정	21, 24
분자 음운론	299
불투명성	2, 45, 128, 167, 168, 170, 193, 207, 213, 275, 304
비교 유표성	275, 276, 280, 306
비교적 보수적	98, 105
비연속적 음운현상	275

사상(寫像)	290
산포이론(散布理論)	317, 327, 329, 331

상향성 활음 ··· 221
생성 ································· 6, 106, 332
선비음화 ·· 333
선어말 장음화 ···························· 187, 188
선형성 ·· 37, 38
설배음성 ·· 296
설정음 ···················· 74, 154, 155, 259, 296, 302
설첨음 ··· 336
성대진동 시작점 ································ 320
성도 ·· 344
성문압력 ·· 344
성문파열음 삽입 ···················· 216, 219, 227
소음 주파수 ································ 320, 334
수정전략 ··· 8, 13
순위모순 ····································· 85, 86, 87
순음성 ······································· 283, 296
순음성 유도 ································ 284, 286
순차적 ·················· 122, 126, 168, 191, 214, 248
순환 ·· 54, 57, 71
순환성 ······································· 71, 270
순환평가 ··· 58, 59
신 유표성 제약 ····················· 275, 285, 302

ㅇ

애칭 ····································· 42, 52, 171
약강약 ·· 107
약어 ··· 6, 216
어기의 풍부성 ···················· 7, 15, 44, 53
어형변화 ························· 95, 96, 122, 266
어휘부 이후 ································ 230, 233

주제어 색인 361

어휘부 최적화 ···15
어휘부외적 ···256
어휘 음운론 ·························· 49, 57, 213, 214, 222, 304
어휘적 보수성 ····························· 95, 97, 106, 111, 126
엄밀 층위 ··· 232, 260
역급여 ··· 192, 196, 301
역적용 ···60
역행 유성동화 ··292
연산방식 ··345
연음현상 ··································· 96, 101, 105
연접 ····························· 145, 159, 163, 294, 297, 313
완전 충실 후보형 ······································· 276, 281
운모 ··· 103, 187
운율어 ································· 62, 148, 150, 177, 260, 291
운율적 폐쇄 ···71
운율 형태론 ······························· 5, 20, 25, 29, 45
원순성 ··· 134, 136, 329, 331
위반 위치 ··280
위반 허용성 ··· 8, 9, 16
위치적 동일성 ··· 146, 147
위치적 유표성 ··················· 131, 145, 148, 149, 159, 163
위치적 중화 ··· 131, 133
위치적 충실성 ··················· 131, 132, 133, 138, 145, 167
유음 이화현상 ···287
유추 ·· 238, 263
유표성 ····················· 3, 17, 59, 132, 145, 277, 283, 297
유표성 제약 ············ 3, 43, 59, 132, 145, 158, 222, 250, 275, 279, 291
율격 음운론 ···5
융합 ··· 275, 297, 299
융합 모순 ··· 297, 306
음성적 강화 ··· 328, 330, 331
음소배열 제약 ······································· 107, 306, 310

음위전환 ··· 138, 139, 143, 154, 159
이완모음 ·· 42, 51, 99
이중모음화 ·· 215, 219, 222, 227, 237, 249
이중성 문제 ·· 283
이행적(移行的) ··· 281
인접성 ··· 38
인지 ··· 133, 318, 336, 341, 352
인지적으로 두드러진 ·· 132
일반정렬 ·· 20, 21, 28
잉여규칙 ··· 331, 334

ㅈ

자유변이 ·· 337
자음조화 ·· 138, 142, 143
자질행렬 ·· 321
재음절화 ·· 220, 230, 259
저지 ·· 95, 159, 219, 286
저해음 ·· 18, 30, 156, 276, 321, 327, 338, 350
적극적 폐쇄효과 ··· 83
적용순서 ·· 2, 40, 51
적형성 조건 ·· 36
전방-후방 ·· 140
전설화 ·· 253, 294
절대중화 ·· 3, 302
접요사 ·· 20, 21, 287
정렬제약 ·· 28, 65, 140, 150, 175, 188, 260
정상적용 ·· 55, 60, 63, 75, 82
정점 ··· 320
제약 ··· 6, 11, 31, 62, 103, 140, 180, 192, 209, 225, 246, 283
제약연접 ·· 283, 293, 303, 313

제약 위계 재조정 최소주의 ········· 214
제약 최소주의 ············· 214, 215
제한성 ·················· 192
조음 음운론 ················ 341
조음의 편이성 ············· 4, 337
중첩 ················ 36, 37, 50
중첩형 ············· 39, 40, 42, 50
진폭 ················· 320, 332

ㅊ

청각영역 ················ 319, 320
초보수적 ················· 98, 101
총괄성 ···················· 8, 12
최소주의 ···················· 214
최적성 이론 ··· 1, 5, 15, 49, 95, 127, 167, 185, 213, 270, 317
추상적 ················· 2, 168, 257
출력부-출력부 ······· 37, 49, 58, 176, 177, 213
출몰모음 ··············· 257, 258, 261
충돌 ············· 11, 23, 181, 215, 317
충실성 ······ 3, 40, 132, 138, 161, 170, 256, 286, 305
치경 ······················ 337
치경구개음 ·················· 335
치명적 ············ 10, 12, 23, 135, 245
치음 ················· 78, 82, 335
치음화 ···················· 78, 82
치찰음 ············· 266, 268, 333, 335

ㅍ

파생 환경 문제 ··275
파열음 유성음화 난이도표 ································344
패러다임의 통일성 ··121, 127
평가 ······················6, 17, 57, 168, 191, 244, 281, 302
폐쇄효과 ··49, 70, 78, 90
폐음절 ··17, 22, 43, 72
포괄이론 ··14, 41
포만트 ···320, 321, 337
표적 제약 ··305, 306

ㅎ

혁신적 ···98, 102
형식주의자 ···341
형태구조 제약 ···283
형태론적 재분석 ···86
환경과 무관한 ··131, 132
환경적 유표성 ··131, 134, 137
활음삽입 ··216, 228, 249, 250
회송장치 ···87
후보 ··6, 10, 28, 169, 326
후설화/후설모음화 ··253, 259

용어대조표

absolute neutralization	절대중화
acronym	약어
aggressive closure effect	적극적 폐쇄효과
algorithm	연산방식
alignment constraint	정렬제약
allomorph	변이 형태소
alternation	교체
alveolar ridge	치경
alveopalatal	치경구개음
amphibrachic	약강약
amplitude	진폭
analogy	유추
anchor	계류
anchoring	계류
apical	설첨음
Articulatory Phonology	조음 음운론
aspirated	기식음
auditory space	청각영역
backward application	역적용
blocking	저지
bracketing paradox	괄호매김 모순
candidate	후보
closed syllable	폐음절
closure effect	폐쇄효과
coalescence	융합
coalescence paradox	융합 모순
Comparative Markedness	비교 유표성
compensatory lengthening	보상적 장음화
conflict	충돌

conjunction	연접
consonantal harmony	자음조화
constraint	제약
constraint conjunction	제약연접
constraint minimalism	제약 최소주의
Containment Theory	포괄이론
context-free	환경과 무관한
contextual markedness	환경적 유표성
Contiguity	인접성
contour line	기준선
contrast	대조
cooccurrence	동시발생
coronal	설정음
Correspondence Theory	대응이론
counterbleeding	역급여
counterfeeding	반급여
counterfeeding opacity	반급여 불투명성
cyclicity	순환성
dactyl	강약약
declension	어형변화
dental	치음
dentalization	치음화
derivational closure	도출 폐쇄
Derivational Optimality Theory	도출형 최적성 이론
derived environment effect	파생환경 문제
devoicing	무성음화
diphthongization	이중모음화
Dispersion Theory	산포이론
distinctness	명료성
dorsal	설배음성
duplication problem	이중성 문제
ease of articulation	조음의 편이성
enhancement	음성적 강화

epenthesis	모음삽입
evaluate	평가
faithfulness	충실성
falsifiability	검증 가능성
feature matrix	자질행렬
feeding	급여
formalist	형식주의자
formant	포만트
free variation	자유변이
front-back	전방-후방
fronting	전설화
fully faithful candidate, FFC	완전 충실 후보형
functionalist	기능주의자
Generalized Alignment	일반정렬
Gestural Phonology	조음 음운론
ghost vowel	출몰모음
glide-insertion	활음삽입
glottal stop-insertion	성문파열음 삽입
grammatical design	문법 디자인
Grandfather Effect	기득권 효과
Grounded Phonology	기반 음운론
hardening	경자음화
hiatus	모음충돌
homophony	동음이의
hypocoristics	애칭
identity effects	동일성 효과
inductive grounding	귀납적 기반
infix	접요사
intensity	강도
labial attraction	순음성 유도
labiality	순음성
landscape of stop voicing difficulty	파열음 유성음화 난이도표
lax	이완(모음)

level minimalism	단계 최소주의
level ordering	단계유순성
lexical conservatism	어휘적 보수성
Lexical Phonology	어휘 음운론
Lexicon Optimization	어휘부 최적화
liaison	연음현상
linearity	선형성
lip rounding	원순성
liquid dissimilation	유음 이화현상
local constraint conjunction	국부적 제약연접
locus of violation	위반 위치
loop	회송장치
mapping	사상(寫像)
markedness	유표성
markedness constraint	유표성 제약
metathesis	음위전환
Metrical Phonology	율격 음운론
minimalism	최소주의
moderately conservative	비교적 보수적
monoconsonantal	단일자음
mora	모라
morpheme structure constraints	형태구조 제약
morphological reanalysis	형태론적 재분석
multi-dimensional	다차원적
multiple-base relations	복수-어기의 연관성
negative prosodic circumscription	부정적 운율영역 지정
new markedness constraint	신 유표성 제약
noise frequency, NF	소음 주파수
non-iterative process	비연속적 음운현상
normal application	정상적용
Obligatory Contour Principle	동일요소 인접회피 원칙
obstruent	저해음
old markedness constraint	구 유표성 제약

onglide	상향성 활음
opacity	불투명성
Optimality Theory	최적성 이론
oral vowel	구강모음
ordering	적용순서
ordering paradox	순위모순
ouput-output	출력부-출력부
overapplication	과도적용
palatoalveolar	구개치경음
paradigm uniformity	패러다임의 통일성
parallelism	병렬주의
Particle Phonology	분자 음운론
peak	정점
perception	인지
perceptually salient	인지적으로 두드러진
phonotactics	음소배열 제약
Positional Faithfulness	위치적 충실성
Positional Identity	위치적 동일성
Positional Markedness	위치적 유표성
positional neutralization	위치적 중화
postlexical	어휘부 이후
postlexical	어휘부외적
prefinal lengthening	선어말 장음화
prenasalization	선비음화
prespecify	미리 표시
prosodic closure	운율적 폐쇄
prosodic word	운율어
ranking	등급
recursion	순환
recursive evaluation	순환평가
redundancy rule	잉여규칙
reduplication	중첩
regressive voicing assimilation	역행 유성동화

repair strategy	수정전략
reranking minimalism	제약 위계 재조정 최소주의
restrictiveness	제한성
resyllabification	재음절화
retraction	후설화/후설모음화
retroflex	반전음
rewriting rule	다시 쓰기 규칙
rhyme	운모
richness of the Base	어기의 풍부성
reduplicant	중첩형
reduplication	중첩
serial	순차적
spirantization	마찰음화
Stratal Optimality Theory	단계적 최적성 이론
strict layer	엄밀 층위
strident	치찰음
structural constraint	구조적 제약
suppletive	보충법
sympathetic base	감응어기
sympathetic faithfulness constraints	감응 충실성 제약
Sympathy Theory	감응이론
targeted constraints	표적 제약
tonic lengthening	강세음절 장음화
Transderivational Correspondence Theory, TCT	변형도출 대응이론
transglottal pressure	성문압력
transitivized	이행적(移行的)
trochee	강약격
ultra-conservative	초보수적
underapplication	과소적용
Underspecification Theory	미명세 이론
vocal tract	성도
voice onset time	성대진동 시작점
Well-Formedness Condition	적형성 조건

개정증보 최적성 이론의 언어분석

안 상 철

2003년 11월 10일 인쇄
2003년 11월 20일 발행

발행인 • 김 진 수
발행처 • **한국문화사**
주소 / 서울특별시 성동구 성수1가2동 656-1683 두앤캔 502호
전화 / 02)464-7708, 3409-4488
팩스 / 02)499-0846
e-mail / hkm77@korea.com
Homepage / http://hankookmunhwasa.co.kr
등록번호 제2-1276호(1991.11.9)

◆ 잘못된 책은 교환해 드립니다.
가격 15,000원
ISBN 89-5726-091-9   93420